浅井タケ 口述

樺太アイヌの昔話
TUYTAH
村崎恭子=編訳

草風館

浅井タケ口述
樺太アイヌの昔話
村崎恭子編訳

TUYTAH（昔話）と樺太アイヌの人びと

はじめに

　それは1984年の雪の深い1月のことであった。
　Ｂ．ピウスツキが20世紀初頭に樺太で録音したという蝋管レコードを聞いてもらうために樺太アイヌ語がわかる人を求めてNHK取材班と北海道全域を訪ねまわっていたとき、樺太アイヌ語の優れた伝承者で私の最初の先生であった故藤山ハルさんの長女の金谷フサさんの伝をたどっていくら探してもなかなか良い話し手に巡り会えずみんな疲れ果てて諦めかけていたところであった。一行は最後の目的地、日高門別の老人ホームに向かった。
　老人ホームのベッドに寝ていた黒メガネをかけたおばあさんに、私がいきなりアイヌ語で、'irankarahtee.'e'ani tahkonanna 'ahci 'isanka? イランカラㇷ゚テー．エアニ タㇵコナンナ アㇵチ イサンカ?（こんにちは。タッコナンナばばじゃない？）と声をかけるとすかさず、寝たままこちらを向いて、'ahci 'isampe. アㇵチ イサンペ．（ばばじゃないよ）といたずらっぽくアイヌ語で返事が返ってきた。この瞬間、私はすばらしい語りべに出会ったと直感した。それは神の巡り合わせと言うべきか、まさに奇跡の出来事であった。それより10年前の1974年に樺太アイヌ語のライチシカ方言の完璧な話者だった藤山ハルさんが亡くなってからはもうこの方言は絶えたと思い私は絶望していたからである。こうして私は、藤山ハルさんの死から10年のブランクの後に、もう一人の素晴らしい話者、浅井タケさんに遭遇したのであった。
　こうして出会った私とタケさんの交流は、それから1994年にタケさんが亡くなるまで10年、当時札幌に住んでいた私が毎週末に札幌からバスで2時間の老人ホームへ通うという形で続けられた。この浅井タケさんこそ、本書『樺太アイヌの昔話』の語りべである。タケさんは全盲だが抜群の記憶力と明晰な頭脳を持ち、私が初めて会ったとき、ずっと20年以上も長い間アイヌ語を使っていなかったにもかかわらずよく覚えていて、私が求めると喜んで昔話などの口承文芸を次から次へと語って聞かせてくれた。

浅井タケさんのこと

　以下は本人や周りから聞いたタケさんの経歴である。
　浅井タケさん（アイヌ名はTahkonanna タㇵコナンナ）は、1902年ライチシカ

より4キロほど南のやはり西海岸のオタスッ(小田洲)コタンに山田チクユピ (Sahpo)を父にテツコ（Tekakunkemah）を母に生まれた。生後まもなく失明してからずっと全盲だが、実に耳の良い、素晴らしい記憶力をもった語りべだった。幼少の時両親に死別して叔母夫婦と共にライチシカに移り住み北海道へ引揚げるまでいた。引揚げ後はしばらく

浅井タケさん
1989年9月25日、日高門別の浜辺にて

夫の浅井政治氏（マオカ出身のアイヌ）と北海道日高地方の振内（フレナイ）に住んでいたが、夫の死後は、子宮がんのために最後の1年間札幌東病院に入院するまで、30年余りずっと日高門別の老人ホームに暮らしていた。

タケさんは、夫の政治氏が1961年に亡くなってからはずっとアイヌ語を使わなかったにもかかわらず、1983年に私が初めて会った時、アイヌ語を完璧に覚えていて、日常会話はもちろんのこと、昔話（TUYTAH）、民話（UCASKUMA）、神謡（OYNA）、歌謡（YUUKARA）など何でもできた。中でもタケさんが最も得意とするのは昔話（TUYTAH）であった。目が見えなかったタケさんの仕事はもっぱら子守りで、子守りをしながら語った昔話は、幼少の子どもから大人までみんなが聞きたがり大変な人気だったそうである。

しかし、危機に瀕した言語調査の場合、その最後の段階で一人のいくら優れた話者に出くわしてもその言語を受け止める側がその言語に通じていなければ充分に情報を得ることはできない。幸い私の場合、タケさんに出会う前に24年間のアイヌ語修行の時間があった。だから、タケさんに会ったときすぐに不充分ながらもアイヌ語の聞き手になることができた。タケさんが目が見えないおかげで私を、シーサムの振りをしているが実はアイヌの女だろうと本当に思っていてくれたらしい。何と幸せなことであったろう。それに、二人とも夫に死なれた女同士という境遇も二人を近蜜にした。

ともあれ、この奇跡的なタケさんとの出会い以前の、私のアイヌ語修行にまつわる話を以下に書こう。

常呂の居住者たち

まだ私が大学生だった頃1960年の夏休みに恩師である故服部四郎先生の紹

介で樺太西海岸の最も優れた語りべ、藤山ハルさん（1900‐1974）に常呂ではじめて会った。以後10年余りハルさんにアイヌ語を教わるために毎年常呂を訪れた。

　今はホタテとカーリングの町として知られる常呂には当時、戦後樺太から引揚げてきた樺太アイヌの人びとが10世帯ほど住んでいた。たいていは浜辺近くに建ち並ぶ引揚者住宅に住んでいたが、ハルさんはもっと海に近い浜の砂丘にぽつんと建っている掘立て小屋に長女のフサさんと暮らしていた。当初その家には電気も水道もなくランプと井戸の生活だった。一家には男手はなくハルさんと大勢の孫たちの家の仕事はフサさんが引き受けていた。それは貧乏極まりない生活だったけれど、常呂の人たちは東京からアイヌ語を習いに来る20歳そこそこの私をいつも大喜びで迎えてくれた。その時すでに普段の生活ではアイヌ語は使われていなかったが、私が行けば、すぐ近くからマオカ方言を話すタラントマリ出身の太田ユクさん（1894－1980）がやってきて、ハルさんと2人でアイヌ語で楽しいおしゃべりをしてくれる。つまり老人層の間ではアイヌ語の会話がごく自然に生きていたのである。話題はたいてい魚も山菜も豊富だったコタンの生活の思い出話である。

　藤山ハルさん（アイヌ名Esohrankemah）は、明治33年樺太西海岸北部のエストリ（恵須取）に生まれ、11歳の時その南のフロオチに移り、18歳の時ライチシカの山田万次郎氏と結婚してライチシカに移り住んだ。万次郎氏が昭和16年頃死去してから19年にマオカの人、藤山博太郎氏と再婚し23年に北海道に引き揚げるまでマオカのタラントマリ（多蘭泊）に住んだ。ライチシカ、フロオチ、エストリはほとんど同じ方言だというから、ハルさんはライチシカ方言の話し手と言っていい。ハルさんは言語だけでなく、ユーカラ（歌）やヘチレ（踊り）、それにトンコリ（五弦琴）やムックン（口琴）の演奏も上手で、ハルさんの指導の下に樺太アイヌ芸能はこの常呂の町で金谷フサさんに受け継がれていった。また、ハルさんは神おろしができるトゥスクル（巫女）だった。

　太田ユクさん（1894－1980）はハルさんより6つ年上で、父母ともにマオカの人で、引き揚げまでずっとタラントマリに住んでいた。20歳の時和人と結婚した。ライチシカ方言とマオカ方言は少し違うがハルさんがマオカに住んだことがあるせいか二人の会話はその相違を意識しながら99パーセント解りあえるようだった。

　　知床のおばあさん

　ある夏ハルさんの家を訪ねたら知床から50代ぐらいの一人のおばさんが来ていた。その人は小倉シズさんといってやはり樺太アイヌで、シズさん自身も

アイヌ語がわかるが年老いた自分の母親ならアイヌ語は何でもよくできるというので、早速知床半島へ向かった。シズさんから聞いた住所は斜里郡遠音別村（シャリグンオンネベツ）字オッペというのであったが、ウトロ（宇登呂）の少し手前の海岸にたった一軒だけ漁場のような小屋が建っていた。そこに小倉さん夫婦とシズさんの母である長嵐イ

左から　太田ユク、長嵐イソ、藤山ハルさん
1962年

ソさん（1882－1964）が住んでいた。イソさんは樺太東海岸北部のナヨロ（内路）に生まれ少し北のタライカ（多来加）に嫁に来て引き揚げまで暮らしたというタライカ方言の第1級の話者であった。娘夫婦が毎日明け方に舟で漁に出かけてから日暮れに戻ってくる間、目の見えないイソさんは用意された食事を一人でとり、ヒモづたいに便所へ行くという大変な暮らしをしていた。その時すでに80歳は超えていたが体は頑丈でお元気だった。

　そんな中でも、私が訪ねていってアイヌ語を教えてと言ったら、喜んでいくらでも応じてくれた。タライカ方言は樺太東海岸の最北の、人称接辞や音節末子音など西海岸より古い形を残している稀少な方言であるが、その翌年、常呂から藤山ハルさんと太田ユクさんをいっしょに知床に連れて行って、3人で会話をしてもらったところ、互いの方言差はコミュニケーションには全く支障がなく、3人で知床の浜辺で楽しくアイヌ語でおしゃべりしていた光景はいまでもありありと思い出す。思えば、1962年のこの会話が、生きた樺太アイヌ語の最後の資料になってしまった。

　この時はまだ、この他にも樺太アイヌ語が出来る人は探せばいた。ハルさんからの情報で尋ねあてたのは、白糠に住んでいた樺太東海岸白浜出身の木村チカマさん（1890－?）と西海岸ライチシカ出身の宮本チヨさん、それに日高ペナコリに住んでいたハルさんの兄、山田藤作さん、などである。

　しかしその後、1974年に藤山ハルさんが亡くなってからは、アイヌ語の輪の中心が失われてしまい、この言語は全く話されなくなった。もうこの言語は絶えたと、私は絶望していた。

ピウスツキ蝋管物語

　それから10年後に奇跡が起った。ハルさんが亡くなって10年が経とうとしていた頃、ポーランドの人類学者で、当時のロシア皇帝の暗殺を企てそれが事前に発覚したためにサハリンに流刑になったブロニスワフ・ピウスツキ（1866－1918）が1903から２年にわたって南樺太と北海道で録音した蝋管レコード73本がポーランドの片田舎で発見され、それが再生されるという大きな出来事が起った。それがきっかけで、もう一人の隠れた語りべ、浅井タケさん（1902－1994）に私は巡り会うことが出来た。

　B．ピウスツキは18年間にわたる流刑生活の最後の５年間は樺太アイヌの言語民俗資料収集に打ち込んだ。カビなどのために著しく劣化した73本の蝋管は北大応用研究所(当時)の朝倉利光教授の指導の下に種々の工学的処理が加えられ再生されて、実際に音になったのは55本であった。この中にはハウキなどの樺太アイヌの口承文芸が主に録音されていた。私がハルさんに習った知識で蝋管をいくら聞いてもさっぱり分からない。再生された音声を聞いてもらうために、ハルさんの長女、フサさんの協力を得てアイヌ語が分かる人を求めて全道を探し回ったときに、浅井タケさんに巡り会ったのであった。

たった一人の語りべ

　ハルさんの没後10年経ってから、蝋管のおかげで、こんな素晴らしい語りべに巡り会えるとはまさに奇跡であった。
　しかし、言語というものは話者が一人だけでは生きてこない。話し手と聞き手がいてはじめて生き生きとやりとりができる。私のようなアイヌ語の下手な聞き手では不充分である。
　そんな1988年のはじめ、いつものように録音機をもって老人ホームを訪れたらタケさんと同じ部屋に島村トキさん（1901－1993）がいた。トキさんはタケさんより１歳上でライチシカより北40キロのウシロ（鵜城）生まれだが５歳の時にライチシカに引っ越してきたという。タケさんとは縁続きで幼なじみだ。この人には1983年前述した「蝋管を聞いてもらう旅」で最初に面会したが「コトバダラ　ナンモ　ワカラン」とすげなく玄関払いを食った苦い経験があったので、この人にタケさんの部屋で会った時は私は余り期待していなかった。ところが同じコタンでいっしょに暮らした幼なじみのトキさんは、自分ではアイヌ語で話せないがタケさんの話すアイヌ語は全部わかるのだ。考えてみるとこれは当たり前のことである。
　トキさんがそれから１年後に新設された平取の老人ホームに移るまでの１年

余りは、同族の幼なじみの聞き手を身近に得てタケさんの語るアイヌ語がなんと生き生きと豊かになったか知れない。1988年から89年にかけての1年間に収録した昔話や語彙の量は他の年に比べると2倍以上に及ぶ。

　いざサハリンへ

　それから1994年にタケさんが亡くなるまでの9年間に、老人ホームに通って私が習ったことはたくさんあるが、同時にロシア領になってからのサハリンとの交流も活発になってきた中でサハリンへ行く機会に恵まれた。文部省の科学研究補助金による「サハリンにおける少数民族の言語に関する調査研究」という研究プロジェクト（1990－1992）で、タケさんたちの故郷を訪ねることとアイヌ語ができる人を探すことの目的をもって1990年の夏、内外の研究者10人の調査団を組織して憧れのサハリンへ行った。
　タラントマリ、オタスッ、ライチシカ、タライカとそれぞれの故郷を訪ねたが、昔栄えたアイヌコタンがあったところはみんな廃墟となっていて、そこには風景明媚な海と川と湖の自然があるのみであった。またあらゆる筋からアイヌ語ができる人を捜し求めたが、結果は無だった。それでも、樺太アイヌの人びとからいつも聞いていたその故郷の美しい自然の中に立って私は樺太アイヌ文化を実感することができた。
　タケさんに、オタスッの砂をお土産に持って帰ったら、とても喜んでくれた。

　その後の行方

　このように、1974年の藤山ハルさんが亡くなった時いったん絶えたと絶望された樺太アイヌ語が、その10年後にピウスツキ蝋管発見のおかげで浅井タケさんという話者との出会いによってさらに10年余り蘇ったが、1994年のタケさんの死によって遂に絶えてしまった。しかしこの民族の言語文化は、たとえ完璧な話者が絶えようとも、残された言語資料を日本列島の北辺の先住民族の遺産として日本国民が尊重し次世代に継承していけば決して消えはしないと私は確信する。
　文字をもたなかったアイヌ民族の足跡をアイヌ語地名によってたどると、サハリンの場合、アイヌ語地名が樺太島の南半分、すなわち日本の旧植民地であった南樺太にしか認められず北半分には認められないという事実から、樺太アイヌは北から南下したのではなくて北海道から北上したと考えるのが妥当である。また、アイヌ語地名の重要要素である川を意味する、ペッ（別）とナイ

(内)が、北海道や本州東北地方では両方あるのに樺太には殆どナイしかないという特徴もある。千島には反対にペッしかない。

ここで紹介した樺太アイヌの方々から得た、主に西海岸方言の言語資料と、B.ピウスツキの『樺太アイヌ言語民俗研究のための資料 Materials for the Study of the Ainu Language and Folklore』Cracow, 1912 に収録されている、主に東海岸と南部方言資料から分かったことは、樺太アイヌ語はもとは北海道アイヌ語から分派したアイヌ語の一方言であることは明らかであるが、口承文芸のジャンルやその形式、演じ方、内容などの点で北海道とかなり異なる特徴をもっていることが分かった。

樺太アイヌに特有なキーワードをあえて挙げるなら、「海の民」と「オヤシ」であろうか。「オヤシ」とは昔話によく出てくる、アイヌ(人間)とカムイ(神)の間に入って悪さをするいたずらなお化けのことである。

ピウスツキ蝋管の発見に端を発した樺太アイヌ研究の国際プロジェクトは、1985年の第1回札幌大会、1991年の第2回ユジノサハリンスク大会に続いて、1999年にはポーランドのクラコフとザコパネで第3回B．ピウスツキ国際シンポジウムが、世界各地から80名以上の参加者を得て開催された。その際に一行は、蝋管レコードが発見されたという古家にも訪れたのであった。

樺太アイヌの昔話 TUYTAH について

樺太アイヌの口承文芸は、根源的には北海道アイヌのそれと共通であるが、そのジャンル、語り方、歌い方、形式などの特徴については、北海道の場合とかなり異なっている点が多くある。この相違点については、これまでほとんど明らかにされていなかったが、浅井タケさんの膨大な音声資料と情報によってその姿がかなり明らかになった。

樺太アイヌ口承文芸のジャンルを、まず大きく、物語の類と、歌謡の類とに二分し、物語を、さらに韻文の物語、つまり節を付けて歌う物語と、散文の物語、つまり普通の言葉で語られる物語に分類した場合、TUYTAH (トゥィタハ、昔話)は、この後者の代表的なジャンルに入る。しかし、散文の物語には、TUYTAH 以外にもう一つ、UCASKUMA (ウチャシクマ、民話)と呼ばれるものがある。一方、歌謡の類には、YAYKATEKARA (ヤイカテカラ、女の恋の歌)、IHUNKE (イフンケ、子守歌)、HECIRE HAW (ヘチレハウ、踊り歌)、SAKE SINOHCA (サケシノチャ、酒礼の歌)、REKUHKARA (レクッカラ、喉鳴らし)、TUSU (トゥス、シャーマンの祈り)などがある。

以下に、TUYTAHの特徴を、もう一つの散文の物語UKASKUMAと対比させながら述べる。

8

語りの形式についての特徴は、
① 物語の舞台は、架空の村であるサンヌピシ村かレプンクシ村である。一方ウチャシクマでは、具体的に実存する場所や村の名前が出てくる。
② 登場人物の名前も決まっていて固有名詞は出てこない。つまり、男の主人公の名前はいつも horokewpo ホロケウポ、女の主人公の名前は monimahpo モニマㇵポ、である。また、悪役の男は yeesu イェース、悪役の女は simah シマㇹ、老婆は 'acahcipo アチャッチポ と呼ばれる。一方、ウチャシクマでは、実名の固有名詞が使われる。
③ おばあさん 'acahcipo はよく登場するが、おじいさん henke はめったに登場しない。一方、ウチャシクマではそんなことはない。
④ TUYTAHは主に女性が語るが、男性も語ることがある。反対にウチャシクマは主に男性が語るが女性も語ることがある。
⑤ 散文の語りの中に、子どもの泣き声や鳥の鳴き声、舟が近づいてくる音、糸つむぎの音などを描写するのに、韻を踏んだ調子の良い短かい歌が挿入されている。これを、TUYTAHを特徴づける、TUYTAHの挿入歌として注目したい。一方、ウチャシクマでは、挿入歌は一切入らない。
また物語の内容の特徴は以下の通りである。
⑥ カラス、白鳥、イヌ、アザラシ、カエル、シャケ、カニ、フグなどの動物が人間と同じように暮らしている動物が登場する話が多い。
⑦ 動物と人間の結婚、恋など、交わりの話がある。
⑧ 人肉を食う OYASI（お化け、goblins or ogres）の話がある。
⑨ 嫁取り、婿取りをするために冒険をする話がある。
⑩ 同じ冒険が3人兄弟（姉妹）の間で繰り返される話がある。

要するに、樺太アイヌ口承文芸の中におけるTUYTAHの際立った特徴として、①物語の形式が整っていること、②物語の内容も類型化できること、③挿入歌があって描写が生き生きしていること、④人肉を食う'oyasi（お化け）が登場すること、などが挙げられる。

樺太アイヌ語発音のあらまし

1.1 母音音素
/i, e, a, o, u/ の5つ。
/o/ は、日本語の「オ」より少し狭く前寄り。
/u/ は、唇の丸めがあって「ウ」より少し前寄りである。その結果アクセントのない音節では /o/ とまぎらわしいことがある。
例 ku=konupuru ～ ku=konopuru ＜わたしは好きだ＞
　　huusa'uturuke ～ huusa'otoruke ＜両側＞
/i, e, a/ は「イ、エ、ア」とほとんど同じ。

1.2 子音音素
/p, t, k, c, s, m, n, r, w, y, h, '/ の12。
/p, t, k/ : [p, t, k]。破裂があまり強くない。有気のこともあるがほとんど無気で発音される。アイヌ語に日本語の清音濁音のような破裂音の有声無声の対立がないことは、よく知られているが、樺太方言の話者の場合、藤山ハルさんも浅井タケさんも、母音間の /p/ がたまに半有声で発音される以外は有声の発音は聞かれなかった。マオカ方言話者の太田ユクさんはときどき有声になることがあった。
/c/ : 破擦音 [tʃ]
/s/ : 音節末と /si/ における /s/ は [ʃ]。それ以外の位置では [s]。ex. sas [saʃ] ＜昆布＞, siisam [ʃiisam] ＜和人＞
/m/ : ライチシカ方言では、音節頭では [m]、音節末では弱くなるが、文末では弱くても [m] とはっきり発音されて [n] にはならないが、k, t, n が後続すると [n] になる。'isam kusu ＜ないから＞　'isam teh ＜なくて＞　'isam nanko ＜ないでしょう＞
/n/ : 音節頭では [n]、音節末では弱くなる。
/r/ : [ɽ], [ɭ], 破裂的な反り舌音で日本語のラ行子音とはかなり違う。ときどき、特に /re/ のとき、/t/ とまぎらわしく聞こえることがある。　例、retara ＜白い＞ ～ tetara ＜白い＞, re monimahpo ＜3人のモニマハポ＞ ～ te monimahpo ＜3人のモニマハポ＞
/w/ : 音節頭では [w]、音節末では弱くなる。母音が後続するさい丁寧に発音するときには [-uʔV] 早く発音するときには [-uwV] になることがある。早く言う言葉を藤山ハルさんは「早言葉」という。
例、'u'a'u'a kusu 'an ＜ピカピカ光っている＞ ～ 'uwa'uwa kusu 'an ＜ピカピカ光っ

ている＞
/y/ : 音節頭では [y]、音節末では弱くなる。丁寧な発音の [-V?i] が早く発音されると [-Vy] になる。ex. ko'itah＜話しかける＞〜koytah＜話しかける＞
/h/ : 音節頭では [h]、ただし母音間では有声の [ɦi] になることがある。音節末では弱くなるが、/i/ の後では [ç]〜[ʃ]、/u/ の後では [ɸ]、それ以外の母音の音節末では、前の母音と同じ口の形で声を弱い息にかえたような音である。従って前の母音によって変種がある。

/-ah/ : [-ah]　ex. kah＜皮＞

/-ih/ : [ç] [-iʃ]　ex. sih＜目＞cih＜舟＞

/-uh/ : [-uɸ]　ex. kuh＜帯＞

/-oh/ : [-oh]　ex. koh＜跡＞

音節末の /-h/ は /i/ の後に来た場合、/-h/ と /-s/ が中和されて発音される。中和された音は [ç] と [ʃ] の間を動揺するが、[ç] よりも [ʃ] に近く発音されることが多い。

ex. pih＜ゴザをあむときに使う糸巻き石＞、nih＜柄＞、nisteh＜硬くなる＞、nisih＜背負い縄＞、rih＜すじ＞、'ihrih＜骨の節＞、mih＜孫＞、sih＜目＞、cih＜舟＞、cis＜泣く＞

しかし、藤山ハルさんの報告によると、/-s/ と /-h/ は、ちゃんと異なる二つの音素としてはっきり区別しているという。実際、cis＜泣く＞とcih＜舟＞との2語をならべて発音してもらったときにははっきり区別して発音していることが確認できた。しかし普通の文の中では、発音だけで /-s/ と /-h/ とを弁別するのは難しいようである。

/'/ : 音節頭では声門閉鎖音 [?]、母音間では弱い喉頭の緊張となる。しかし、/V'V/ と /VV/ は、はっきり区別される。taa＜あの＞ ta'an＜ずっと向こうの＞ 12 の子音はすべて音節頭に立つことができる。

ex. paa＜煙＞, taa＜あのう＞, kaa＜糸＞, maa＜泳ぐ＞, naa＜〜も＞, ree＜名前＞, caaca＜父さん＞, 'aa＜座る＞, yaa＜網＞, saakehe＜折り返し＞, wooya'an＜いろいろな＞, heese＜息をする＞, huu＜生の＞, wahka＜水＞, hah＜ユリ根＞

しかし、音節末に立つことができる子音は、/-s, -m, -n, -w, -y, -h/ の 6 つだけである。

ex. cas＜走る＞, cis＜泣く＞, cih＜舟＞, kam＜肉＞, nan＜顔＞, 'oman＜行く（単）＞, 'inaw＜イナウ＞, kamuy＜神＞, teh＜手＞, kah＜皮＞, kuh＜帯＞, koh＜跡、穴＞

1.3 音節の構造

音節の構造のタイプは3つである。

(1) C_1V_1
(2) $C_1V_1V_2$
(3) $C_1V_1C_2$

ただし、C_1:すべての子音音素。C_2: /s, m, n, w, y, h/ の6子音。$V_1=V_2$。
つまり、樺太アイヌ語の音節のタイプは、(1)子音＋母音 (2)子音＋長母音 (3)子音＋母音＋子音の3つである。
ただし、この方言の最小の自立形式は、(2) $C_1V_1V_2$ と(3) $C_1V_1C_2$ だけであり、(1)C_1V_1 は付属形式としてのみ存在する。
また、音節頭にはすべての子音が立つが音節末には /s, m, n, w, y, h/ の6子音しか立たない。さらに付け加えると、次の音節は存在しない。
*wi(i), *wu(u), *yi(i), *-uw, *-ow *-iy *ti(i), *CVVC, *CVVCVV,
cf. 'uyna, 'uuseh wahka, 'iyayraykire, ki ike, taa + h → ta'ah, nee + he neh, yee + 'oo → ye'oo

1.4 許されるすべての最小音節表

pa	pi	pu	pe	po
ta		tu	te	to
ka	ki	ku	ke	ko
ca	ci	cu	ce	co
sa	si	su	se	so
-as	-is	-us	-es	-os
ma	mi	mu	me	mo
-am	-im	-um	-em	-om
na	ni	nu	ne	no
-an	-in	-un	-en	-on
ra	ri	ru	re	ro
wa			we	wo
-aw	-iw		-ew	
ya		yu	ye	yo
-ay		-uy	-ey	-oy
ha	hi	hu	he	ho
-ah	-ih	-uh	-eh	-oh

'a	'i	'u	'e	'o
paa	pii	puu	pee	poo
taa		tuu	tee	too
kaa	kii	kuu	kee	koo
caa	cii	cuu	cee	coo
saa	sii	suu	see	soo
maa	mii	muu	mee	moo
naa	nii	nuu	nee	noo
raa	rii	ruu	ree	roo
waa			wee	woo
yaa		yuu	yee	yoo
haa	hii	huu	hee	hoo
'aa	'ii	'uu	'ee	'oo

凡　例

1. 『浅井タケ昔話全集』には、村崎が1984年から1992年までの期間に収録したテープの中から浅井タケさんが語った昔話全54編（At01～At54）をぬきだして、そのすべてを収録した。
2. 本書に収められた昔話の順序は、録音時の早い順に並べた。ただし、テープの整理上日付けの順序が不同のものも2，3ある。
3. 収録昔話の一覧表は本書に掲げない。収録昔話の題名は目次を参照されたい。
4. 本テキストには、村崎の収録した浅井タケ音声テープ（カセットテープ90分約150本）の中からすべてのTUYTAH（昔話）を抜き出して、テープから聞きおこしてアルファベットで文字化したアイヌ語テキストを左頁に示し、その日本語訳を右頁に付した。

　　以下は、表記について述べる。

5. アイヌ語の表記は音素表記で記した。（樺太アイヌ語発音のあらまし参照）
6. 文字列の区切り（スペース）、つまり単語の区切りは、名詞、動詞、副詞などの自立語と後置詞、助動詞、助詞などの前後に入れた。接辞は区切りを置かずに付接して記した。
7. 音声上、意味上に句切りが認められるところに［,］を付し、末尾に何らかのイントネーションが認められるところを文の句切りとして［.］を付した。
8. 話の流れの一段落があって多少の息つきが認められるところをパラグラフの終わりと定めて改行した。そして話ごとにパラグラフの最初から1, 2, 3、というように左上に番号を付した。
9. したがって、右頁の日本語訳は行対行では対応しておらず、パラグラフの先頭が対応するようになっている。アイヌ語の文の長さと日本語の文の長さが必ずしも一致しない所以である。
10. 日本語の表記は、アイヌ語からの訳文は普通の漢字かな混じり文で記した。しかしタケさんがアイヌ語と日本語の完全なバイリンガルであるためにアイヌ語の中に無意識に口にした日本語の部分は半角のカタカナで示した。
11. タケさんの言葉の間に、時々挿入された聞き手の言葉は（）内に入れて示し、その発話者のイニシアルを付した。ただし、M：村崎、Si：島村ト

キ、Ko：児島恭子、Ki：切替英雄、Sa：佐藤知己、O：奥田統己、X：老人ホームの寮母さんたち、など。

12. その他音素表記の発音の仕方については「樺太アイヌ語発音のあらまし」を参照されたい。
13. 各話のはじめにつけた題名は、話の内容から村崎が適宜つけたものである。アイヌ語の大文字の母音の前の/' /は省略した。録音年月日の右の( )内には元テープの番号を付した。
14. タケさんが存命中には一度録音した話も何度も聞きなおして不明なところをチェックすることができたが、1994年に話者が亡くなってからは追跡調査が不可能になったために、意味の不明なアイヌ語が多々ある。今後の検討課題の一つである。
15. 本書では、まず正しく聞きおこしてアイヌ語転写と日本語訳を付すことに終始して、時間不足から単語索引や注は一切付けられなかった。単語索引と注は次の研究課題とする。
16. 本書は、1999年に『浅井タケ昔話全集。』(横浜国立大学、1999)と『浅井タケ昔話全集「』(放送文化基金、1999)の２分冊として刊行したものを一部修正補充して一冊にまとめたものである。
17. 全54編の中には同じ物語の別伝が複数存在する昔話が10種類ある。同じ物語の昔話に２つから４つの別伝が収録されていた。これら同じ話の別伝も省略せずにすべて本テキストに収録した。話の筋はもとよりその言語資料そのものを重視したためである。なお、同じ話の別伝は、題名の後に、例えば、さらわれた娘(-84)、さらわれた娘(-88)などのように録音年を付記して区別した。
18. 本書の音声は「ＣＤ版　浅井タケ口述　樺太アイヌの昔話　10枚組」として別途に発行した。

目　次

1	HACIKO MONIMAHPO(-84)	さらわれた娘(-84)……………………19
2	TUNKASAPAHK(-84)	頭がい骨(-84)………………………24
3	'OPOMPAKI TUYTAH	カエルの話……………………………34
4	PONUNKAYOH(-86)	ポヌンカヨ(-86)………………………42
5	TEPA TUYTAH	フンドシを取られた話………………54
6	'UNKAYOH 'OYASI(-86)	ウンカヨお化け(-86)…………………62
7	CUHCEH TUYTAH	アキアジの話…………………………70
8	'OHKAYOHUNARA	男探しの話……………………………76
9	WAHKATAA TUYTAH	水汲みの話……………………………88
10	RUY'AYNU	砥石男…………………………………92
11	'ETUHKA NEEWA MONIMAHPO	カラスと娘……………………………94
12	CEPEHTEKAMUY	豊漁の神………………………………104
13	'AHTURI TUYTAH	ヤチブキの話…………………………110
14	'ETU'AANE NEEWA 'ETUHKA	ハシボソとカラス……………………114
15	KAMIHI CI'EE RUSUY	人食いババ……………………………120
16	SARAKUPIH TUYTAHI	魚の尾びれの話………………………126
17	'O'ISSIKAARIMPA NANKORO	丸顔スキー……………………………132
18	PONUNKAYOH(-88)	ポヌンカヨ(-88)………………………138
19	TONKORI MONIMAHPO	トンコリ娘……………………………146
20	'ETOORO TUYTAH(-88)	いびきの話(-88)………………………152
21	TAKAHKA TUYTAH	カニの話………………………………158
22	MAAS PONTARA PII(-88)	さらわれた娘(-88)……………………168
23	HAKU MONKA TUYTAH(-88)	箱流しの話(-88)………………………170
24	'IMUU MONIMAHPO(-88)	イムー女(-88)…………………………178
25	KINATAA TUYTAH(-88)	フキとりの話(-88)……………………184
26	HUMPECEHPO	フグの話………………………………196
27	'OHKE TUYTAH	おならの話……………………………200

28 SOOKUMA KAATA 'AN MONIMAHPO	岩島に取り残された娘	206
29 'ITUMUNKE(-88)	糸つむぎ(-88)	216
30 PENKA'ANKUH NEEWA PANKA'ANKUH	川上男と川下男	228
31 'IMUU MONIMAHPO(-89)	イムー女(-89)	234
32 CIHPO KIKIRI	チツポ虫	242
33 WEHTAA NEEWA KOMPURA	ウェッターとコンブラ	258
34 TUNKASAPAHKA(-89)	頭がい骨(-89)	262
35 'UNKAYOH 'OYASI(-89)	ウンカヨお化け(-89)	272
36 'ETOORO TUYTAH(-89)	いびきの話(-89)	280
37 KINATAA TUYTAH(-89)	フキとりの話(-89)	286
38 PISE NUHSU	アザラシの胃袋	296
39 'ECIKIIKI	エチキーキ鳥	310
40 'IMUU MONIMAHPO(-90)	イムー女(-90)	318
41 HUHPE(-90)	腫れ物(-90)	324
42 TUNKA SAPAHKA(-90)	頭がい骨(-90)	338
43 RE MONIMAHPO NEEWA 'UNKAYOH	3人娘とウンカヨ	350
44 SITU'US(-90)	スキー(-90)	364
45 HECIRE TUYTAH	踊りの話	370
46 'OTUYUMPE	牝イヌ	374
47 NUHEWEH NEEWA MONIMAHPO	妾と本妻	388
48 HAKU MONKA TUYTAH(-91)	箱流しの話(-91)	394
49 TUNKASAPAHKA(-91)	頭がい骨(-91)	402
50 'INKARAH YEESU	盲目のイェース	414
51 SITU'US(-92)	スキー(-92)	424
52 HUHPE(-92)	腫れ物(-92)	432
53 HACIKO MONIMAHPO(-92)	さらわれた娘(-92)	444
54 'ITUMUNKE(-92)	糸つむぎ(-92)	448

浅井タケ口述
樺太アイヌの昔話

1　HACIKO MONIMAHPO (-84)

1984年4月17日録音(8401a)

1. maas pontara pii tara pii. ワシ ワシ マオカサ イッタトキ コノ ムカシバナシ キイタ ッケ.. コレ マタ チガ ウン ダ゛. (ああそう。M)
2. アノ バアサン, ('e'ani ka kii kanne. M) バアサン sineh 'an manu.　'ahci sineh 'an manu.　'ahci sineh 'ani ike taa, アノ poo reske kusu 'an.　pon monimahpo tuh pis 'ani ike sineh wahka taa kusu sani ike コント゛ wahka 'onne 'ahun teh taa, ray manu.

3. neyke 'okaakeketa, コンダ゛ アノ—hacikoo, イチバ゛ン hacikoope sineh 'an manuyke taa, reske yayne taa, コンダ゛ アノ 'acahcipo 'acahcipo ッテイウンダ゛.('acahcipo?　それどういうこと？　M) ソル コンダ゛ アノ 'ahciッテイウヒト. (ああ。M) ムカシバ゛ナシ ニハ 'acahcipo ッテ イウン ダ゛. (へえ、'acahcipo?　M) 'acahcipo. (temana?　M) コンダ゛ アノ ソノ hekaciト フタリテ゛, ('aynu 'itah 'ani yee. 'aynu 'itah 'ani yee. 'aynu 'itah 'ani yee. M) hekaci haciko hekaci monimahpo. monimahpo tura teh 'otakaata san manu.

4. 'otakaata san teh taa, renkayne 'otakaata sey yan manu. カイ アガ゛ッタ ッテ イウンダ゛. (siina 'an. M) カイ, (kuwante. sey kuwante. M), コンダ゛ sey, 'uynahci manu. 'uynahci yayne taa, 'orowa cise 'ohta 'ahupahci teh hosipihci teh, 'okayahci yayne, アノ 'unkayoh ッテ イウ ヤツハ オバ゛ケダ゛. (unka?　M) 'unkayoh. (unkayo?　M)ン. ('oyasi?　M) 'oyasi. (へえ、temana 'oyasi?　M) 'ahun teh 'orowa taa hekaci 'uh teh 'ampa wa 'asin manu.　'ampa wa 'asin teh taa, 'okaaketa taa アノ 'ahci taa sinenehka 'an teh taa 'anayne コンダ゛ yooponi taa 'asin teh taa, taa hekaci taa, cis 'ani taa, 'unkayoh taa pahkay teh 'oman kusu 'an manu. [笑い声]。ソウ シタ ッケ 'ene kii manu.　cis manuyke taa,

5. maas pontara pii
   tara pii tara pii tara pii
   atuy soo kuru kaa
   cii hawe sunka
   cii hawe suyee
   maas pontara pii
   tara pii tara pii　tara pii

6. nah kii 'ani, cis 'ani 'unkayoh taa pahkay teh 'oman kusu 'an manu.
7. 'anayne taa 'ahci'ahcipo taa, yooponi, アノ, 'otakaata san teh ソノ hekaci nospaha nee

1話　さらわれた娘 (-84)

1984年4月17日録音(8401a)

1. maas pontara pii tara pii わしがマオカに行った時、この昔話を聞いたが、また違うものだった。(ああそう。M)
2. あのう、おばあさんが、……(あなたもお話してください。M)ババが一人いたとさ。ババが一人いたんだとさ。ババが一人いて、子どもを育ていた。小さな女の子が2人いて、一人は水汲みに川へ下りて行って、水に落ちて、死んだとさ。
3. それでその後は小さな、一番小さい子が一人いたとさ。が、育てていたらやがて、こんどあのババ、'ahcahcipoっていうんだ。('ahcahcipo？　それどういうこと？ M) おばあさん('ahci)っていう人。(ああ。M)おばあさん('ahci)のことは昔話の中では'ahcahcipoっていうんだ。(へえ、'acahcipo？　M) 'ahcahcipo。(どんな？ M) こんど、あの、その子どもと2人で、(アイヌ語で言ってください。アイヌ語で言ってください。アイヌ語で言ってください。M) 子ども、小さな子どもである娘を連れて砂浜へ下りて行ったとさ。
4. 砂浜へ下りて行ったら、たくさん砂浜に貝がうちあげられていたとさ。(そうですか。M)、貝。(分かります。貝、分かります。M)、2人でそれを拾ったとさ。拾ってから2人とも家へ入って、帰って、暮らしていたら、そのうちウンカヨといって、そいつは化け物だ。(ウンカ？ M)、ウンカヨ。(ウンカヨ？ M) うん。(化け物？ M) 化け物。(へえ、どんな化け物？ M) そいつが入って、そしてその子どもを取って抱えて外へ出たとさ。抱えて出て、その後はババは一人でいたがそのうちに後から外へ出ると、その子どもが泣いているのをウンカヨが背負って行くところだったとさ。(笑い声)。そうしたら、こんな具合だった。泣いていたのだが、それは、

5. maas pontara pii
　tara pii tara pii tara pii
　atuy soo kuru kaa
　cii hawe sunka
　cii hawe suyee
　maas pontara pii
　tara pii tara pii　tara pii

6. といって、泣いているのをウンカヨが背負って行くところだったとさ。
7. そうしていたら、ババが後から、砂浜へ下りて行って、その子どもを追い

manu. nospa 'ike taa,
8. "kii siri wempe cinee kusu yooponi 'aas."
9. nah kii wa taa, micihi mahmicihi 'oponi 'omani hii. taa 'oman manu.
10. 'oman teh taa 'orowa taa 'inkara koh 'atuy kaawa sine poro kamuy yan manu. sine poro kamuy yani ike, ア/ hekaci taa 'unkayoh seturihi 'orowa taa 'uh manu. 'uh teh taa 'orowa taa 'ampa wa 'atuyka 'ene repun manu. neeteh 'orowa 'acahcipo nukara teh 'orowa cis 'ani taa 'orowa taa cise 'ohta makan teh taa 'ay yayne taa sine too taa 'inkara koh pon monimahpo taa 'otakaawa makan manuyke taa hemata タ゜カ see teh makan manu.
11. see teh makan cise 'ohta 'ahunihi nukaraha ne'ampe taa, ア/ ケンチラ/ アフ゜ラタ゜ト. (humpe? humpe kee? M) humpe, humpe / アフ゜ラタ゜ト. ソレテ゜ コント゜ ソ/, ア/ hekaci reske taa ソ/ ア フ゜ラ toto 'ike taa keehe kara teh taa taa 'ani taa neya mahmicihi tura, mahmicihi ッテ イウン タ゜, (うん、kuwante. M), tah tura taa 'ee yayne コント゜ monimahpo ponno poro. ponnno poro 'inumpe 'ohta 'oman ranke 'inumpe sipahte manu. 'inumpe 'orowa naa 'otahkon. suy ponno 'oman koh suy 'inumpe sipahte 'an 'ohta naa 'otanne, コント゜ 'inumpe 'ahkari poro teh taa コント゜ hokunuu 'e'askay manu. hokunuu 'e'askay teh taa 'orowano hokunuure teh taa 'orowa 'ene'an. 'okayahci yayne 'acahcipo ray manu.

12. 'okaaketa ア/ monimahpo taa hokuhu tura pateh taa 'okayahci yayne taa poo korohci 'ike taa renkayne poo korohci manuyke コント゜ neya poohohcin caskumahci. (caskumahci? M)
13. caskumahci yayne taa, porohci manuyke taa, rih poka 'ahkas cikah ka 'okore tehkupihi sayayse 'ike 'uynahci 'ike muysankeh ne naa korohci, sahka ne naa korohci pe nee manu.
14. nah 'an tuytah タ゜.

かけたとさ。追いかけたら、
8. 「どうもわしが悪かったようだから、後から来たよ」
9. と言って、孫、孫娘の行った後について行ったとさ。そこに行ったとさ。
10. 行ってあたりを見ると、海原から一匹の大きなアザラシが上がって来たとさ。一匹の大きなアザラシが上がって来て、その子どもをウンカヨの背中から取り上げたとさ。取り上げて抱えて海の沖の方へ行ってしまったとさ。それからババはそれを見て、泣きながら家に帰って、しばらく暮らしていたが、ある日見ると、若い娘が砂浜の方から(家の方へ)上って来たとさ。、何か背負って上って来たとさ。
11. 背負って上って来て家へ入って来たのを見ると、クジラの脂だったとさ。クジラ、クジラの脂だったとさ。それから、子どもを育ててその脂を炊いて、保存用に分離して、その孫娘と一緒に、孫娘のことはmahmicihiっていうんだ。(うん、分かります。M)その子と一緒に食べているうちにその娘は少し大きくなった。少し大きくなると、炉ぶちのところへ行っては炉ぶちと自分の背を比べるのだとさ。まだ炉ぶちよりも短い。また少し経ったらまた炉ぶちと自分の背を比べたらもう自分の背のほうが長い。いま炉ぶちより大きくなってもう婿取りができるほどになった。婿取りができるほどになって、それから婿をとってそしてそれからその、暮らしていたがやがてババは死んだとさ。
12. その後で娘は夫と2人だけで暮らしていたが、やがて子どもが出来て、たくさん子どもが出来て、そして子どもたちにいろいろお話をして聞かせた。(caskumahci?　M)
13. お話を聞かせて、子どもたちも成長してみんな一人前になって、そして空を行く鳥も皆、羽を落とすので、それを拾ってホウキを作ったりハシにしたりしたということだ。
14. こういう昔話だ。

2 TUNKASAPAHKA (-84)
1984 年 4 月 22 日録音(8403ab)

1. (tuytah kii kanne.M)
2. Sannupista ッテ イウンダ゜、ウン Sannupista...Sannupista re monimahpo, 'uriwahne 'okayahci. 'okayahci ike ウン kesto'asinkoh niinahci koh kuruhci, cehkoykihci koh 'ehci, nah kihci manu.
3. neeteh 'orowa sine too taa monimahpo taa ウン イチパ゜ン kiyanne monimahpo taa, niina, heekopohohcin 'etura kanne, イモウトノコト heekopoho ッテ イウン ダ゜, niina'anahci. niina'anahcihi neeyahkayki, heekopohohcin 'ampene 'etorannehci manu.
4. heekopohohcin 'ampene 'etorannehci kusu taa, 'orowa taa, sinenenhka taa niina kusu makan manu, hekimoh. hekimoh niina kusu makani ike, kinta makan teh niina. nii sineh mukara 'ani tohpa, tohpa yayne コンダ゜ nehko 'ani ike taa nehko 'onnayke 'ene taa アノ 'osewaa nii, ウンド゜コ キー ハ 'osewaa nii ッテ イウン ダ゜.
5. 'osewaa nii ッテ ネー、ウントッタ キー ナン ダ゜.
6. (うんとった？うんと取った木？ M) 'osewaa nii..
7. neeteh 'orowa neya nii 'onnayke 'ene taa, hemata hawehe 'an manu.

8. 'ahkapo pirikapo humpo hum
   'ahkapo pirikapo humpo hum

9. nah haw'iki manu.
10. シタイケ haw-Iiki kusu taa, コンダ゜ アノー kema 'ani sitayki, kema ...
11. " 'iine-Iahsuy, tah hemata 'oyasikepihi teeta 'ani hii?"
12. ッテ コー ヤッテ nii 'ani sitaykihi ne'ampe niyehe (niihe) kaye teh, 'orowa taa, kema 'ani sitaykihi ne'ampe kemaha kotahma. suy 'o'ara teh 'ani sitaykihi ne'ampe 'orowa suy ne'an 'o'ara kema 'ani suy sitaykihi ne'ampe suy kotahma. kemaha, 'uren kemaha 'okore kotahma, tekihi(hcin) ka kotahma. コンド゜ ド゜ウモ コウモ ナラナイカラ 'ampene コンド゜ meske koyaykus.
13. meske koyaykus kusu tani sapahkaha 'ani コウ イッタ イケ saphakaha kotahma.
14. neeteh 'orowa tani taa 'anayne taa sine 'osukeh, 'osukeh ッテ イウコト ウサギ゜ッテ イウン ダ゜, neyke taa, cahse wa san teh taa nukara kusu 'an manu.
15. 'anayne, 'unkayoh ッテ パ゜ケモノダ゜ヨ, kimma sani ike, 'ene yee manu.

16. "tah ku'ani kunoosetahaa."

2話　頭がい骨 (-84)

1984年4月22日録音(8403ab)

1. (昔話をしてください。M)
2. サンヌピシ村って言うんだ、うんサンヌピシ村に3人の娘、3人姉妹がいた。いて、うん毎日マキを拾ってはくべ魚をとっては食べ、こうして暮らしてたとさ。
3. そうしてからある日にその娘、一番上の娘が、マキをとりに行った、その妹といっしょに、妹のことをheekopoって言うんだ、マキとりに行った。マキとりに行ったけれど、その妹はとても嫌がったとさ。
4. その妹があまり嫌がるので、それからは、一人でそのマキとりに山へ行った、山へ。山へマキとりに行って、山へ行ってマキをとった。一本の木をマサカリで切りつけた、切りつけて、切りつけたら根っこがあって、その根っこの中はこんな風に空洞になって、中が空洞になった木はosewaa niiっていうんだ。中をくり貫いた木なんだ。
5. 'osewaa nii ってね、ウントッタ木なんだ。
6. (うんとった? うんととった木?　M) 'osewaa nii。
7. そうして その木の中で、何かの声がしたとさ。

8. 'ahkapo pirikapo humpo hum
   'ahkapo pirikapo humpo hum

9. と言ったとさ。
10. それでそう言ったから、こんどあのう足でそれを叩いた、足で…
11. 「おい、これはいったいどんなお化けがここにいるのか?」
12. と言って、こうやって木で叩いたら、木を折ってから、それから、足で叩いたら、足がくっついた。また片方の手で叩いたら、それから、またその片方の足でまた叩いたら、またくっついた。足が両足ともくっついて、手もくっついた。もうどうもこうもならなくて、まったくはがすことができなかった。
13. はがせないから、頭でこうやったら、頭がくっついた。
14. それから、今そうしていたが、ウサギが1匹それで、走って下りて来て見てたとさ。
15. そうして、ウンカヨって化け物だよ、それが山から下りて来て、こう言ったとさ。
16. 「これは俺の kunooseta だよ」

17. ソノサキニキタヒト アレウサキ゜'osukeh, "kunoosetaha" nah yee シタト,ソノオハ゛ケ.
18. neeteh taa 'orowa mesu teh neya monimanpo mesuhci kusu 'ampahci makapahci manu.
19. tah 'okaaketa taa, アノー cise 'ohta 'an monimahpo 'utah taa ne'an nannahahcin san kuni neera teerehci yahka koyaykusahci manu.
20. nannaha 'asin kusu kara teh 'imuhsay ッテ citoki nah yeepe, tah 'omayehe 'enkaske wa 'ahte teh hohpa teh 'omanihi neya citoki コンタ゜ haaciri manu.
21. "nannaha, nanna tani 'oyasi 'uta 'ehci hii" タ゜ナ ッテ コウ イッテ cisahci manu. cisahci teh 'orowa suy taa, sinke'ikehe taa, アノ 'inoskun monimahpo, nannaha wooneka kusu heekopo tura makan kusu yee yahka 'ampene 'etunne manu.
22. 'orowa tani neya monimahpo sinenehka makanihi ne'ampe taa, nannaha niina ruwehe 'an teh 'orowa 'isam manu.
23. ne'ampe taata makan teh taa suy taa nii mukara 'ani nii tohpa, nii tohpa yayne taa ソ コノ 'osewaa nehko 'an manu. nehko 'onne taa,

24. 'ahkapo pirikapo humpo hum
    'ahkapo pirikapo humpo hum

25. nah kihci manu.
26. nah kiike taa nukaraha ne'ampe taa, taata taa, tunkasaphka sineh 'an kusu 'an manu. karakahse kusu 'an manu. tunkasapahka ッテ アノ シンタ゜ ヒトノ アタマ、ソシテ kema 'ani sitaykihi ne'ampe,
27. " 'iine'ahsuy, hemata kohawe'iki hii?"
28. nah yee teh kema 'ani sitaykihi ne'ampe kemaha kotahma manu. 'orowa teh 'ani sitaykihi ne'ampe tekihi suy kotahma. 'o'arakemaha 'ani suy sitayki suy 'o'arakemaha kotahma. suy 'urenkemaha 'urentekihi 'okore kotahma.
29. neeteh 'orowa taa tani sapaha 'ani siyaki. sapaha 'ani sityakihi ne'ampe sapaha suy kotahma.
30. コンタ゜ 'ampene hetesu ŧ koyaykus, hetesu ka koyaykus teh taa, 'orowa 'ay yayne 'osukeh sineh cahse wa san manu.
31. 'osukeh cahse wa sani ike taa 'ene yee manu.
32. reeko 'usaykara ('usa'ekara?) manu. 'usayekara 'ike taa cahse wa makan manu, hekimoh. turano taa, 'unkayoh kimma san manu. san teh taa,
33. " 'iine'ahsuy 'ene'an kusu kunoosetaha pateh yoy seta タ゜."
34. nah yee teh taa, neya monimahpo mesuhci teh 'ampahci teh makapahci manu.
35. tah 'okaaketa taa, tani アノ heekopoho pateh sinenehka 'an teh taa, tani 'ay yayne taa,

17. その先に来たウサギを、「俺のkunoosetaだ」と言ったとさ、そのお化けが。
18. そしてそれから、はがして、その娘をはがすために運んで山の方へ登って行ったとさ。
19. そのあとでは、あのうその家にいた娘たちは、その姉が帰って来るのをいくら待っても、帰って来なかったとさ。
20. 姉が出ようとした時に、首飾の玉というものを、それを床の上から掛けて出て行ったのだが、その玉が落ちてしまったとさ。
21. 「姉さんが今化け物たちに食べられたんだな」って、こう言って泣いたとさ。泣いてからまた、その次の日に、中の娘が、姉さんを探しに妹といっしょに山に行こうと言ったが、(妹は)嫌がったとさ。
22. それから、その娘は一人で山に行ったら、姉さんがマキをとった跡があって、それからはいなくなっていたとさ。
23. それで山の方に登って行って、またマキをマサカリで切った、切って切っていたら、中が空洞になった根っこがあったとさ。

24. 'ahkapo pirikapo humpo hum
    'ahkapo pirikapo humpo hum

25. という声がしたとさ。
26. 声がするので見たら、そこに頭がい骨が一つあったとさ。ころがって来たとさ。頭がい骨ってあの死んだ人の頭、そしてそれを足で叩いて

27. 「どれどれ、どんな声がするか」
28. と言って、足で叩いたら、足がくっついたとさ。それから手で叩いたら、手がまたくっついた。片足でまた叩いたら、また片足がくっついた。また両足も両手もみんなくっついてしまった。
29. そうしてから、今度は頭で叩いた。頭で叩いたら、頭がまたくっついた。

30. もうまったく起き上がることもできないで、起き上がれないで、それからしばらくしてウサギが一匹走って下りて来たとさ。
31. ウサギが走って下りて来てこう言ったとさ。
32. グルグル廻ったと言った。廻って走って上って行ったとさ、山へ。それと同時にウンカヨが山から下りて来たとさ、下りて来て
33. 「ねえ、こんなに良い忠実なイヌだ、実に良いイヌだ」
34. と言って、その娘をはがして、持って山の方へ行ったとさ。
35. その後で、今、その妹だけが一人でいて、今いたのだが、姉たちは、きの

nannahahcin キノウ nuumay sineh makani ike, 'ampene 'isam. tanto suy pon 'inoskun nanna nanna suy 'ampene 'isam.
36. ne'ampe tani taa, アノー 'omantene taa sinke'ikehe taa, makan manu, tani.
37. makan teh taa, ウン nanna nanna niina ruwehe 'ani ike, hosiki makan nanna ka niina, yooponi makan nanna ka niina 'ike, neyahkayki 'okore 'isam manu.ne'ampe tani taa, suy niina. niinaha ne'ampe taa, アノ mukara 'ani nii tohpa.

38. yayne 'inkara koh taata, 'osewaa nehko 'an kusu 'an manu.
39. ne'ampe kusu taa nukara teh 'orowa niina yayne taa,

40. 'ahkapo pirikapo humpo hum
    'ahkapo pirikapo humpo hum

41. nah kii manu. nukara koh tunkasapahka アノー 'osewaa nii 'ohta 'an manu.
42. ne'ampe コンダ゛ kema'etuhseeka.
43. "hemata 'ene kohaw'iki hii?"
44. nah yee 'ike taa kema'etuhseeka, ne'ampe kemaha kotahma manu. ダ゛カラ tekihi 'ani sitaykihi ne'ampe tekihi kotahma. 'o'arakemaha 'ani suy sitayki シタラ suy kotahma. 'orowa tani sapaha 'ani sitykihi ne'ampe sapaha kotahma.
45. neya nanna nanna 'utah kayki tah nukarahci teh rayahcihi taa nannaha 'eraman manu.
46. neeteh taa 'anayne taa 'osukeh sineh cahse wa san manu. sineh cahse wa sanihi ne'ampe taa nukara teh 'orowa taa, reekoh 'usaykara teh taa, 'orowa makan manu.
47. 'anayne taa, neya 'unkayoh taa, kimma san manuyke taa, neya monimahpo mesu kusu kara yahka koyaykus manu.
48. neeteh taa アノー makani ike taa, cise 'ene makan teh 'orowa hukuy nii, 'unci 'ampa san manu. 'unci 'ampa sanihi ne'ampe taa, poohohcin tura teh san manu. poohohcin tura wa san teh taa, poohohcin taa 'unci kopunkante manu. 'unci kopunkante teh taa, アノ suy 'unci hunara kusu makan manu, hekimoh.
49. teh 'orowa neya hekaci 'utah .. [テープ切れる。](ちょっと待ってください。はい、どうも)
50. neeteh 'orowa ne'an hekaci 'utah reh pis, 'unci kopunkante manu. 'unci kopunkante 'ike, neya 'unci 'okore 'us manu.
51. neeteh 'orowa taa monimahpo taa yee manu.
52."hekaci 'utah, hemata 'ecikon rusuy? 'ecikon rusuype 'an ciki yeeyanu wa

う一人山へ行っていなくなった。今日また、下の中の姉も、またいなくなった。

36. それで今、そうしていたが翌日山へのぼって行ったとさ、こんど。
37. 山へ行って、姉さんたちのマキをとった跡があって、先に行った姉がマキとった後から行った姉さんがとっていたが、だけど（2人とも）いなくなっていたとさ。それで今度はまたマキとった。とったらマサカリで木を切った。
38. そうやっている中に見たら、中が空洞の根っこがあったとさ。
39. それだから見て、それからマキとっていたら、

40. 'ahkapo pirikapo humpo hum
    'ahkapo pirikapo humpo hum

41. という声がしたとさ。見ると、頭がい骨が、中が空洞の木にあったとさ。
42. それで、足でけっとばした。
43. 「何て言っているんだ」
44. と言って足でけとばしたら、足がくっついたとさ。だから手で叩いたら手がくっついた。片足でまた叩いたら、またくっついた。それから頭で叩いたら、頭がくっついた。
45. その姉さんたちも、これを見て、死んでしまったと、その娘は思ったとさ。

46. そうしている中に、ウサギが1匹走って下りて来たとさ、1匹走って下りて来たから見て、何度もぐるぐる廻って、それから山の方へ行ったとさ。
47. そうして、そのウンカヨが山から下りて来て、その娘をはがそうとしてもはがれなかったとさ。
48. そうして山の方へ行って、家に戻ってから火のついた木、火を持って下りて来たとさ。火を持って下りて来たら、その子どもたちを連れて下りて来たとさ。子どもたちといっしょに下りて来て、その子たちに火の番をさせたとさ。火の番をさせて、また火をとりに山の方へ行ったとさ、山の方へ。
49. それからその子たちは…［テープ切れる。］（「ちょっと待ってください」「はい、どうも」）
50. それからその子たち3人が火の番をしたとさ。火の番をしたが、その火が全部消えてしまったとさ。
51. それから、その娘が言ったとさ。
52. 「子どもたちや、何が欲しいか？欲しい物があったら言ってくれ」ってこう

'enkonteyan." ッテ コウ yee manu. tah kusu taa,
53. " 'ay kon rusuyahci." nah yehci manu. ('ay 矢ね。 M) ソーシタラ、
54. " 'ahka nee kusu neyke taa, mesure kusu simesuyara kusu." nah yee manu. mesuhci ケレ ッテ イッタン ダ゛ト.
55. neyke taa, 'orowa tani taa neya re hekaci taa, taa monimahpo taa mesuhci manu. mesuhci yahkayki ソノー ハ゜ケモノ マーダ゜ 'eh ka hanki manu. 'eh ka hankii teh taa 'orowa ne'an tani taa monimahpo taa, 'ay rehpis kara 'ike taa hekaci 'utah konte. konte teh 'orowa ne'an nukarahci koh ソノ hekaci 'utah 'aacahahcin イマ poro 'unci 'ampa wa makan manu.
56. neeteh taa 'orowa ne'an monimahpo taa kiraha nee manu. 'otakaata san kusu sanihi ne'ampe, アノー ソノ 'oyasi, cipihi 'ay シタ, 'an manu. ソノ cipihi コンダ゜ 'onnayketa repahci teh taa ソノ hekaci 'utah naa tura teh taa repahci teh taa 'atuy kaata nay 'ohta repahcihi ne'ampe horokewpo アノー 'oyasi taa, neya 'unci 'ohta 'ama tokoho 'ohta 'omanihi ne'ampe 'unci 'okore 'us wa 'isam rewehe 'an manu.
57. neeteh taa 'orowa taa 'inkara koh cipihi poro cih 'ohta taa, neya monimahpo hekaci 'utah tura teh nay 'ohta sapahci teh, ne'ampe nukara teh taa 'orowa ne'an 'oyasi コンダ゜ 'inonna'itah manu. 'atuy sahke kusu, nah yee シタト.

58. ruru kuu cikah ruru kuu
ruru kuu cikah ruru kuu

59. ッテ コウ ソー ヤッテ イッタケ コンド゜ネー、 nee 'atuy 'okore sahteh manu, nay. nay sahte manu.

60. neeteh taan neyan monimahpo 'e'ohayohayne kusu,

61. cikah cikah
rure'atu cikah rure'atu
rure'atu cikah rure'atu

62. コンダ゜ nayフカクナッテ wahka sani ike 'ampene poro nay ne'an manu.
63. neyke taa, 'unkayoh ne'an 'utarihi nospa kusu poohohcin ne'an ノッテル モンダ゛カラ イッテ sanihi ne'ampe コンド 'ohoo シテ 'ampene picika kusu kara yahka koyaykus yahka ne'an pecika yayne kemaha nii yohteh 'ike haaciri, honihi naske シタト. honihi naskehe ne'ampe ムシ kikiriダ゜ノ hemataダ゜ノ reekoh 'orowa 'asin.
64. teh taa 'unkayoh ray manu.
65. neeteh taa 'orowa sapahci manuyke taa taata sapahci teh 'orowa 'unkayoh ciseta

言ったとさ。それだから、
53. 「矢が欲しい。」と言ったとさ。('ay. 矢ね。M) そうしたら、
54. 「それならば、自分ははがさせてやるから、はがされるから。」と言ったとさ。はがしてくれって言ったとさ。
55. それで、それから、その3人の子は、その娘をはがしたとさ。はがしたけれどその化け物はまだ来なかったとさ。帰って来ないでそれから、今度、その娘は矢を3本作って、子どもたちにやった。やって、それから見たら、その子どもたちの父さんが今大きい火を持って、山の方へ行ったとさ。
56. それから、その娘は逃げたとさ。浜に出ようと下りて行ったら、あのうそのお化け、舟があったとさ。その舟のこんど、中に乗って沖へ出て、子どもたちもいっしょに沖へ出てその海の上に、川に、漕ぎ出して行ったら、男、お化けが、その火を置いて来た所へ行ったが、火はみんな消えてなくなっていたとさ。
57. それから、あたりを見たら舟が、大きい舟があって、その娘が子どもたちといっしょに川の方へ出て来て、それを見てそのお化けは呪文を唱えたとさ。海を干して見せるからと言ったとさ。

58. ruru kuu cikah ruru kuu
　　ruru kuu cikah ruru kuu

59. って、こう、そうやってこんど、海はみんな干上がってしまったとさ。川も、川も干上がったとさ。
60. それでその娘はびっくりして、

61. cikah cikah
　　rure'atu cikah rure'atu
　　rure'atu cikah rure ᴵatu

62. と唱えたら、川が深くなって水が出て、大きな川になったとさ。
63. それで、ウンカヨはその仲間を追いかけていたから、その子どもたちが下りて来た時は、水が深くなって、全く渡ることもできなくても、渡ろうとして足に木が引っかかって転んで、腹が裂けたとさ。腹が裂けて虫や何だかが、たくさんそこから出てきた。
64. そうしてウンカヨは死んだとさ。
65. それで、それからみんな下りて来て、下りて来て、ウンカヨの家に戻って

sapahcihi ne'ampe 'unkayoh 'ohacise 'an manu.

66. 'inkaraha ne'ampe taa, nannaha sapahkaha tuhpis taa cise 'osmahta neya sapahkahahcin tuhpis 'ani ike taa, 'orowa 'uh teh taa cise hekota 'ociwe manu.
67. cise hekota 'ociwehe ne'ampe taa neeteh 'orowa hekaci 'utah taa " teeta rokanu wa 'eci- 'ene- 'ene 'enetapakehe 'an nukara". ッテ コウ イウ nah yee manu.
68. ne'ampe taa, hekaci 'utah taa ソノ re hekaci taa sapahci manuyke taata, monimahpo sanketa 'etaras, rokahci manu. rokahci teh tani 'emus 'ani taa neya hekaci 'utah rekucihi 'okore tuye manu. tuye 'okore rayki teh taa 'orowa, 'okore tataki 'ike, mun naa nii naa 'eymehkarakara teh スッカリ 'okore 'orowa hohpa teh san manu.
69. hohpa teh sanihi ne'ampe cise 'ohta sanihi ne'ampe cise 'orowa paa numaa kusu 'an. cise 'orowa paa numaa kusu 'anihi kusu taa 'inkara koh, paa numaa kusu 'an.
70. 'anayne cise 'onne 'ehankeno sanihi ne'ampe nanna nanna 'utah taa cisahci hawehe 'an kusu 'an manu.
71. cisahcihi neya cise 'oro 'itakahci wa cisahci kusu 'an manu.
72. suy nannahahcin,
73. "nanna nanna pirikaruy nanna nanna, tani suy 'oyasi 'uta 'ehciye he 'aa?"
74. ッテ ソウ 'ッテ コンダ゜ナイテルンダ゜ト, tuhpis.
75. 'orowa taa 'ahupa- 'ahunihi ne'ampe taa nanna nanna 'uta taa 'okore sapahahcin 'okore tuyehci teh アノ heru numaha pateh 'okore tuyehci 'omantene taa, cisahci kusu 'okayahci manu.
76. neeteh tani taa,
77. "nanna nanna 'uta hemata 'eciciskara haa? 'iine'ahsuy 'oyasi'oyasi 'orowa 'eciraykiyan teh 'eci'ee teh 'orowa 'ecisapahkahahcin 'uma 'an kusu ku'otusimah teh teene ku'ociwe 'ike 'ecisihnu."
78. nah taa yee wa taa 'ahun manuyke, tani nanna nanna 'uta taa, cisahci hemakahci teh taa, 'orowa ne'an nannahahcin neya heekopohohcin taa caroke'ene taa 'ipekarahci manu.
79. 'ipekarahci 'ike taa 'eerehci. tura 'ipehci 'omantene taa tani, pirika'okay kihci manu.

80. niiina koh kuruhci, tani 'aynu 'okore 'uneeno 'asipahci koh, niinahci, 'uneeno 'asipahci koh niinahci koh sapahci, nah kihcipe nee manu. nah kanne.
81. "wante hee?"
82. (hemaka? M)
83. "hemakaa."

来たら、ウンカヨの空き家があったとさ。
66. 見たら、姉さんたちの頭がい骨が2つ家の奥に、その頭骸骨が2つあって、それをとって家に向かって投げたとさ。
67. 家に向かって投げたら、そうしてから、お化けの子どもたちが、「そこに座ってお前の体を見たよ」といったとさ。
68. それで、子どもたちは、3人の子どもたちは下りて来て娘のそばに立った、立ったとさ。立って、今、刃で、その子どもたちの首をみんな切ったとさ。切って、みんな殺してそれからみんな叩き切って、草や木に分けてやって、みんなそれから、引き上げて帰ったとさ。
69. 帰って来たら、家に帰って来たら、家から煙が立っていた。家から煙が立っていたので、見たら、煙が立っていた。
70. そうして、家の近くまで来たら、姉さんたちの泣く声が聞こえたとさ。

71. 泣いていたのだが、家から泣きながらこう言っていた。
72. また、姉さんたちは、
73. 「善良な姉さんたちを、また今、お化けが食べたのか?」
74. ってそうやって、こんど泣いているんだと、2人で。
75. それから、そこに入ったら、姉さんたちは、みんな頭を切られてしまって、髪の毛だけ全部切られてしまって泣いていたとさ。

76. そうして今度、
77. 「姉さんたち、何を泣いているの? ねえ、お化けたちに殺されて、食べられてから後、お前の頭はまだあったから私が命救って、そこに私が投げたから、姉さんたちは生き返るよ」
78. と言ってそこに入ったら、姉さんたちは、泣きやんでそれから、姉さんたちはその妹に食事を作ったとさ。

79. 作って食べさせた。3人いっしょに食べてから、みんな幸せな暮らしをしたとさ。
80. マキをとってはくべ、今、みんなでいっしょに外に出て、マキとりをして、いっしょに出てマキをとっては帰ってきて暮らしたとさ。これまでだ。
81. わかったか? (切替さんに向って)
82. (終わったの? M)
83. 終わった。

3 'OPOMPAKI TUYTAH

1985 年 6 月 29 日録音(8503a)

1. アノー sine taa, アノー sine 'ahcahcipo 'an manu. 'ahcahcipo sineh 'ani ike, ウン, 'amahkaha, pon monimahpo sineh 'an manu. 'ani ike, ウン. reske, 'amahkaha res... ma, アノ micihi,
2. mahmicihi reske, 'ahcahcipo.
3. poro 'ahci nee manu. ウン reske 'ike taa, tani, 'ok... poro. reske yayne poro manu. wan... 'ewante カ? (んん、ところどころわかる。Sa) ニホンノコトバデ イウカ? (aynu 'itah 'ani yee kanne. Sa)
4. ホシタラ コンダ゜アノー reske yayne poro manu. poro teh taa, 'orowa taa, sine too, kaskeh 'onnayke ta アノーマコ゜-ho 'ama, 'amahkaha 'ama manu. 'amahkaha 'ama teh taa, herikoh rikin. cuhkamuy 'onne rikinke manu.

5. " 'iine'ahsuy, 'epokin ciki キモノノ ヒモテ゜モ kucihi,kiroho kucihi テ゜モ pitahke yahkayki hanka muyere kusu. "
6. nah yee manu.
7. "hanka muyere teh 'omante kusu. "
8. nah yee teh taa, herikoh 'okasura wa rikinke manu. 'okasura wa rikinkehe ne'ampe taa, 'annayne taa, rikiy yayne kiroho hosihi pitahke manu. kiroho シモ- ho pitahke 'ike taa, 'atuhu pitahke 'ike taa, muyehe ne'ampe taa rawta haaciri manu, rawta.
9. 'orowa tani, ne'an, 'ene kaari 'isam kusu taa, cis yayne taa, sine monimahpo 'asin manu. teh, 'ene yee manu.
10. " 'iine'ahsuy, hanka cis kanne. 'e'ani 'ohta 'ahun teh 'anu waa. アノ 'ihunarahci kusu 'iki hi neewa. nupuru, nupuru, nupuru 'uta 'ihunarahci kusu 'ikihi neewa. teeta 'ahunu waa."
11. nah yee manu.
12. " 'ayroo, 'ahunu waa. teeta 'ahunu waa."
13. nah yee manu, ne'an...
14. ne'an ike taa tani taa, taata 'ahun tura'an(?) . ponno 'an teh taa, nuhsu 'ani taa, アノ monimahpo 'utah hunarahci manu.
15. tu monimahpo, tu horokewpo, 'eh teh taa neya monimahpo 'utah taa, nuhsu 'ani kusahci, sikenii 'ah taa haarehci teh taa kusahci, taa payehci yayne taa, cikah 'utah taa rih poka 'ahkasahci manuyke taa, 'ene yehci manu.

16. pohkoo hara raa, pohkoo
   cii tuh tuhseka sikenii 'oo pee

3話　カエルの話

1985 年 6 月 29 日録音(8503a)

1. あるババがいたとさ。ババが一人いて、女の子、小さい女の子が一人いたとさ。一人いて、育てて、その孫を育てていた。
2. 孫娘を育てていた、そのババは。
3. えらいババだったとさ。それで育てて今その娘は大きくなった。育てて大きくなったとさ。お前わかるか?(うん、ところどころわかる。Sa) 日本の言葉で言うか?(アイヌ語で言って下さい。Sa)
4. そうしたらこんど育てているうちに娘は大きくなった。大きくなって、それから、ある日、スコップの中に孫を入れて、女の子を置いたとさ。女の子をのせて、(スコップは)天に上って行った。日の神様のところへ上って行かせたとさ。
5. 「ねえ、'epokin ciki 着物のひもでも、くつのひもでもほどけてもそれを結ぶなよ」
6. と言ったとさ。
7. 「結ばないで、行くようにしなさい」
8. と言って、上の方へ押して天に上らせた。押して上らせたら、しばらく上って行ったが、くつのひもがほどけたとさ。くつひもがほどけたから、結んだら下に落ちてしまったとさ、下へ。
9. それからこんど、どうしたらいいか分らないで、泣いていたら一人の女が出てきたとさ。そしてこう言ったとさ。
10. 「ねえ、泣くんじゃないよ。お前はここに入っていなさい。私のところにみんなやって来るんだ。えらい、えらい方たちが私をたずねてやって来るから。ここに入っていなさい」
11. と言ったとさ。
12. 「さあ、お入りなさい。ここにお入りなさい」
13. と言ったとさ、その女は。
14. それでこんどそこに入って一緒にそこにいた。少したってからイヌゾリに乗って渡って来たが、その娘を探しにみんなでやって来たとさ。
15. 娘が 2 人、男が 2 人、やって来て、その娘をみんながソリで運んで、そのソリのひもを落して、また運んで、やって来たのだが、その道中、トリたちが空を飛んで、こういって鳴いたとさ。

16. pohkoo hara raa, pohkoo
    cii tuh tuhseka sikenii 'oo pee

pohkoo hara raa pohkoo

17. nah taa kihci manu.
18. ne-, neyahkayki taa neya シタカラ、taa pohko(?) 'oman nuhsu ne'ampe taa, 'oman kusu 'an manu. 'an 'omanayne, taa, sine cise 'an.
19. sine cise 'ani ike taa, 'ohta 'ahun manu.
20. ワカルカ? (うぅん、入ったんでしょ? 'ohta 'ahun manu. Sa) ウン. (家が一軒あってそこに入って行ったんでしょ? Sa)
21. ウン、neeteh taa, 'ohta renkayne 'aynu 'an manu. ne'an ike tani taa, taata taa, monimahpo taata 'ahun. tura 'ahun 'ike taa, 'opompaki monimahpo nee manu.
22. ('opompaki monimahpo? Sa)
23. エートアノ tura, sine, taa, pon monimahpo ne'ampe taa Sannupitun monimahpo. neyke tani taa, トチュウカラ nuhsu 'ani 'ekaa nukahci ruy 'utah ne'ampe taa, 'opompaki monimahpo nee manu. カエルダト.
24. neeteh tani taa, 'okayahcihi ne'ampe taa, 'anayne, cise koro henke 'ene yee manu. (何て言ったの? それで家の主人は何て言ったの? Sa) kakan,
25. "nee, nee 'utarihi 'an 'aynu 'an ciki 'utari 'ee... 'ipe ヨ. nee 'ipe 'ecikoro ciki hunarayanu waa. 'anehci. "
26. nah yee manu.
27. neyke tani taa monimahpo taa, 'asin teh taa 'isam. 'isam 'ampa teh 'ahun 'ike taa, 'uhcinke ('ohcikeh) hemata ka 'oro'oo teh taa, 'ampa wa 'ahun manu. taa,
28. " 'iine'ahsuy suu 'ohaw kara yan, suu 'ohaw kara yan! "
29. nah yee manu.
30. neyke tani taa, moimahpo 'utah taa, suu 'ohaw karahci 'ike taa, 'ohta neya, 'amaha ne'ampe taa, suke 'omantene yanke taa, suy nah 'eerehci manu. 'utarihihcin アノ taa... イヤ cisekorohenke taa, 'eykonno 'eere. neyke tani 'eehe ne'ampe taa,

31. " 'iine'ahsuy, ku'ani tah hannehka ku'ee kusu."
32. nah yee manu.
33. ne'ampe taa 'inkarahcihi ne'ampe, 'ota nee manu. 'ota ne'ampe siina'an 'ee koyaykus.
34. 'orowa taa pon monimahpo, taa, アノ 'ahci 'orowa 'anreske pon monimahpo taa, 'orowa 'asin 'ike taa, soyta 'asin teh taa, 'on..'ohta ruwe nii 'ani ike taa, sanketa 'oman teh taa, cis manu.
35. cis yayne taa, cis wa taa, tu horokewpo taa, ran manu.
36. rani ike taa, hemata 'ohcikepihi 'ampa teh 'arikihci 'ike taa, アノ monimahpo sanketa 'amahci 'ike taa, 'orowa suy, ciki heriko rikipahci wa 'isam manu.

　　　　pohkoo hara raa pohkoo

17. と鳴いたとさ。
18. こう鳴いていたが、その下を行くソリはそのまま、通っていったとさ。しばらく行くと、一軒の家があった。
19. 一軒家があって、そこに入ったとさ。
20. わかるか?(うぅん、入ったんでしょ? そこに入ったとさ。Sa) うん。(家が一軒あってそこに入って行ったんでしょ? Sa)
21. うん。そうしたら、そこにおおぜい人がいたとさ。それでこんどそこに娘は入った。みんな一緒に入ったら、それはカエルの娘だったとさ。
22. (カエルの娘? Sa)
23. ええとあの、そこに一緒にいた娘は、サンヌピシ村の娘だった。それから今途中からイヌゾリに乗って勇ましい人たちが迎えに来たのはカエルの娘だったとさ。
24. そうして、みんなそこにいて、しばらくして、家の主人がこう言ったとさ。(何て言ったの? それで家の主人は何て言ったの? Sa) その主人は、
25. 「もしだれか親戚でもいたら、何か食物でもあったら、行って持って来なさい。みんなで食べるから」
26. と言ったとさ。
27. それでその娘は出て行った。それから(食物を)もって入って来て、食器か何かに入れて、持って入って来たとさ。それで、

28. 「さあ、なべ汁をつくりなさい。なべ汁をつくりなさい」
29. と言ったとさ。
30. それで今、娘たちは、なべ汁をつくって、なべを火にかけて、煮て、下ろして、今度はみんなに食べさせたとさ。みんなに食べさせて、いや主人にまず食べさせた。それで今食べてみたら、
31. 「いやいや、わしは食わん」
32. と言ったとさ。
33. それで、見たら、それは砂だったとさ。砂だもの当然食べられなかった。
34. それからその小さい娘は、ババに育てられた小さい娘は、それから家を出て、外に出て、そしたら太い木があって、そのそばに行って、泣いたとさ。

35. 泣いて泣いていたら、男が2人下りて来たとさ。
36. 下りて来て、何か食器を抱えてやって来て、それで娘のそばにそれを置いて、その後すぐ上って天へ帰って行ったとさ。

37. neyke tani taa, (horokewpo taa,) monimahpo taa, 'ampa teh 'ahun teh taa, neya 'ohta 'okay 'aynu 'uta, taa 'ohta taa, tani monimahpo 'utah neya horokewpo taa 'eerehe ne'ampe taa, tah reekoh keera 'an 'ipe, nn...
38. " 'iyayreske'an 'anipe hee. "
39. nah taa yehci wa taa 'ehci manu.
40. neyke tani taa, nukaraha ne'ampe taa, 'ehaa... ユリダ゜ト. hah cisukepe nee manu. hah cisukepe taa, cisukepe taa, コンダ゜ 'ehci 'omantene, taa 'orowa hemakahci 'ike taa, 'okayahci.
41. 'okayahci yayne tani taa suy taa, sine'antooketa,
42. " 'iine'ahsuy nee 'utarihi 'an 'aynu 'an kusu neyke, 'anhunara 'ike kuru weepunteh kusu."
43. nah yee manu, taa, cisekoro 'aca..., kakan.
44. 'orowa taa suy ne'an monimahpo taa suy ne'an 'asin teh taa 'isam. 'isamuhu マダ 'ahun koh, 'ohcikeh hemata ka 'oro'oo teh taa,
45. "kosonto sohkarakarayan. kosonto sohkarakarayan."
46. nah yee シタト.
47. ne'ampe tani taa, monimahpo taa kosonto sohkarakarahcihi ne'ampe taa, 'onne 'imiyehe tuytuyehe ne'ampe taa 'opompaki ハ゜ッカリ nee manu.
48. ne'ampe taa 'okore taa, tani tah keetuhci(?) wa 'asinkehci manu.
49. neeteh tani taa, 'orowa taa suy taa, ア/ー monimahpo taa 'asin teh taa, suy taa neya ア /ー ruwe nii kasike 'oman teh sanketa 'oman teh taa, cis yayne taa, suy neya tu horokewpo ki... rih wa ran manu.
50. tah wa ran teh taa, sohkarakara, nn.. sah... 'ahun kusu neyke, taa, mo...ア/ monimahpo 'ahun kusu neyke,
51. "sohkara hanka kante kusu! "
52. nah yee manu, tu horokewpo.
53. 'orowa tani taa, 'ahun teh taa neh ka yee ka hankii teh taa, 'orowano taa, horokewpo 'utah taa 'ahupahci manu.
54. 'iramusinne'an yoy horokewpo 'utah taa 'ahupahci manuyke taa, 'uncikes ta taa rokahci manu. ca... kakan taa,
55. "hemata pirika ruy moni... horokew, monimah, horokewpo 'uta, nupuru monima, horo... horokewpo 'uta, kosonto sohkara ka 'ekarakara ka hankihci kusu 'ene'ani hii? "
56. nah yehci manu.
57. neyahkayki taa horokewpo taa, rokahci 'omanteyne taa, 'oro 'asipahci karahci 'ike, taa heekopohohcin, tekihi taa, リョウホウカラ heekopohohcin tekihi 'ukahci teh taa

37. それで今度その、[男はその]娘はその、それを持って帰って来て、そこにいた人たちに、女たちや男たちに食べさせたら、それはそれはおいしい食物だった。
38. 「これはいつも食べさせてもらったご馳走だ」
39. と言って、それを食べたとさ。
40. それで今よく見たら、それはユリ根だった。ユリ根の煮物だったとさ。ユリ根の煮物を、みんなで食べて、食べてしまってから、出て行ったとさ。

41. それからしばらくしてからある日に、
42. 「ねえ、親戚のいる人があったら、呼んで来てみんなにご馳走しよう」

43. と言ったとさ、その家の主人が。
44. それからまた、その娘はまた出かけていなくなった。出て行ってまた入ってきて、食器に何か入れて、
45. 「晴着を敷きなさい。晴着を敷きなさい」
46. と言ったとさ。
47. それでこんど、女たちが晴着を敷いて、そこに着物をパタパタしたら、そこにはカエルたちばっかりだったとさ。
48. それでそれをみんな、こんどパタパタして出したとさ。
49. それからこんど、またもう一度、娘が外に出たら、またそこに太い木があって、そのそばに行って泣いていたら、またあの2人の男が下りて来たとさ。

50. 天から下りて来て、(晴着を) 敷いて、入ろうと、娘が入ろうとしたら、

51. 「敷かないでくれ」
52. と、その2人の男は言ったとさ。
53. それからこんど、入ってきて何も言わずに入ってきて、それから、男たちが入ってきたとさ。
54. 落ち着いた良い男たちが入って来て、炉口に座ったとさ。すると家の主人が、
55. 「こんな立派な、勇ましい(娘…)、青年、(娘)、青年たち、えらい(娘)、青年たちだ、どうして晴着を敷かないでいるのか?」

56. と言ったとさ。
57. そう言ったけどその男たちは、そのまま座っていて、そこから出ようとした時、その妹たちの手を、両方から妹たちの手を取って連れて行って、木

'ampahci 'ike taa, nii kaske 'ene rikipahci manu, herikoh. cuhkamuy 'ohta rikipahci 'okayahci manu.
58. nah kanne.

の上に上らせたとさ、上の方に。こうして、日の神様のところへ上らせてやったとさ。
58. これまでだ。

4話　PONUNKAYOH(-86)
1986年10月19日録音(8610a)

1. Sannupista re monimahpo 'okayahci. remonimahpo 'okayahci 'ike テ-, cehkihci koh 'ehci, niinahci koh kuruhci, nah kihci yayne, monimahpo テ゛ナイ 'ohkayo 'utah, re horokewpo 'okayahci ダ゛ンダ゛。テ゛ re monimahpo 'okayahci 'ike taa, niinahci koh kuruhci, cehkoykihci koh 'ehci nah kihci manu.
2. nah kihci yayne taa sine too taa, アノー kiyanne monimahpo neewa poniwne monimahpo, 'inoskun monimahpotura taa, niinahci kusu makaphci manu.
3. teh haciko monimahpo poniwne monimahpo 'ohacirun manu.'ohacirun teh 'ay yayne taa, monimahpo 'uta (makapahci) sapahcihi ne'ampe taa, 'ene sine cisina hekaci taa 'ukahci teh 'ampahci wa 'arikihci manu. neyke taa, 'orowa ne'an, cise 'ohta taa tura ruura wa reekoh 'e'ukiroro'okaytehci teh haw'ikihi neya, ワラウ ナガ゛ラ　コンダ゛ キタン ダ゛ ト。ナンダ゛ベ゛ト オモッテ イタ ウチ sapahci koh pon hekaci sineh 'ampahci wa sapahci manu. pon hekaci sineh 'ampahci wa sapahci manuyke taa, tani taa sinohtehci manuyke taa,
4. ni'osuhtaa cipaa tootoo
   ni'osuhtaa cipaa henne(h)
5. nah kihci 'ani taa, オド゛ッテルンダ゛ト ソノ コト゛モ… ('aynu 'itah 'ani yee kanne.) tani taa, 'eyaykonopuruhci manu.
6. 'eyaykonupuruhci 'ike taa 'ipekarahci yahkayki taa tura 'ipehci caruhu 'ipe 'oro'ohci, tura 'ehci nah kihci manu.
7. nah kihci teh taa, sinke'ikehe taa, suy taa, niiinahci kusu makapahci manu. アノー poniwne monimahpo taa, アノー hekaciト 'ohacirun manu.
8. taa kiyanne nanna nanna 'utah taa tuhpis taa niina kusu makapahci manu. teh 'okaaketa taa, ソノ hekaci 'osimihe taa poniwne monimahpo taa 'itasare, アタラシク　オシ メ 'ekarakara.
9. nah kii 'omantene taa, 'orowa mokonte teh taa, 'orowa pateh 'okoyse kusu 'asin manu.
10. 'okoyse kusu 'asinihi ne'ampe taa, ウー cise 'onnayke 'ene hemata humihi 'an manu.
11. ne'an kusu taa, 'apa 'uturu kaari nah nukaraha ne'ampe, pon hekaci nah 'eramampe nukara koh 'onneru 'ohkayo ダ゛ nee manu.
12. ('onneru 'ohkayo? M)
13. 'onneru ッテ オオキイヒト ダ゛ ッテ イウ。ソウシテ コウ ウチン ナカ カラ クルクル マワッテ アルイテ ルン ダ゛ ト。(それ, 'aynu 'itah 'ani yee kanne. M)

4話　ポヌンカヨ(-86)

1986年10月19日録音(8610a)

1. サンヌピシ村に3人の娘がいた。3人の娘がいて、魚をとっては食べ、マキをとってはくべ、している中に、娘、いや男たち、3人の男たちがいた。それで3人の娘がいて、マキをとってはくべ、魚をとっては食べしていたとさ。
2. そうしている中に、ある日、上の娘はその次の娘、中の娘と一緒に、マキを取りに山へ行ったとさ。それで、小さい娘、下の娘が留守番をしたとさ。
3. 留守番をしていたが、(山に行った)娘たちが帰ってきたのだが、紐で縛られた赤ん坊を拾って抱いて帰って来たとさ。それで、それから、家に連れて帰って、とても喜んでうれしそうに話しながら帰って来たとさ。何だろうと思ったら、娘たちは小さい赤ん坊を一人連れて帰って来て、今こうやってあやしたとさ。

4. ni'osuh taa cipaa tootoo
   ni'osuh taa cipaa kenne(h)

5. こうしながらあやした。踊っているんだとさ、その子どもが。もうとてもみんな喜んでいたとさ。
6. 喜んで、食事の用意をしても一緒に食べて、食べ物を口に入れて一緒に食べたとさ。
7. そうしていたある日、またマキとりに山へ行ったとさ。下の娘が子どもと留守番をしたとさ。
8. それで、上の姉さんたちが2人でマキとりに山へ行ったとさ。その後で、その子のおしめを下の娘は替えて、新しくおしめを替えた。
9. こうやっている中に、また寝かせて、それからちょっと便所に出たとさ。
10. 便所に出たら、その家の中から、何だか物音がしたとさ。
11. それだから戸の間からこうして中を見たら、小さい子と思っていたものを見たところ、それは大男だったとさ。
12. (大男？　M)
13. 'onneru というのは大きい人だっていうことだ。そうしてそれが家の中をくるくる廻って歩いてるんだと。(それ、アイヌ語で言って下さい。M)

14. 'ahkas manu. クルクル クルクル taa, 'ahkas manuyke taa, ウン 'ene kii manu.
15. " 'iine'ahsuy, monimahpo 'uta, hemata 'ehci wa 'okayahci hii?　　hemata 'ehci wa 'okayahci hii? "
16. nah yee 'ike taa, nipaapo ka nukara, rasuhu mesu, caruhu 'ohta 'ama.　kasuh ka nukara rasuhu mesu, caruhu 'ohta 'ama, nah kii kusu 'an manu. キット コレ 'oyasi pooho ダ゜ナ、 nah 'eraman manu.
17. nah 'eraman teh taa, 'orowa taa, 'oka 'an 'ike taa, siwpu kanne taa 'ahun manu. 'ahunihi ne'ampe taa 'iramusinta mokoro kusu 'an manu. mokoro kusu 'anihi ne'ampe taa, 'orowa taa, アノ nanna nanna 'utah taa, niinahci wa sapahci manuyke taa, neya hekaciyehehcin 'ohta 'ahu- 'ahupahci teh taa suy, 'epuntekahci 'ike taa, 'ukahci teh taata suy sinohtehci.

18. ni'osuh taa cipaa kenne
    ni'osuh taa cipaa tootoo

19. nah taa kihci wa taa sinohtehci 'omantente taa, 'orowa taa tani taa, nanna nanna tani 'ipehci manu.
20. 'ipehci 'ike taa suy poohohcin naa 'uta 'iperehci.
21. teh, taa monimahpo taa yeehe ne'ampe taa,
22. " 'esunke hee."
23. nah yehci manu.
24. "henkehe neya waa? pon hekaci neya waa! hemata kusu ne'an, 'ahkasuhu ne'anii nah heekopohohcin yee kusu ne'anii?"
25. nah yee teh taa heekopohohcin kocaarankehci manu.
26. " 'ewante?" (うん。 M)
27. neeteh tani taa 'orowa taa, rewsihci.
28. sinkeykehe taa, tani poniwne monimahpo taa, nannahahcin taa, kiyanne nannaha tura teh poniwne nanna nanna 'ohacirun mnau. 'ohacirun neyke taa neya hekaci taa, suy taa 'osimihi トリカエタ、 itasare teh, 'orowa ne'an 'ipere teh taa, 'orowa suy taa, mokonte manu.
29. mokonte teh taa 'orowa マタ hohpa teh 'okoyse kusu 'asin manu. 'okoyse kusu 'asinihi ne'ampe taa 'okoysehe ne'ampe, cise 'onnayke poka, hemata humihi 'an manu.
30. (suy hemata humihi 'an! M)
31 hemata humihi 'anihi ne'ampe taa, 'apa 'uturu kaari nah nukaraha ne'ampe taa, neya hekaci 'ahkas kusu 'an manu.
32. " 'iine'ahsuy tan cise 'un monimahpo 'uta, hemata 'ehci wa 'okayahci hii? 'anoka

14. 歩いてるとさ。クルクル クルクルと歩いていて、こう言ったとさ。
15. 「ねえ、一体娘たちは何を食べているのだろう？ 何を食べてるのだろうか？」
16. と言いながら、お椀を見つけて端をちぎって口に入れる、ひしゃくを見つけて端をちぎって口に入れる、こんなことをしていたとさ。(下の娘は)これはきっとお化けの子だと思ったとさ。
17. そう思って、それからしばらくいたが、勇気を出して中に入ったとさ。入ったら、静かにすやすやと寝ていたとさ。寝ていたのだが、それから姉さんたちがマキとりから帰って来たが、その子のいるところに入って、また喜んで抱き上げてまたあやした。

18. ni'osuh taa cipaa kenne
    ni'osuh taa cipaa tootoo

19. こう言ってあやしていたが、それから姉さんたちは食事をしたとさ。

20. 自分たちも食べて、その子にも食べさせた。
21. そしてその娘が言うには、
22. 「お前はうそをついている」
23. と言ったとさ。
24. 「じいさんと言うのか？ 赤ん坊と言うのか！ どうしてこんな風に歩き回っていると妹は言うのか？」
25. と姉さんたちは言って、妹を叱ったとさ。
26. わかるかい？（うん。M）
27. それで、それから、寝た。
28. 次の日、こんどは下の娘がその姉さん、上の姉さんと一緒に出て、下の姉さんが留守番したとさ。留守番をして、その子のおしめを替えた。おしめを替えて、それから食べさせて、それからまた寝かせたとさ。
29. 寝かせてから、また置いて便所に出たとさ。便所に出て用を足して来たら、家の中から何か物音がしたとさ。
30. （また音がしたの！ M）
31. 何か物音がしたから、戸の間からのぞいて見たら、その子が歩き回っていたとさ。
32. 「ねえ、一体この家の娘たちは、何を食べているんだろう？ わしは腹が空

kayki mawa'an kusu 'okayan, hemata 'ehci wa 'okayahci?"
33. tah, yee 'ani taa, cise 'onnayke poka 'ahkas 'ike taa, suu 'onnayke 'ene 'inkara, suy taa nipapo, 'oypepihihcin rasuhu mesu, caru 'ohta 'ama, kasuh ka mesu, rasuhu mesu, caru 'ohta 'ama, nah kii kusu 'an manu.
34. naa 'orowa taa nukarahci teh taa 'orowa taa, heyoni teh 'uta(?) tani taa 'apa 'onne taa siwpu siwpu kanne taa 'apa cahteh teh 'ahunihi ne'ampe, mokoro kusu 'an manu.
35. mokoro kusu 'anihi ne'ampe taa, 'orowa taa, nanna nanna soyun(?) taa, suy kimma taa niinahci kusu 'orowa sapahci manu.
36. sapahci manuyke taa, tani taa, 'inoskun monimahpo neewa, haciko monimahpo tura taa, tani sine hekaci 'ukahci teh taa,

37. ni'osuh taa cipaa tootoo
ni'osuh taa cipaa kenne

38. nah tah yehci wa taa, 'iko'astehci manu. 'iko'astehci 'omanteyne taa, tani taa suy taa, mokontehci.
39. taa sinke'ikehe taa, suy ウン poniwne monimahpo taa, tani kiyanne monimahpo tura tah niinahci. taa 'inoskun monimahpo taa, hekaci tura 'ohacirun. hekaci tura hosiki kanne ne'ampe, yeeruye poniwne monimahpo taa 'ohacirun neyahkayki taa, 'orowa ツキ゜ノヒ ne'ampe taa poniwne, 'inoskun monimahpo taa, ne'an, hekaci tura 'ohacirun. tani taa イチバン kiyanne monimahpo taa, hekaci tura 'ohacirun manu.
40. neeteh tani taa suy ne'an, 'osimihi 'itasare 'itasare 'omantene, nani mokonte teh taa 'orowa hohpa teh taa, 'okoyse kusu 'asin manu.
41. ソウ ヤッテ マイニチ、ソウ ヤッテ オシッコ hci, 'okoyse シニ 'ahkas サ スル ノ。ハイ。 'okaaketa taa, 'okoyse kusu 'asin 'okaaketa taa, 'anayne cise 'onnayke poka hemata humihi 'an manu.
42. hemata humihi 'anii(?) kusu taa, コウ、apa cah... 'apa 'uturu kaari, 'apa 'uturu kaari, コウnukaraha ne'ampe tan, pon hekaci, 'iramusinne 'onneru 'ohkayo taa 'ahkas kusu 'an manu. taa,
43. " 'iine'ahsuy monimahpo 'uta, hemata 'ehci wa 'okayahci hii? 'anoka ka mawa'an kusu 'okayan, hemata 'ehci! 'episkan pohka taa 'ihunarahunara kusu 'an"
44. manu, neya hekaci.
45. ne'anihi nukarahci 'omantene taa, 'orowa taa, nukara 'omantene taa, 'orowa hosipi. hosipi teh taa コントハ siwpu kanne 'ahunihi ne'ampe taa, 'iramusinne mokoro kusu 'an manu.
46. neeteh tani taa tani, アノ heekopoho ヨ、 nannaha heekopo 'utarihihcin taa, kimma niinahci wa sapahci teh taa, 'e'ukoweepekerehci teh, taa 'orowa taa sinke'ikehe taa,

いたわい。娘たちは何を食べているんだろう？」
33. と言いながら、家の中を歩き回って、鍋の中をのぞき、またお椀や食器の端をちぎって口に入れる、ひしゃくもちぎる、端をちぎって口に中に入れる、という風だったとさ。
34. しばらくそのまま見ていたが、それから頭を引っ込めて、戸から勇気を出して、戸を開けて入ってみたら、その子は寝ていたとさ。
35. 寝ていたから、それから、姉たちは外に出て、また山へマキとりに行ってそれから帰ってきたとさ。
36. 帰ってきて、こんどは、中の娘と末の娘が赤ん坊を抱き上げて、

37. ni'osuh taa cipaa tootoo
ni'osuh taa cipaa kenne

38. と言って、あやしたとさ。あやしてから、こんどまた寝かせた。
39. その次の日、またその末娘と、こんど上の娘が一緒にマキとりに行った。その中の娘が、子どもと留守番した。子どもとはじめは、一番下の娘が留守番したけれども、その次の日はその下の、中の娘がその子どもと留守番した。こんどは一番上の娘が子どもと留守番したとさ。
40. こうしてまた、おしめを替えて替えてから、すぐに寝かしてから置いて、便所に出たとさ。
41. こうして毎日オシッコしてオシッコしにいった。その後で、オシッコしに行った後で、しばらくすると家の中から何か物音がしたとさ。
42. 何か物音がしたから、戸を開け、戸の間から、戸の間から、こうしてのぞいて見たら、その小さい子が、きれいな大男になって、歩き回っていたとさ。
43. 「どれどれ、娘たちは何を食べているんだろう？　わしは腹がへった。何を食ってるんだ！あちこちから食べ物を集めて来ている」
44. と言ったとさ、その子が。
45. その様子を見て、娘たちは見てから、帰った。帰って、こんどは勇気を出して入ってみたら、すやすやと寝ていたとさ。

46. それでこんど、その妹、姉と妹は、山からマキとりから帰って来て、話し合って、それから次の日またマキとりに行ったとさ。

tani niinahci manu.

47. niinahci 'ike taa, ウソ poniwne monimahpo 'ohacirun teh taa, niinahci, niinahci 'ike tah kihci 'omantene taa, poro 'unci 'u'aarehci teh taa, 'onne taa, 7 / hekaciyehehcin taa 'ukahci 'ike taa,

48. ni'osuh taa cipaa tootoo
    ni'osuh taa cipaa kenne
    ponunkayoh, ponunkayoh

49. nah yehci 'omantene taa, 'unci 'onne 'ociwehci teh hohpahci kirahci manu. hohpahci kirahcihi ne'ampe taa, payehci yayne taa, nukarahci koh, nanna nanna citokihi 'oyra manu. citokihi 'oyra kusu taa, tani hunara kusu 'omanihi ne'ampe taa, 7 / cise 'onnayke pohka taa ponunkayoh taa 'ahkas kusu 'an manu.

50. " 'iine'ahsuy, nanna nanna 'utaa, kamihihcin ku'ee rusuy kusu, hekaci ne kuyaykara teh ni'osuh ta ku'ani ike, 'enukahci 'eneyaykonopuruhci 'omantene tani 'unci 'onne 'enociwehci teh 'enhohpahci kirahci!"

51. nah yee 'ani taa, sumihi kerekeru kusu 'an manu.

52. neeteh tani taa, nanna nanna taa, citokihi 'uh teh taa, 'orowa taa, 'ekirawa 'asin teh taa, 'oman manu. 'anayne 'inkara koh, neya ponunkayoh 'orowa 'annospahci kusu 'an manu.

53. tah kusu taa, nanna naa kirayehe 'ociwe 'ike taa poro huhkara kara. taa 'orowa suy taa sempirike 'ene kirahci yayne, se... neya 'unkayoh taa, suy huhkara poso 'oman manu.

54. 'omani ike taa, 7 / 'ekimatekahte kusu taa, 7 /− nanna nanna taa, 7 /... 'inoskun monimahpo tani kirayehe 'ociwe 'ike taa, poro nupuri kara.   'orowa suy taa, kirahci. kirahci yayne 'inkarahci koh, suy poro wa 'oman teh 'orowa 'annospahci kusu 'an manu.

55. neyke tani taa payehci yayne taa sine ruu(?) payehcihi ne'ampe ta, sine 'ahcahcipo taa peray kusu 'an manu.

56. " 'iine'ahsuy 'ahcahcipo, 'ahcahcipo, 'en... 'en... 7 /、 enpecikare, 'en... 'ipecikare, 'ipecikare."

57. nah yee manu.

58. nah yeehe ne'ampe taa, 'ahcahcipo taa, kemaha tuuriri.   taa kasiketa rapahci teh taa, pecikahci teh taa, 'orowa yaynuynakahci manu.

59. yaynuynakahcihi ne'ampe taa, 'anayne ta 'inkara koh, neya 'ahcahcipo peray yayne taa, neya 'unkayoh taa, nay 'ohta 'eh manu.

47. マキとりをして、下の娘が留守番をして、マキを取って取って、火をうんと燃やして、そこにその子を抱いて、

48. ni'osuh taa cipaa tootoo
　　ni'osuh taa cipaa kenne
　　ponunkayoh, ponunkayoh

49. と言いながら、火の中に子どもを投げて逃げたとさ。放って逃げて、しばらく行った時、見たら、姉さんの首飾を忘れたとさ。玉を忘れたから、それを探しに行ったら、その家の中であのポヌンカヨが歩き回っていたとさ。

50. 「さては、姉さんたち、お前たちの肉をわしは食いたくて、子どもに化けて、木の根元に座っていたんだが、わしを拾って喜んで、そして今、火の中にわしを投げ入れて、置いて逃げたな！」

51. と言いながら、炭を削っていたとさ。

52. それでこんど、姉たちは、玉を取って、それから、逃げて出て行ったとさ。そうして（後を）見ると、そのポヌンカヨが自分たちを追いかけて来たとさ。

53. それだから、姉さんは、自分のクシを投げて大きい林を作った。それからまた、その下の方へ逃げて行って、そのウンカヨもまた、林を抜けて行ったとさ。

54. 行ったから、あわてて、その姉さんは、その、中の娘が今クシを投げて、そこに大きい山を作って、また逃げた。逃げて逃げて見たら、また（お化けが）山を通り抜けて、追い駆けて来ていたとさ。

55. それでどんどん行ったら、一本の道をずっと行ったら、一人のババが魚を釣っていたとさ。

56. 「ねえおばあさん、おばあさんお願い、私を渡らせてちょうだい、私たちを渡らせて、渡らせて！」

57. と言ったとさ。

58. そう言ったら、ババは自分の足を伸ばした。（娘たちは）その上に下りて、渡って、それから隠れたとさ。

59. 隠れていて、（ウンカヨの方を）見ると、そのババは魚を釣っていて、そのウンカヨが川のところに来たとさ。

60. " 'iine'ahsuy 'ahcahcipo, 'enpecikare, 'enpecikare.Sannupetun monimahpo 'uta kamihihcin ku'ee rusuy kusu, 'enreskehci 'omantene 'unci 'onne 'enociwehci teh 'enhohpahci kirahci. 'enpecikare, 'enpecikare."
61. nah yee manu.
62. " 'anihi neya 'ahci... monimahpo 'uta taa nukara ka hankii."
63. nah yee manu.
64. "nukara ka hankii."
65. nah yee yahkayki taa, naa,
66. " 'enpecikare, 'enpecikare."
67. nah yee kusu taa, 'orowa ne'an, kemaha tuuriri 'ike taa,
68. "kemaha 'okotohne 'okotohne 'ikehe(?) pe... kema peekari teh pecika waa."
69. nah taa yee manu.
70. tayke, 'okotonne 'okotonne(?) kema peekari 'ike pecikarehe ne'ampe taa, nay nosketa pecika teh taa,
71. " 'a, 'aa, 'ankemahaa!"
72. nah teh kemaha yontehtehe neya, neya 'unkayoh 'ohta, nay 'onne 'ahun manu. 'uh toko rihpone 'an teh taa, mom ma san 'ayne taa, honihi kasike'ike 'ene nii cayteh yohte 'ike, honihi naske teh taa, 'orowa ne'an kikiri 'utah, hariyam naa 'opompaki naa, tah honihi 'orowa 'asipahci. teh, 'opom-... neya 'unkayoh 'ohta, ray manu.
73. ray teh taa 'orowa taa, monimahpo 'utah tani 'eytakahci kusu taa, 'ahcahcipo 'ekoweetakahci kusu, 'ahcahcipo saaketa perayahci 'ike taa, ceh naa raykihci ike taa, 'ahcahcipo 'ekohaykihci(?) 'omantente taa, 'orowa taa, hosipihci manu.
74. hosipihci taa cise 'ohta payehci teh tani taa, 'okayahci yayne taa, niinahci koh kuruhci, cehkihci koh 'eh, nah kihci yayne taa, 7/- horokewpo 'utah, re horokewpo 'eh manu. re horokewpo 'eki ike taa, monimahpo 'utah taa, nukarahci kusu taa, 'uurah rankehci 'ike taa 'ekuhtehkahci manu. cise 'onnaykehe 'ekuhtekahci,
75. "tani pahno ka 'okayahci yahka ne(e) 'aynu ka nukara ka hankihci pe, tani ne(e) 'aynu 'eh kusu 'ene'ani."
76. nah yehci ike taa, 'uurah rankehci siro'esikahci teh 'ekuhtehkahci 'ike taa, 'okayahci yayne taa, monima- , horokewpo 'utah 'ahupahci manuyke taa, tonupuruuska(?) 'omantehcihi ne'ampe taa sirokewa manu. sihtoono manu.
77. neyteh taa, horokewpo 'uta yehci manu.
78. " 'iine'ahsuy monimahpo 'uta, 7/、 unkayo, koykihci, raykihci 'ike hannehka sinenehka kihcihi ka hannehka. taa 'utah ka 'uta 'eykaasiw wa 'omantene 'unkayo 'utah raykipe neewa ne'an. hemata 'e'ocisahci kusu ne'an 'ekuhtehkahci kusu ne'ani?"
79. nah yehci 'ike taa, 'uurah rukum puy kaari 'asinkehci, 'uurah rukum puy... 'apa kaari

60. 「ねえババや、わしを渡らせてくれ、渡らせてくれ。サンヌペッの娘たちの肉をわしは食いたくて、わしを育てさせていたら、わしを火に投げて、わしを置いて逃げてしまった。わしを渡らせてくれ、渡らせてくれ」
61. と言ったとさ。
62. ババ自身は、「娘たちに会わなかった」
63. と言ったとさ。
64. 「会わなかったよ」
65. と言ったけれど、
66. 「わしを渡らせてくれ、渡らせてくれ」
67. と言うから、それから足を伸ばして、
68. 「足を、深い深いところを、足を伝って渡りなさい」
69. と言ったとさ。
70. それで、深い深いところを足を伝って渡って行ったら、川の真ん中を渡った時、
71. 「ああ、オレの足が！」
72. と言って、足を引っ込めた途端、そのウンカヨ、川の中に入ってしまったとさ。流れて下って行くうちに、腹の上に木の枝が刺さって、腹が裂けて、そこからその虫だの、トカゲだのカエルだのが、その腹から出て来た。そうして、そのウンカヨはそこで死んだとさ。
73. 死んでそれから、娘たちはそのことを話し合って、ババにそれを話すために、ババのそばに来て魚釣りをして、魚も殺して、ババに魚を殺してお供えしてから、それから家へ帰ったとさ。
74. 帰って、家に帰って、しばらくたって、マキを取ってはくべ、魚を捕っては食べていると、男たちが、3人の男が来たとさ。3人の男が来て、娘たちに、娘たちに会うために、もやを降らせて、暗くしたとさ。家の中を暗くしたとさ。
75. 「今までここにいたのに誰も来なかったが、今誰かが来るんだね」
76. と言っていたが、もやを降らせて、暗くしてしばらくいたが、男たちが入ってきて、辺りが明るくなったとさ。夜が明けたとさ。
77. そうして、男たちは言ったとさ。
78. 「あのね、娘たちや。ウンカヨを捕って殺したのは一人でしたのじゃないよ。みんなに助けてもらって、ようやくウンカヨをやっつけたんだよ。何を悔やんで、こんなに暗くしているのかい？」
79. と言って、もやの半分を窓から出し、もやの半分を窓、、戸口から出した。

'asinke. sirokewaa teh 'an manu.
80. neeteh 'orowa tani taa monimahpo 'utah taa, 'inoskun monimahpo ne'ampe 'inoskun horokwpo sam. poniwne monimahpo ne'ampe イチパン poniwne horokewpo taa sam. イチパン kiyanne horokewpo ne'ampe kiyanne monimahpo sam teh taa, 'okorehehcin taa(n) cise karahci ike taa, yoy cise karahci, pirika cise karahci teh, 'ohta taa, 'aynu 'okore yaycise korohci taata 'okayahci yayne, pookorohci manuyke taa, kotan pa 'etuhturi mosiri pa 'etuhturi kihci manuyke taa, rih poka 'ahkas cikah ka, 'ohta, tehkupihihcin sayayse 'ike, 'uynahci 'ike muysankeh ne sahka ne naa korohcipe nee manu. (7-ソ。 M)

辺りが明るくなったとさ。
80. それからこんど、その娘たちは、中の娘は中の男と夫婦になった。下の娘は一番若い男と一緒になった。一番上の男は、上の娘と一緒になって、みんな所帯を持って、きれいな家を建てて、良い家を建てて、そこで、みんなそれぞれ家を持って暮らしていたが、子どももできて、村も栄え、国も栄えて、空飛ぶ鳥も、そこに羽を落として、それで、人々はそれを拾ってホウキやハシにしたということだ。(フーン。M)

5 TEPA TUYTAH

1986年10月26日録音 (8613a)

1. Sannupista re horokewpo 'okayahci. e horokewpo 'okayahci 'ike, イチハ゜ン poniwne horokewp-, テ゜ナイ kiyanne horokewpo 'otakaata san manu. 'otakaata san 'ike maaha ne'ampe オヨンテ゜オヨンテ゜ ソシテ コンダ゜ネ フントﾟシ toyre. フントﾟシ スレタ。sita'unpe スレタ。スレタカラ ヌ イテ゜キノウエサ コンダ゜ホシテ オイタト。sita'umpe, (hosikino 'aynu'itah 'ani yee teh 'orowa siisam'itah 'ani yee kanne. M)
2. neeteh 'orowa tepaha toyre, tepaha toyre teh 'asinke 'ike, yan. nii kaata sahkehe ne'ampe taa, yan nii kasketa 'ama manu. 'anayne taa sine 'etuhka taa kimma san manu.

3. karararaa kira'uu tohtee
   karararaa kira'uu noyyee
   karararaa kira'uu tohtee

4. nah kihci manu.
5. ソーヤッテ nah kii teh 'omantene 'orowa hekimoh makanu wa 'isam manu. tani nukaraha ne'ampe horokewpo sita'umpehe 'ekira wa 'isam manu.
6. 'orowa horokewpo taa 'iruska wa makan manuyke taa, cise 'ohta makan teh taa アノー ウラノキ イロマキ カワサ サイテ、sapahka kokarikari シタト, konkenii, sapahka kokarikari teh ciseta 'ahun. 'ahunike mokoro manu. mokoro'ike,
7. " 'iine'ahsuy yuhpo yuhpo, nee 'oyas 'ohta 'enukara kusu taa, yee wa 'annuu."

8. nah yehci yahka taa 'ampene taa mokoro manu.
9. neeteh taa 'orowa taa 'anayne tani taa, 'inoske'un horokewpo taa, suy maa kusu san manu.
10. maa yayne tepaha toyre. 'asinke 'ike yan nii kasketa 'amaa. yannii kaata 'ama teh, taa 'orowa taa 'otakaata taa 'aa yayne taa yan nii kaata 'aa yayne taa sine 'etuhka taa kimma san manu.

11. karararaa kira'uu noyyee
    karararaa kira'uu tohtee
    karararaa kira'uu noyyee

12. nah kii 'omantene taa, 'orowa taa hekimoh makanu wa 'isam manu. tah kii nukaraha

5話　フンドシを取られた話
1986年10月26日録音（8613a）

1. サンヌピシ村に3人の男がいた。男が3人にてイチバン年下の、デナイ、年上の男が浜に出たとさ。浜に出て泳いだら、泳いで泳いでいたら、フンドシがぬれた。フンドシがぬれた。フンドシがぬれたからこんど木の上に干しておいたそうだ、フンドシを、（最初にアイヌ語で言って、それから日本語で言ってください。M）
2. それで、フンドシがぬれた、フンドシがぬれたから脱いで、浜に上がった。木の上に干して置いた、寄り木の上に置いたとさ。そうしたら、山のほうからカラスが降りてきたとさ。

3. karararaa kira'uu tohtee
   karararaa kira'uu noyyee
   karararaa kira'uu tohtee

4. と鳴いたとさ。
5. そうやってから、山のほうへ上っていってしまったとさ。今見ると、男の下着を取って逃げて行ったとさ。
6. それから男はそれを怒って、うちに帰って、裏山のエリマキの木の皮を裂いて、頭に巻きつけた、そのエリマキの木の皮を頭に巻きつけて家へ入った。入って寝たとさ。寝て、
7. 「ねえ、兄さん、兄さん。どんな化け物に会ったか話してちょうだい。聞くから」
8. と言ったけど、兄さんは寝てしまったとさ。
9. それから、そうして、青の真ん中の男が、今度またそこへ泳ぎに降りてきたとさ。
10. 泳いでフンドシがぬれた。脱いで上がった。木の上に掛けておいた。寄り木に掛けて、それから浜辺に座ったり、寄り木に腰掛けたりしていると、一羽のカラスが山から降りてきたとさ。

11. karararaa kira'uu noyyee
    karararaa kira'uu tohtee
    karararaa kira'uu noyyee

12. と鳴きながらカラスは、山の方へ行ってしまったとさ。そうして、今度見

ne'ampe neya horokewpo sita'umpehe コンタ゛'eysika teh 'ampawa makanu wa 'isam manu.

13. 'orowa tani taa horokewpo taa 'orowa 'iruska wa makan manuyke taa, cise 'ohta makan teh taa､yuhpo yuhpo ア丿ー カ'ワ mesu. konkenii kapuhu mesu teh taa hahkane koro teh taa 'orowa cise 'ohta 'ahun ike taa,
14. " 'iine'ahsuy, 'ahkapo 'ahkapo, 'iine'ahsuy, yuhpo yuhpo nee 'oyas 'ohta 'enukara ciki yuhpo yuhpo yee wa 'annuu."
15. nah yee yahka 'ampene taa mokoro manu.
16. mokoro taa 'anayne tani taa イチハ゜ン poniwne horokewpo taa maa kusu san manu. maa kusu sani ike taa maa yayne taa, tepaha toyre. [咳] 'asinke 'ike, yannii kaata 'amaa. yannii kaata 'ama teh taa, 'anayne taa, sine 'etuhka san manu. sine 'etuhka san 'ike taa,

17. karararaa kira'uu tohtee
    karakaraa kira'uu noyyee
    karararaa kira'uu tohtee

18. nah kii manu.
19. teh taa 'annukaraha ne'ampe suy hekimoh makanuwa 'isam manu.
20. nukaraha ne'ampe taa, 'anihi tepaha suy 'eysika wa 'isam manu. 'ekira wa 'isam manu.
21. taa kusu taa, 'orowa taa, 'oponi taah makan manu. nospa wa makan manuyke taa 'etuhka makan ruwehe 'okaakara mun 'ehokoyakoya ruu kaari taah makay yayne taa, sine cise 'an manu.
22. sine cise 'ani ike taa 'ohta 'ahunihi ne'ampe, 'ampene 'ekuhteh manu. 'ekuhteh teh taa 'ohta 'ahun teh ciseta 'ay yayne taa, 'uurara rukumihi puyara kaari 'asin, 'uurara rukumihi 'apa kaari 'asin. sistoono manu.
23. 'inkaraha ne'ampe taa, re monimahpo 'an ruwehe 'an manu. re monimahpo 'an ruwehe 'ani ike taa, イチハ゜ン kiyanne monimahpo 'omayehe 'orowa taa, kiyanne yuhpo yuhpo tepaha taa 'omayehe 'enkasike wa rahkii. 'orowa 'inoskun monimahpo 'omayehe 'orowa ne'ampe taa 'inoskun horokeypo tepaha ta'ah 'omayehe 'enkasike wa 'ahte. 'orowa 'anihi tepaha ne'ampe イチハ゜ン poniwne monimahpo 'omayehe 'ahte manu. teh 'ahte teh 'an manu.
24. 'inkaraha ne'ampe taa sine 'ahci'ahcipo 'an manu. sine 'ahci'ahcipo 'an teh, taa kaa 'ekaa kusu 'an manu.. neyke neya 'ahcahcipo 'orowa 'annukarahci 'ike taa,

たら、その男の下着を今度盗んで持って行って、山の方へ行ってしまったとさ。

13. それから今、その男は怒って、家の方へ上って行ったが、家へ帰って行ったら、お兄さんが皮をはいでいたとさ。皮をはいで、それを帽子にしていたが、それから（弟が）家に入ってきたとき、
14. 「やあ、弟や、あのね、いったいどんな化け物に会ったか、兄さんに話して聞かせておくれ、聞くから」
15. と言っても、弟は何も言わずに寝てしまったとさ。
16. 寝ていたら今度その一番下の男が泳ぎに浜へ出たとさ。泳ぎに浜に出て、泳いでいるうちにフンドシがぬれた。それで脱いで、流木の上に置いた。流木の上においていたが、そのうちに、カラスが一羽飛んで下りて来たとさ。カラスが来て、

17. kararaaraa kira'uu tohtee
    karakaraa kira'uu noyyee
    kararaaraa kira'uu tohtee

18. と鳴いたとさ。
19. そうしてから見ると又山の方へ行ったしまったとさ。
20. 見ると、その、自分のフンドシを取って行ってしまったとさ。取って行ってしまったとさ。
21. それで、それから、その後をつけて行ったとさ。追っかけて行ったら、そのカラスの跡をたどって草をかき分けて曲がって、その道をたどって上って行ったら、一軒の家があったとさ。
22. 一軒の家があってそこに入ってみたら、中は真っ暗だったとさ。真っ暗で、その入った家にしばらくいたのだが、そのうちに、朝の煙が窓から半分、戸口から半分出て、だんだん明るくなった。夜が明けたとさ。
23. あたりを見ると、そこには娘が3人いる様子だった。娘が3人いるらしく、一番上の娘の寝床の上からは、その一番上の男のフンドシがその寝床に下がっていた。それから真ん中の娘の寝床からはその真ん中の男のフンドシが、その寝床の上にかかっていた。それから、自分のフンドシは一番下の娘の寝床にかかっていた。こう、かかっていたとさ。
24. 見ると、そこに一人の老婆がいたとさ。一人の老婆がいて、そこで、糸を紡いでいたとさ。それで、その老婆はこちらを見て、

25. " 'iine'ahsuy horokewpo, taa hosiki kiyanne horokewpo kumahnuure rusuy kusu tepaha ku'ekira wa kumakan 'ike, 'iruska wa makan teh mokoro. yooponi 'inoskun horokewpo suy nah tepaha ku'ekira 'ike taa suy 'emokoro. yeeruye poniwne horokewpo suy nah kukara 'ike , tani nani 'ennosipa wa makan"

26. manu. nah kusu taa,
27. " 'iine'ahsuy, teeta teere waa. 'ehahtaa monimahpo 'utah hecirehci wa sapahci kusu 'ikii. suy taa hanka 'oman kanne teere waa."
28. nah yee manu.
29. neeteh tani taa 'ay yayne taa monimahpo taa 'utah taa hecirehci wa sapahci manu.

30. koo wehtaa koo wehtaa
    koo weh wehtaa koo wehtaa
    koo wehtaa koo wehtaa

31. ソーヤッテ hecirehci wa sapahci manu.
32. tani taa 'ahcahcipo tah nuu kusu 'ene yee manu.
33. " 'iine'ahsuy, tani ne'an monimahpo 'utah neyke hecirehci yah, <koo wehta koo weh wehtaa> nah kii. 'anoka 'asinno hecire'ani ike, <he'uketu kannee 'ehum, 'okesuh kannee 'ehum> nah 'an hecire 'anikii koh sapan."
34. nah taa yee manu.
35. neeteh taa 'orowa taa sapahci manuyke taa tani taa 'ehahtahci wa sapahci 'ike tani tah hah sukehci manu. sukehci 'ike taa, tani tah horokeypo 'eere, tura 'ehci. 'ipehci 'omantene tani taa re'usi. rewsi teh taa sinke'ikehe taa,
36. " 'iine'ahsuy monimahpo 'uta, tan pon horokewpo turayan kanne sapan."
37. nah taa 'ahci yee manu.
38. neeteh taa horokewpo, taa monimahpo taa horokewpo turahci teh sapahci manu. cisehehcin 'onne 'ehankeno payehcihi ne'ampe taa yuhpo yuhpo 'utah taa cisahci hawehe 'an kusu 'an manu, cisahci hawehe 'an.

39. 'iihi 'iihi
    'ahkapo 'ahkapo wen kusu
    'iihi 'iihi
    yuhpo yuhpo pirikaruy
    yuhpo yuhpo

25. 「ねえ、男や、この前はあの上の男に嫁を世話したかったから、そのフンドシを持って上がってきたけれど、当人は怒って、家へ帰って寝てしまった。後で真ん中の男のフンドシを又持って逃げてきたが、これもまた寝てしまった。一番下の男も同じようにしたら今度はすぐ私を追いかけて来たのだよ」
26. と言った．こう言ったので、
27. 「あのね、ここで待っていなさい。ユリ掘りに行った娘たちが、踊りながら下って帰ってくるから。もうよそへ行かないで待っていなさい」
28. と言ったとさ。
29. そうして今しばらくそうしていたら娘たちが踊りながらそこに山から下ってきたとさ。

30. koo wehtaa koo wehtaa
    koo weh wehtaa koo wehtaa
    koo wehtaa koo wehtaa

31. と、こうやって踊りながら下りてきたとさ。
32. 今度、老婆はこれを聞いてこう言ったとさ。
33. 「ほら、今この娘たちは、踊って来るのに <koo wehta koo wehwehtaa> といって来たよ。私等が初めて踊った時は、<he'uketu kannee 'ehum, 'okesuh kannee 'ehum> といって踊ってきたものだ」
34. と言ったとさ。
35. それから娘たちはユリ根掘りをして帰ってきて、ユリ根を料理したとさ。料理して今度はそれを男に食べさせて、自分も一緒に食べた。しばらく食べてからそこに泊まった。泊まってその翌日、
36. 「ねえ、娘たちや、この若い男と一緒に下って行きなさい」
37. と老婆は言ったとさ。
38. それで、その男と一緒にみんな下って行ったとさ。その家の近くまで行ったら、その男の兄さんたちの泣く声がしたとさ。そのなく声が聞こえた。

39. 'iihi 'iihi
    'ahkapo 'ahkapo wen kusu
    'iihi 'iihi
    yuhpo yuhpo pirikaruy
     yuhpo yuhpo

'iihi 'iihi
yuhpo yuhpo wen kusu
'iihi 'iihi
'ahkapo 'ahkapo pirikaruy
'ahkapo 'ahkapo

40. " 'oyas 'utah アノー 'aynuhuhcin honi karahcihi neenanko."
41. nah yehci wa 'ene cisahci kusu 'okayahci manu.
42. 'orowa tani taa, hosiki kanne taa horokewpo taa, 'apa cahke wa taa tuhse wa 'ahun manu.
43. " 'iine'ahsuy monimahpo, 'iine'ahsuy yuhpo yuhpo 'uta, hemata cis karahci? 'ahcahcipo 'orowa 'an mahnuu rusuyahci kusu 'ene 'ankarahci 'omantene, taa 'orowa ne'an 'iruskahci kusu ne'an hetaneya?"
44. nah yee manu.
45. yee teh tani taa, sapahahcin ka taa 'okore campoho ne karahci manu.
46. campoho ne karahci teh taa cisahci kusu 'okayahci.
47. " 'ecisapahka kotahmareyan. 'ecisapahka kotahmareyan. 'ecimacihihcin 'ahun kusu 'ikii."nah yee manu
48. neyke taa, taa numpe karahci manuyke taa sapahkahahcin kaskehe taa kotahmerehci, haaciri, kotahmarehci nah kii yayne taa monimahpo taa reh pis taa 'uturahci 'ahupahci manu.
48. 'orowano 'eyraykihci kusu taa hetesuu ka koyaykusahci. シテ コンダ゛ paykihci シタンダ゛.

49. 'ipekarahci manuyke taa, 'ehci manu. 'ehci 'ike taa, 'orowa taa イチハ゛ン kiyanne monimahpo ne'ampe イチハ゛ン kiyanne horokewpo samtehci. 'inosku'un monimahpo ne'ampe taa 'inoskun horokewpo sam. イチハ゛ン poniwne monimahpo ne'ampe イチハ゛ン poniwne monimahpo horokewpo sam teh taa, pirikano 'okayahci manuyke taa 'anayne, tani taa poo korohci yahkayki taa, renkayne poo korohci 'ike, rihpo ka 'ahkas cikah ka 'okore tehkupihi sayayse 'ike muysankeh ne naa sahka ne naa korohcipe nee manu.

'iihi 'iihi
yuhpo yuhpo wen kusu
'iihi 'iihi
'ahkapo 'ahkapo pirikaruy
'ahkapo 'ahkapo

40.「お化けたちが人間の腹を裂いたんだよう」
41. と言って泣いていたとさ。
42. そうすると、そこへ、まっさきに男が戸を開けて跳んで入ってきたとさ。

43.「おやおや［娘さんや］、おやおや兄さんたち、一体何を泣いているんだ。ババから嫁を見つけるように言われていて、それで怒って泣いているのか？」
44. と言ったとさ。
45. そう言って今、兄さんたちは頭をみんな坊主にしてしまったとさ。
46. 頭を坊主にして泣いているのだった。
47.「お前たち、頭をつけなさい。頭をつけなさい。お前たちの嫁さんたちが入ってくるから」と言ったとさ。
48. そうして、その糊を作ってその頭の上にはりつけては落とし、はりつけては落としして、そうやっているうちに、娘たちが3人連れ立って入ってきたとさ。
48. それから、男たちは恥ずかしがって、頭を上げることもできないでいた。それでこんど、それで起きたんだ。
49. ご飯を作ってそれを、食べたとさ。食べてから、イチバン上の娘はイチバン上の男と夫婦になった。中の娘は中の男と夫婦になった。イチバン下の娘はイチバン下の男と夫婦になってそして、幸せに暮らしていたが、そのうち、今みんな子どもを持っても、たくさん子どもに恵まれて、空を飛ぶ鳥たちもみんな手羽を落とし、それでホウキでもハシでも作ることができたんだとさ。

6 'UNKAYOH 'OYASI(-86)
1986年10月26日録音 (8613ab)

1. Sannupista re monimahpo 'okayahci. re monimahpo 'okayahci 'ike taa, niinahci koh kuruhci, cehkihci koh 'ehci, nah kihci yayne taa sine too taa ウン kiyanne monimahpo taa niina kusu makan manu.
2. niina kusu makan 'ike taa kinta makanihi ne'ampe ウン sine nii humpa. sine nii humpaha ne'ampe taa アノ 'ene kii manu. アノ- 'etukuma 'osewa nii 'onnayketa taa,

3. 'ahkapo pirikapo humpo hum
   'ahkapo pirikapo humpo hum

4. nah kii manu.
5. ne'ampe kusu taa, hemata 'ani sitayki. nii 'ani sitayki koh, mukara 'ani sitaykihi ne'ampe mukara kotahma manu. 'orowata ni teh 'ani sitaykihi ne'ampe tekihi kotahma, kema 'ani sitaykihi ne'ampe, kemaha kotahma, 'uren kemaha 'uren tekihi 'okore kotahma. teh 'orowa sapaha 'ani sitayki 'ike sapaha suy kotahma manu.
6. neeteh 'orowa 'anayne taa, 'osukeh sineh taa cahse wa san manuyke nukara teh taa, 'orowa makan teh taa, 'anayne taa, nii 'otunkehe 'ekuhteh nii tunkehe 'ekuhteh kanne san koh sine 'unkayo, sani ike taa,
7. " 'ene'an kusu taa kunoo setaha pateh 'uwaa. "
8. nah yee teh taa 'orowa taa neya nii kotahma, taa monimahpo taa 'orowa mesu teh, taa monimahpo デ ナイ horokewpo ヨ, horokewpo taa mesu teh taa 'orowa 'ampawa makan manu. cise 'onne makan manu.
9. neeteh 'okaaketa taa, cise 'ohta taa re horokewpo, (tu horokewpo) 'okayahci 'ike taa, ne'an yuhpohohcin niina kusu makan 'ike teerehci teerehci 'omantene koyaykusahci kusu taa, 'orowa 'inoske'un horokewpo taa, niina kusu makan manu.
10. neyke yuhpo yuhpo niina ruwehe 'ani ike taa niina 'omantene taa 'orowa nakene ka 'omanu wa 'isam manu.
11. 'orowa ne'an 'etukuma sineh 'an kusu 'etukuma humpaha ne'ampe

12. 'ahkapo pirikapo humpo hum
    'ahkapo pirikapo humpo hum

13. nah kii manu.
14. " 'iine'ahsuy, tan nii 'osuh hemata kohawe'iki hii? "

6話　ウンカヨお化け(-86)

1986年10月26日録音（8613ab）

1. サンヌピシ村に三人の女がいた。三人女がいて、マキをとってはくべ、魚をとっては食べていた。そうしているうちにある日、上の女がマキとりに山に行った。
2. マキとりに山に行って、そこで一本の枝を切った。切ったら、こんな声がしたとさ。アノー、木の根っこの下から、太い木の中の方から、

3. 'ahkapo pirikapo humpo hum
   'ahkapo pirikapo humpo hum

4. という声がしたとさ。
5. それで何かではたいた。木ではたいたら、またマサカリではたいたら、マサカリがくっついたとさ。それから今度は手ではたいたら、手がくっついてしまう。足ではたいたら足がくっつく、両足で、両手ではたいてもみんなくっつく。それから頭ではたいても頭もくっついてしまったとさ。
6. すると、ウサギが一匹走って来たから、ふと見るとすぐまた走って行ってしまって、その木の中、暗い木の中からウンカヨお化けが出て来た。出て来て、
7. 「こんな時はkunoosetaに限るよ」
8. と言って、木にくっついた女をそれからはがして、女、デナイ男ヨ、その男をはがしてさらって山へ行ってしまったとさ。
9. そうして後には、家に二人の男が残されていたが、兄さんが山にマキとりに行って帰るのを待って待っていたが、帰って来ないから、今度は真中の男が山へマキとりに行ったとさ。
10. 兄がマキ切った跡があって、そこで兄はマキとりをしていて、どこかへ行っていなくなってしまったのだ。
11. それから、後には木の根っこが一本あって、自分もその根っこを切ると、

12. 'ahkapo pirikapo humpo hum
    'ahkapo pirikapo humpo hum

13. という声がしたとさ。
14. 「一体、この木の根元に何がいてこんな声がするんだろう？」

15. nah yee teh taa mukara 'ani sitaykihi neya mukaraha kotahmaa. 'orowa tekihi 'ani sitaykihi neya tekihi kotahmaa. 'uren kemaha 'ani sitayki 'uren kemaha kotahmaa. 'uren tekihi 'ani sitayki 'uren tekihi kotahmaa. sapaha 'ani sitayki sapaha ka kotahmaa, 'are'anno taata yay'ikisiw teh 'an kusu 'an manu.
16. 'anayne tani taa, 'osukeh sineh cahse wa san 'ike taa nukara teh taa nukara teh 'orowa cahse wa makan teh 'anayne taa, nii 'otunkehe 'ekuroo, 'ekurehe yaysan koh sine humkayoh 'esani ike taa,
17. " 'ene'an kusu tah kunoo setaha pateh 'uwaa."
18. nah yee teh neya horokewpo mesu teh taa 'ampahci wa makapahci manu.
19. neeteh 'okaaketa tani cise 'ohta 'an, poniwne horokewpo taa 'ay yayne tani taa neya yuhpo 'utarikehehcin sohki sineh niina kusu makan 'ike 'ampene 'isam. yooponi suy sineh makan 'ike 'ampene 'isam.
20. teh 'okaaketa suy sinenehka 'ay yayne taa 'orowa tani taa niina kusu makanihi ne'ampe, kinta makanihi ne'ampe, yuhpohohcin 'okore nukara ka hankii teh niinahci ruwehe 'ani ike taa niinayehehcin pateh 'an manu.
21. neeteh taa 'ohta makan teh taa, niinaha ne'ampe 'etukuma sitaykihi ne'ampe taa, 'etukuma taa,

22. 'ahkapo pirikapo hum po hum
    'ahkapo pirikapo hum po hum

23. nah kii manu.
24. ne'ampe tani taa, kema 'ani sitayki kemaha kotahma.
25. tekihi 'ani sitayki tekihi kotahmaa. 'orowa 'uren tekihi 'uren kemaha 'okore kotahmaa.

26. neeteh taawa 'osukeh taa cahse wa san manuyke nukara teh taa, 'orowa makanihi ne'ampe 'unkayoh sineh san manu. 'unkayoh san 'ike taa neya horokewpo taa mesu kusu kara kokayakus kusu 'orowa taa pooho taa 'unci 'e'utehkara manu.

27. pooho 'unci 'e'utehkaraha ne'ampe 'onne taa pon 'unkayoh taa 'unci hunara kusu makan manuyke taa 'unci hunara kusu makanihi ne'ampe 'isam 'isam 'omantene sanihi ne'ampe, 'unci 'ampa san manuyke taa 'okore 'us 'omantene 'unci taa kimma 'ampa wa san manu. neyke tani taa, pooho kocaaranke teh taa 'orowa taa, 'anihi taa makan manu.
28. makanihi ne'ampe taa, tani taa horokewpo yee manu.
29. " 'iine'ahsuy, hemata 'ekon rusuy? "

15. と言ってマサカリではたいたら、マサカリがくっついた。それから手ではたけば手がくっつく、両足ではたけば両足がくっつく、両手ではたけば両手がくっつく、頭ではたけば頭もくっついてしまった。仕方がないからそのままそこにじっとしていたとさ。
16. するとウサギが一匹走って来て、見えたがすぐまた走って行ってしまった。そうしているうちに木の幹のところが暗くなっていたが、そっちの方からウンカヨお化けが出て来たのだった。
17. 「ああ、こんな時にはkunoosetaに限るよ」
18. と言って、その男をはがして、さらって行ってしまったとさ。
19. その後には家に下の男が一人残されていたが、その兄たちはマキとりに一人ずつ行って帰って来ない。上の兄の後でまた中の兄が行ってまた帰って来ない。その後に一人だけ残されていた。
20. それから下の弟も山にマキとりに行ったら、兄たちがマキとった跡だけが残っていたとさ。
21. それから家へ一旦帰ってまたマキとりに出かけて、木の根っこを切ったら、その根っこから、

22. 'ahkapo pirikapo humpo hum
　　'ahkapo pirikapo humpo hum

23. という声がしたとさ。
24. それでまた足ではたいたら足がくっつく。
25. 手ではたけば手がくっつく、それから両手で両足ではたいてもみんなくっついてしまう。
26. そうしてそこからウサギが走って来て、見えたと思ったら走って行ってしまうと、そこにお化けが出て来たとさ。お化けが出て来て、その男をはがそうとしたが、どうしてもはがせないので、お化けは子どもを呼んで火を持って来るように言ったとさ。
27. お化けの子は火を探しに山へ上って行ったが、なかなか戻って来ないで、ようやく火を持って来たと思ったら、その火は途中でみんな消えてしまっていた。消えた火を持って戻って来たのだった。それで、お化けは子どもを叱りつけて、自分で山の方へ行った。

28. 山の方へ行って、そして男は（お化けの子に）こう言ったとさ。
29. 「ねえ、小さいお化けや、お前は何が欲しいかい」

30. nah yeehe ne'ampe taa pon 'unkayoh taa,
31. " 'ay konrusuy."
32. nah yee manu. ヤ、ホスイト ユッタン ダ゜ト. 'orowa ne'an
33. " 'ahka nee kusu neyke taa ア丿— simesure kusu." nah yee manu.
34. "nee kusu 'ay kara kusu, konte kusu." nah yee.
35. 'unkayoh taa pon'unkayoh 'ohta 'omani ike 'ohta horokewpo taa 'omani ike taa kemaha 'uh tekeihi 'uh ne'ampe taykemaha ne'ampe cimestehci manu.
36. neeteh tani taa saaketa 'ay kara. 'ay kara 'ike konte teh taa, 'orowa ne'an horokewpo taa tani ponunkayoh tura taa yaynuynakahci manu.
37. yaynuynakahcihi ne'ampe taa 'unkayoh taa poro 'unci 'ampa wa makan manu. neya monimah-, horokewpo kiire kusu 'unci 'ampa wa makanihi ne'ampe taa 'orowa neya horokewpo 'isam manu.
38. ne'ampe kusu tani neya, 'unci taa 'orowa horokewpo tani taa ne'an pon'unkayoh, tura taa nay 'ohta sapahci manu. nay 'ohta sapahci teh taa, nay 'onne sapahci teh nay 'onne 'ahupahci 'ike taa, nay 'okaakara taa kirahci manu.
39. kirahcihi ne'ampe taa cise 'ohta sapahcihi ne'ampe taa 'unkayoh cise 'ohta ア丿— yuhpo yuhpo 'uta sapahahcin taa cise 'osmaketa taa tuh pis 'an manu. taa 'uh teh taa 'orowa taa cisehe hekota taa 'ociwe manu. 'ociwehe ne'ampe taa teh 'orowa tani taa 'unkayoh taa,
40. " hemata kon rusuy hetane yaa? " nah yee.
41. " 'ay kon rusuy." nah yee manuyke taa, 'ay kara 'ike konte. neyteh taa,"naa sineh kante kusu." nah yee manu.
42. naa sineh kara tuh pis kara 'ike kontehe ne'ampe taa, 'orowa taa, 'unkayoh taa tani, ponunkayoh taa, 'anihi taa 'unkayoh taa kimma san manu.
43. kimma sani ike tah 'orowa taa 'unkayoh tura pounkayoh tura taa kirahci manu. horokewpo...
44. kirahci 'ike taa nay 'ohta sapahci teh taa nay 'okaakara taa, sapahcihi ne'ampe horokewpo taa nay 'ohta 'an teh taa 'inonna 'itah manu.

45. rurukuu cikah rurukuu
    rurukuu cikah rurukuu

46. nah kiihi ne'ampe taa nay 'okore sahte manuyke horokewpo taa, 'ekimateh

30. と言ったら、その小お化けは
31. 「矢が欲しい」
32. と言ったとさ。矢が欲しいと言ったんだと。それからその、
33. 「では矢を作ってやるから、そうしたら、オレをはがしてくれるか」と言ったとさ。
34. 「では矢を作ってやろう」と言った。
35. そうしてお化け、いや、その小お化けのところへその男は行って（くっついた）足を、手をはがそうとしたら、その足もみんなはがれたとさ。
36. それでそばで矢を作った。矢を作ってやってそれからその男は小お化けと一緒にそこにかくれたとさ。
37. かくれたところに、その大お化けが、大きい火を持って戻って来たとさ。その女ー、男をやっつけようと火を持って戻って来たら、男がいなくなっていたとさ。
38. それでこんど、その火を見て男と小お化けは川の方へ下りて行ったとさ。川へ下りて、川の中に入って渡り、川に沿って逃げたとさ。

39. 逃げて行って家に行って、そのお化けの家に行ってみると、アノー、兄さんたちの頭がその家の裏に二つあったとさ。それをとって家の前へ投げたとさ。投げてから、今度はお化けに、

40. 「お前は何が欲しいのかい？」と聞いた。
41. 「矢が欲しい」と言ったから、それで矢を作ってやった。それで「もう一本作ってくれ」と言ったとさ。
42. もう一本作って、つまり二本作ってやると、それからそのお化け、小お化けは山の方から来たとさ。
43. ［大お化けが］山から下りて来たから、その小お化けと一緒に男は逃げたとさ。その男は…。
44. 逃げて、川の方に下りて行って、川に沿ってずっと行くときに、その男は川のところでお祈りをしたとさ。

45. rurokuu cikah rurokuu
    rurokuu cikah rurokuu

46. とお祈りしたら、川の水はみんな干上がったので、男はびっくりした。そして、

47. rure 'atu cikah rure 'atu
    rure 'atu cikah rure 'atu

48. nah kiihi ne'ampe, suy taa nay 'ohoo manu teh taa 'orowa taa horokewpo taa kirahte wa, kira wa sanihi ne'ampe taa 'unkayoh 'ohta maa wa sanihi ne'ampe taa 'uhtoko rihpo mom ma sanihi ne'ampe ponihi kaske'ene niicaykehe 'iyohte 'ike honihi naske 'ike ray manu.

49. neeteh taa 'orowa ne'an ponunkayoh 'ampa tura sani ike taa, cise 'ohta sapahcihi ne'ampe 'uncise 'orowa paa numaa kusu 'an manu.

50. neyke cise 'ohta sapahcihi ne'ampe taa yuhpohohcin 'okore sisnuhci 'ike taa 'iramasno 'okayahci kusu 'an manu.

51. neeteh taa 'orowa taa neya ponunkayoh taa 'imaanih karahci 'ike taa 'unci 'ohta 'amahci 'ike taa ciirehci yayne 'okore cii hemaka teh tah ponihi hee taa nay 'ohta 'ampahci teh 'ahupahci 'ike taa wahka 'onne 'ahunkehcihi ne'ampe taa 'iramasno yoy pon horokewpo ne 'onne taa 'ahun, manu.

52. neeteh tani neya horokewpo taa tani 'eyaykonopuruhci teh reskehci teh 'omantene taa yoy······

53. ［このあとテープがとぎれてしまう。］

47. rure'atu cikah rure'atu
　　rure'atu cikah rure'atu

48. と言うと、今度は川水が深くなって、その男を逃してくれて、（男は）逃げて川を下って行ったら追って来たお化けは泳いで下ってきたが、流れて来たが、骨の上か枝かに引っかかって腹が裂けて、死んでしまったとさ。
49. それから、小お化けを連れて下って行ったが、家にたどり着くと、家から煙が出ていたとさ。
50. それで家に帰って来たら、その兄たちはみんな生きていて、無事に暮らしていたとさ。
51. そうしてそれから、その小お化けを、串をこしらえて火にくべて焼いて、すっかり焼いてしまって、その骨を川へ持って行って投げて、水の中に投げ込んだら、それがかわいい男の子になったとさ。

52. それでその男たちは喜んで、その子を育てて、しばらくして美しい……

53. ［このあとテープがとぎれてしまう。］

7　CUHCEH TUYTAH

1987年5月4日録音(8703ab)

1. sine kotan 'ohta sine 'acahcipo monimahpo 'utah reske manu. monimahpo 'utah, te monimahpo reske. teske 'ike taa, tani niinahci koh kuruhci, cehkoykihci koh 'ehci, nah kihci yayne neya monimahpo 'utah tani 'okore porohci manu.
2. porohci 'ike taa 'orowa taa, アノー 'acahcipo taa sine too taa, [テープ切れる] cise 'orowa soyta 'asin. 'asin manu.
3. 'asin teh 'orowa 'ampene 'isam manu. (まあ。M) 'eh kahankii manu (まあ。M). 'anayne tani taa monimahpo 'utah taa 'asipahcihi ne'ampe taa, naycaata sapahcihi ne'ampe オッキイ poroo アキアンジ-hi, taa yampehe yan manu. 'atuy kaawa yampehe yan manu.
4. neeteh taa 'orowa neya アキアンジ-hi taa, tani 'ukahci teh taa, 'ampahci wa makapahci 'ike taa, tani re monimahpo neyke taa, rehpis ne taah tuyehci manu.
5. teh pis ne tuyehci 'ike taa, sinno kiyanne monimahpo ne'ampe taa, sapahkaha 'orowa taa muhrunekoro. neyteh 'orowa, 'inoskuh monimahpo ne'ampe taa noske'ikehe taa murunekoro. suy sinno haciko monimahpo ne'ampe taa, 'ohcaraha 'orowa taa, muhrunekoro manu.
6. neeteh taa 'orowa taa, 'ahciyehehcin 'isan kusu taa, cisahcihi nee manu. 'ahciyehehcin 'isan kusu taa, neya 'ahciyehehcin 'okacisahcihi nee manu. ceh rukumpahci, tehpis ne tuyehci 'ike tah muhrunekorohci teh cisahci.
7. cisahci 'omantene taa, 'orowa taa, 'orowa suy nani 'ipekarahci koh 'ipehci, yaycaro 'ipekarahci nah kihci 'okayahci yayne taa, アル sine too taa, tani monimahpo 'utah taa soyta 'asipahci 'ike taa hemata ka karahci 'ike taa soyta 'asipahcihi nee manu. soyta 'asipahci 'ike taa, 'anayne taa cise 'onnayke pohka taa, neya hecire haw 'an manu.

8. noske hunkante uu'oh ee uu'oh
   okio iikante uu'oh ee uu'oh
   saraku uukante uu'oh ee uu'oh

9. nah hecirehci haw'an manu.
10. ne'ampe kusu taa, tani nukarahci kusu payehcihi ne'ampe taa, 'okore nakene ka payehci wa 'isam manu. アノー neya makurahahcin muhruhuhcin ne'ampe taa, 'okore 'ay yahkayki nee hecire 'utah 'okore 'isamahci manu.
11. neyke tani taa 'okaaketa tani taa suy 'okayahci yayne taa, sine too suy soyta 'asipahci 'ike taa, suy 'okayahci yayne 'uta suy cise kaari hecirehci hawehe 'an manu.

7話　アキアジの話

1987年5月4日録音 (8703ab)

1. ある村に一人のババが娘たちを育てていたとさ。娘たちを、3人の娘を育てた。育てて、今マキを取って来てはくべ、魚を捕っては食べ、こうしているうちにその娘たちは今みんな大きくなったとさ。
2. 大きくなってそしてババはある日［テープ切れる］家から外へ出た。出たとさ。
3. 出てからいなくなってしまったとさ。帰って来なかったとさ。それでその娘たちは外に出てみたら川辺におりてみたら大きいあきあじが、そこに上がっていたとさ。海（の上）から上がっていたとさ。
4. それからそのあきあじを取り上げて、持って帰ってこんどそれを3人娘だから3つに切ったとさ。
5. 3つに切って、その一番上の娘はその、頭の方を枕にした。それから、中の娘はその、真中のところを枕にした。また一番末の娘はその、尻尾の方を、枕にしたとさ。
6. それからその、ババがいなくなったから、泣いたとさ。自分たちのババがいなくなったから、そのババを思い出して泣いたとさ。魚を切って、3つに切ってそれを枕にして泣いた。
7. しばらく泣いて、それから、それからまたすぐ食事の仕度をして食べて、自分たちで炊事をしてしばらく暮らしていたが、ある日、娘たちは外に出て何かしてか、外に出たとさ。外に出て、しばらくするとその家の中から、何だか踊り歌が聞こえたとさ。

8. noske hunkante uu'oh ee uu'oh
   okio iikante uu'oh ee uu'oh
   saraku uukante uu'oh ee uu'oh

9. という踊り歌がしたとさ。
10. それだから、見ようと行ってみたらその、何もかもどこかへ行っていなかったとさ。あのうその枕、自分たちの枕にしたものも、みんなあったのに、その踊り歌の人たちもみんないなかったとさ。
11. それでこんど、その後にまたそこにいたのだが、ある日また外に出て、またしばらくしてからまた家の方から踊り歌が聞こえたとさ。

12. noske hunkante uu'oh ee uu'oh
    okio iikante uu'oh ee uu'oh
    saraku uukante uu'oh ee uu'oh

13. taawa 'apa 'uturu kaari nah pi'inkarahcihi ne'ampe taa, neya 'ahciyehehcin 'aki'ancihi ニナッテ rukumpahci ceh taa sapahkaha naa muhrunekorohci neya sapahakahahcin ka 'okore 'isam manu. nakene ka, nakene kaari wa 'isam manu.

14. sapahkaha ne'ampe taa, イチバン kiyanne monimahpo taa, muhroho taa sapahkaha nee manu. 'orowa 'inoskun monimahpo ne'ampe taa, noske'ikehe taa mahrunekoroho nee manu.

15. neeteh 'orowa sinno poniwne monimahpo ne'ampe taa, 'ohcaraha 'orowa taa muhrunekoroho nee manu. 'okore 'isam manu.

16. neeteh tani taa, 'orowa, soyta 'asipahci 'ike taa, hecirehci yayne taa cise kaari hecirehci hawehe 'an manu. nukarahci koh, neya monimahpo 'utah ダト 'ahciyehehcin アキアン ジッテ イッタヤチ ソンデ ナイン ダト。'ahciyehehcin ダト。('ahciyehehcin って何？ M) 'ahciyehehcin ッテ ジブンタチノ バーチャンダ。

17. ソレ コンダ ミッチ ニ キッテ イチバン poniwne monimahpo ne'ampe 'ohcaraha 'orowa taa makuranekoro. 'orowa 'inoskun monimahpo ne'ampe taa noske 'ikehe taa muhrunekoro. (muhro って何？ M) muhru ってマクラ。ホーシテ アノー イチバン kiyanne monimahpo ne'ampe taa sapahkaha taa neya muhrunekoroho nee manu.

18. ソレ ミンナアノ 'ahciyehehcin ダト。

19. ホレカラ コント ソノ ミタケ ソノ ミンナ ニンゲン ダト。ホレカラ コンダ ソノー 'ahci コンダ シャベルンダト。yeehe ダト。ジブンモ トシモ トシダカラ ジブンノ kotani ハマサ イクンダ カラ ムスメタチ ダケ サンニン シテ ナカヨクシテイレヨ ト イッテ、ソーシテ コンダ ミンナ ハマサ イッタ。ソシテ ウミサ ハイッテ シマッタ ンダッテ。ソノ re monimahpohohcin ダケ ノコッテル ケレドモ ソノ マンナカ キッテ マクラ コシラッタ ヤチラ ミンナ コンダ ウミサ モドッテ シマッタ。ソーイウ ムカシバナシ アル。

20. (hemaka? tani hemeka? M)

21. (その hecire hawehehcin は何だったの？ M)

22. hecire hawehehcin カ？

23. monimahpo ne'ampe イチバン poniwne poniwne ハアノー 'ohcaraha muhrunekoro, ソレカラ 'inoskun monimahpo ne'ampe taa マンナカノトコ、ソーシテ イチバン トシイッタ monimahpo ハアタマノホウ、ソレデ コンダ ネ、

24. noske hunkante uu'oh ee uu'oh
    okio iikante uu'oh ee uu'oh
    saraku uukante uu'oh ee uu'oh

12. noske hunkante uu'oh ee uu'oh
    okio iikante uu'oh ee uu'oh
    saraku uukante uu'oh ee uu'oh

13. そこからその戸の隙間からのぞいてみたら、その自分たちのババがあきあじになってそれを切ったもの、その頭も枕にしたものもその頭の方もみんななくなっていたとさ。どこかへ、どこからかなくなってしまってたとさ。
14. 頭の方は一番上の娘がその、枕にした頭だったとさ。それから真中の娘はその、真中のところを切ったところを枕にしたものだったとさ。

15. それから末っ子の娘はその、尻尾のところを枕にしていたとさ。それもみんななくなっていたとさ。
16. それで今、それから外に出たら、踊りながらその家の方から踊り歌が聞こえたとさ。見たら、それはその娘たちのババだったんだとさ。あきあじだと言ってたのがそうではなくて自分たちのババだったんだと。

17. それを3つに切って末娘は尻尾の方を枕にした。それから真中の娘はその真中のところを枕にした。そうしてあの一番上の娘は、その頭の所を枕にしたのだとさ。

18. それはみんなあの自分たちのババだったんだとさ。
19. それからそれを見て娘たちはみんな逃げたとさ。そしたらババは言ったとさ。自分ももう年を取ったから自分の故郷の浜に行くから娘たちに3人で仲良く暮らしなさいと言って浜に行ってしまった。そして海の中に入って行った。その後は娘たちだけ残ったが、3つに切った枕たちもみんな海に戻ってしまったとさ。そういう昔話もあるんだ。
20. (終わった？　もう終わったの？　M)
21. (その踊り歌は何だったの？　M)
22. 踊り歌か？
23. 娘は、下の娘は尻尾の方を枕にして、それから真中の娘は真中のところ、そうして一番上の娘は頭の方を枕にして

24. noske hunkante uu'oh ee uu'oh
    okio iikante uu'oh ee uu'oh
    saraku uukante uu'oh ee uu'oh

25. ソーヤッテ hecirehci シタト。(それは monimahpoohchcin 'utah hecirehci hii? M)
26. ソノー, ahci, コンダ゜ tamasiyehehcin コーヤッテ ウタッテルンダ゜ト。
27. (ああそうか。ババの魂が歌ってたんだ。M)

25. といって踊ったんだと。
26. それは、そのババの魂が、こうやって歌ってるんだとさ。
27. (ああそうか。ババの魂が歌ってたんだ。M)

8 'OHKAYOHUNARA

1987年5月4日録音 (8703b, 8704a)

1. .. te monimahpo, Sannupista re monimahpo 'okayahci. (うん? M) Sannupista re monimahpo okayahci. (Sannupehta? M) ウン Sannupihta tuytah ダ゛モノ. Sannupista te monimahpo 'okayahci 'ike taa cehkoykihci koh 'ehci, niinahci koh kuruhci, nah kihci 'okayahci yayne tani taa, sine too taa, kiyanne monimahpo taa yee manu. "niina'an koh 'ankuru, ceh 'ankoyki koh 'aneeno 'ankii yahka ヤッハ゜リ 'ohkayo 'isam, wen." nah yee シタト。
2. "ヤッハ゜リ 'ohkayo hunara 'anah, nee 'ohkayo hunarahcihi kusu neyke, niina 'ohta テ゛モ cehkoyki 'ohta テ゛モ 'eywanke kusu 'iki."
3. nah yee manu.
4. yee teh taa 'orowa ne'an sitaku 'omantene taa, citokihi 'asineke 'ike taa, 'omayehe 'enkasikeke wa 'ahte. neeteh taa 'orowa taa 'oman manu. 'ohkayo hunara kusu 'oman manu.
5. 'omani ike taa 'oman ayne taa sine too 'omanihi ne'ampe, sine 'ahcahcipo taa, cise 'apa caaketa hemata ダ゛カ nuye kusu 'an manu. hemata ダ゛カ nuye kusu 'ani ike taa, nukaraha ne'ampe taa 'ahcahcipo taa 'ene yee manu.
6. "te'orowa naa ponno mahta makan kusu neyke horokewpo 'uta, yoy horokewpo 'uta 'okayahci manu. yoy horokewpo 'uta 'okayahci kusu taa, tani ta'ene tah tura kusu neyke nukante kusu."
7. nah yee teh taa 'ahcahcipo tura teh taa 'oman manu.
8. 'oman 'ayne taa 'inkara koh, sine cise 'an manu. sine cise 'ani ike taa, 'ohta nee 'aynu ka 'isam manu. neyke taa, taata taa, nee 'orumpehehcin 'imiyehehcin naa renkayne taata 'an teh taa, 'isamahci manu.
9. neyke taa 'imiyehehcin taa sineh 'uki ike taa monimahpo kocupu teh taa, teh taa, 'omayehehcin 'ohta 'ama manu. neeteh taa 'ahcahcipo nakene ka 'omanu wa 'isam manu.
10. neeteh 'okaaketa taa, 'ay yayne taa mah wa taa 'ahru.... 'okay horokewpo 'utah taa hecirehci wa sapahci hawehe 'an manu.

11. pohpoki san, 'etusuu konna yonra yonra
    pohpoki san, 'etusuu konna yonra yonra

12. nah taa hecirehci wa sapahci manuyke taa, cisehehcin ta 'ahupahci manu. 'ahupahci manuyke taa, taa sineh 'imiyehe 'uh mii. tah ku'ani ku'imiyehe sineh 'uh. アノー sine

8話　男探しの話

1987年5月4日録音(8703b, 8704a)

1. ..3人娘が、サンヌピシ村に3人の娘がいた。(うん？ M) サンヌピシ村に3人の娘がいた。(サンヌピシ？ M) うん、サンヌピシ、昔話だもの。サンヌピシ村に3人の娘がいて魚をとっては食べ、マキをとってはくべ、そうしているうちに今ある日に、上の娘が言ったとさ。「マキをとってはくべ、魚をとっては食べしてもやはり男がいなければよくない」と言ったとさ。
2. 「やっぱり男を探したら、どんな男でも探したら、マキとりの時も魚とりの時も役に立つからな」
3. と言ったとさ。
4. そう言ってから、身仕度をして、飾玉を出してそれをフトンの上からかけた。そうしてから出かけたとさ。男探しに出かけたとさ。
5. 出かけてずっと行って一日経った時、一人のババが家の戸のワクに何だか描いていたとさ。何だか描いていたのを見るとババはこう言ったとさ。
6. 「ここからもう少し山の方へ行くと男たちがきれいな良い男たちがいるよ [と言ったとさ]。良い男たちがいるから今そこへ一緒に行って会わせてやるよ」
7. と言ってババと一緒にそこに行ったとさ。
8. しばらく行ってあたりを見ると、一軒の家があったとさ。一軒家があってそこにはだれも人がいなかったとさ。それで、そこにはだれかの着物やフトンなどの持ち物がいっぱいそこにあって、人はいなかったとさ。
9. それで、その着物を一枚とって、娘を一人くるんでそれをフトンにねかせたとさ。そうしてババはどこかへ行ってしまったとさ。
10. そうしてその後で、しばらくして山の方からだれか男たちが踊りながらおりて来る声がしたとさ。
11. pohpoki san, 'etusuu konna yonra yonra
    pohpoki san, 'etusuu konna yonra yonra
12. といって踊りながら下りてきて、家の中へ入って来たとさ。入って来て、その着物を一枚とって着た。それぞれ自分の着物をとった。そのある着物

'imii taa monimahpo kocupu teh 'ahcahcipo kocupu teh 'ama 'ike neya 'imiyehe 'ehekempa 'ehekempa koh 'o'isuu manu. neyke taa 'ene yehci manu.
13. " 'iine 'ahsuy 'otaka'un puntunuye 'ahcahcipo suy makanihi 'orokehe ne'an 'ene kii."

14. nah yehci 'ike taa,
15. "toh roski toh roski! "
16. nah yehci シタト.
17. neyke taa toh roskihci manu. toh roskihci manuyke taa, アノー tope'enke kumpe tope'enke, tah kaykuma 'orun tah kaykuma kehke kehke, saci 'oruntah sih rinnu rinnu, pe'oci'orun tah sih cakannu cakannu, tah sapahci manuyke, tope'enke kumpe tope'enke, ... kihci manuyke taa, ne'an cise 'itapukunihi taa rikipahci yayne taa, neya tohtunke 'ene taa, monimahpo haarehci manu.
18. haarehci teh 'orowa taa, monimahpo taa, 'ene nee kuni 'e'erameskari tah 'ay yayne メ− サメタリ hi ne'ampe, sikihi masaha ne'ampe taa, toh tunketa 'an kusu 'an manu. 'orowa tani taa keesintaha 'empoke'ene taa teypawa 'ahun teh taa keesintaha 'empoke ta teypa wa 'ahunteh 'an manu.
19. neeteh tani taa, taa cise 'orowa 'oka monimahpo 'utah ne'ampe taa, tani nannahahcin hosipi kun teerehci yayne taa nannahahcin citokihi taa 'omayehe 'onne taa haaciri manu.
20. " 'ookehe nee, nanna nanna taa nee 'oyasi 'utah テ゜ㇳ neera karahci 'ookehe ne'an."

21. nah yee teh cisahci manu.
22. cisahci 'omantene taa 'orowa taa 'okayahci manu.
23. 'okayahci yayne taa sine too taa 'inoskun monimahpo taa suy taa 'ene yee manu.
24. "nanna nanna 'omanihi 'okawooneka kusu."
25. nah yee manu.
26. wooneka kusu nah yee teh taa, citokihi 'asinke 'ike taa 'omayehe 'orowa 'ahte teh taa 'oman manu. sipini sitaku teh, teh tani, 'oman 'ike taa 'oman 'ayne taa, sine too 'oman manu.
27. taa sine 'ahcahcipo taa 'inuye kusu 'an manu. hemata ka nuyehe ㇰ゜ヵ tah nuye kusu 'an manu, ruutonta. neyke taa
28. " 'iine 'ahsuy monimahpo, nakene 'e'oman kusu?"
29. "ceh koyki kun 'aynu ka 'isan kusu cehkoyki teh 'ee kun 'ohkayo hunara kusu ne'ene 'oman kusu."

30. nah yee manu.

には娘がくるまれていて、あのババがくるんでおいたのを、その着物を引っぱったが固かったとさ。それで皆でこう話したとさ。

13.「さては浜の puntunuye ババがまた山にやって来てこんなことをしたんだな」
14. と言って
15.「タケ立てろ、タケ立てろ！」
16. と言ったとさ。
17. そしてタケを立てたとさ。タケを立ててから、先をけずるものは先をけずる、クマがドシンドシン、カエルが（水を）ペチャペチャ、そうやってみんな下りてきて、先をけずるものはけずって、そうやっていたらその家の床が上がってそのタケの中に、その娘を落してしまったとさ。

18. 落してしまってから、娘は何が何だかわからないでいたが、そのうち目が覚めて、目を覚ましたらタケの中にいたとさ。それからそのほら穴の下の方へはって入って、そのほら穴の下へはって入っていたとさ。

19. それでいま、その家にいた娘たちは、いま姉さんの帰りをずっと待っていたが、その姉さんの飾り玉が寝床に落ちてきたとさ。

20.「これは何かのしるしだ、姉さんがお化けどもに何かされたというしるしだよ」
21. と言って泣いたとさ。
22. 泣いてからしばらく時が経ったとさ。
23. しばらくしてからある日、中の娘がまた、こう、言ったとさ。
24.「姉さんが行ったとこへ行って様子を見てくる」
25. と言ったとさ。
26. 様子を見に行くと言って、飾玉を出してその寝床にかけて出かけたとさ。身仕度して、そしてずっと行って、一日経ったとさ。

27. と、ある一人のババが何か描いていたとさ。何を描いているのか、何か描いていたとさ、道ばたで。それで、
28.「娘さんや、どこへ行くのかい？」
29. 魚をとってくれる男もいないから、男を探しにこうして旅しているの」

30. と言ったとさ。

31. " 'ahka nee kusu neyke, ta'anteta taa mahta makan kusu neyke, puu 'an." manu. クラ
    ノコト puu ッテ イウンタ。 puu cise 'ohta 'okay moni.... horokewpo 'utah mah kayki sakahci
    manu. ta'ene rah tura 'oman kusu neyke tani nukante kusu."
32. nah yee manu.
33. neeteh taa 'orowa taa, tura teh taa 'orowa taa suy makapahci manuyke taa makapahci
    yayne taa, sonno kayki taa sine taa, アノー puu, kema koro puu 'an manu.
34. neyke taa taata taa 'ah... payehcihi ne'ampe taa,
35. "tan cise'un horokewpo 'utah ne'ampe, yoy horokewpo 'uta, taa puu cise'un
    horokewpo 'utah ne'ampe wenci'oka horokewpo 'utah, ツリイ horokewpo 'utah."
36. nah yee シタト。
37. neeteh tani taa taa tura 'ahun teh taa horokewpo 'utah 'okore 'isamahci kusu taa,
    'imiyehehcin 'uki ike taa, monimahpo kocupu teh taa hohpaha wa cise 'ene 'oman
    manu.
38. neeteh 'okaaketa tani taa, 'ay yayne taa, horokeypo 'utah taa mahwa taa hecirehci
    wa sapahci hawehe 'an manu.

39. pohpoki san 'etusuu konna yonra yonra
    pohpoki san 'etusuu konna yonra yonra
    pohpoki san 'etusuu konna yonra yo...

40. nah kihci wa sapahci taa cise 'ohta 'ahupahci taa 'imiyehehcin 'ukahci.
41. tah ku'ani ku'imiyehe, tah ku'ani ku'imiyehe, tah sineh ka 'imiyehe 'ehekempa
    'ehekampa koyaykus manu.
42. " 'iine'ahsuy, neya puntu nuye 'ahcahcipo suy makanihi dabesa タ゜ヘ゜サ."
43. nah yeehci.
44. "makanihi 'orokehee. toh roskiyan, toh roskiyan."
45. nah yehci manu.
46. neyke tani taa toh roski kumpe taa, kayo kokayohci manuyke taa, toh roski kumpe
    toh roski, pe'oci 'oruntah sih cakamnu cakamnu sapahci, saci'orun tah sih rinnu
    rinnu nah sapahci, suy pe'oci 'orun taa sih cakamnu cakamnu sapahci 'ike, taa tani
    tope'enke kumpe tope'enke, toh roski kumpe toh roski, puu setayrihpa kumpe puu
    setayrihpa. tu, tu... tunke'ene taa monimahpo haarehci manu.
47. haarehci ike taa, monimahpo 'ene nee kuni 'e'erameskari, rayhi タ゜カ sihnuhu タ゜カ
    wante ka hanki, 'anayne mosihi ne'ampe taa, toh tunketa taa 'an kusu 'an manu.
48. neyteh tani taa, setay 'ene topihi rihpa wa rihpa wa 'omantene taa reypa wa keesinta
    tokota 'omanihi ne'ampe, keesinta 'empoke wa paa numaa kusu 'an manu.

31. 「それでは、あっちの方、山の方へ行ったら倉がある」と言った。倉のことをpuuって言うんだ。その倉にいる娘、いや男たちは妻がいないそうだ。そこへ一緒に連れて行って会わせてやるよ」
32. と言ったとさ。
33. そうしてそれから一緒にそこへしばらくのぼって行ったら、本当に一軒の倉が、あのう、脚のついた倉があったとさ。
34. それでそのそこに、行ったら、
35. 「この家の男たちはきれいな良い男たちで、この倉の男たちは悪い男たち、悪い男たちだ」
36. と言ったとさ。
37. そうして今一緒に入ってみたら男たちはみんな留守で、（ババは）その男の着物をとって、娘をそれにくるんでねかせてババは帰ってしまったとさ。

38. その後でしばらくして、男たちが山から踊りながら帰って来る声がしたとさ。

39. pohpoki san etusuu konna yonra yonra
    pohpoki san etusuu konna yonra yonra
    pohpoki san etusuu konna yonra yo...

40. と言いながら下りて来て家に入って自分の着物をとった。
41. これは僕の着物、これは僕の着物、しかしこの一枚の着物は引っぱってもとれなかったとさ。
42. 「さては、あの柱描きババがまたやって来たんだな」
43. と言ったとさ。
44. 「ここがババが来たところだ。さあタケを立てろ、タケを立てろ」
45. と言ったとさ。
46. それでタケを立てて、となえるものを呼びあって、タケを立てるものはタケたて、カエルはペチャペチャ走ってくる、クマはドシンドシンとやって来る、またカエルはペチャペチャ走ってくる、またタケの先をけずるものはけずる、タケを立てるものは立てる、倉の床板をぬくものは床板をぬく、その中に娘を落としたとさ。
47. 落として娘はどうしたかわからず、死んだか生きているか分からないでいたが、目を覚ますと、タケの中にいたとさ。
48. そうして今度、床板の方ヘタケを引き上げて、上げながらはってほら穴のところに出たら、ほら穴の下から煙が立っていたとさ。

49. paa numa kusu 'anihi ne'ampe 'ohta 'omanihi ne'ampe taa 'ahunihi ne'ampe taa nanna nannaha taa keesinta 'empoketa 'an kusu 'an manu. tani taa tupenahcin taa 'unci'u'aarehci 'ohta taa taata 'okayahci manu. tupenahcin taa 'okayahci 'ike taa 'okayahci yayne taa tani 'anayne nanna nanna taa neya 'okore payehci wa 'isam 'okaaketa イチパン poniwne monimahpo pateh sinenehka 'an manu. 'ani ike taa nanna nannaha citokihi taa 'omayehe 'onne taa haaciri manu. haa, ...teh...,

50. "hoski 'oman nanna nanna ka 'oyas 'ekaarihci ('ike) raykihci. yooponi 'oman nanna nanna kayki taa suy 'oyasi 'uta 'ekaarihci rayki 'an kusu, citokihihcin reekoh(?) haaciri."

51. nah yee teh cis manu, イチパン poniwne monimahpo.

52. neeteh tani taa cis 'omantene hemaka teh taa tani taa sinenehka yayreske yayne taa

53. "nanna naa 'oman ruwehehcin kaari 'oman kusu, 'inkara kusu."

54. nah yee teh taa 'orowa taa sitaku teh taa 'orowa sipini teh 'oman manu. nanna nanna ruwehehcin 'ahruwehe saraa, 'ahruwehe 'emukee (yaynuyna), payehci ruwehe taa 'an manu.

55. taa 'okaakara makan..'omanayne, taa sine cis...cise 'an manu. sine cise 'anihi ne'ampe taa sine 'ahcahcipo tah sanketa 'inuye kusu 'an manu. ナンタ゜カカイ、nuye kusu 'an manu. taa 'ahcahcipo,

56. " 'iine'ahsuy, nakene 'e'oman kusu?"

57. ッテ コウ nah yee manu.

58. nah yee 'ike taa

59. "nanna nanna taa 'oman ruwehehcin wooneka haa."

60. nah yee manu.

61. " 'ahkane neyke taa tura kusu neyke taa, nannahahcin ruwehe kaari tura 'oman kusu neyke nukante kusu."

62. nah yee teh taa tura teh 'oman manu, 'ahcahcipo.

63. tura teh 'omanihi ne'ampe taa, sine too payehcihi ne'ampe taa sine kema'us cise 'an manu. kema'us cise 'ohta payehcihi ne'ampe taa,

64. " 'iine'ahsuy, tah horokewpo taata 'okayahci cise nee manu. taa tan cisehe ne'ampe yoy horokewpo 'utah nee manu."

65. nah yee teh taa tura 'ahunihi ne'ampe taa nee 'aynu ka 'isam 'ike taa, 'imiyehehcin renkayne 'ani ike taa sineh 'imiyehe 'uki ike taa, monimahpo sikoore teh(?) taa kokarikarihci teh mokonte teh hohpahci 'asin teh 'oman manu, 'ahcahcipo.

66. neeteh 'okaaketa taa ne'an monimahpo 'ay yayne taa kimma taa horokewpo..., monimahpo..., 'okay horokewpo 'uta hecirehci wa sapahci hawehe 'an manu.

49. 煙が立っていたからそこへ行って入ったら、そこに姉さんがそのほら穴の下にいたとさ。それで2人とで火をつけてそこに住んでいたとさ。そこにしばらくいたが、そのうち姉さんたちがみんな行ってしまった後で、一番下の娘だけ一人ぼっちでいたとさ。いて、その姉さんの玉が寝床に落ちたとさ。そうして、、、

50. 「はじめに行った姉さんはお化けに会って殺された。その後で行った姉さんもお化けどもに会って殺されたから、玉がみんな落ちた」

51. と言って泣いたとさ、一番下の娘が。
52. こうしてしばらく泣いて、今泣き終わって、一人でくらしていたが
53. 「姉さんたちが行った道をたどって行ってみよう」
54. と言ってそれから仕度をしてから身仕度をして出かけたとさ。姉さんたちの行った道の半分は出ていて、半分はかくれていた、姉さんたちの通った道はそうなっていたとさ。
55. その道をたどってずっと山の方へ上っていったら、一軒の家があったとさ。一軒あったがババが一人、そのそばで何か描いていたとさ。何か描いていたとさ、そのババは。
56. 「ねえ、どこへ行くのかい？」
57. ってこう言ったとさ。
58. そう言ったから
59. 「姉さんたちが行ったあとを見に行くのよ」
60. と言ったとさ。
61. 「それなら、一緒に行ったら、姉さんたちの道を通って一緒に行ったら、会わせてやるよ」
62. と言ったから一緒に行ったとさ、ババと。
63. 一緒について行ったら、一日歩いて行ったら脚のついた倉が一軒あったとさ。脚つき倉に着いた時、
64. 「あのね、これは男たちがいる家だとさ。この家は良い男たちの家だとさ」

65. と言ってそこに一緒に入ったら人はだれもいなくて、着物はたくさんあって、その一枚をとって（ババが）娘にとってやってぐるぐる巻きつけてねかせて、そのままにして出て行ったとさ、ババは。
66. そのあとでその娘はそこにいたが、山から男？、娘、いや男たちが踊りながら下りて来る声がしたとさ。

67. pohpoki san 'etusuu konna yonra yon,
    pohpoki san 'etusuu konna yonra yon,

68. nah taa hecirehci wa sapahci manu. hecirehci wa sapahci taa cise 'ohta 'ahupahci. 'imiyehehcin mihci, taa.
69. tah tah ku'ani ku'imii hii, tah ku'ani ku'imii hii, taa 'imiyehehcin 'ukahci kusu sineh 'imiyehe 'ehekempa 'ehekempa koyaykus manu.
70. " 'iine 'ah suy neya puntu nuye 'ahcahcipo suy makanan(?) kusu niske 'ike taa, toh roskiyan toh roskiyan."
71. nah taa yehci manu.
72. neyke tani taa tope'enke kumpe tope'enke, teh 'orowa toh roski kumpe toh roski, puu setayrispa kumpe puu setayrispa, cise 'onnayke taa pe'oci'oruntah sih cakamnu cakamnu, neeno sapahci 'ike taa 'e'ikaasiwahci. .., saci'oruntah naa sih rinnu rinnu neeno sapahci. kaykuma 'orun tah kaykuma kehke kehke tah sapahci, ne'an tope'enkehci puusetayrihpahci kihci yayne taa neya monimahpo taa puu 'empokene haarehci teh, taa toh roskihci 'ike 'onne haaciri manu. haaciri teh tani taa..,(すみません、たけちゃんごはんもってきたんですけど、X‥‥ここからね、そのmahtekuh...M)
73. toh tunke'ike 'ene haaciri teh 'orowa neya mawnini(?) manu. mawnin teh 'orowa sikihi masaha ne'ampe keesinta 'uturukewa paa numaa kusu 'an manu.
74. ne'an tani taa ne'an keesinta(h) 'uturuke 'ene taa 'omanihi ne'ampe taa, 'ahunihi ne'ampe nannahahcin tuh pis 'okore taata 'okayahci kusu 'an manu.
75. neeteh 'orowa tani ne'an hontom'an monimahpo 'utah taa, sine too taa,
76. "nii kasketa rikipahci teh cisahci kusu."
77. nah yehci manu.
78. "nee kusu neyke, poro 'ahto ran kusu neyke アノー tun.., toh tunke'ene アノー toh roski 'utah cisehehcin モ 'okore peeketu シルヨーニ tani cise ikehe..., 'inonno 'itakahci kusu."
79. nah yehci シタト。
80. 'neeteh 'orowa ne'an nii kitayketa rikihpahci teh tah cisahci manu.

81. ii'i hii 'ii'i hii
    'annuupehe ne'ampe
    'ii'i hii 'ii'i hii
    puntu nuye 'ahcahcipo cisehe ナガ゜サレルヨウ 'anpeeketuree
    'ii'i hii 'ii'i hii
    'anesumihi ne'ampe
    'ii'i hii 'ii'i hii

67. pohpoki san etusuu konna yonra yon,
    pohpoki san etusuu konna yonra yon,

68. といって踊って下りて来たとさ。おどって下りて来て家に入った。自分の着物を着た。それで、
69. これは僕の着物、これは僕の着物、これはと、とろうとした着物は引っぱっても引っぱっても動かなかったとさ。
70. 「さてはあの柱描きババがまた娘を誘ってやって来たな、さあタケを立てろ、タケを立てろ」
71. と言ったとさ。
72. それでまたタケの先をけずるものはけずる、それからタケを立てるものは立てる、倉の床板をぬくものはぬく、家の中にカエルがペチャペチャさせながら下りて来て手伝ってくれた。クマもドシンドシンとやって来た。ウサギもたきぎをポキポキ折って下りて来て、タケの先をけずり、倉の床板を上げ、しているうちに、その娘が倉の中に落とされて、そのタケを立てたところに落ちたとさ。落ちてそれで、－(すみません、タケチャンご飯持ってきたんですけど、X．　ここからね、その mahtekuh. M)
73. タケの中に落ちてそれから気絶したとさ。気絶してそれから目を覚ましたら、そのほら穴の間から煙が立っていたとさ。
74. それでそのほら穴のすき間の方へ行って、入ってみたら、姉さんたちが2人そろってそこにいたとさ。
75. それからその旅の途中の娘たちは、ある日、
76. 「木の上にのぼって泣こうよ」
77. と言ったとさ。
78. 「それで、雨が降るようにあの、タケの中にタケも家もみんな津波で流れるように、今家で拝もう」
79. と言ったとさ。
80. それから木の上にのぼってこう泣いたとさ。

81. 'ii'i hii 'ii'i hii
    'annuupehe ne'ampe
    'ii'i hii 'ii'i hii
    puntu nuye 'ahcahcipo cisehe ナガサレルヨウ 'anpeeketuree
    'ii'i hii 'ii'i hii
    'anesumihi ne'ampe
    'ii'i hii 'ii'i hi

toh roski horokewpo cisehehcin 'ampeeketu nanko
'ii'i hii 'ii'i hii

82. nah cisahci manu.
83. cisahci yayne tani taa reera yuhke 'ike poro 'ahto ran manu, reekoh poro 'ahto ran manu.
84. neya poro 'ahto rani ike taa, nukarahci koh neya puntu nuye 'ahcahcipo cisehe kayki taa peeketu mom manu.
85. neyteh tani アノー toh roski horokewpo 'utah cisehehcin ka 'aynuyehehcin ka muh kanne 'okore 'atuy 'onne peeketuhci mommahci manu.
86. neeteh 'orowa nukarahci teh 'orowa 'eramusinnehci 'ike taa, 'orowa tani taa cisehehcin hosipihci manu. cisehehcin 'ene 'uta hosipihci teh taa, cisehehcinta 'okayahcihi ne'ampe taa, 'anayne tani ne'an cepehte kamuy horokewpo naa, suy kimun mah-, horokewpo naa, suy 'otaka'un wahka'us kamuy horokewpo naa, mahkorohci kusu 'arikihci シタト。
87. mahnuhci kusu 'arikihci 'ike taa, nukarahci kusu taa, 'orowa taa toonopururuske 'omantehci manuyke taa シッカリ 'ekuhtehkahci manu. 'ekuhtehkahci 'ike taa horokewpo 'uta 'ahupahci manuyke taa, 'unci sanke 'ene sapahci rokahci 'ike tani taa yehci manu.
88. "monimahpo 'uta sinenehka アノー tope'enke horokewpo 'utah cisehehcin naa suy puntu nuye 'ahcahcipo cisehe naa peeketuhu ka hannehka. シ゜プ゜ンタチモ 'eykaasiwahci シテ ソノウチ horokewpo 'utah cisehehcin ミナ peyketuhu pe neya wa ne'an シ゜プ゜ンタチ 'onne ne'an 'iruskahci kusu 'ene'anii! "
89. nah yehci teh taa toonopururuske(?) 'omantehcihi ne'ampe taa 'uurara rukumihi puy kaari 'asin, 'uurara rukumihi 'apa kaari 'asin, siroke wa taa sihtoono manu.
90. neeteh 'orowa tani taa, neya 'iruskahci 'ike hemakahci teh taa, wahka'us kamuy horokewpo 'onne ne'ampe taa, イチハ゜ン poniwne monimahpo tah kosmahne 'oman manu. 'orowa cepehte kamuy horokewpo, kamuy horokewpo 'onne taa, 'inoske'un monimahpo 'oman manu. neeteh 'orowa, イチハ゜ン kiyanne monimahpo ne'ampe taa repunkus'un horokewpo 'onne kosmahne 'oman manu.
91. neeteh 'orowa tani 'okore ne'an 'e'urenkahci 'ike taa 'okayahci manuyke taa, 'aynu 'okore taa, 'episka'ene mahnuu hokunuhci 'ike taa kosmahne 'okayahci manu.
92. neyteh 'orowa tani taa, poo korohci manuyke renkayne poo korohci neyke taa rihpo ka 'ahkas cikah ka 'okore tehkupihi sayayse 'ike 'uynahci 'ike, muysankeh ne naa sahka ne naa korohcipe nee manu. (pirikaa. M)

toh roski horokewpo cisehehcin 'ampeeketu nanko
'ii'i hii 'ii'i hii

82. と言って泣いたとさ。
83. そう言って泣いたら風が強くなって大雨が降ったとさ。すごい大雨が降ったとさ。
84. その大雨が降って、見るとその柱描きのババの家も洪水で流されたとさ。

85. そうして、あのタケ立てた男たちの家も、使用人たちも、草までもみんな、海に洪水で流されてしまったとさ。
86. それから、それをみんな見てから安心して、今、家に帰ったとさ。自分たちの家に帰ってそれから家にいたのだが、そのうち豊漁の神のホロケウポがそれから山のホロケウポも、また浜の水のホロケウポも嫁さがしに来たとさ。

87. 嫁さがしに来て、見合いするために来て、それから日が暮れていって、すっかり暗くなってしまったとさ。暗くなってホロケウポたちが入って来て火のそばに上がって座ってこう言ったとさ。

88. 「娘たちだけでタケけずり男たちの家やまた柱描きババの家が洪水で流れたのではない。僕たちも手伝ってそうして男たちの家もみんな流れたのに、僕たちのことをそんなに怒るなんて！」

89. と言ったら、夜が過ぎて煙の半分がまどから出て、煙の半分が戸から出て、明るくなって夜が明けたとさ。
90. それから今その、怒るのをやめて、水の神ホロケウポには一番下の娘が、嫁になったとさ。それから豊漁の神ホロケウポには、中の娘が嫁になったとさ。それから、一番上の娘は、その沖のホロケウポの嫁になったとさ。

91. そうして今、みんな夫婦になって暮らしたんだが、みんな、あちこちに嫁さがし婿さがしをして結ばれたんだとさ。
92. それからみんな子どもをたくさんもって、空とぶ鳥もみんな羽を落として、それを人々はひろって、ホウキやハシにしたということだ。（よかった。M）

9 WAHKATAA TUYTAH

1987年5月5日録音 (8704a)

1. ムカシ ナンカ ワタシ ラ チイサイトキ ミズ クメバ ムカシバナシ キカセル ッテ、バババタチ ソウ ヤッテ イッテ、コンダ ミズ クンダ ラ コンダ イロイロノ ムカシバナシ アル。ソウシテ、
2. sine kotan 'ohta, 'aynu kayki 'isam tokoho neyahkayki, nakapuru'aynu, ソルカラ toy'aynu, mun'aynu, ソルカラ nisapu'aane, ソルカラ ranka'ori i ッテ コノ sinehkaraha タカイ ヒト, "ranka'orii? " "コノ sinehkara タカイ ヒト, ranka'orii ッテイウノ。ソルカラ コノ nisapuhu コノ ココントコ ホソイヒト デネ, nisapu'aane, neyke taa, 'okayahci manu. 'okayahci 'ike taa, tani soyta 'asipahci teh taa, munmaamahci manu. munmaamahci yayne taa 'orowa taa mame sineh 'ukahci manu. mame sineh 'ukahci teh taa 'orowa tani ne'an, wahka 'isam manu. wahka 'isan kusu taa wahkataa 'e'uutarahci manu.
3. " 'e'ani wahkataa, 'e'ani wahkataa."
4. ッテ コー ヤッテ yehci シテルンダ ト.
5. yehcihi ya yayne tani taa, ... ranka'orii デナイ、アノー nakapuru'aynu wahkataa kusu 'asin manu. nakapuru 'aynu wahkataa kusu 'asini ike, 'isay manu. teerehci yahka koyaykusahci, nakapuru'aynu 'asini ike, エー mun'aynu ヨー、mun'aynu 'asini ike teerehci yahka koyaykusahci kusu, 'orowa nakapuru'aynu 'asinihi ne'ampe seta 'ee シタト ヨ.
6. nakapuru'aynu ッテバ nakapuru ッテ アジャラシノ アブラ、ソシテ タイテ アブラ トッタ ヤチノ カシヒ nakapuru ッテ イウンダ。
7. ソノ nakapuru'aynu デ ハッタ、'asin manu. nakapuru'aynu 'asinihi ne'ampe seta 'ee シタ.
8. 'orowa suy teerehci yahka koyaykusahci kusu woonekahcihi ne'ampe nakapuru'aynu seta 'ee. 'orowa tani mun'aynu wahkataarehci kusu, wahkataa kusu 'asin manu. mun'aynu wahkataa kusu 'asini ike taa cise kaawa rikin teh taa, nay 'onne 'inkara yayne, カゼ フイタケ カゼ ニ トバ サレテ カワサ オチテ シンダンダ ト. ray manu.
9. neeteh ray teh taa, 'orowa toy'aynu wahkataa kusu 'asin manuyke taa, toy'aynu 'asinihi ne'ampe, nay 'ohta sanihi, wahkataaha ne'ampe wahka 'onne haaciri teh, コン ダ wahka 'onne haaciri ray manu.
10. アノー nisapu'aane 'asini ike taa, neya toy'aynu tekihi 'ehekempaha ne'ampe nisapu'aane nisapuhu kayteh teh コンド wahka 'onne 'ahun teh ray manu.
11. neeteh 'orowa tani, ranka'orii ranka'orii ト nisapu'anne ト 'orowa ruy'aynu tani 'okayahci manu.
12. mun'aynu ハ nay 'onne, teera tuhse kanne, nay 'onne 'ahun teh ray manu.
13. 'orowa nakapuru 'aynu ハ soyta 'asinihi ne'ampe seta 'ee manu. 'orowa, toy'aynu ne'ampe wahka 'onne 'ahun teh pe'ene manu.

9話　水汲みの話

1987年5月5日録音(8704a)

1. 昔など私たち小さいとき、水を汲めば,昔話聞かせてやるからって、ババたちそう言うから、水汲みの昔話たくさんあるんだ。それで、
2. ある村に、そこは人もいないところだったが、脂カス男、それから土男、草男、それからスネ細男、それからセムシ男ってこの、背中のところ高い人。(rannka'orii?　M) この背中のところ高い人をrannka'oriiって言うの。それからこのスネ、ここのところ細い人でね、スネ細男がいたとさ。スネ男がいて、その外に出て、草むらを分け入っていったとさ。入っていってしばらくすると、そこでマメを一粒取ったとさ。マメを一粒取って、それからこんど水がなくなったので、水を汲んでくれ言い合ったとさ。
3. 「お前水を汲め、お前水を汲め」
4. って、こうやって言った。
5. そう言ってから、セムシ男じゃない、あのう、脂カス男が水汲みに出たとさ。脂カス男が水汲みに出ていなくなったとさ。待っても待っても帰ってこなかった。脂カス男が出て、いや、草男よ、草男が出て行って待っても帰って来ないからそれから脂カス男が出たのをイヌが食べたとさ。
6. 脂カス男（nakapuru aynu）っていうのは、nakapuruっていうのはアザラシの脂をとったかすをnakapuruと言うんだ。
7. その脂カス男が出たとさ。脂カス男が出たのをイヌが食べたんだと。
8. それからまた待っても帰って来ないから様子を見に行ったら、脂カス男はイヌが食べていた。それから草男に水を汲みに行かせようとしてそこからのぼって、川の方を見ているうちに風が吹いて、風に吹きとばされてしまったんだと。死んでしまったとさ。
9. それで死んで、それから土男が水汲みに出たのだが土男が出たら、川に下りて水汲みをしたら水の中におちて、水の中に落ちて死んだとさ。
10. あのうそれからスネ細男が出て、その土男の手を引っぱったらスネ細男はスネを折って水に入って死んでしまったとさ。
11. それから今、セムシ男とスネ細男といて、それから砥石男が今度いたとさ。
12. 草男は川に風が吹いて川に入って死んだ。
13. それから脂カス男は外に出てイヌが食べたとさ。それから土男は水に入っておぼれたとさ。

14. tani taa nisapu'aane ├ranka 'orii ruy'aynu ├ pateh 'okayahci manu tani.
15. neeteh tani taa, nisapu'aane taa 'asin teh, コンダﾞ ナンダﾞ カ ブﾞ チカッテ haaciri teh nisapuhu kayteh manu. nisapuhu kayteh teh taa 'orowa ray manu.
16. neeteh tani 'okaaketa tani taa アノー ruy'aynu ├ranka'orii ├pateh 'okayahci シテ 'orowa taa soyta 'asipahci 'ike taa casahci, tuhsehci, cahsehci nah kihci yayne taa, ranka'orii rankaha naske manu.
17. (naske manu? M) ウン、サケタト、セータカイ カラ （どこが裂けたの？　背中？　M）
18. ウン、セナカ、 rankaha.
19. ソルカラ コンダﾞ ダﾞレモ イナインダﾞト、コンダﾞ。
20. アト ruy'aynu ハﾞッカリ sinenehka soyta 'asin koh tuhse, cahse, tuhse. ソー ヤッテ yayreske kusu 'ay シタ manu. ソレデﾞ オワリ。

14. 今度、スネ細男とセムシ男と砥石男だけがいたとさ、今。
15. それからスネ細男が出て何かにぶつかって、ころんでスネを折ったとさ。スネを折ってそれで死んだとさ。
16. そうしてから今、砥石男とセムシ男だけが残ってそれから外に出て、走ったりとんだり走ったりしている中にセムシ男は背中が裂けたとさ。

17. (裂けたの? M)「うん、裂けたそうだ、背が高いから」(どこが裂けたの? 背中? M)「うん、背中が。」
18. それで、もうだれもいないんだ。
19. あとは砥石男だけが一人で外に出てはねたり、走ったりしてそうやって暮らしていたとさ。これで終わり。

10 RUY'AYNU

1987年8月7日録音 (8710a)

1. Sannupista, horokewpo taa sanketa 'okay 'aynu 'utah nee manu. toy'aynu, nisapu'aane, ranka'orii, 'orowa toy'aynu, 'orowa soyta 'asipahci teh taa mun taa maamahci.
2. mun maamahci yayne taa, mame 'okay, 'ukahci manu. 'ukahci teh 'orowa ne'an wahkataa ヒルニコノ wahkataa kusu, toy'aynu wahkataa kusu san manu.
3. toy'aynu wahkataa kusu sani ike, toy'aynu wahkataa kusu san teh 'orowa, toy'aynu wahkataa makan kuni teerehci teerehci yahka koyaykusahci kusu 'orowa アノ nisapu'aane taa wooneka kusu sani ike taa, toy'aynu wahka 'onne 'ahuni ike 'okore peyne. ray hemaka. 'orowa taa toy'aynu tekihi 'ehekempaha ne'ampe nisapu'aane nisapuhu kayteh teh wahka 'onne 'ahun teh ray.
4. 'orowa mun'aynu taa, cise kaata rikin teh nay 'onne 'inkaraha ne'ampe, reera tuhseka 'ike nay 'onne 'ahun teh ray.
5. 'orowa nakapuru'aynu 'asini ike soyta 'asini ike, nakapuru'aynu soyta 'asinihi ne'ampe taa seta 'ee.
6. 'orowa tani ranka'orii neewa ruy'aynu tura 'okayahci, 'okayahci 'ike taa, soyta 'asipahci 'ike taa hera'oh タカイトコロ 'orowa hera'oh tuhsehci, cahsehci, nah kihci yayne taa ranka'orii rankaha naske 'ike ray. [咳]
7. 'orowa ruy'aynu pateh sinenehka 'an manu. nah'an tuytah タ゜.

10話　砥石男
1987年8月7日録音 (8710a)

1. サンヌピシ村にホロケウポがいて、そのそばに男たちが住んでいたとさ。土男、スネ細男、セムシ男だった。それから土男が外に出て、草むらをかき分けながら歩いて行った。
2. 草をかき分けながら行くと、マメがたくさんあってそれを拾ったとさ。拾ってから昼食のために水を汲みに、土男が水汲みに下りていったとさ。
3. 土男が水汲みに下りて、土男が水汲みに下りていってから、土男が水を汲んで戻ってくるのを待っても待っても来なかったから、それからスネ細男が様子を見に行ったら、土男は水の中に落ちて溺れていた。死んでしまった。それからその土男の手を引っ張ったとき、スネ細男はスネを折って水の中に落ちて死んだ。
4. それから草男が、家の屋根の上に登って川の方を見ていたら、風が吹いて飛ばされて川の中に落ちて死んだ。
5. それから脂男が外に出て、脂男が外に出たところが、イヌに食われてしまった。
6. それから今度セムシ男と砥石男が一緒にいたのだが、セムシ男は外に出て、逆さまに、高いところから滑って転んで、こうしているうちにセムシ男は背骨が折れて死んでしまった。[咳]
7. それで、砥石男だけが生き残って一人で暮らしたとさ。こういう昔話だ。

11 'ETUHKA NEEWA MONIMAHPO

1987年8月7日録音 (8710ab)

1. Sannupista sine monimahpo 'etuhka sineh tura 'an manu. (ふぅん。M) Sannupis(ta) monimahpo sine 'etuhka tura 'an manu. チイサイトキ カラ... ('aynu 'itah 'ani yee kanne. M) haciko 'orowano, 'ommohohcin モ 'aacahahacin モ 'okore 'isan teh sinenehka yayreske monimahpo. 'etuhka taa tura 'an manu. 'etuhka tura 'ani ike taa, 'etuhka monimahpo tura 'ani ike taa, keraykusu taa kopiyanu manu.
2. kopiyanu teh 'ay yayne, tura 'ay yayne tani, soyta 'asin teh taa, monimahpo taa soyta 'asin teh 'otakaata san ranke taa 'ota kasketa taa, ウン pirika horokewpo, yoy horokewpo 'uta katuhuhcin kara.
3. katuhu kara ranke taa kaskepoka mokoro. kaskepoka mokoro 'ike taa, nani yoy horokewpo taa tura mokoroho takara. ranke 'orowa numa ranke taa 'orowa cise 'ohta makan. suy nah 'an ko'omantene 'asin koh 'otakaata san koh, 'otakaata taa, ア ノ- takara horokewpo katuhu ta'ah kara manu. katuhu kara ranke kaskepoka mokoro. mokoro 'ike taa ne'an takara horokewpo 'eh manuyke taa tura mokoroho takara.
4. neeteh taa, kii yayne taa 'anayne tani, cise 'onnaykehe muunin sanke, 'ociwe, yayne taa honihi poro manu. honihi poro teh taa 'anayne taa, tani poo koro manu. pon(h) orokeypo taa poonekoro manu. yoy horokewpo taa poonekoro manu.
5. neyke taa tani taa 'etuhka monimahpo tah 'e'iwaawa manu.
6. "temana kii teh 'ene'an poo koroho hetaneya?"
7. nah taa yee manu, 'etuhka.
8. 'anayne taa, ウン soyta 'asinke mun, cise 'onnaykehe muunin sanke, ko'omantene ranke, koomun 'ampa wa 'asin, taa 'ociwe 'an 'ohta 'etuhka 'utah koweeciwahci manu. 'etuhka 'utah koweeciwahci 'ike taa, honkapuhu taa kiiki kiiki, honkapuhu kiiki nah kii manu. nah kii yayne taa honihi poroho nee manu. "honihi poro teh taa (mun?) pon horokewpo poonekoro hoo."
9. nah yee manu.
10. neyke tani taa 'etuhka,
11. " 'anihi ka nah kii kusu nukara kusu."
12. nah yee manu.
13. neeteh taa 'orowa taa, 'ani ike taa, ア/ tani taa koomun kutaa. koomun kutaa 'ohta taa 'etuhka 'uta koweeciwahci 'anah ta'ah honkapuhu kiiki, honkapuhu kiiki, nah kii manu.
14. nah kii yayne tani, 'anayne tani taa honihi poro manu. honihi poro 'ike taa, poro 'ay yayne taa poo koro 'ike taa, 'etuhka poo koro シタ manu. 'etuhka poo koro 'ike taa,

11話　カラスと娘

1987年8月7日録音 (8710ab)

1. サンヌピシ村に娘が一羽のカラスと一緒に住んでいたとさ。(ふうん。M) サンヌピシ村でカラスと暮らしていたとさ。小さいときから…(アイヌ語で言ってちょうだい。M) 小さいときから母さんもなく父さんもなく独りぼっちで育った娘だった。それでカラスと一緒にいたとさ。カラスと一緒にいて、カラスと娘が一緒にいて、おかげで孤独を慰め合っていた。
2. 互いに寂しさを紛らわして、2人でいたが、外に出て、娘は外に出て浜辺に出て砂の上に、美しい男たちの人形を作った。
3. 男の人形を作ってはその上に寝た。その上に寝ていたが、すぐにその美男に抱かれる夢を見た。毎晩そんな夢を見て、それから家に帰っていった。また同じように外へ出て、浜に下りて、浜辺で夢に見た男の人形を作ったとさ。人形を作ってその上で寝た。寝たらその夢に見た男がやって来て抱かれる夢をまた見た。
4. そうしているうちにこんど、家に中を掃除してゴミを出して捨てたりしているうちにお腹が大きくなったとさ。お腹が大きくなって、子どもができたとさ。男の子ができたとさ。かわいい男の子が生まれたとさ。
5. それでこんどカラスが娘をうらやましがったとさ。
6. 「どうやってこんなにかわいい子が生まれたのか？」
7. とカラスは言ったとさ。
8. そうしていたら外に出したゴミ、いつも家の中のゴミを出して、そのゴミを持って外に捨てたゴミ捨て場にカラスたちが集まってきたとさ。カラスたちが集まってきて、腹の皮をカリカリ、腹の皮をカリカリ掻いたとさ。そうやっているうちにカラスのお腹が大きくなったとさ。「お腹が大きくなったから男の子が生まれるだろう」
9. と言ったとさ。
10. それでこんどはカラスが、
11. 「自分もそうやってみるよ」
12. と言ったとさ。
13. そうしてから、しばらくして、こんど小さい草くずを捨てた。草くずを撒いたらカラスたちが集まってきて腹の皮をカリカリ、腹の皮をカリカリ、と掻いたとさ。
14. そうしているうちにこんど、そのお腹が大きくなったとさ。お腹が大きくなって、だんだん大きくなって子どもができて、カラスの子どもができた

tani taa, Sannuyta monimahpo pooho taa, 'e'i-, 'eko'iwaawa manu. "taasare kusu" nah yee manu.

15. "taasare kusu" nah yee 'ike taa, monimahpo tah ne'an pooho 'oskoro kusu taa, wahkataa yahka 'ampa, niina yahka 'ampa 'an yahka 'episkanene tura nah kii wahkataa yahka taa, 'ampa koh wahkataa nah kii manu.

16. nah kii yayne taa sine too suy taa, wahka taa kusu 'asinihi ne'ampe taa, nay 'ohta san teh taa, 'esikarun. pooho ワシレテ 'oyra manu. pooho 'oyraha kusu taa, tuunah kanne wahkataa teh 'orowa makanihi ne'ampe taa ne'an 'etuhka pooho 'an teh taa pon horo-, monimahpo pooho, pon'etu.., 'etuhka taa 'ekira wa 'isam manu.

17. ne'an pooho 'oskoro kusu taa, cis yahkayki taata pon 'etuhka taa waawaase kusu 'an koh monimahpo kotahma, nah kii manu. nah kii 'an taata kema'etuhseka. niwa 'ohta karakahseka 'oman yahka suy 'eh koh ne'an monimahpo kokarakahse 'anah taa suy kema'ekahkawe 'ociwe nah kii manu.

18. 'anayne tani taa, wee'omantehe ne'ampe taa, " 'ahsuy nah 'an 'ampe, tah neyahka 'an reske 'anah poro 'anah 'aynu ne 'anihi nee nanko" nah 'eraman kusu tani taa reske manu. reske 'ike taa reske reske yayne tani taa poro manu.

19. poro 'ike tani taa テノ− 'ecikiiki koyki cih, cikah koyki tah kii manu. kii manuyke taa monimahpo taa ne'an ('ipe) kara koh 'omante ranke, sukeheci koh 'ehci nah kihci, 'anayne taa sine too suy taa, 'ecikiiki koyki manuyke taa, monimahpo taa, kara teh sukehe nee manu. sukehe ne'ampe taa kaske'ikehe ke'oo teh 'an manu.

20. テノ− 'etuhka taa 'ene yee manu.

21. "nanna nanna wah
    keekara keekara wah
    keekara keekara copis"

22. nah taa kii manu.

23. nukara koh taa suu kaske'ikehe ke'oo teh 'an manu. ne'ampe kii yayne tani taa, sine too suy taa, " 'ecikiikii taa 'ecikiiki, pon 'etuhka taa, suy ne'an 'ecikiiki koykihi ne'ampe taa, 'ecikiiki 'ene haw'iki manu.

24. "kaa kaa kaa, 'ene'oka pon 'etuhka, kaa kaa kaa"

25. nah taa kii manu.

26. 'orowa taa, tani ハナシ カワッテ, Sannuyta monimahpo pooho, テノ− pon 'etuhka 'ampa wa makan ike taa kinta hancinukah siri cinukah siri 'uturuketa, 'etuhka simah taa, horokewpo reske manu. reske 'ike taa, tani reske yayne poro 'ike tani taa, cehkoyki

とさ。カラスの子どもだったから、サンヌピシ村の娘の子をうらやましがったとさ。「子どもを交換しようよ」と言ったとさ。
15. 「交換しよう」ということで、娘は自分の子がなごり惜しく思ったから、水汲みに行くにも抱いて、マキとりをするにも抱いてあちこちへ連れていって水汲みにも連れていってくる、という風にしていたとさ。
16. こうしているうちにある日また、水汲みに出かけたところが、川へ下りていって、思い出した。子どもを忘れてきたのだった。子どもを忘れてきたから、大急ぎで水汲みをして家へ戻ったらそのカラスの子がいて、娘の子どもはカラスが連れて逃げていったとさ。
17. その自分の子どもが恋しくて、泣いたのだけれどもそのカラスの子がワーワー泣いては娘に付きまとったりしていたとさ。うるさいからカラスの子を蹴飛ばした。すると炉尻の、庭の方へ転がっていったがまた戻ってきて、その娘のところに転がってきて、また足で蹴飛ばして投げたりしたとさ。
18. そうしているうちに今、よく考えてみると、「もう一度こうなってしまった以上、カラスの子だけど自分が育てて大きくなったら人間の子になるかも知れない」と考えたから今育てたとさ。育てて育てて今大きくなったとさ。
19. 大きくなって、もうエチキーキ鳥も、鳥もとってくるようになったとさ。とってくるようになったから、娘はそれを料理したり、煮たりして食べて、そうしているうちにある日また、エチキーキ鳥をとってきたから、娘は、料理して煮たとさ。煮たらその上の方に脂が浮いていたとさ。
20. カラスの子がこう言ったとさ。

21. "nanna nanna wah
　　keekara keekara wah
　　keekara keekara copis"

22. と言ったとさ。
23. 見ると鍋の上の方に脂が浮いていたとさ。そうしているうちに今、ある日また、エチキーキ鳥を、エチキーキ鳥を、カラスの子が、またそのエチキーキ鳥を捕ってきたら、エチキーキ鳥が鳴いたとさ。
24. "kaa kaa kaa, 'ene'oka 'etuhka kaa kaa kaa"
25. と鳴いたとさ。
26. それから今、話がかわって、サンヌピシ村の娘の子は、カラスが山へ連れていって、知らないところと知ってるところの間の人知れぬ山奥で、カラスの母さんが、その男の子を育てていたとさ。育てていて今、育てて大き

niina, nah kii manu. horokewpo, pon horokewpo.
27. 'anayne tani taa sine too taa, アノ horokewpo taa, pon horokewpo taa, cikah koykihi nee manu. cikah sineh taa, kuu 'ani cohca, hayta, cohca, hayta nah kii yayne 'ecikiiki 'ene yee manu.

28. "cihci piipi, cihci piipi, sonnoo
    'ene'an nanna, 'ene'ani
    tekucikehe ka 'aane 'aane
    'ene'oka エ、アノ— tehkucihe ka 'aane 'aane"

29. nah yee manu.
30. ne'ampe tani taa 'ancikah rusihi ka 'okore 'ikosospa.
31. "cihci piipi, cihci piipi. " nah kii manu.
32. neeteh tani taa 'orowa taa cise 'ohta san teh taa, tani 'etuhka taa 'ommoho 'ekoweepekere manu. moni-, pon horokewpo taa 'ommoho 'ekoweepekerehe nee manu.
33. " 'iine'ahsuy, 'ecikiiki kukoyki 'ike kucohca 'anah taa kuhayta, kucohca 'anah taa kuhayta. sonno 'ene'an nanna 'ene'ani tehkucikehe ka 'aane 'aane, tehkucichi ka 'aane 'aane, sapahkaha ka haciko, nah 'ecikiiki nah hawe'iki manu."
34. nah コンダ゛ 'ommoho 'ekoweepekere manu. [咳]
35. 'ommo 'onne 'ekoweepekerehe ne'ampe taa, 'etuhka simah 'ene yee manu.
36. "yuhpo yuhpo 'uta, 'i'eyaykonopuruhci kusu, アノ tekoro'unkaane 'ene'iwankerehci. tah kusu tehkucikehe 'aane 'aane hee." nah yee manu.
37. "kemaha 'aane 'aane ka yuhpo yuhpo 'uta, kemasinaha 'ikoruntehci kusu, tah kusu コンダ゛ kemaha 'aane 'aane hee. rekutumpe 'iyekarakarahci, rekutunkaani 'ikontehci kusu, tah kusu nah 'an rekucihi 'aane 'aane hee."
38. nah 'etuhka simah yee manu.
39. neyahkayki taa moni-, horokewpo taa,
40. "sonno, 'ommo ka hannehka nee nanko." nah 'eram'an teh taa, sine too niina kusu makan manu.
41. niina kusu makanihi ne'ampe taa, sine horokewpo taa taa, taata 'etaras kusu 'an manu. nukara 'ike taa neya horokewpo, taa pon horokewpo 'ohta 'eh teh taa 'eko'itahkara taa,
42. " 'iine'ahsuy (monimahpo,) 'iine'ahsuy pon horokewpo, 'e'ani 'e'ommoho ne'ampe 'aynu monimahpo. nee kusu taa pon 'etuhka tura 'an kusu 'an kusu, simma 'e'ommoho 'esan 'ewooneka kusu 'iki."

くなって今、魚捕りやマキとりをしていたとさ、男は、その男の子は。
27. そうしているうちにある日、男は、その男の子は、鳥をとってきたとさ。鳥を一羽、弓で射っては失敗し、射っては失敗し、しているとき、エチキーキ鳥がこう言ったとさ。

28. "cihci piipi cihci piipi sonnoo
'ene'an nanna, 'ene'ani
tekucikehe ka 'aane 'aane
'ene'oka エ、アノー tehkucihe ka 'aane 'aane"

29. と言ったとさ。
30. そうしたらこんど、その鳥の皮がみんな裂けてしまった。
31. 「cihci piipi cihci piipi」と音がしたとさ。
32. そうしてこんどそれから家へ帰って、そのカラス母さんに話したとさ。男の子はカラス母さんに話したとさ。

33. 「あのね、エチキーキ鳥をぼくが弓で射っては失敗し、弓で射っては失敗した。その時、エチキーキ鳥が鳴いて言うには、お前の母さんは本当にこんなに手首も細い細い、手首も細い細い、頭も小さい、って言うんだよ」
34. と母さんに話したとさ。[咳]
35. こう母さんに話したら、カラス母さんはこう言ったとさ。
36. 「兄さんたちは、私が好きだから腕輪を私に使わせてくれる。だから私の手首は細くて細いんだよ」と言ったとさ。
37. 足が細くて細いのも、兄さんたちが私の足をしばったから、だから足が細く細くなったんだよ。首飾りを作ってくれて首飾りの金をくれたから、だからこんなに首が細く細くなったんだよ。
38. とカラス母さんは話したとさ。
39. そうしたけれども娘…、男は、
40. 「本当は、自分の母さんじゃないんだろう」と思って、ある日マキとりに山へ行ったとさ。
41. マキとりに山へ行ったら、男が一人、そこに立っていたとさ。見るとその男は、男の子のところへ近づいてきて話しかけた。

42. 「あのね(姉さん)、あのね兄さん、お前の母さんは人間の娘だよ。でも母さんは今カラスの子と一緒にいるから、お前は明日お前の母さんに会いに行きなさい」

43. nah yee manu.
44. 'orowa tani taa, taa horokewpo taa, niina, niina 'ike taa pon horokewpo seere 'ike taa, horokewpo see teh taa cise 'ohta san manu.
45. sanihi ne'ampe taa, sonno kayki monimahpo taa 'an teh taa, pon 'etuhka ka tura 'an kusu 'an manu.
46. neeteh taa 'orowa tani neya, monimahpo taa horokewpo nukara teh taa, tekihi 'uh teh taa cis cis cis 'omantene taa hemaka teh tani taa, horokewpo 'epunteh 'omantene taa, 'orowa tani taa, neya caroke'ene taa 'ipekara 'ike taa pon horokewpo 'ipere.
47. neeteh taa 'orowa taa horokewpo taa, suy tah ne'an pon horokewpo taa, cise 'onne makan manu, hekimoh.
48. 'etuhkaha 'onne makan manu. 'etuhkaha 'onne makan 'ike neya 'etuhka taa, 'ipekara kusu 'an manu. tani ne'an 'ipehe ne'ampe taa アノ, sinke'ikehe taa, suy niina kusu kinta makan manu. niina kusu makanihi ne'ampe taa, niinaha ne'ampe horokewpo taa suy san teh taa, niina manu.
49. niina 'omantene taa アノ 'emus 'asinke 'ike taa nii 'orowa 'ahte. nii 'orowa 'ahte teh taa, 'orowa sanke'iketa taa citaanii 'uko'oo teh taa, 'ama.
50. (monimahpo taa) horokewpo taa, tani taa pon horokewpo tura teh taa, 'aacaha tura teh taa sapahci manu, pon horokewpo.
51. neyke taa 'an'etuhka 'ohta sapahcihi ne'ampe 'etuhka taa, 'ipekara kusu 'an manu. 'ipekara kusu 'anihi kusu tani taa, 'ipekara hemaka. taa 'ipere teh taa 'ohta horokewpo naa taa 'ipe manu.
52. neyteh tani taa,
53. " 'iine'ahsuy monimahpo, nii kohohpa kusu, 'iine'ahsuy kutaanii 'onne makanu wa see kanne san."
54. nah yee manu, pon horokewpo.
55. neeteh tani taa, neya 'etuhka monimahpo taa, neya nii see kusu hekimoh makan manu. hekimoh makanihi ne'ampe sonno ka citaanii 'anihi ne'ampe taa neya nii taa see teh san kusu kara turano rekucihi kaskeke'ene neya 'emus haaciri 'ike taa, neya 'etuhka rekucihi tuytekihi, ray manu.
56. neeteh 'orowa tani taa, horokewpo 'anihi sonno pooho taa, tani 'ommoho 'onne tura manu. tani テ゜ 'ommo 'ohta sapahcihi ne'ampe taa, ウン neya 'etuhka, pon 'etuhka ne'ampe taa niina, cehkoyki nah kii kusu 'an manu.
57. neyke tani taa, horokewpo taa tani taa yuhkoyki. yuhkoyki 'ike taa, yuh ka taa sukehci manu. sukehci manuyke taa, 'ehci manuyke taa, 'otokomponihi hee, 'otokomponihi ne'ampe tan te'orokehe ponihi, (は―ん。 M) tah taa 'eerehci manu. 'eerehcihi ne'ampe taa, コンタ゜ makiri kaama manu.

43. と言ったとさ。
44. それから今、男は、マキとりを、マキとりをしてその男の子に背負わせていた物を自分が背負ってその家に帰ったとさ。
45. 帰ったら、本当に娘がその家にいて、カラスの子も一緒にいたとさ。
46. そうしてからこんど、娘も男の子を見て、手をとって泣いて泣いてようやく泣きやんでから今、男の子も喜んで、それから今、(娘は)ご馳走を作ってその男の子に食べさせた。
47. そうしてからその男は、またその男の子も、家へ帰っていったとさ、山の方へ。
48. カラスのところへ帰っていったとさ。カラスのところへ帰ったが、そのカラスは食事の仕度をしていたとさ。今食事をして、その翌日、またマキとりに山へ行ったとさ。山へマキとりに行ってマキをとっていたら、男がまた下りてきて、マキをとったとさ。
49. マキをとってきて、刀を出して木に引っ掛けておいた。木に引っ掛けておいて、それからその下のところにとってきたマキを積んでおいた。
50. (娘は)男は、その男の子と一緒に、男の子は父親についてそこへ下りてきたとさ。
51. それでカラス母さんのところに帰ってきたらカラスは、食事を作っていたとさ。食事を作っていたが、もう仕度ができた。それを男の子に食べさせて、男も食べたとさ。
52. そうしてこんど、
53. 「ねえ母さん、山でとったマキをそのまま置いてきたから、どうかぼくが切ったマキのところへ行って背負ってきてくだい」
54. と言ったとさ、その男の子が。
55. そうしてこんど、そのカラス母さんは、そのマキを背負って持ってくるために山へ行った。山へ行ったら本当に切ったマキがあったからそのマキを背負って帰ろうとした途端、首の上にその刀が落ちて、そのカラスの首が折れて、死んだとさ。
56. そうしてこんど、その男の本当の息子と一緒に母さんのところへ行ったとさ。それで母さんのところへ行ったら、そのカラス、カラスの子はそこでマキをとったり、魚をとったりしていたとさ。
57. それで今、男はこんどアザラシ捕り、アザラシ捕りをして、アザラシも皆で煮たとさ。煮て、食べて、かかとの骨とか、食べさせたとさ。かかとの骨というのはここの骨なんだが、かかとの骨(はーん。M)それも食べさせたとき、こんどは包丁にわなを掛けたとさ。

58. "nanna waawa waawa wah."
59. nah kii manu. ne'anike taa, monimahpo taa,
60. "yuhpo yuhpo 'ene yee waa."
61. nah yee manu. ne'ampe 'etuhka taa horokewpo 'onne taa,
62. "yuhpo yuhpo wah. waawa waawa wah."
63. nah yee manuyke taa,
64. "wahka kuu waa."
65. nah yee manu, horokewpo.
66. "nay 'ohta san teh wahka kuu waa." nah yee hee.
67. poni'osanne rukihi nee manu. nee makiri kon rusuy koyayaykus teh 'osanne rukihi ne'ampe taa コント゜ 'erekuciyunihi nee manu.
68. teh 'orowa taa, nay 'ohta san teh wahka kuu rusuy kusu nah yeehe ne'ampe taa, 'orowa nay 'onne sanihi ne'ampe taa, wahka kuu kusu herarihi ne'ampe wahka 'onne 'ahun ike taa, caruhu 'onne wahka 'ahun teh taa, ray manu.
69. neeteh tani taa, コンタ゜ 'etuhkaha 'ommoho ka ray. 'etuhka pon 'etuhka ka ray teh taa, 'ohta horokewpo taa, neya monimahpo pooho tura teh taa cise 'ene taa san. payehci manu.
70. neeteh payehci 'ike tura taa pirikano 'okayahci manu.
71. ソルテ゜ オワリ。

58. 「姉さん、waawa waawa wah」
59. と言ったとさ。そうしたら娘が、
60. 「兄さん兄さん、そう言いなさい。」
61. と言ったとさ。それでカラスは男に、
62. 「兄さん兄さん wah。waawa waawa wah」
63. と言ったら、
64. 「水を飲め。」
65. と男は言ったとさ。
66. 「川に下りて水を飲みなさい」と言ったんだ。
67. (カラスの子は) 骨ごと丸のみにしてしまったとさ。包丁を探したけれど見つけられなくて、丸のみしてしまったから骨が喉に引っ掛かったとさ。
68. それから、川に下りていって水が飲みたいと言ったら、それで川に下りていったとき、水を飲もうとしゃがんだら水の中に落ちて、口の中に水が入って死んだとさ。
69. こうして今、母さんカラスも死んだ。子カラスも死んで、それから男はその娘と男の子と一緒に家へ帰った。行ったとさ。

70. こうして帰っていって3人一緒に幸せに暮らしたとさ。
71. ソレデ オワリ。

12 CEPEHTEKAMUY

1987年8月7日録音 (8712a)

1. (ああ、わかった。M) sine horokewpo, sine monimahpo, アー sine mo- (Sannupista. M) sine monimahpo 'an manu.
2. sine monimahpo 'ani ike taa, cehkoyki koh 'ee, niina koh kuru, nah kii yayne taa sine too suy niina kusu manihi ne'ampe kinta makanihi niina. niinaha ne'ampe taa, 'orowa taa see teh taa 'orowa sanihi nee manu.
3. sanihi ike taa, cise 'orowa paa numa kusu 'an manu. paa numa kusu 'an kusu taa 'ahunihi ne'ampe taa sine monimahpo taa cise 'ohta 'an teh taa suke kusu 'an manu. nukaraha ne'ampe taa yoy monimahpo nee manu.
4. tani taa, " 'iine'ahsuy, 'uneeno monimahpo 'utah, 'uko'utasa ヘ゜ヤー."
5. ッテ コーヤッテ イウノ yee manu.
6. シタラ " 'ohkayo 'okay tokoho 'onne 'utasa waa."
7. nah ソノ ne'an monimahpo nah yee manu.
8. 'orowa tani taa, taa taa monimahpo tura 'okayahci manu. monimahpo tura 'okayahci yayne tani taa, 'ahto ran 'opas ranihi ne'ampe, アノー monimahpo niina kusu makan ike taa, 'okore toyre teh sani ike taa 'orowa ne'an 'unci'uwaare teh taa 'orowa taa, sisahke manu. sisahke manu. sisahkehe ne'ampe taa, monimahpo ne'ampe taa cise 'ohta taa 'aa kusu 'an manu.
9. ne'ani taa, 'unci 'uwaaha ne'ampe taa,
10. "seeseh seeseh!" nah yee manu.
11. (teh) tani taa 'oysuhta makan teh 'anihi ne'ampe, 'anayne ('orowa) monimahpo taa 'annukaraha ne'ampe, タ゛ンタ゛ン チイサク ナッタノ, haciko manu. monimahpo タ゛ンタ゛ン haciko.
12. " 'unci hanka 'u'aare! 'unci 'uskaa."
13. nah yee manu.
14. neyahkayki taa 'anihi kayki toyre'an, siina'ampe taa 'unci'u'aare 'ike taa 'imiyehehcin taa 'onne taa sahke. 'enmiire koh taata taa, haciko'oo 'opas rukum taa, 'opas takuhpe taa, taata 'an kusu 'an manu.
15. ne'an kusu, taata neya ko'unci'aare yayne 'opas 'okore neya ruu wa 'isam manu. neya monimahpo ka nakene ka 'omanu wa 'isam manu.
16. neyke taa, monimahpo taa,
17. "tah naa 'opas mahtekuh 'aa."
18. ソー オモッテ コンタ゛ イタケ ソノ mokoro 'ike takara nee manu.
19. " 'iine'ahsuy pon monimahpo, hemata 'opas mahtekuh ko'unci'aarehci 'okore ruure

12話　豊漁の神

1987年8月7日録音 (8712a)

1. 一人の男が、いや一人の女、サンヌピシ村に一人の女がいたとさ。

2. 一人の女がいて、魚をとっては食べ、マキをとってはくべしているうちにある日またマキとり、山へ行ったら山へ行ってマキをとった。マキをとってそれからそれを背負って下りて行ったとさ。
3. 下りて行くと家から煙が出ていたとさ。煙が出ていたから家に入ったら、一人の娘が家にいて料理をしていたとさ。見ると美しい娘だったとさ。

4. それで今「ねえ娘さん、一緒に遊ぼうよ」
5. とこう言ったとさ。
6. すると、「男がいるとこに遊びに行ってよ」
7. とその娘は言ったとさ。
8. それからこんど、その娘と一緒にいたとさ。娘と一緒に住んでいたら、雨が降って雪が降ったから、その娘はマキとりに山へ行って、すっかりぬれて帰って来て、それから火をたいて、それから自分を乾かしたとさ。乾かしたとさ。乾かしてから、娘はその家に座っていたとさ。

9. それで、火がぽんぽん燃えるので、
10. 「あつい、あつい」と言ったとさ。
11. それで今、oysuhtaの方へ行っていたら、そのうちに娘はだんだんちいさくなったの、見る見る小さくなってしまったとさ。娘はだんだん小さくなった。
12. 「火をたくな。火を消せ」
13. と言ったとさ。
14. だけど、自分はぬれていたから当然火をたいて、その着物を火に向けて乾かした。自分が着物を着たら、小さい雪のかけら、雪のかたまりがそこにあったとさ。
15. だから、その雪に向かって火をたいているうち、それがみんな溶けてなくなったとさ。その娘もどこかへ行ってしまったとさ。
16. それで娘は、
17. 「あれは雪女なんだな」
18. と思っていたら、夜寝たら夢を見たとさ。
19. 「ねえ娘や、何でまた雪女に向かって火をたいてみんな溶かしてしまった

kusu ne'ani hetaneya naa!"
20. nah taa takara manu.
21. "neeteh tani 'orowano 'opas hanka ko'unci'aare."
22. nah yeehe ne'ampe taa, sinke'ikehe taa, 'anayne taa suy niina kusu makan. taa niina 'omante(ne) sanihi ne'ampe taa suy cise 'ohta sine mahtekuh 'an kusu 'an manu.
23. ne'anike taa, 'unciwaare. teeta hacikooweno 'unciwaare manu.
24. " 'iine'ahsuy monimahpo, hemata kusu hacikooweepoka 'unciwaare? ku'ani ne'ampe 'opas mahtekuh ka hennehka. ku'ani ne'ampe 'aynu mahtekuh. ku'ani ne'ampe cepehtekamuy heekopo hoo!"
25. nah yee manu.
26. 'orowa tani ne'an tani taa pon monimahpo tura taa 'okayahci manu. hamoramusinka tupenahcin niinahci 'ehahtaahci, 'ehci nah kihci 'okayahci yayne tani taa アノ− sine horokewpo 'eh manu.
27. sine horokewpo 'eki ike taa tani pon monimahpo taa, Sannuyta monimahpo taa koro kusu nah yee teh taa kasi'oniina 'omanteyne taa monimahpo tura コンダ゜イッショニナッテ コンダ゜ cise'ene tura wa 'oman manu.
28. 'orowa taa アー ne'an cepehtekamuy heekopoho tah 'ohta, cise 'ohta, 'an yayne, taa 'anayne taa アノ− suy sine horokewpo taa 'eh manu.
29. 'eki ike taa monimahpo 'onne taa yee manu.
30. " 'anihi 'ahkapoho アノ− cisekoro monimahpo sam teh tura 'oman manu. 'anihi ne'ampe taa taa monimahpo hokuhu taa 'ahkapo, yuhpoho ダ゜モン nee manu. taa コンダ゜ koro kusu."
31. nah yee manu.
32. koro kusu nah yee 'ike taa 'orowa ne'an,
33. "hanka re'usi kanne. nani マカナッタリ teh sipini teh paye'an ciki."
34. nah taa yee teh taa 'orowa taa monimahpo sipini 'omantene taa tura wa 'asin teh taa, nay 'ohta sapahci teh wahka 'onne 'ahun manu, ソノ 'ohkayo..
35. wahka 'onne 'ahun teh taa 'okaaketa taa monimahpo taa temana kiikumpe 'ene 'ani, temana kiikumpe 'ene 'ani nah 'eraman yayne taa, kamuy ci'esuyteh teh wahka 'onne 'ahun manu.
36. momma taa san yayne taa 'otahuru hee 'ene (h)ekota 'eyayciw(e)he ne'ampe taa, taapoka taa horokewpo taa, wahkaha tuytuye teh 'oman ruwehe 'an manu.
37. neeteh taa 'orowa taa, 'anihi kayki taa, wahka taa, ソノ− ruwehe kaari wahka tuytuye 'omantene taa 'orowa taapoka taa, taa horokewpo ruwehe kaari taa 'oman taa, horokewpo sine cise 'ani ike taa 'orowa taa paa numa kusu 'an manu.
38. ne'ampe tani taa, 'ahunihi ne'ampe taa, horokewpo taa 'asinno 'orowa makan ruwehe

のか」
20. という夢を見たとさ。
21.「それでこれからは雪女には火をたくなよ」
22. と言ったら、その次の日、しばらくしてまたマキとりに山に行った。マキをとって帰ってきたら、また家に一人の娘がいたとさ。
23. それで火をたいた。ここでは少しずつ火をたいたとさ。
24.「ねえ娘さん、どうして少しずつ火をたくの？ 私は雪女じゃないよ。私は人間の娘だ。私は豊漁の神の妹だよ」

25. と言ったとさ。
26. それから今度は、その小さい娘と一緒に暮らしたとさ。何の心配もなく二人でマキをとったり、ユリ根を掘ったり食べたりしていたが、一人の男が来たとさ。
27. 一人の男が来て、その小さい娘、あのサンヌイの娘が欲しいと言ってマキとりを手伝ったりしていたが、その娘と一緒になって家へ一緒に行ったとさ。
28. それから、その豊漁の神の妹がそこに、家にいて、そのいたが、また一人の男がやって来たとさ。
29. 来てその妹に言ったとさ。
30.「自分の弟がここの娘と夫婦になって一緒に行ったとさ。自分はこの娘の夫の(弟)、兄だと言ったとさ。それで、結婚しよう」

31. と言ったとさ。
32. 結婚しようと言ったから、
33.「泊まらないで下さい。すぐ私が身仕度をして準備して行きますから」
34. と言ってから、娘は身仕度をして一緒に出て、川に下りて水の中に入ったとさ、その男は。
35. その男は水の中に入って、その後から娘は一体どうするのか、どうしたのだろうと思っていたら、神に身を引き込まれるように入ったとさ。

36. 流れて行ってから、砂丘か何かに向かって突っ込んだら、そこで男が水を切って行った道があったとさ。
37. それでそれから、自分も、その水の道をたどって水を切って切って行って、それから、その男の道をたどって行ったら、一軒の家があって、そこから煙が出たとさ。
38. それで、入ってみると、男が新しくのぼって行ったあとがあって、そこで

'ani ike taa, taata 'unciwaare wa 'ipekara kusu 'an manu.
39. neyke tani taa, 'ohta 'ipe naa karaha ne'ampe taa, tupe- tupenahcin taa 'ipehci wa 'omantene taa コン(タ゜) taata taa ソノ horokewpo ト イッショニ ナッテ pirikano 'okayahci yayne tani taa poo korohci manu.
40. poo korohci 'ike taa hempah poo ka korohci. kihci yayne taa 'orowa ne'an hekaye hokustehci teh, 'orowa ne'an poohohcin taa, 'okayahci 'ike kotampa 'etuhturihci, mosiripa 'etuhturihci kihci yayne taa rihpo ka 'ahkas cikah ka 'okore tehkupihi sayayse 'ike 'uynahci 'ike muysankeh ne naa, sahka ne naa korohcipe nee manu. (ふーん。 M)
41. nah kanne..

火をたいて料理したとさ。

39. そして、そこで食事を作ったのを二人で食べてこんどそこでその男と夫婦になって幸せに暮らして、もう子どもができたとさ。

40. 子どももできて何人か子どもをもった。こうしてからみんな年老いて、その子どもたちもたくさんになって、村も大きくなり、国も大きくなって、空飛ぶ鳥もみんな羽を振って落として、拾ってホウキやハシにしたということだ。(ふーん。M)

41. お話はここまでだ。

13 'AHTURI TUYTAH

1987年11月28日録音 (8715a)

1. (どうぞ。M) sine horokewpo 'ahciyehe tura 'okayahci. sine horokewpo 'ahciyehe tura 'okayahci 'ike taa, horokewpo taa niina koh 'ahciyehe tura kuruhci, nah kihci 'omantene taa, 'ahturi ッテ イウ ヤチ、ワカッテルカ? (知らない。知らないけどいいわ、後で教えてもらうから。M) 'ahturi 'ahcahcipo taa, 'ahturi taa teh taa suke teh sahke. sahke 'ike taa アノー sine 'etuhka taa, sani ike taa kimma sani ike taa, neya 'ahturi 'eysika. 'eysika 'ike taa 'acahcipo taa,
2. " 'iine'ahsuy 'etuhka, 'ahturi 'eysika. 'e'etuwe(he) kayteh! 'e'etuwehe kayteh!"
3. nah yeehe ne'ampe taa 'etuhka 'etuwehe kayte. 'etuwehe kayteh teh taa 'orowa taa, cise 'ohta makan teh taa,
4. " 'ommo 'ommo wah
5. ku'etuwe(h)e kayteeh wah
6. 'ahcahcipo 'ahturihi 'eysikaha ne'ampe taa 'etuwehe kayteh"
7. nah yee manu.
8. neyke tani taa 'orowa,
9. " 'ahka nee ciki 'ahcahcipo 'ohta san teh 'ahcahcipo アノー nukante wa."
10. nah yee manu, 'etuhka simah.
11. 'orowa tani taa neya horokewpo taa, horokewpo? , 'etuhka taa 'orowa ne'an 'acahcipo 'ohta san teh taa,
12. " 'acahcipo, ku'etuwe(he) kayteh ku'etuwe(he) kayteh!"
13. nah yeehe ne'ampte taa,
14. " 'ene'an kusu. 'ahturi 'antaa 'aysahkehcihi ka hanka 'eysika, hanka 'eysika nah yee yahkayki 'an'ahturi 'e'eysika. 'e'etuwe(he) kayteh."
15. nah yee 'ike tani taa, ソノー mahkuru kotasko. サカナ ホシタヤツ kotasko. kotasko 'ene nah kara yayne taa, 'etuwehe pirika teh taa 'orowa cise 'ohta makan manu.
16. yayne, " 'orowano 'ahturi kutahcihi hanka 'eysika! "
17. nah yee manu.
18. neyahkayki taa suy sine too, suy taa 'otakaata sanihi ne'ampe taa 'acahcipo taa, suke teh taa, sahke teh sanketa taa 'imiyehe rasiyehe 'uyna kusu 'an manu.
19. neeteh tani taa, neya 'ahturi taa suy taa 'eysika 'ike taa, 'acahcipo taa,
20. " 'iine'ahsuy, 'ahturi hanka 'eysika nah yee 'ike hannehka 'eysikaha ne'ampe, suy 'ahturi 'eysika 'e'etuyehe kayteh, 'e'etuye kayteh."
21. nah (yee) suy 'etuyehe kayteh manu.

13話　ヤチブキの話
1987年11月28日録音 (8715a)

1. 一人の男がババと住んでいた。一人の男がババと住んでいて、男はマキをとってはババと一緒にくべ、こうしている中に、ヤチブキッテイウヤチ、ワカッテルカ？　(知らない。知らないけどいいわ、後で教えてもらうから。M) ヤチブキをババがとって、ヤチブキをとってゆでて干した。干していたら、一羽のカラスが下りてきて、山から下りてきて、そのヤチブキをとって行った。とって行ったから、ババが、
2. 「おいカラス、ヤチブキを盗んだな。おまえのクチバシ折れろ！クチバシ折れろ！」
3. と言ったら、そのカラスのクチバシが折れた。クチバシが折れて、それから家に帰って行って、
4. 「母ちゃん、母ちゃん、ワッ
5. ぼくのクチバシが折れたよ、ワッ。
6. ババがヤチブキをとったからと言ってクチバシを折ったよ」
7. と言ったとさ。
8. そうしたら、
9. 「それじゃあ、ババのところへ行って見せなさい」
10. と言ったとさ、そのカラスの母さんが。
11. それからこんどその男は、男？いや、カラスは、それからそのカラスのところへ下りて行って、
12. 「ババ、ぼくのクチバシ折れたよ。ぼくのクチバシ折れたよ！」
13. と言ったら、
14. 「それはね。私がヤチブキを干していたのをとるなとるなと言ったのに、お前がヤチブキをとったからだよ。お前のクチバシが折れたんだ」
15. と言って、魚の干物を結びつけた。魚の干物をつけた。干物にこうやって結びつけてから、クチバシが良くなって、それから家へ帰って行ったとさ。
16. そうしていると、「これからはもうヤチブキをとるなよ！」
17. と言ったとさ。
18. だけれど、またある日、またその浜に出たら、そのババがゆでて、干して、そのそばで衣のシラミをとっていたとさ。
19. そうしたら、そのヤチブキをまたとったから、ババは、
20. 「おいおい、ヤチブキをとるな、とるなと言ったものを、またヤチブキをとったから、お前のクチバシ折れろ、折れろ」
21. と言ったらまた、クチバシが折れたとさ。

22. 'etuyehe kayteh taa cise 'ohta makanihi ne'ampe 'anayne tani taa, hemata 'ikotaskohci manu.
23. "hemata ka ciwantehci mahkuru naa kotasko. sahceh naa kotasko."
24. nah taa yehci. taa mahkuru kotaskohci kihci yahkayki, pirika ka hanki.
25. 'orowa taa, 'acahcipo 'ohta san manu. 'acahcipo 'ohta san teh,
26. "taa kusu 'ene'an kusu, ア ノ ー 'ahturi hanka 'eysika! 'ahturi hanka 'eysika! "nah kuyee yahkaha neya 'ahturi 'e'eysika 'omantene, taa 'e'etuwehe kayteh 'e'etuwehe kayteh."

27. nah yee.
28. 'orowa taa suy ne'ampe taa オカ゚ンテ゚, 'acahcipo 'uta コンタ゚ オカ゚ンテ゚ オカ゚ンテ゚ ハナニ ツケテ ナオシテ ソーシテ マタコンタ゚ 'etuhka コンタ゚マタ モト゚ッタ モン タ゚ ト。 (オカ゚ンテ゚ neyke siisam 'itah タ゚カラ 'aynu'itah 'ani yee wa M) ソルカラ コンタ゚ ('ayny'itah yee wa M)
29. nonna'itah, nonna'itah yayne tani pirika.
30. "tani 'orowa 'ahturi 'eysika hanka kiire kusu! "
31. nah yee manu.
32. " 'ahturi hanka 'eysikare kusu." nah yeehe ne'ampe taa,
33. " 'orowa tani taa, yayko 'ahturi hannehka 'eysika kusu 'iki."
34. nah yee 'ike taa, 'orowa taa cise 'ene makan teh taa, ソ ノ ー 'ommoho 'ohta yeehe nee manu.
35. " 'acahcipo ku'etuye kara 'ike tani pirika. tani 'ahturi hannehka kotasko, mahkuru hannehka kotaskoro yahkayki ア ノ ー kotuunas yayne tani taa pirika" manu.
36. "pirika kusu tani 'orowa, nee kusu neyke, tani 'orowa 'ahturi hanka 'eysikare kusu."
37. nah yee manu.
38. neeteh taa 'orowa tani taa, 'etuhka kayki tani 'ahturi 'eysika 'ike, 'etuwehe kayteh kusu tani 'ahturi kayki hannehka 'eysika, 'ahciyehe 'ahturi taa yahka hannehka 'eepe ne manu. ソルテ゚ イイノ。

22. クチバシが折れて、家に帰ってしばらくしたら、(皆が) 何かをつけたとさ。
23. 「何でもわかる限りのものを、魚身の干物もつけた。干魚もつけた」
24. と皆が言った。でも、魚身の干物をつけたりしても、良くならなかった。
25. それからババが帰ってきたとさ。ババが帰ってきて、
26. 「だから言ったじゃないか。ヤチブキをとるな、ヤチブキをとるな、とあんなに言ったのに、お前はまたとっている。お前のクチバシ折れろ、クチバシ折れろ！」
27. と言ったとさ。
28. それからまた同じだから、今度はババたちは オガンデ オガンデ クチバシにつけて直して、またカラスは帰って行ったとさ。(オガンデ は日本語だからアイヌ語で言ってください。M) それからこんだ (アイヌ語で言ってください。M)
29. 拝んで拝んで、そうしたら良くなった。
30. 「これからはヤチブキを絶対に盗らせないからね！」
31. と言ったとさ。
32. 「ヤチブキをもう盗らせないからね」と言ったら、
33. 「これからは、もうヤチブキを盗らないよ」
34. と言って、それから家に帰って行って、その母さんに言ったとさ。

35. 「ババがぼくのクチバシを手当てしてくれて治った。もうヤチブキに魚身の干物をつけなくても、応急手当をして治るんだ」と言った。
36. 「もう治ったから、それだから、これからはヤチブキはもうとらないよ」
37. と言ったとさ。
38. それで、それからは、カラスもヤチブキをとったらクチバシが折れるから、今はカラスも決してとらない、ババがヤチブキを採っても食べないのだとさ。

14 'ETU'AANE NEEWA 'ETUHKA

1987年11月28日録音 (8716ab)

1. re horokewpo 'okayahci. re horokewpo 'okayahci 'ike poniwne horokewpo, テ°ナイ kiyanne horokewpo 'otakaata san. 'otakaata sani ike taa, renkayne sey yan manu. sey yani ike taa 'uyna 'uyna 'omantene tepaha toyre. 'ike taa 'asinke 'ike yannii kaata sahke teh taa, 'orowa 'otakaata 'ay yayne taa, 'etuhka sani ike taa,

2. karararaa kira'uu tohtee
   karararaa kira'uu noyyee

3. nah kii 'omantene, 'orowa makanu wa 'isam manu.
4. nukaraha ne'ampe taa, tepeha 'ekira wa 'isam manu. (うん。M)
   ＼＼＼＼＼
5. (はい、もう一度。M) 'etu'aane neewa 'etuhka tura 'okayahci. neyke tani taa, 'etu'aane taa 'otakaata san teh taa nuniipe. nuniipehe ne'ampe taa sine kamuy rayki. sine kamuy rayki teh taa pon kamuy sineh rayki teh taa nimpa wa taa hosipi manu.

6. kee, 'etuhka sani ike taa, neya 'etu'aane nimpa kamuy 'ohta san teh taa, 'osmakewa taa 'an teh taa tohtoh kii manu. ne'anike taa 'oman 'ayne taa, 'etu'aane taa 'oman 'ayne taa, paase manu. tah kusu nukaraha ne'ampe 'etuhka taa tohtoh kii kusu 'an manu. ne'ampe ne'an, kocaaranke manu.
7. kocaaranke ne'ampe taa,
8. " 'aacapo 'aacapo! " nah yee 'ike kocaaranke.
9. " 'aacapo 'aacapo hemata 'ekii hee? " nah yeepe.
10. "piye kuni ko'osehtehte hee." ッテ nah yee シタト.

11. neeteh taa kewe wa 'omante 'ike taa, suy 'omante 'ene suy paase. suy nukara 'ike neya 'etuhka suy taa kamuy tohtoh kii kusu 'an manu.
12. ne'an tani taa, nani 'ekoranrasaske kusu taa, 'uki ike taa, 'opas tunkene 'ociwe manu. neeteh taa 'orowa taa kamuyehe nimpa wa 'oman, 'omanihi ne'ampe ike taa cise 'ohta 'oman 'ike ア ノ ー taa, 'etuhka simah taa 'ekaari. 'etuhka simah taa 'ekaari 'ike taa,
13. " 'iine'ahsuy 'ancise'un 'ohkayo, nuniipe kusu sani ike 'enukara haa?"
14. ッテ コー nah 'etuhka yee manu, taa 'etuhka simah.. neyke taa,

14話　ハシボソとカラス
1987年11月28日録音 (8716ab)

1. 3人の男がいた。3人の男がいて末の男、デナイ上の男が浜に出た。浜に出てその、たくさん貝が上がっていたとさ。貝が上がっていたからそれを拾って拾っていたら、フンドシがぬれた。それで、男はそのフンドシをぬいで、流木の上に干しておいて、それからしばらく浜にいたら、カラスが山の方から降りてきて、

2. karararaa kira'uu tohtee
   karararaa kira'uu noyyee

3. と鳴いていたが、そのうちにカラスは山の方へ飛んで行ってしまったとさ。
4. 見たら、カラスがそのフンドシを持って逃げてしまったとさ。(うん。M)
5. (はい、もう一度。M) ハシボソとカラスが一緒に（隣合わせて）住んでいた。そしてそのハシボソは浜に食べ物を探しに行った。探しに行ってそこで一匹のアザラシを殺した。一匹のアザラシを殺してその小さいアザラシを殺してそれをひっぱって家に帰って行ったとさ。
6. すると、一羽のカラスが下りてきて、そのハシボソがひっぱっていたアザラシに止まって後ろの方からつっついたとさ。そうしてしばらくしていると、ハシボソは（アザラシが）重くなってきたとさ。見たらカラスがそれをつっついていたとさ。それで、ハシボソは怒ったとさ。
7. 怒って、
8. 「おじさん、おじさん！」と言って怒った。
9. 「おじさん、おじさん、一体何をしているんだい？」と言ったんだ。
10. 「これ、脂がついているかどうか調べてるんだよ」と、カラスは言ったとさ。
11. それからどやして追っ払ってやったら、また重くなった。もう一度見たらそのカラスがまたそのアザラシをつっついていたとさ。
12. それでこんど、もう腹が立ったからそのカラスをつかまえてそれを雪の中に投げたとさ。そうしてからアザラシをひっぱって行って、家に帰ってきたら、あのうそのカラスのかか（妻）がそこに出迎えて、かかが迎えに来てその、
13. 「あのう、うちの人が獲物を探しに浜へ行ったが、見たか？」
14. ってこうカラスが言ったとさ、そのカラスのかかが。すると

15. "hokuhu 'ekaanuhte kusu." nah yee manu.
16. アノー" 'ese 'i'ekanuhte kusu." nah yee. ッテ コーヤッテ nah yee manu.
17. neyteh tani taa 'etuhka, simah taa hokuhu wooneka kusu san manu.
18. ne'ampe say yahkayki hokuhu nukara kahankii. 'opas nah'an 'uhpa 'uhpa teh 'an kusu taa 'opas kaske 'ene 'okoysehe ne'ampe taa hokuhu kaske 'ene 'okoyse manu.

19. " 'ica 'ica 'icaaha wah!
    'ica 'ica 'icaaha wah!"

20. nah kii. nukaraha ne'ampe neya hokuhu 'opas tunke 'ene 'an kusu 'an manu. neeteh 'orowa numare teh taa 'orowa taa 'arikihci hosipihci manu.
21. hosipihci teh taa, cise 'ohta payehci teh taa, tani 'etuhka tah yaykoniwen manu.
22. " 'iine'ahsuy, 'etakahci ciki hanka payeyanu waa." nah taa yee manu.
23. macihi naa poohohcin naa
24. " 'iine'ahsuy 'aacapo 'aacapo 'utah 'etahka 'ecitakahci yahka hanka payeyanu waa." nah yee manu.
25. neeteh taa 'okayahciyayne taa pon 'etu'aane taa 'untahkusu 'eh manu.
26. " 'aacapo 'aacapo 'uta 'eci takaan. ［テープ切れる。］ 'aacapo 'aacapo 'anetaa."

27. pon 'etu'aane taa 'untah kusu 'eh manu.
28. "tarah sikikerekehse 'aacapo 'aacapo 'anetaa
29. 'otokacawrewrew 'aacapo 'aacapo 'anetaa
30. suucawrewrew 'aacapo 'aacapo 'anetaa."
31. nah yee wa 'eh manu. 'eki ike taa,
32. "karaa sikikerekehse 'aacapo 'aacapo 'anetaa"
33. nah yeehe ne'ampe taa neya 'etuhka tah 'ikusta 'ohta 'asin teh taa 'oman manu, 'etu'aane ciseta..
34. neeteh 'omanihi ne'ampe taa, kamuy sukehci kusu 'okayahci. taa suu kasketa rikin.

35. " 'iine'ahsuy 'aacapo 'aacapo 'ekamuyrusihi 'eciire naa, 'ehukuyka naa."
36. nah yehci. hera'oh yankehci yahkayki suy suu kasketa suy tuhse tuhse koh repun nah kii manu.
37. ne'ampe kusu tani taa, アノー 'ene yehci manu.
38. " 'iine'ahsuy, 'atus 'atus!" nah yehcihi ne'ampe taa kayta 'ani 'atusihci.
39. "kayta tow kayta tow!" tuye manu.

15. 「主人を迎えに行きなさい」と言ったとさ。
16. あのう「さあ、主人を迎えに行きなさい」と言ったとさ。
17. そうして、今そのカラスをかかは夫を迎えに浜へ下りて行ったとさ。
18. そうして、下りて行っても夫は見えなかった。すると、雪が踏んで踏んであったから、その雪の上にオシッコをしたところが、その夫の上にオシッコをしてしまったのだった。

19. 「きた、きた、きたーない！
　　きた、きた、きたーない！」

20. という声がした。見ると、その夫が雪の中にいて、いたとさ。そうして起こして、それから一緒に歩いて帰ったとさ。
21. 帰って、家に帰って今、カラスは腹が立って仕方がなかったとさ。
22. 「おい、お前たち、誘いが来たら決して行くなよ」と言ったとさ。
23. かかや子供たちにも、
24. 「さあ、おじさん、おじさんと彼らに誘われても決して行くなよ。」と言ったとさ。
25. そうしているうちに、ハシボソの子供が、その、呼びに来たとさ。
26. 「おじさん、おじさん。皆が呼んでいるよ。[テープ切れる。]おじさん、おじさん。さあ、どうぞ」
27. と言って、ハシボソの子ともたちが迎えに来たとさ。
28. あのキョロキョロ目も「おじさん、おじさん、さあ、どうぞ」
29. 木鉢乗りも「おじさん、おじさん、どうぞ」
30. 鍋乗りも「おじさん、おじさん、さあ、どうぞ」
31. と言って来たとさ。来て、
32. キョロキョロ目が「おじさん、おじさん、さあ、どうぞ」
33. と言ったら、そのカラスは向うの方へ出ていってしまったとさ、ハシボソの家へ。
34. それで行ったら、みんなでアザラシの肉を煮ていた。それで鍋の上にのぼった。
35. 「ねえ、おじさん、おじさん。アザラシの皮が焼けて焦げてしまうよ」
36. と言った。下に降ろしても、また鍋の上にカラスはまた飛んで飛んで上がる、というふうだったとさ。
37. それで、皆がこう言ったとさ。
38. 「それ、縄掛けろ、縄掛けろ！」と言って縄で縛った。
39. 「縄切れろ、縄切れろ！」と言ったら縄が切れたとさ。

40. 'orowa suy ne'an kaa 'ani 'atusihci ike taa, suy , "kaa tow kaa tow!"
41. torara 'ani 'atusihci. "torara tow torara tow!" tuye.
42. ne'ampe tani taa, ne'an アノ- 'etu'aane tah yee manu.
43. " 'iine, macihi hunarayanu waa. macihi 'onumaha 'ani 'atusiyanu waa."
44. nah taa yee manu.
45. neyke tani taa, tani simah taa hunarahci 'ike taa, [咳] 'onumaha 'ani taa neya torara 'ani karahci 'ike taa, 'etuhka 'e'atusikarahci manu.
46. 'e'atusikarahcihi ne'ampe taa,
47. " 'onumaha tow, 'onumaha tow, 'onumaha.." nah kii yahka tuye koyaykus. mokoro manu.
48. neeteh tani taa ne'an kamuy kam sukehci yankehci 'ike taa, 'etuhka simah naa poohohcin tura taa 'eere. neeteh tani taa, hokuhu 'ipehe 'amparehci manu. ne'ampe simah taa, hokuhu 'ipehe naa pooho 'ipiehe naa taa 'okore 'ampa.
49. neeteh taa 'orowa taa ciseta payehci manu. cise 'ohta payehci 'ike taa, 'orowa taa, 'etuhka taa moymoyehci, numarehci tani taa, cise 'ene 'oman manu. 'ipehe naa 'ikohso 'ampa wa 'oman nah yehcihi ne'ampe taa tani taa 'oman manu. 'oman teh tani cise 'ohta 'omanihi ne'ampe taa, neya simah taa, 'osoma kusu 'asin manuyke taa hoku 'ipehe 'ampa teh taa 'asin teh taa kaske'ike 'ene 'osoma manu. kaske'ike 'ene 'osoma teh taa, sii kopoye teh taa, 'orowa 'ampa wa 'ahun teh 'orowa ne'an rupus 'ike taa, tani nah seesehka 'ani neya sii koro 'ikehe mesu 'ike taa hokuhu 'etuyehe 'etukankara manu.
50. 'etukankaraha ne'ampe ne'an taa, 'etuyehe クサッテ シマッタ ト muunin manu.
51. muunin teh taa 'orowa taa, 'osmake 'ene アノ- cisehe 'onnaykehe rusa kotesuu 'ike taa, アノ- 'osmaketa taa neya hokuhu 'ama manu.
52. neyke tani taa 'are'anno 'ama manuyke tani taa, 'ipehci yahkayki taa 'onne 'inkara koh,
53. " siske'uriri siske'uriri." nah yehci yahkayki taa,
54. " 'etuyehe hura'ah, 'etuyehe hura'ah." nah yehci.
55. nah kihci yayne taa neya 'etuhka taa [咳] 'etuyehe muunin yayne taa ray manu. tay teh taa 'orowa taa, 'ommohohcin tuy pateh 'okayahcipe nee manu.

56. nah 'an tuytah ダ゜. 'otahkon tuytah ダ゜-

40. それからまたその糸で縛った。また、「糸切れろ、糸切れろ！」
41. 今度は、紐で縛った。「紐切れろ、紐切れろ！」紐が切れた。
42. それで今度あのう、ハシボソがこう言ったとさ。
43. 「さあ、かかを探せ！かかの陰毛で縛れ！」
44. と言ったとさ。
45. そうして今度は、カラスのかかを探して、[咳]その陰毛で、その紐を作ってその、カラスを縛ったとさ。
46. 縛ってからその、
47. 「陰毛切れろ。陰毛切れろ。陰毛……」と言っても今度は切れなかった。寝たとさ。
48. それから今そのアザラシの肉を煮て下ろして、そのカラスのかかや子供たちにも食べさせた。そうして今度はその夫の食べる分も持っていったとさ。そうして、かかはその夫の分も子供たちの分も持って行った。
49. そしてそれからみんなうちへ帰ったとさ。家へ帰って、それから、そのカラスを起こした。起こして、その家へ行ったとさ。食べ物も、先に持っていったと言ったが、家へ行ったとさ。行ってこんな家へ行ったところが、そのかかがその、用便を足しに外へ出て、夫の食べ物を持って、そこへでてその食べ物の上に、ウンコをしたとさ。その上にウンコして、それにウンコ付けて、それから持って入って、それが凍ったので、今度は暖めて、そのウンコ付いたところをはがして、その夫の鼻に投げ付けたとさ。

50. 投げ付けたところが、その鼻が腐ってしまったとさ。
51. 腐って、それから、その裏の方に、あのう家の中の裏の方にゴザが付けてあったんだが、その後ろに夫を連れていったとさ。
52. そして、そのまま夫をそこに置いて、今食事をしようとしても、そっちを見ると、
53. 「目をキョロキョロさせているよ」などと皆で言っても、
54. 「鼻が鼻が臭いよ、鼻が臭いよ」と言った。
55. そうしているうちに、そのカラスの鼻がその[咳]腐ってしまって、カラスは死んでしまったとさ。死んでしまってそれから、その母さんたちだけが残って暮らしたんだとさ。
56. こんなお話だ。短いお話だ。

15 KAMIHI CI'EE RUSUY

1988年3月17日録音 (8801b)

1. Sannupista sine 'acahcipo 'an manu. sine 'acahcipo アノ monimahpo sineh reske manu. monimahpo sineh reske 'ike taa, アノー niinahci koh kuruhci, cehkihci koh 'ehci, nah taa 'acahcipo taa monimahpo reske 'ike taa, monimahpo soyta 'asin kuni ka 'etunne. 'ampene cise 'ohta 'ama teh taa, 'anihi pateh taa, niina, cehkoyki, taa 'ehci, nah kihci .
2. neyke toono mokoro 'ike taa, 'ene'an tarah ダｶ kiyehe nee manu.

3. cireske moromahpo
   kamihi ci'ee rusuy kusu
   'untapiipi 'untapiipo 'unhororoo

4. ソーヤッテ ユッタン ダト。
5. ne'ampe コンダ monimahpo
6. " 'acahcipo hemata 'eyee hee? 'acahcipo temata 'eyee hee? hemata mokoro 'oyasi ne'ampe siina'an ナンテ モ hemata テ モ yee hee?"
7. nah yee manu. 'acahcipo nah yee manu.
8. "mokoro 'oyasi ダ モノ ナンテ モ yeepe ダ ッテ イウノ hemata テ モ yeepe."
9. nah yee manu.
10. neya 'ampe taa cinke'ikehe payehci 'ike taa suy taa neyan, niinahci, cehkoyki, 'ehci nah kihci teh mokoro'an 'ohta taa, suy neya,

11. cireske moromahpo
    kamihi ci'ee rusuy naa
    'untapiipi 'untapiipo 'unkororoo

12. nah kii manu.
13. ne'ampe kii yayne tani taa, suy monimahpo taa, 'acahcipo moymoye.
14. " 'iine'ahsuy 'acahcipo, hemata 'ekiye hee? hemata 'eyee hee?"
15. "neh ka kuyee ka han kukii." nah yee. neyke,
16. "moromahpo kamihi ci'ee rusuy kusu, ntapiipi ntapiipo 'unkororoo, nah kii manu. mokoro cinita 'ike, yona- アノ ネコト カタッタリ ケ nah 'ampe."
17. nah yee manu.
18. 'ani ike taa sine too taa, ciseta 'okayahci yayne taa, Sannupista sine horokewpo

15話　人食いババ
1988年3月17日録音 (8801b)

1. サンヌピシ村に一人のババがいたとさ。一人のババが娘を一人育てていたとさ。娘を一人育てていて、マキをとってはくべ、魚をとっては食べ、してババはその娘を育てていたが娘は外に出るのを嫌がった。だからババは娘を家にばかり置いて、自分だけ、マキとり、魚とりをして食べていた。

2. それで昼寝をしたとさ。こんな夢を見たのかこう言ったとさ。

3. cireske moromahpo
    kamihi ci'ee rusuy kusu
    'untapiipi 'untapiipo 'unhororoo

4. こう言ったとさ。
5. だから娘は、
6. 「おばあさん何を言っているの？　おばあさんどうしてそんなことを言うの？　もっとも何かお化けだったらそうなのか、何を言っているの？」
7. と言ったとさ。ババはこう言ったとさ。
8. 「お化けが寝ているんだから何でも言うだろう」
9. と言ったとさ。
10. それでその翌日出かけてまたその、マキとりをして、魚とりをして寝たら、また、

11. cireske moromahpo
    kamihi ci'ee rusuy naa
    'untapiipi 'untapiipo 'unkororoo

12. と言ったとさ。
13. こうしているうちに今、また娘がババを揺すって起こした。
14. 「ねえおばあさん、何をしているの？　何を言っているの？」
15. 「何も言ってないよ」と言った。それで、
16. 「娘の肉を食いたいから、ウンタピーピ ウンタピーポ ウンコロロー と言ったが、それは寝言を言っているのか？」
17. と言ったとさ。
18. それである日、家にいてしばらくすると、サンヌピシ村の男、一人の男が

エ-, sine horokewpo 'eh manu. 'eramasreno'an yoy horokewpo taa, 'eh manu. 'eki ike taa, niina 'ike taa, monimahpo sanketa niina 'ike konte.
19. neeteh taa, taa kunne 'ikehe taa, ア/ rewsihi nee manu. rewsi ike taa monimahpo sanke poka mokoro manu.
20. mokoroho ne'ampe taa 'acahcipo taa, ヨナカニ taa, nah kii manuyke taa,

21. cireske moromahpo
    kamihi ci'ee rusuy kusu
    'untapiipi 'untapiipo 'unhororoo

22. nah kii.
23. neya monimahpo taa hetesuu kusu kara 'an 'ohta taa horokewpo taa monimahpo サ サセエテ、オキルナ ッテ "hanka numa!" nah yee.
24. suy taa neya 'acahcipo taa,

25. cireske moromahpo
    kamihi ci'ee rusuy kusu
    'untapiipi 'untapiipo 'unhororoo

26. taa numa rusuy, monimahpo numa rusuy kusu taa, ko'etunne 'omantene taa, monimahpo tekihi 'uh teh taa, tura wa 'asin manu. horokewpo 'ampa wa 'asin manu.
27. 'okaaketa taa neya, 'acahcipo 'asin manuyke taa, neya monimahpo nospa 'ike taa, kayoo manu.
28. " 'iine'ahsuy monimahpo, hemata ka kamuyehehcin グ゜カ, pon monimahpo 'ekirahci hii?"
29. nah taa 'ekayooho ne'ampe taa, 'anayne taa 'unkayoh 'uta taa renkayne taa sapahci manuyke taa, 'acahcipo taa 'ukahci manuyke taa, 'acahcipo taa 'ukahci manuyke taa, 'e'ukotoro 'ehepempahci yayne taa 'acahcipo rayki 'ike taa cisehehcin 'apaca 'ene makapahci manu.
30. taa 'ohta Sannupisun monimmahpo nah taa yehci manu.
31. "monimahpo rayki hii."
32. nah yehci manuyke taa, kamihi 'ehci kusu 'ampahci teh makapahci.
33. 'orowa monimahpo ne'ampe taa horokewpo tura taa, cise 'ene 'oman ma horokewpo cise 'ene taa monimahpo tura 'oman.
34. neyke taa yeehe nee manu.
35. "haciko 'orowano ku'ommoho nah haciko 'orowa ア/- yuhpo yuhpohohci naa, 'okore

やって来たとさ。きれいな良い男が、やって来たとさ。来て、マキとりをして、娘のそばにとってきたマキを置いてやった。
19. それで、その夜、泊まったのだとさ。泊まってその娘のそばに寝たとさ。

20. 寝たときそのババが、夜中に、こう言ったとさ。

21. cireske moromahpo
    kamihi ci'ee rusuy kusu
    'untapiipi 'untapiipo 'unhororoo

22. と言った。
23. その娘は起き上がろうとしたが、男が娘を押さえて「起きるな!」と言った。

24. またそのババが、

25. cireske moromahpo
    kamihi ci'ee rusuy kusu
    'untapiipi 'untapiipo 'unhororoo

26. それで起きたい、娘は起きたいと思ったが、男がそうさせまいとして、娘の手をとって、連れて出たとさ。男は娘を連れて出たとさ。
27. その後でその、ババも出て、その娘を追いかけて、呼んだとさ。

28. 「おい娘や、何か神様にでも連れられて、逃げていくのかい?」

29. と呼んだら、しばらくしてお化けたちがたくさん下りてきて、ババを捕まえて、ババを捕まえて、両側から引っ張っているうちにババは死んでその家の戸口までみんなで上ってきたとさ。

30. そこでサンヌピシ村の娘が言ったとさ。
31. 「娘を殺したよ」
32. と言って、肉を食うために娘を持って帰ってきた。
33. それから娘はその男と一緒に家に行って、男は家に娘を連れていった。

34. そして言ったのだそうだ。
35. 「小さいときから、私の母さんは、小さいときから兄さんたちもみんなウ

'unkayoh 'acahcipo taa 'okore raykihci 'ike 'ehci シテ, 'ohta haciko kusu taa monimahpo, naa haciko kusu taa, kamihi neya haciko kusu nee poro poro kanne rayki teh 'ee nah 'eraman kusu reske hee." nee manu.

36. neeteh tani taa monimahpo 'utah taa hokunuu teh 'ah-, taa horokewpo イッショニ hokunuu teh taa, tani taata taa アノ keraykusu neya 'acahcipo hannehka 'an'ee teh taa sihnuuhu nee manu.

37. ソウ イウ tuytah アル.

ンカヨババに殺されて食べられたが、そのとき小さかったからその娘は、小さかったから、その肉は小さすぎてもっと大きくなってから殺して食ったほうがいいと思って育てていたんさだ」と言った。

36. それで今、その娘たちは婿とりをして、その男と縁組みをして、その娘は今おかげでババに殺されることなく生きているということだ。

37. こんな昔話がある。

16 SARAKUPIH TUYTAHI

1988 年 5 月 22 日録音 (8810a)

1. Sannupista sine 'acahcipo mahmicihihcin , te monimahpo 'an manu.
2. (うーん。M)マコﾟ te monimahpo 'ani ike taa 'ahciyehehcin tura 'okayahci manu. 'ahciyehehcin tura 'okayahci yayne taa, niinahci koh kuruhci, ceh koykihci koh 'ehci, 'ehahtahci koh 'ehci, nah kihci 'okayahci yayne taa, sine too taa 'ahciyehehcin 'asini ike, nakene ka 'omanu wa 'isam.
3. nakene ka 'omanu wa 'isami ike taa, 'anayne 'uta hunarahci yayne taa 'otakaata sapahcihi ne'ampe taa アキアンジﾟ sineh taa 'otakaata yan manu.
4. 'otakaata yan 'ike taa, 'orowa 'ukahci 'ike taa 'ampahci wa makapahci manuyke tuyehci 'ike taa reh pis ne tuyehci manu. tuyehci teh taa, イチハﾟン kiyanne monimahpo ne'ampe taa sapahka 'orowa muhrune koro. 'orowa 'inoskun monimahpo taa, noske 'ikehe taa muhrune koro. イチハﾟン poniwne monimahpo ne'ampe taa 'ohcaraha muhrune koro.
5. neyke cisahci manu. 'ahciyehehcin ciskarahci 'omantene taa, 'orowa 'okayahci 'omantene taa, 'orowa sine too taa 'otakaata sapahci manu. 'otakaata sapahcihi ne'ampe taa, cise 'onne taa, monimahpo 'uta hecirehci hawehe 'an manu.

6. 'e 'uu 'oh, 'e 'uu 'oh
    'oki'oo 'iikante, 'e 'uu 'oh, 'e 'uu 'oh
    sarake 'iikante, 'e 'uu 'oh, 'e 'uu 'oh
    noske 'uukante, 'e 'uu 'oh, 'e 'uu 'oh

7. nah hecirehci hawehe 'an manu.
8. hecirehci hawehe 'anihi kusu taa, 'orowa makapahcihi ne'ampe, neya muhruhuhcin 'okore 'isam manu. (ふーん。M)
9. 'okore 'isan teh tani taa, 'oha 'okayahci teh 'okayahci manu.
10. tani neya 'anayne tani taa sine too suy taa, suy 'otakaata sapachi teh 'ahkasahci teh hecirehci yayne taa suy cise kaara hecire haw 'an manu.

11. noske 'uukante, 'e 'uu 'oh, 'e 'uu 'oh
    'oki'oo 'iikante, 'e 'uu 'oh, 'e 'uu 'oh
    sarake 'uukante, 'e 'uu 'oh, 'e 'uu 'oh
    noske 'uukante, 'e 'uu 'oh, 'e 'uu 'oh
    'oki'oo 'iikante, 'e 'uu 'oh, 'e 'uu 'oh

16話　魚の尾びれの話

1988年5月22日録音 (8810a)

1. サンヌピシ村に、一人のババが孫娘、3人の娘と住んでいたとさ。
2. (うーん。M) 3人娘がいて、そのババと一緒にいたんだとさ。ババと一緒にいて、山にマキとりに行ってはくべ、魚とりに行っては食べ、ユリほりに行っては食べ、こうして暮らしていたが、ある日その娘たちのババがどこかへ行っていなくなってしまったとさ。
3. どこかへ行ってしまって、その後ずっと娘たちは探して、浜に出て見たら、そこにアキアジが一匹浜にあがっていたとさ。
4. 浜に上がっていて、それをとって持って帰り、切った、3つに切ったとさ。切って、そのいちばん姉の娘はその頭の部分を枕にした。それから真中の娘は中の部分を枕にした。いちばん末娘はその尻尾の部分を枕にした。

5. そうして泣いたとさ。自分たちのババを思っていつも泣いていたが、毎日そうしていたが、それからある日浜に出たとさ。浜に出て行った時、その家の方から、遊ぶ声がしたとさ。

6. 'e 'uu 'oh, 'e 'uu 'oh
   'oki'oo 'iikante, 'e 'uu 'oh, 'e 'uu 'oh
   sarake 'iikante, 'e 'uu 'oh, 'e 'uu 'oh
   noske 'uukante, 'e 'uu 'oh, 'e 'uu 'oh

7. と遊ぶ声がしたとさ。
8. そのように遊ぶ声がしたので、それから家へ帰ったら、その娘たちの枕がみんななくなっていたとさ。(ふーん。M)
9. みんななくなって、ただ娘が3人だけ残っていたとさ。
10. そうして今度はまた浜に出て歩きながら遊んでいると、また家の囲りから遊ぶ声がしたとさ。

11. noske 'uukante, 'e 'uu 'oh, 'e 'uu 'oh
    'oki'oo 'iikante, 'e 'uu 'oh, 'e 'uu 'oh
    sarake 'uukante, 'e 'uu 'oh, 'e 'uu 'oh
    noske 'uukante, 'e 'uu 'oh, 'e 'uu 'oh
    'oki'oo 'iikante, 'e 'uu 'oh, 'e 'uu 'oh

12. nah taa hecirehci hawehe 'ani ike taa, kuyrahci 'ani 'ike taa, payehci 'ike taa, 'apaa kaari taa pi'inkarahcihi ne'ampe taa re monimahpo taa hecirehci kusu 'okayahci manu.
13. ne'ampe tani taa, kasi'orayahci 'ahupahcihi ne'ampe taa kirahci kusu kasi'orayahci 'ukahci manu. sineh 'ukahcihi ne'ampe taa 'okorehehcin ne'ampe 'okayahci manu.
14. neeteh tani taa sineh ne'ampe taa 'oki'oy 'oki'oy mah nah yehci manu.
15. sineh ne'ampe taa, sarakewkante nah taa ree kontehci manu. taa イチハ°ン kiyannepe ne'ampe taa, ウン sarake'oki'oy,sapahakan, nah yee, 'oki'oykante. sineh ne'ampe sarakewkante, sineh ne'ampe noskewkante. taa re monimahpo 'okayahci manu.

16. neeteh tani taa, 'orowa ne'an, 'iwanniw taa 'okayahci manu, monimahpo 'uta. 'iwanniw 'okayahci yayne tani taa sine too taa suy taa, 'otakaata hecirehci, sapahcihi ne'ampe taa, hecirehci yayne taa 'otakaata taa hemata kamuyehehcin ヤ°ハ hecirehci manuyke taa 'enekihci manu.

17. kurum posikii kahkoo
    kurum poyakaa kahkoo
    masasimo kontee kahkoo
    'antuurihkaa

18. nah kihci manu.
19. ne'ampe 'e'ohayohaynekahci kusu taa kirahci wa makapahcihi ne'ampe taa cise 'ohta monimahpo 'uta taa reh pis taa, ramma taa, sukehci 'ike taa, 'ehahtahci wa sapahci 'ike taa, sukehciteh 'ike taa, monimahpo taa 'ahupahci manuyke tura taa 'ehci manu.
20. 'ehci 'ike taa 'orowa taa sine too taa, 'otakaata sapahci 'ike taa. ne'anike taa 'otakaawa taa sine cih yan manu. sine cih yani ike taa, 'ohta taa re horokewpo taa 'okayahci 'ike taa yapahci manuyke taa, 'otakaata sapahci yapahci 'ike taa, yehcihi nee manu.
21. " 'anihi ne'ampe イチハ°ン kiyanne horokewpo ne'ampe masasimokonte,'orowa 'inoskun horokewpo ne'ampe kurumposiki. イチハ°ン チイサイ poniwne horokewpo ne'ampe taa masasimokonte. neeteh naa sineh 'an manu. tah ne'ampe taa イチハ°ン kiyanne horokewpo nee manu. tah 'antuurihka nee manu."
22. nah taa 'eweepekerehci 'ike taa, tani taata 'ahupahci. cise 'ohta 'ahupahci manuyke taa monimahpo 'utah taa neya horokewpo 'uta 'epuntekahci 'ike 'iine horokewpo, taa 'epuntekahci 'ike taa caroke 'ene 'ipe karahci, 'iperehci tani taa 'okayahci manuyke

12. と遊ぶ声がして、そっと見に行って、戸口からのぞいて、行って見たら、そこに3人の娘がいて遊んでいたとさ。

13. そうしてそこへ走って行って入って、逃げようとするのを走って行ってつかまえたとさ。一人つかまえたと思ったらそこには3人みんないたとさ。
14. それで、娘の一人は 'oki'oymah（頭の娘）と言ったとさ。
15. 一人はその sarakewkante（尻尾の娘）という名前をつけたとさ。そしていちばん姉娘は sarake'oki'oy（尻尾の頭の娘）、'oki'oykante（頭の娘）、一人は sarakewkante（尻尾の娘）、もう一人は noskewkante（真中の娘）と言って3人の娘がいたとさ。
16. それで、今これで6人そこにいたとさ、娘たちが。娘たちが6人いて、ある日また、浜に出て遊び、また帰ってきて、また、浜に出て遊んでいると、浜に何か動物たちが遊んでいて、こんな声がしたとさ。

17. kurum posikii kahkoo
    kurum poyakaa kahkoo
    masasimo kontee kahkoo
    'antuurihkaa

18. という声がしたとさ。
19. （娘たちは）びっくりして、逃げて帰って来たら、その家には娘たちが3人まいて、料理を作ってユリ根掘りをして来て料理して、その娘たちも入って一緒に食べたとさ。

20. 食べてから、またある日に、浜に出ていると、すると、浜に舟が一艘上がったとさ。舟が一艘上がって、そこに3人の男がいて、陸に上がって浜に下りて、こう言ったとさ。
21. 「私はいちばん兄の男で、masasimokonte というんだ。それから真中の男は kurumposiki で、いちばん小さい下の男は masasimokonte という。それから、もう一人いるんだ。それはいちばん兄の男なのだ。それは 'antuurihka という」
22. と話しながら、そこに入ってきた。家に入って娘たちと男たちは皆喜んで、4人の男たちは喜んで、喜んで、おいしいごちそうを作って食べさせて、しばらくいたが、ユリ根掘りをしては食べ、男たちは魚をとりに行っては

129　魚の尾びれの話

taa, neya 'ehahtahci koh 'ehci, ceh koyki horokewpo 'utah taa cehkoykihci, nah kihci yayne tani taa, neeroh horokewpo 'uta 'okore taa monimahpo 'uta samahci manu.

23. samahci teh taa pirikano 'okayahci 'ike taa 'usahpa 'usahpa cise karahci teh tani taa 'okayahci manuyke taa, ウン 'okayahci yayne tani 'okorehehcin tani taa, poo korohci manuyke taa, rih poka 'ahkas cikah ka tehkupihi sayayse 'ike 'uynahci 'ike muysankeh ne naa sahka ne naa ta'ah korohcipe nee manu.

24. nah 'an tuytah ダ 。

食べなどしていたが、その男たちはみんなその娘たちと結婚したとさ。

23. 一緒になって幸せに暮らして、みんなそれぞれ家を建てて暮らしたんだが…そうしている中にみんな今は子どももできて、空飛ぶ鳥も羽を落とし、その羽を拾ってホウキやハシを作ったということだ。

24. そういうお話だ。

17 'O'ISSIKAARIMPA NANKORO

1988年7月18日録音 (8811ab)

1. (...nanuhu sikaarimpa.M) Sannupista re horokewpo 'an manu. re horokewpo 'ani ike taa, neya horokewpo taa kinta niina kusu makapahcihi ne'ampe taa, ウン re monimahpo taa kinta niinahci kusu 'okayhci manu.
2. neya nii tohpahci niinahci 'omantene taa sapahci kusu payehci karahci 'ike taa, 'ene yehci manu.
3. " 'e'ani, nahta 'an horokewpo 'ekonopuruu?"
4. nah 'ukopisihci manu. ('i)kee taa,
5. "ku'ani ne'ampe nanuhu 'o'issikaarimpa horokewpo nanuhu kukonopuru. nutanne horokewpo ne'ampe nanuhu ku'etemii. nutahkon horokewpo ka nanuhu ku'etemii. nanuhu 'o'issikaarimpa nankoro horokewpo pateh kukonopuruu."
6. nah yehci manu.
7. nah yehci 'ike taa 'orowa tani taa, 'otakaata sapahci 'ike tani taa, アノ-monimahpo 'utah taa 'otakaata sapahci 'ike tani taa, 'onuuman 'oman teh 'ipekarahci yayne taa neya, nutanne horokewpo, nutahkon horokewpo, nu'issikaarimpa horokewpo, teh pis taa, 'uturahci wa 'arikihci manuyke taa, yehci manu.
8. " 'ee, taranoka monimahpo 'uta, nahta 'ampe 'ecikonopuruu?"
9. nah yehcihi ne'ampe taa,
10. "taa 'inosketa'an アノ- nu- 'o'issi- ne'ampe 'o'issikaarimpa horokewpo kukonopuruu. アト tuh pis ne'ampe nutanne 'aynu, nutahkon 'aynu, tah ne'ampe kukonopuru ka hankii."
11. nah yehci manu.
12. neyke tani taa, neya nutahkon 'aynu 'utah taa 'okore nutahkompe naa, nutannepe naa, 'okore hosipichi manu.
13. neyke tani ne'ampe nanuhu 'o('is)sikaarimpa, 'oysikaarimpa nankoro 'ohkayo 'utah pateh taa tani taa cise 'ohta 'an teh, tani neya monimahpo caro'oyki niina, yuhkii manuyke taa 'ehci manuyke taa re monimahpo taa 'ehci manu.
14. ア、エー te monimahpo ne('ampe)... taa, nanuhu 'o'issikaarimpa horokewpo tah pateh cise 'ohta 'an teh アノ- nutanne horokewpo nutahkon monimahpo tura taa cise 'onne 'iruskahci wa hosipihci manu.
15. neeteh tani taa 'okayahci yayne tani taa アノ- nutanne horo.. アノ- nu'issikaarimpa monimahpo taa, nu'issikaarimpa horokewpo tura taa 'usamahci 'ike taa, ヘ゜ウニ yaycisekorohci manu.
16. ヘ゜ウニ yaycisekorohci 'ike taa, sinennehka yaycisekorohci 'ike taa, アト tu monimahpo

17話　丸顔スキー

1988年7月18日録音 (8811ab)

1. （丸顔の…。M）サンヌピシ村に3人の男がいたとさ。3人の男がいて、その男が山にマキとりに行ったところがその、うん3人の娘がその山でマキをとっていたとさ。
2. そこで木を切ってマキをとってしばらくしてから帰ろうとするとこう言ったとさ。
3. 「お前は男が好きか？」
4. と互いに聞き合ったとさ。それで、
5. 「私は、顔の丸い男が好きだ。顔の長い男はそんな顔はきらいだ。顔の短い男も私はきらいだ。顔の丸い男だけが好きだ」

6. と言ったとさ。
7. そう言ってそれからこんど、浜に出て、その娘たちは浜に出ていたら、夕方になって、夕食を作っていたら、その顔の長い男と顔の短い男と、顔の丸い男が、3人、そこに連れ立ってやって来て、言ったとさ。

8. 「さあ、娘たち、どれが好きかな？」
9. と言ったら、
10. 「その真中の、あの、丸顔の人が好きよ。その2人の人は、顔の長い人と顔の短い人は、私は好きじゃないわ」

11. と言ったとさ。
12. それで今、その顔の短い男たちは、その顔の長い男も顔の短い男も2人共帰ってしまったとさ。
13. それで今、まんまる顔の男だけ娘たちと一緒に家にいて、食べさせて、マキとりをして狩をして、食べて一緒に3人の娘も食べていたとさ。

14. それで3人娘が（いて）、男はまんまる顔の男一人だけが家にいて、あの長顔の男と短顔の男は一緒に家へ怒って帰って行ってしまったとさ。

15. そうしているうちに、あの長顔の男…あの丸顔の娘が丸顔の男と夫婦になって、別に家をもったとさ。

16. 別に家をもって、2人だけで家をもっていたが、あとの2人の娘は、それ

taa, nutanne horokewpo neewa nutahkon horoke(wpo), monimahpo neewa nutanne monimahpo tura pa(teh) taa yaycisekorohci 'ike taa, tupenahcin 'okayahci manu.

17. taa 'anayne tani taa, sine too taa, tu horokewpo 'eh manu. tu horokewpo 'eki ike taa, ne'an tu horokewpo taa, sineh ne'ampe nutanne horokewpo, sineh ne'ampe nutahkon horokewpo.
18. nutahkon horokewpo nee kusu, nu-, nu-, "nutahkon monimahpo kukon rusuy kusu ku'eh." nah yee manu.
19. 'orowa nutanne horokewpo ne'ampe taa,
20. "nutanne horokewpo kunee kusu nutanne monimahpo kukon rusuy kusu ku'eh."
21. nah yee manu.
22. neeteh tani taa 'orowa taa, ne'ampe nutanne horokewpo nutanne monimahpo koro, nutahkon horokewpo ne'ampe nutahkon horokewpo tura 'usamahci 'ike, taa tani taa situ 'usahci manu.
23. situ 'usahci teh taa tani taa, payehci manuyke taa, monimahpo ne'ampe situ'us ka 'eyaykapahci kusu taa, raapohka taa 'ahkasahci payehci.
24. (teh monimahpo) フノ− horokewpo, tah ne'ampe taa sineh ne'ampe taa, situ'us, suy tuhpis 'okore situ'us teh taa, payehci manuyke taa, 'orii nii 'utohtonkepo, kitayke pohka kiro フノ− situ'usahci. 'otanne nii ne'ampe kitayke pohka situ'usahci payehci manuyke taa yuukarahci manu.

25. " 'orii nii suhtonkepo..
'oran nii suhtonkepohka kemasuye waa,
'oran nii kiitaykepohka kemasuyewaa
taskoromaysan cokokohkoo
taskoromaysan cokokohkoo"

26. nah taa kihci wa taa payehci manu.
27. payehci 'ike taa monimahpo 'uta taa ne'ampe taa payehci yahkayki taa, トドカナイ manu. 'ampene paye koyaykusahci manu. nii kaske poka pateh 'ahkas horokewpo 'utah pakapa(?) ...
28. 'orowa tani taa cise 'ohta hosipihci manu. monimahpo 'utah hosipihci teh tani taa cise 'ohta taa 'okayahci manu.
29. neeteh taa, neya situ'us teh paye, (moni) horokewpo 'utah taa ne'an macihihcin payehci kun neera teerehci yahka payehci ka hankihci manu.
30. neeteh tani taa, sonno poniwne (monimahpo) horokewpo taa takara manu.
31. ne'an taa 'ohta situ'us kusu, niikaskeke poka 'ahkas kusu, macihihcin taa paye

ぞれ長顔の男と短顔の男が2人で娘も長顔の娘と短顔の娘が、2人で住んでいたとさ。
17. そうしているうちにある日、2人の男が来たとさ。2人の男が来て、その2人の男、一人は長顔の男、もう一人は短顔の男だった。

18. 短顔の男だから、「おれは短顔の娘をもらいに来たんだ」と言ったとさ。

19. それから長顔の男は、
20. 「長顔の男だから、おれは長顔の娘をもらいに来たよ」
21. と言ったとさ。
22. それで、それから、その長顔の男は長顔の娘をもらい、短顔の男は短顔の娘と夫婦になって、今スキーをはいたとさ。

23. 男たちはスキーをはいて、行ったのだが、娘たちはスキーができなかったから、下の方を歩いて行った。
24. (それで娘は) いや男は、それはその一人はスキーをはいて、またあとの二人もスキーをはいて、高い木の中を、山すそをスーッスーッと滑って行ったとさ。高い木の中を、山すそを滑って行くときこう歌いながら行ったとさ。

25. " 'orii nii suhtonkepo..
'oran nii suhtonkepohka kemasuye waa,
'oran nii kiitaykepohka kemasuyewaa
taskoromaysan cokokohkoo
taskoromaysan cokokohkoo"

26. と歌いながら滑って行ったとさ。
27. 男たちは滑って行ったが、娘たちはどんなに走っても追いつかなかったとさ。ぜんぜん追いついて行けなかったとさ。木の上を滑って行った男たちには追いつかなかった（？）。
28. それから男たちは家に着いたとさ。娘たちは家に帰っていて家の中にいたとさ。
29. でも、あのスキーをはいて滑って行った男たちはその娘たちが来るのをいくら待っても来なかったとさ。
30. それで、その末の男が夢を見たとさ。
31. あの時（男たちが）スキーをはいて木の上を滑って行ってしまったから妻

koyaykusahci kusu hosipihci, tah takara manu.

32. takaraha kusu tani taa, tani suy 'e'ukoytakahci teh taa,
33. " 'ahka nee kusu neyke taa situ hanka 'usahci kanne, 'ahkas 'ani payehci kusu."
34. nah yehci manu.
35. neeteh tani taa 'orowa taa situ'us ka hankihci 'ike, taa 'ahkas 'ani taa ne'an monimahpo 'utah hunara 'utah payehci manuyke taa, neya cise, monimahpo cisehehcinta payehci manu.
36. cisehehcinta payehci manuyke, monimahpo korohci 'ike, taa tani taa, cisehehcin turahci wa payehcipe nee manu. nah'an tuytah ᵞ˚.

たちはついて行くことができなかったから帰ってしまった、という夢を見たとさ。
32. そんな夢を見たから、今もう一度相談して、
33.「それなら、これからはスキーをはかないで、歩いて行ってね」
34. と言ったとさ。
35. そうしてそれから、スキーははかないで、歩いて娘たちをさがしに行ったのだそうだが、その家に、その娘たちの家に着いたとさ。

36. 娘たちの家に着いて、娘たちを娶って、今はその家に一緒に連れて行ったのだとさ。こんなお話だ。

18 PONUNKAYOH(-88)

1988 年 8 月 6 日録音 (8814b)

1. te monimahpo 'okayahci. [笑] te monimahpo 'okayahci 'ike taa, niinahci koh kuruhci, cehkoykihci koh 'ehci, 'ehahtahci koh 'ehci, nah kihci 'okayahci yayne taa, sine too taa, kinta makapahcihi ne'ampe, tu monimahpo niina.
2. イチバンチイサイ monimahpo cise 'ohta 'an teh taa, 'anayne taa, monimahpo 'uta kinta makapahci niinahcihi ne'ampe, sine hekaci 'ekaarihci manu. オトコノコ sineh 'ekaarihci.
3. ソーシテコンダ゛nii cahka kotasko hekaci, 'ekaarihci 'orowa 'ampa teh 'orowa sapahci 'ike taa アノチイサイ monimahpo ウチニイタラナンダ゛カカンダ゛カイッテ ('aynu 'itah 'ani yee kanne. M) hemata ka, hemata hemata yehci wa sapahci manu, kimma.

4. sapahcihi ne'ampte taa, poniwne monimahpo taa nukara koh cahka cikotasko hekaci 'ampehci wa sapahci manu, kimma. 'orowa taa 'eyaykonopuruhci kusu taa reskehci 'ike taa sinohtehci 'an 'ohta taa,

5. ni'osuhtaa cipaa tootoo
   ni'osuhtaa cipaa keeneh

6. nah taa sinohteh 'iko'astehci.
7. nah kihci 'omantene taa suy taa niinahci kusu makapahci manu, sine too. tani 'inoskun monimahpo neewa kiyanne monimahpo tura 'ohacirunahci. kiyanne monimahpo neewa haciko monimahpo tura taa niinahci. taa 'inoskun monimahpo 'ohacirun. pooho tura 'ohacirun 'ike taa 'osimihi naa 'itasare, taa karakara 'omantene taa cahka kotasko 'ike taa 'orowa suy 'ama teh taa hohpahci teh 'okoyse kusu 'asin manu.
8. 'asinihi ne'ampe 'okaaketa 'anayne taa, cise 'onne hemata humihi 'an manu.
9. ne'ampe kusu taa 'apa 'okaakara 'uturu kaari 'inkaraha ne'ampe haciko hekaci nah yeepe 'onneru 'ohkayo nee manu.
10. " 'iine'ahsuy, tan cise 'un monimahpo 'utah, hemata 'ehci wa 'okayahci hii? hemata 'ehci wa 'okayahci hii?"
11. nah yee manu.
12. "pon hekaci nah 'enramahci kusu 'en'ukahci 'en'ampahci wa sapahci. kamihihcin ku'ee rusuy kusu nii 'osuhta kua'ani 'ike taa 'eneweeyaykonupurahci wa 'ansapahci."
13. nah taa yee 'ani taa suu 'oro'okuske taa, 'itanki テ゛モ rasuhu mesu koh caruhu 'ohta 'amaa, kasuh テ゛モ rasuhu mesu koh caruhu 'ohta 'ama, nah taa kii manu. 'orowa taa

18話　ポヌンカヨ(-88)

1988年8月6日録音　(8814b)

1. 3人の娘がいた。[笑] 3人の娘がいて、その、マキをとってはくべ、魚をとっては食べ、ユリ根をほっては食べしていたが、そのうち、ある日に、山に行って、2人の娘がマキをとった。
2. 末娘が家にいて、そうして、娘たちが山に行ってマキをとっていたら、子どもが一人いたとさ。一人の男の子に出会ったとさ。
3. こうしてこんど木のゆりかごに縛られた子どもに会って、それを抱いて、それから下りて来たら、あの末娘が家にいて、何とかかんとか言って、(アイヌ語で言ってください。M)何とか、かんとか、言いながら帰って来たとさ、山から。
4. 帰ってきたら、末娘が見ると、木に縛られた子どもを抱いて下りて来たとさ、山から。それから皆で喜んで、その子を育ててあやしたんだが、

5. ni'osuhtaa cipaa tootoo
   ni'osuhtaa cipaa keeneh

6. と言ってあやしながら躍らせた。
7. こうしていたが、また、マキとりに行ったとさ。ある日こんどは中の娘と上の娘が一しょに留守番をした。上の娘と小さい娘が一しょにマキとりに行った。その、中の娘が留守番をした。子どもと留守番をして、おしめもとり替えた。こうして世話をしながら、その子どもを子守ばこにしばって置いて、そのまま便所に出たとさ。

8. 出た後でしばらくして、家の中から何か物音がしたとさ。
9. だから、戸口に沿ってその間から中をのぞいたら、小さい子どもだと思ったものが大男になっていたとさ。
10. 「どれどれ、この家の娘たちは何を食べているんだろう？何を食べているんだろう？」
11. と言ったとさ。
12. 「小さい子どもだと思って（娘たちが）拾って連れて来たんだ。おれはその肉が食いたくて木の根元にいたんだが、娘たちは喜んで帰ってきた」
13. と言いながら、鍋に入れるために、茶碗でも端をむしっては口の中に入れひしゃくでも、端をむしっては口の中に入れたりしていたとさ。それから

'nukara 'omantene taa, siwpu kanne 'orowa 'apa cahkehe ne'ampe 'iramasinta suy 'omayehe 'ohta mokoro kusu an manu.

14. neeteh tani taa, 'onuuman tani nannahahcin sapahci manuyke 'ekoweepekere manuyke taa, 'inoskuh nanna nanna 'uma 'eycaarare manu.
15. "haciko hekaci neya waa?"
16. nah taa yee. 'eycaararee.
17. 'orowa sinke'ikehe taa, poniwne tu monimahpo neewa haciko ア/— 'inoskun monimahpo tura taa niinahci. nanna nanna 'ohaciruntehci. neeteh taa, nanna nanna taa huraye 'omantene taa, 'osimi naa 'ekarakara teh taa, 'orowa taa cahka 'ohta 'ama teh taa mokoro teh 'okoyse kusu 'asin.
18. 'okoyse kusu 'asinihi ne'ampe taa, suy taa 'okoyse teh 'ahunihi, 'omanihi ne'ampe taa cise 'onne hemata humihi 'an manu.
19. ne'ampe kusu 'apa 'uturu kaari nukaraha ne'ampe , neya soono kayki neya hekaci taa 'iramasinne cise 'onnayketa 'ahkas kusu 'an manu. nipaapo ka nukara koh rasuhu masu, caruhu 'ohta 'ama, kasuh ka nukara koh rasuhu mesu, caruhu 'ohta 'ama, nah taa kii 'an manu.
20. 'orowa tani taa, 'orowa monimahpo tah nukara 'omantene taa siwpu kanne 'ahunihi ne'ampe taa, [アナウンス] nannahahcin sapahci 'ike tani taa 'e'ukoweepekerehci, 'ukoweepekerehci 'ike tani 'okore 'eysookorohci manu.
21. nee kusu neyke 'unci'uwaare 'aynu 'unci'uwaare. niina 'aynu niina. neeteh 'orowa sinke'ikehe taa, 'e'uko'itakahci manuyke taa niina 'aynu niina, 'unci'uwaare 'aynu 'unci'waare, nah kihti 'omantene シタ kihci teh 'orowa 'unci 'onne 'ociwehci teh kirahci kusu nah yehci manu.
22. neyke taa sinke'ikehe taa 'inoskun monimahpo neewa poniwne monimahpo, tura taa niinahci. kiyanne monimahpo ne'ampe 'unci'uwaare. 'orowa niinahci 'orowa taa 'ohta 'ahapahci 'ike tani taa hekaci taa 'ukahci 'ike taa sinohtehci manuyke,

23. ni'osuhtaa cipaa tootoo
ni'osuhtaa cipaa keeneh
ponunkayoh ponunkayoh

24. nah taa sinohtehci 'ike,

25. ni'osuhtaa cipaa tootoo
ni'osuhtaa cipaa keeneh
ponunkayoh ponunkayoh

娘はそれを見ていたが、勇気を出して戸を開けたら、大男はまた自分の寝床ですすやかと寝ていたとさ。
14. そうして今、夕方になって、姉さんたちが帰ってきて山であった出来事を話したが、中の娘は姉さんたちの言うことを疑ったとさ。
15. 「小さい子だって？」
16. と言ったとさ。疑った。
17. それから次の日、下の方の娘と、末娘、中の娘とがマキとりに行った。姉が留守番をした。それから、姉さんは洗濯をして、おしめもとり替えて、それからゆりかごに寝かせて、そこで寝て、便所に行った。

18. 便所に行って、また用を足して入って、また行ってみたら、家の中から何か物音がしたとさ。
19. それで、戸の間から見たら、その実際はその子どもが、静かにゆっくりと家の中を歩いていたとさ。お椀を見つけては端をむしる、口に入れる、ひしゃくを見つけては端をむしる口に入れる、という風にしたとさ。

20. それからこんど、娘がそれを見て、勇気を出して入って見たこと一部始終を、一方姉さんたちが帰ってきて、話したとさ。皆で話し合って、今みんな本当だと思ったとさ。
21. それで、火を焚く者は火を焚いた。マキをとる者はマキをとった。それから次の日、相談して、マキをとる者はマキをとり、火を焚く者は火を焚き、こうしていたが、準備ができて、その子を火の中に投げて、逃げようと話し合ったとさ。
22. それで、その次の日、中の娘と末の娘がマキとりに行った。上の娘は留守番して火を焚いた。それからマキをとってから、家に入って、こんどその子を抱き上げてあやした。

23. ni'osuhtaa cipaa tootoo
    ni'osuhtaa cipaa keeneh
    ponunkayoh ponunkayoh

24. と言ってあやして、

25. ni'osuhtaa cipaa tootoo
    ni'osuhtaa cipaa keeneh
    ponunkayoh ponunkayoh

26. nah kihci 'omantene taa, 'unci 'onne 'ociwehci 'ike hohpahci teh kirahci manu. 'unci 'onne 'ociwehci teh hohpahci teh kirahcihi ne'ampe taa, kirahci yayne 'inkarahci koh 'osumakehehcinta 'eh kuru 'an manu. tan hekaci taa 'annospahci wa 'eh kusu 'an manu.
27. 'orowa tani taa, neya kiyanne nanna naa kirayehe taa, 'osumake'ene 'ociwe 'ike taa, poro huhkara kara. 'orowa suy kirahci yayne nukarahci koh suy poso wa 'eh manu.
28. nah taa 'inoskun monimahpo citokihi 'ociwe. tarah poro huhkara kara. 'orowa suy kirahci. kirahci yayne nukarahci koh suy neya ponunkayoh 'annospahci kusu 'an manu. 'orowa イチパ゜ン チイサイ monimahpo taa kirayehe taa 'ociwe. 'ociwe 'ike taa poro nay kara taa manu. nay kara 'ike taa, 'orowa kirahci yayne taa, 'inkarahci koh taata 'eh 'an manu. 'orowa 'arikihci yayne taa, sineh taa 'arikihcihi ne'ampe 'aa, sine 'ahci'ahcipo taa peray kusu 'an manu.

29. " 'iine'ahsuy 'acahcipo! 'ipecikaree! 'ipecikaree! 'unkayoh horokewpo 'inospa kusu 'an kusu 'ipecikaree! 'ipecikaree! "
30. nah yee manu.
31 'orowa taa 'acahcipo taa kemaha tuurire. tah kasketa 'ohci teh taa pecikahaci manu. neeteh 'okayahci yaynuynakahci. 'acahcipo taa 'ampene peray kusu 'an manu.
32. perayehe ne'ampe taa 'inkara koh sonno ka 'acahcipo yehcihi neeno sine monimahpo yehcihi neeno taa horokewpo taa 'eh kusu 'an manu.
33. 'eh teh taa, 'acahcipo taa,
34. " 'iine'ahsuy 'acahcipo, 'enpecikare 'enpecikaree! "
35. nah yee manu.
36. ne'ampe taa 'acahcipo pecikare. 'acahcipo taa ne'an 'unkayoh taa pecikare teh kemaha tuurire
37. "taa 'okotohne 'okotohne 'ikehe kema peekaari teh pecika waa."
38. nah yee manu. 'okotohne 'okotohne 'ikehe kema peykaari pecikaha ne'ampe taa naynosketa pecika 'ohta,
39. " 'a'aa! 'ankemaha 'aa! "
40. nah yee teh nay 'onne kemaha 'iyontehtehe ne'ampe taa 'unkayoh 'ohta wahka 'onne 'ahun manu.
41. 'orowa taa ツ/- 'ene yee manu.

42. ruru kuu cikah ruru kuu
    ruru kuu cikah ruru kuu

26. と言ってあやしてから、火の中に投げ入れて、放って、逃げて行ったとさ。火の中に投げ入れて、放って、逃げて行ったんだが、逃げてしばらくして見ると、後から何者かが追いかけて来たのだった。

27. それから、その上の姉がその櫛を後の方に投げて、大きい雑木林を作った。それからまたしばらく逃げてから見ると、また林を抜けて来るのだった。
28. それで中の姉が玉を投げた。それが大きな林を作った。そうしてまた逃げた。しばらく逃げて後ろを見るとまたそのポヌンカヨが追って来るんだとさ。それからイチバン小サイ妹がその櫛をそれに投げた。投げて大きい川をつくったとさ。川をつくって逃げて逃げて後ろを見ると、それがまだやって来るんだとさ。そうして来てしばらくして、[一人でやって来たんだろう]、と一人のババがそこで魚を釣っていたとさ。

29. 「ねえ、おばあさん、私たちを渡して、渡してちょうだい。お化けの男が追いかけてくるの。渡して、渡して下さい」
30. と言ったとさ。
31. それからそのババは足を伸ばしてくれて、その上を通って川を渡ったとさ。それからかくれた。ババは知らんふりして魚を釣っていたとさ。
32. 魚を釣っていてふと見ると、本当に言った通りに、娘たちが言った通りに、そのお化けの男がやって来るのだった。
33. やって来て、ババに、
34. 「ねえ、ばあさんや、オレを渡してくれ、渡してくれ」
35. と言ったとさ。
36. それでババは渡してやった。お化けを渡してやるために足を伸ばした。

37. 「その深いとこ、深いとこ、足元に気をつけて渡りなさい」
38. と言ったとさ。深いとこ、深いとこ、足元に気をつけて渡ったら、その川の真中を渡るとき
39. 「あ、あれ、おれの足が!」
40. と言って、川の中に足を引っぱられたものだから、お化けは水の中に入ってしまったとさ。
41. それからこう言ったとさ。

42. ruru kuu cikah ruru kuu
　　ruru kuu cikah ruru kuu

43. nah kiihi ne'ampe taa, nay 'okore sahteh manu. ne'ampe taa 'acahcipo taa,

44. rure 'atu cikah rure 'atu
    rure 'atu cikah rure 'atu

45. nah ne'ampe taa, 'ohoo teh 'ampe, 'ohoo teh taa, kaari tani neya 'unkayoh taa mom ma san nayne taa, honihi kaske 'ene nii 'iyohte teh honihi naske 'ike taa, 'orowa taa, wooya'okay 「ロ「ロ kikiri naa taa honihi 'orowa 'asin teh taa ray manu, nay 'ohta.

46. keray kusu 'eyaykaame kusu monimahpo 'utah taa 'acahcipo 'ekowee'itakahci kusu ta 'omantene taa saaketa taa cehkoyki naa kihci 'ike kontehci, kinataa naa kihci 'ike kontehci, nah kihci 'omantene taa 'orowa taa monimahpo 'uta ciseta hosipihcihi ne'ampe cisehehcin naa 'iramahsinneh karakarahci 'omantene taa 'okore yayreskehcihi nee manu.

47. nah 'an tuytah ヤ゜。

43. と言ったら、川の水はみんな干上がったとさ。それでそのババは、

44. rrure 'atu cikah rure 'at
    rure 'atu cikah rure 'atu

45. そうしたら、川水が深くなって、すっかり深くなって、岸を廻ってお化けは流されて流されて、腹の上に木の枝が刺さって腹が裂けて、それからそこからいろんな虫、カナヘビやカエルなどの虫が腹から出て死んでしまったとさ。川で。
46. おかげで、おかげ様で、娘やババたちは良かった良かったと話し合っていたが、そのそばに、とった魚などもお供えしたり山でとった山菜もお供えしたり、そうしている中に娘たちは家へ帰って、家のこともちゃんと整えてそれからみんな（幸せに）暮らしたとさ。

47. こんな昔話だ。

19 TONKORI MONIMAHPO

1988年8月7日録音 (8815a)

1. Sannupista sine horokewpo 'an manu. sine horokewpo 'ani ike niina koh kuru, cehkii koh 'ee, yuhkii koh 'ee, nah kii manu. ne'anayne sine too taa niina kusu makan. kinta makanihi ne'ampe taa sine cise 'an manu.
2. ne'an cise 'onne taa, hemata yuukara hawehe 'an manu.

3. 'ehanke kuupo
   kih kii yoh kii yoh
   soh soh soroo
   'etuyma kuupo
   kih kii yoh kii yoh
   soh soh soroo

4. nah'an haw 'an manu. [笑]
5. neyke tani taa, nuu teh taa 'onne taa, 'ahunihi ne'ampe taa, sine monimahpo 'an manu.
6. neeteh taa, cise soyke poka taa cise 'onnayketa taa ray 'aynu ponihi イッパイ 'an manu. イッパイ 'an teh taa, sanketa taa, アノ- 'ahpuy caake, puyara caaketa taa, sine monimahpo nanuhu キズ ツイタ, maciri koro monimahpo taa 'an manu.
7. neeteh taa, sanketa sine monimahpo 'an teh taa kiro コシラッタンダト, cehkah kiro, nah karahci. kara kusu kiro karaha nee manu. kiro kara hawehe suukawka hawehe horokewpo nuuhe ダト。

8. (こうやって、シュッシュッシューってやったの聞いたのか？ Si) ウン。(ふうん。 M)
9. neeteh tani taa horokewpo taa 'ahun ike monimahpo 'eyaykonopuruhci manu. アノ notankamuhu カオ キズ ツイタ monimahpo kayki reekoh ヨロコンダリ manu.
10. neeteh taa 'okayahci yayne tani taa パンニ ナッテ カラ コンダ アノ- 'aynu ricihi, ricihi ッテイ ウモノ、アノ-、シンダヒトノ rihihi,
11 (ricihi だらあの、これだべさ。Si) (ああ、血管。 M)
12 ('aynu ricihi からやって、もう一度。M)
13. 'aynu ricihi pihci teh, ヒッパッテ ソシテ サムセン コシラッタン ダト, tonkori. tonkori karahci. neyke tani rehtehci, rehtehci yayne taa, kunne pahno rehtehci yayne taa 'anayne tani taa sine cise siskewehe 'onne hemata hawehe 'an manu.
14. sine cise siskew 'onne hemata hawehe 'an 'ike,

19話　トンコリ娘

1988年8月7日録音 (8815a)

1. サンヌピシ村に男が一人いたとさ。一人いてマキをとって焚いたり、魚をとって食べたり、狩をして食べたりしていたとさ。そのうちある日、マキをとりに山へ行った。山に行ったらそこに家が一軒あったとさ。
2. その家の中から、なにか歌声が聞こえていたとさ。

3. 'ehanke kuupo
   kih kii yoh kii yoh
   soh soh soroo
   'etuyme kuupo
   kih kii yoh kii yoh
   soh soh soroo

4. という声がしたとさ。
5. それで今、その声の聞こえる方へ入っていったら一人の娘がいたとさ。

6. その家の外に、その家のなかには死人の骨がいっぱいあったとさ。いっぱいあってそのそばに、窓の縁に、窓辺に一人の娘が、顔に傷がある娘が、傷のある娘がそこにいたとさ。
7. そして、そのそばに一人の娘がいてクツをこしらえていたんだと、魚皮のクツを、こうして作っていた。クツを作ったとさ。そのクツをはいて逃げようと思ってクツを作っていたのだとさ。クツを作る音が、縫う音が男に聞こえたのだ。
8. (こうやって、シュッシュッシューってやったの聞いたのか？　Si) うん。
9. そうして今度男がそこに入ってきたので娘は喜んだとさ。あの頬に傷のある娘もとても喜んだとさ。
10. それからしばらくして、こんど晩になってからこんど、あのう人間の血管、ricihi というもの、あのう死んだ人の血管、
11. (ricihi ならこれでしょう。Si) (ああ、血管。M)
12. ('aynu ricihi からやって、もう一度。M)
13. 人間の血管を、今度そして、引き抜いて三味線をこしらえたんだと、トンコリを。トンコリを作った。そしてそれを弾いて弾いて、夜になるまで弾いていたら、そうしたら、家の天井の隅から、何やら音が聞こえたとさ。
14. 一方の天井の隅から、何やら音が聞こえてきて、

15. poro cipe tukew
    poro cipe tukew

16. nah 'an haw 'an manu.
17. 'orowa suy sine cise siskew 'onne taa,

18. 'akatutu 'akatutu
    'e'ani ka 'ahunuwa
    neepohka 'eci'ee toh
    ku'ani ku'ahun nah kuramu
    hee 'un

19. nah yee hawehe 'an manu.
20. suy sine cise siskew 'onne taa,

21. horokewpo kuhramatuhu soyun soyun
    horokewpo kuhramatuhu soyun soyun

22. nah kihci hawehe 'an manu.
23. nah ka 'irehtehci yayne taa tani sistoono manu. sistoonoho ne'ampe taa nukarahci koh, sine cise siskew 'orowa hemata 'oyaskipi haaciri. sine cise siskew 'orowa hemata 'oyaskipi haaciri.
24. 'onne nukarahci teh taa 'orowa taa, neya nanuhu キス゛ツイタ monimahpo neya turahci teh 'orowa taa horokewpo taa repenahahcin taa sapahci manu, cise 'onne.
25. kirahci wa sapahci 'ike taa, 'orowa 'okayahci 'ike taa, horokewpo 'utah niina koh kuruhci. monimahpo 'utah ne'ampe sineh taa nanuhu キス゛ツイタ 'ikehe weepa kuni pahno taa tura 'okayahci yayne tani nanuhu キス゛ツイタ pirika manu.
26. pirika teh taa, neya monimahpo tuh pis taa, 'ehahtahci, horokewpo ne'ampe taa, cehkoyki 'uta 'ehci nah kihci yayne taa, ア丿- horokewpo 'utah taa, monimahpo, monimahpo sineh tani taa sam manu. sam teh taa 'orowa pirikano 'okayahci.
27. 'anayne taa, notankamuhu キス゛ツイタ monimahpo kayki taa poro 'ike taa, 'anayne taa, ア丿- ki'anne monimahpo nee manu. taa notankamuhu so'ikepe taa, kiyanne monimahpo nee manu.
28. 'orowa, sine monimahpo ne'ampe poniwne monimahpo nee manu.
29. neyke taa kiyanne monimahpo 'onne 'ohkayo poo tuh pis, mahtekuh poo tuh pis

15. poro cipe tukew
    poro cipe tukew

16. という音が聞こえたとさ。
17. それからまた、一方の家の天井の片隅から、

18. 'akatutu 'akatutu
    'e'ani ka 'ahunuwa
    neepohka 'eci'ee toh
    ku'ani ku'ahun nah kuramu
    hee 'un

19. という声が聞こえたとさ。
20. また、一方の家の天井の隅から、

21. horokewpo kuhramatuhu soyun soyun
    horokewpo kuhramatuhu soyun soyun

22. という声がしたとさ。
23. そうやって弾いているうちに今、夜が明けた。夜が明けて見たら、家の天井の片隅から何か、化け物が落ちてきた。また別の天井の片隅からなにか化け物が落ちてきた。
24. そっちの方を見てから、その顔に傷のある娘も一緒に、そこからその男も一緒に3人で逃げたとさ、家に。
25. 逃げて帰ってきてから、しばらくして、男たちはマキをとりに行って焚いていた。娘たちは、一人はその顔に傷のある方は傷がよくなるまで、そこに一緒にいて、今、顔の傷は治ったとさ。
26. よくなって、その娘たち2人はユリ根を掘りに行って、その男は魚をとって皆で食べて、そうしているうちに、その男は娘一人と今、夫婦になったとさ。夫婦になって、それから、幸せに暮らした。
27. そうして、頬に傷のある娘も、いまは大きくなって、そうして、その姉さんになったとさ。その頬に傷のある方は姉娘だったとさ。

28. それから、もう一人の娘は妹娘だったとさ。
29. そして、その姉娘からは男の子が2人と、女の子が2人生まれた。

koro.
30. 'orowa poniwne monimahpo 'onne taa 'ohkayo poo sineh mahtekuh poo reh pis ka koro manu.
31. neyke neyan poohohcin taa reskehci yayne porohci manuyke taa reekoh yoy horokewpo, yoy monimahpo ne 'okayahcipe nee manu.
32. rihpo ka 'ahkas cikah kayki taa, tehkupihi sayayse 'ike taa, muysankeh ne naa sahka ne naa korohcipe nee manu.
33. ソウ イウ ハナシ. コレダラ イイヘ゜サ.

30. それから妹娘からは、男の子が一人と女の子が３人、生まれたとさ。

31. そして、その子どもたちはみんな育って、そうして大きくなって、本当に立派な男と、美しい女に成長したということだ。
32. 空を飛ぶ鳥も羽を落とし、それを拾ってホウキを作ったり、ハシを作ったりして、幸せに暮らしたということだ。
33. こういう話だ。これならいいだろう。

20 'ETOORO TUYTAH(-88)

1988年8月8日録音 (8815b)

1. (Sannupista sine 'acahcipo...)monimahpo sineh reske. monimahpo sineh reske ike taa reske yayne monimahpo taa poro manu teh tani taa 'acahcipoho reske. monimahpo taa 'ehahtaa, taa kinataa 'ehci, kihci yayne tani taa mokoro 'ike taa kunne mokoro 'ike 'ene... moko-アノ(食べなさい、おいしいわ。Si)mokoroho ne'ampe taa 'etooroho manu. イピ゜キ カイタリmanu. テ゜ 'ene kii manu.

2. cireskee moromahpoo
    kamihi ci'ee rusuy naa
    unta pii pi unta pii po
    un koro roo

3. nah kii manu. ne'anike monimahpo taa'ahciyehe kocaaranke manu.
4. " 'iine'ah suy, 'acahcipo. hemata kiye hee? hemata kii hii? temana kukii hee? mokoro 'aynu temana テ゜モ 'etupusunkara?"
5. nah taa yee manu.
6. nee ranke taa, rewsi ranke taa, sinke'ikehe suy taa, 'ahciyehe taa, reske monimahpo taa 'ahciyehe reske reske ike taa, 'ehahtahci koh 'ehci, ceh koykihci koh 'ehci, nah kihci 'okayahci yayne taa mokoro 'ike taa, suy nah kii manu.

7. cireske moromahpoo
    kamihi ci'ee rusuy
    unta pii pi unta pii po
    han koro roo

8. nah イピ゜キカイタ- ha nee manu.
9. kii yayne taa 'anayne taa sine too taa, アノ sine 'onuuman taa, horokewpo 'ikuutohtom humihi 'an manu.
10. nah kusu taa, horokewpo taa monimahpo 'asini ike 'inkaraha ne'ampe taa, yoy horokewpo taa sineh 'eh manu.
11. 'eki ike taa, 'ohtahahcin 'ahun manuyke monimahpo taa neya 'ehahtaa 'ike 'ehah suke ike taa neya horokewpo 'ipere caru 'oyki taa 'okayahci manu.
12. 'acahcipo ne'an taa, 'okayahci yayne taa, 'anayne tani taa kunne 'oman teh taa horokewpo taa 'omayehe kara manu. pon monimahpo taa cisampoketa taa 'omayehe

20話　いびきの話(- 88)

1988年8月8日録音 (8815b)

1. （サンヌピシ村に一人のババが）娘を一人育てていた。娘を一人育てて、育てているうちに、その娘は大きくなって、もうババを養うようになった。娘はユリ掘りに行き、フキとりをして食べして、夜は寝て、日を重ねていたが、……（食べなさい。おいしいわ。Si) ある夜寝た時、ババがいびきをかいたとさ。そして、こう言ったとさ。

2. cireskee moromahpoo
   kkamihi ci'ee rusuy na
   unta pii pi unta pii po
   un koro roo

3. と言ったとさ。それで娘はババに怒ったとさ。
4. 「ねえ、おばあさん。何をしたんだ？何をしたの？　私がどうしたというの？　寝た人がどうして etupusunkara するの？」
5. と言ったとさ。
6. あれこれして、また泊まって、翌日もまたババを養って、娘はババの世話をして、ユリ根を掘っては食べ、魚をとっては食べ、しているうちに夜寝たら、またこう言ったとさ。

7. cireske moromahpoo
   kamihi ci'ee rusuy
   unta pii pi unta pii po
   han koro roo

8. と、いびきをかいたとさ。
9. こうしているうちに、ある日、ある夕方、男のキセルの音がしたとさ。

10. だから、娘が出て見ると、一人の良い男が立っていたとさ。

11. 男が来てその家に入ってくると、娘はユリ根を掘ってそれを料理してその男に食べさせて、世話をしていたとさ。
12. ババもそのままいたが、しばらくして夜になって、その男の寝床を作ってその男を寝かせた。

kara teh taa horokewpo mokonte.
13. neeteh taa 'anihi kayki horokewpo sanketa mokoroho ne'ampe taa, suy 'acahcipo nah kii manu.

14. cireskee moromahpoo
    kamihi ci'ee rusuy naa
    unta pii pi unta pii po
    han koro roo

15. nah kii manu.
16. nah kii kusu monimahpo taa, 'ahciyehe sitayki kusu nah yee ike tani numa kusu kara 'an 'ohta, horokewpo monimahpo kisma.
17. suy 'are'anno mokon teh yahkayki suy 'acahcipo taa,

18. cireskee moromahpoo
    kamihi ci'ee rusuy naa
    unta pii pi unta pii po
    han koro roo

19. nah kii manu.
20. ne'ani tani taa, monimahpo numaha ne'ampe taa horokewpo ka numa manu.'orowa taa 'acahcipo taa soyta 'asin teh taa 'unkayoh taa kokayoo manu.
21. " 'iine'anah suy, kumici-micihihcin sapanu waa. monimahpo raykiyanu waa. kamihi 'aneehci. haciko 'orowa kureske yayne tani poro teh tani sinenehka kurayki rusuy yahkayki ku'e'ohayne cehkoyki, hahtaa, nah kii kusu 'an kusu ku'e'ohayneh. sapanu wa 'eeyan. sapanu wa koykiyanu wa 'eeyan!"
22. nah taa kayo manu.
23. 'ene'an kii manuyke 'orowa taa neya 'unkayoh 'utah taa 'okore taa sapahci manu. sapahci manu teh taa neya horokewpo monimahpo raykihci kun 'eramanuhu ne'ampe 'okore tani neya 'ahciyehehcin taa, 'ehekempahci kemaha 'ehekempahci, rekucihi 'ehekempahci teh raykihci manu.
24. (ばあさん殺したのか？ Si) ウン、バーサン コロシテシマッタノ 'unkayoh 'uta, tani taa,

25. "monimahpo raykihcihi hee?"
26. nah yehci teh tani taa kamihi karahci manuyke tani taa sukehci manuyke taa tani taa 'ehci manu. 'ehcihi ne'ampe taa,

13. そうして自分は男のそばに寝たんだが、またババはこう言ったとさ。

14. cireskee moromahpoo
    kamihi ci'ee rusuy naa
    unta pii pi unta pii po
    han koro roo

15. と言ったとさ。
16. こう言ったので、娘がババを叩くよと言って起きようとしたとき、男は娘をつかまえた。
17. またそのまま寝ていたが、またババが、

18. cireskee moromahpoo
    kamihi ci'ee rusuy naa
    unta pii pi unta pii po
    han koro roo

19. と言ったとさ。
20. そしてこんど、娘が起きたら男も起きたとさ。それからババは外に出て、ウンカヨを呼んだとさ。
21. 「ねえ、わが孫たちや下りてこい。娘を殺してくれ。肉を皆で食おうよ。小さい時から育てて、今大きくなって今一人で殺したいと思ってもわしは怖い。魚をとったりユリ根を掘ったりしているからわしは怖いんだ。下りてきて食べなさい。下りてきてとって食べなさい！」
22. と言って叫んだとさ。
23. こうしていたが、それからそのウンカヨたちがみんな下りてきたとさ。下りてきて、その（男）娘を殺そうと思っていたら、引っ張って、その足を引っ張って、口を引っ張って、ババを殺してしまったとさ。

24. （ばあさん殺したのか？ Si）うん、ばあさん殺してしまったの、ウンカヨたちがこんど、
25. 「娘を殺したんだな？」
26. と言って、肉を下ごしらえして、煮て、今それを食べて、今食べたとさ。食べたとき、

27. " 'ankamihi keeraha koro." nah taa yehci. " 'enkokehehcin ne'ampe hannehka. Sannupis 'un monimahpo, 'ahcahcipo reske monimahpo tah."
28. nah taa yehci hii.
29. " 'enkokehehcin ne'ampe taa cikamihihcin keerakoro."
30. nah yehci manu.
31. neeteh taa monimahpo neewa horokewpo tura ne'ampe tani taa, ni'osuh ta taa kirahci wa makapahci wa tani 'okayahcihi nee manu.
32. 'anayne tani taa, 'okore taa mokorohci manu.
33. mokorohcihi ne'ampe taa 'anayne taa sineh "a'ih", sineh "a'ih", nah kihci yayne taa 'okore taa rayahci manu. yaykamehci teh 'okore rayahci manu.
34. neeteh 'orowa taa monimahpo neewa horokewpo raykihci manuyke 'okore 'uta 'ehci manuyke taa, 'okore tatakihci 'ike nii naa mun naa 'okore 'eymehkarakarahci 'ike 'ociwehci 'ike taa, 'orowa taa, horokewpo kotanuhu 'onne taa, フ/ cepehte kamuy horokewpo nee manu. cepehte kamuy horokewpo kotanuhu 'onne taa payehci teh 'usamahci teh pirikano 'okayahci pe nee manu.(ふうん、yaykistee, [笑] おっかな いねえ。M)

27. 「我々の肉はうまい」と言った。「半分はおいしくない。サンヌピシ村の娘、ババが育てた娘だもの」
28. と言ったとさ。
29. 「半分は、自分の肉はうまい」
30. と言ったとさ。
31. さて、その娘と男は一緒に木の根元に逃げて、山の方へ逃げていったのだとさ。
32. そうして、みんな寝たとさ．
33. 寝ていると、一人が「あーあ！」また一人が「あーあ！」と言って、みんな死んでしまったとさ。自分たちの肉を食ってみんな死んでしまったとさ。
34. それから、その娘と男は殺して、みんな食べて、みんな叩いて、木にも草にもみんな分け与えてやって、投げ与えて、それから、男の村に向った。それは豊漁の神の男だったとさ。豊漁の神の村へ行って、夫婦になって、幸せに暮らしたということだ。(ふうん、yaykistee、[笑] おっかないねえ。M)

21 TAKAHKA TUYTAH

1988年8月8日録音 (8816a)

1. (こんど takahka の tuytah やって。これ面白そうだから。M) ハイ。Sannupista sine horokewpo macihi tura 'okayahci. macihi tura 'okayahci 'ike taa niinahci koh kuruhci, cehkihci koh 'ehci, nah kihci 'okayahci yayne taa, sine too taa monimahpo 'ehahtaa kusu hekimoh makan manu. makan teh 'okaaketa taa horokewpo taa, ウン macihi taa tama'oo tepa 'e'asakara manu.

2. (tama'oo tepa? M) ウン、フンドシ、tepa ハアノ フンドシ ダ モノ..., tama 'oo tepa kara teh tan hokuhu konte teh taa 'orowa, アノー 'ehahtaa kusu hekimoh makan manu.

3. neeteh taa, 'orowa taa, horokewpo taa, 'otakaata, nay 'ohta san teh, 'atuy 'ohta san teh taa, 'otakaata 'aa teh taa, nah yuukara manu.

4. 'amukita 'amukita monimahpo
   yanuwa hetaa, tuntu nii,
   riih rih see
   'amukita 'amukita monimahpo,
   yanuwa hetaa, tuntu nii,
   riih rih see

5. nah kii manu. nah kii yayne アノー taa 'atuy kaa 'ene taa,
6. "maa kuh roo, maa kuh roo "
7. nukara koh, sine hekaci yan manu.
8. sine hekaci yanihi ne'ampe taa, nukara koh takahka nee manu.
9. yani ike taa, horokewpo sanketa 'oman teh taa, neya horokewpo 'ipehe tah naa tah naa 'ee manu. 'ipehe neya 'ee teh taa, horokewpo tama'oo フンドシ hi tamaha taa rihpa manu. rihpa wa rihpa wa 'omantene taa, 'orowa 'atuyka 'ene repun manu.[笑声]

10. 'okaaketa taa horokewpo taa cise 'ohta makan teh taa, suy 'ipe ka 'ee. taa, monimahpo taa, kimma san manu.
11. kimma san teh tani taa, nee hah naa sukehci 'ike 'ehci. teh 'okayahci 'omantene taa, suy, sine too suy taa horokewpo taa monimahpo hekimoh makan kusu 'okaaketa suy tama 'oo tepa kara 'e'asakara manu.
12. orowa taa suy taa monimahpo tama'oo tepa kara teh taa, hokuhu konte teh taa

21話　カニの話

1988年8月8日録音 (8816a)

1. (こんど takahka の tuytah やって。これ面白そうだから。M) サンヌピシ村に一人の男が妻と一緒に住んでいたとさ。妻と一緒に住んでいてマキをとりに山へ行ってはマキを炊き、魚をとっては食べ、していたが、ある日女がユリ根を掘りに山へ行ったとさ。それで山へ行ったあとで男は妻に玉の付いたフンドシを注文したとさ。

2. (玉のついたフンドシ？ M) うん。フンドシ。tepa はフンドシのことだ。玉のついたフンドシを作って妻は夫にあげてからユリ根掘りに山へ行ったとさ。
3. それから、その男は、浜辺で、川に出て、海に出て、浜辺に座って、歌ったとさ。

4. 'amukita 'amukita monimahpo
   yanuwa hetaa, tuntu nii,
   riih rih see
   'amukita 'amukita monimahpo,
   yanuwa hetaa, tuntu nii,
   riih rih see

5. と言ったとさ。そうしているうちに海の方から、
6. 「いま泳いでいくよ　いま泳いでいくよ」
7. と言うので、見たら、子どもが一人、浜にあがってたとさ。
8. 子どもが一人あがったのを見たら、カニだったとさ。
9. カニがあがって、男のそばにやって来て、男の食べ物をあれやこれやと食べたとさ。食べてたべて、男の玉のついたふんどしから玉をぬいてしまったとさ。ぬいてぬいてしまってから、それから、海の沖の方へ出ていったとさ [笑声]。
10. その後で、男は家に帰って、またその食物を食べたとさ。女が山から帰って来たとさ。
11. 山から下りてきてヤマユリ根も煮てたべたとさ。そうしているうち、またある日男は女が山に上っていった後で、またその玉のついたフンドシを注文したとさ。
12. そうしてまた女は玉のついたフンドシを作って夫にあげて自分は山へ上っ

hekimoh makan manu.
13. teh 'okaakeketa taa, moni-, horokewpo taa neya tepa 'ampa teh, 'ipe kara 'ike taa, hankata 'ohta 'ama manu. saranih 'ohta 'ama teh 'ampa teh taa 'orowa san teh taa 'otakaata san teh taa suy yuukara.

14. 'amukita 'amukita monimahpo
    yanuu hetaa
    tuntu nii riihrih see
    'amukita 'amukita monimahpo
    yanuu hetaa
    tuntu nii riihrih see

15. nah kii manu. 'anayne taa 'atuyka 'ene taa,
16. "maa kuh roo, maa kuh roo "
17. nah taa kii. yan nukara koh sine hekaci , 'otakaata maa maa yan. nukaraha ne'ampe takahka nee manu.
18. neyke taa 'orowa neya moni-, horokewpo kara 'ipe saranih 'ohta 'anihi naa taa 'ee teh taa, 'orowa taa, horokewpo tama'oo tepaha taa, tamaha taa rihpa wa rihpa wa 'omantene taa, suy 'atuyka 'ene repun manu.
19. neeteh 'okaaketa taa, cise 'ohta makan teh 'unci 'u'aare. monimahpo taa kimma sani ike taa yuhpo, hokuhu taa, 'uunas 'omay 'oro mokoro numa 'aynu neeno 'an teh 'unci 'u'aare kusu 'an manu.
20. neeteh taa 'orowa taa, 'anayne tani taa, sine too taa, horokewpo taa niina kusu makan manu, hekimoh. niina kusu makanihi ne'ampe 'okaaketa taa, monimahpo taa,
21. "horokewpo temana 'ampe kiihi 'ene'ani hii? taa kesito'asinkoh mokoro 'aynu neeno 'an teh 'an."
22. nah 'eram'an kusu taa, tani tama'oo tepa kara 'omantene taa, 'otakaata san teh tani taa, hokuhu 'isam 'okaaketa taa, 'otakaata san teh taa, yuukara manu.

23. 'amukita 'amukita monimahpo
    yanuu hetaa tuntu nii
    rihrih see
    'amukita 'amukita monimahpo
    yanuu hetaa tuntu nii
    rihrih see

13. その後で男はそのフンドシをもって食物も作ってハンカタにそれを入れたとさ。サラニヒに入れて抱えて、それから浜の方へ下りて、それから下りて浜辺でまた歌ったとさ。

14. 'amukita 'amukita monimahpo
    yanuu hetaa
    tuntu nii riih rih see
    'amukita 'amukita monimahpo
    yanuu hetaa
    tuntu nii riih rih see

15. と言ったとさ。そうしたら、海の方から、
16. 「いま泳いでいくよ、いま泳いでいくよ」
17. と言ったとさ。上がってくるのを見たら一人の子どもが泳いで上がってくるのを見たら、カニだったとさ。
18. そして、男が作ってサラニヒに入れた食べ物を食べてそれから、男の玉のついたフンドシの玉を抜いて抜いてしまってまた、海の沖の方へ出ていったとさ。
19. その後で、家へ帰って火をたいたとさ。女が山から帰ってきてその男、その夫が、たった今寝床から寝て起きたばかりの人のようにして、火を炊いているのを見たのだった。
20. そうしてから、しばらくたったある日、その男はマキとりに山に行ったとさ、山の方へ。マキとりに山に行くとその後でその女は

21. 「どうしてこの男こうなんだろう。(どうして) 毎日毎日、今寝たばかりの人のようにしているんだろう」
22. と思ったから、いま玉のついたフンドシを作ってから浜に下りて、今夫がいなくなった後で、浜に下りて行って歌ったとさ。

23. 'amukita 'amukita monimahpo
    yanuu hetaa tuntu nii
    rihrih see
    'amukita 'amukita monimahpo
    yanuu hetaa tuntu nii
    rihrih see

24. nah kii yayne taa, 'atuyka 'ene taa, sine hekaci yan 'ike taa, アノ- 'otosih kaa マチガエタ kistomoho taa kisma teh taa yan manu. yan teh taa,
25. " 'iine'ah suy horokewpo, 'ehawehe sinnay kusu hannehka kuyan kusu 'ikii. "
26. nah yee teh 'ahun manu. taa 'atuy 'onne 'ahun manu.
27. neyke tani taa, monimahpo taa,
28. " 'iine'ah suy, ku'onkekara haa. ku'onkekara yayne kuhawehe sinnay hii. "

29. nah yee manu.
30. neyke tani taa horokewpo, イヤ monimahpo taa 'an teh taa, 'atuy kaa wa
31. "maa kuh roo, maa kuh roo "
32. nah yan. nukara koh takahka nee manu.
33. 'eki ike taa, horokewpo 'ipehe taa saranih 'ohta 'ampe taa 'ohta 'ee manu. 'ee 'omantene taa hemaka teh taa 'orowa taa neya monimahpo tepa'oo tamaha, tamaha rihpa kusu karaha ne'ampe sapahka sitayki 'ike sapahka pociske teh ray manu.
34. neeteh taa 'orowa tani neya takahkaha ka 'ampa wa makan 'ike taa, suke 'ike 'ee teh taa, 'orowa sapa, ... seyehe taa, 'okore kama kuh puy 'onne kutata manuyke, kama kuh 'onnayke, seyehe 'oro'oo teh 'an manu.
35. neeteh tani taa, horokewpo taa kimma san manu. niina wa san teh tani taa, 'ipe teh taa, 'ohta horokewpo taa, monimahpo suy 'ehahtaa kusu hekimoh makan manu. makan teh 'okaaketa taa, アノ monimahpo taa テ゛ナイ horokewpo taa, tani tama'oo tepa kara teh taa 'otakaata san manu. 'otakaata san teh taa yuukara.

36. 'amukita 'amukita monimahpo
    yanuu hetaa tuntu nii
    riihrih see
    'amukita 'amukita monimahpo
    yanuu hetaa tuntu nii
    riihrih see

37. nah kii manu.
38. nah kiihi ne'ampe taa 'anayne 'atuy wahka simoyma. teh taa, (大きい声でお願いします。M) simoyma. 'atuy wahkaha simoyma. 'anayne taa,
39. " 'iine'ah suy, horokewpo, 'ehawehe sinnay kusu hannehka kuyan kusu."
40. nah yee manu.
41. nah yeehe ne'ampe taa horokewpo taa 'ene yee manu.

24. と言っていると、海の方から子どもが一人上がってきて、後頭部[まちがえた]おでこを押さえて上がって来たとさ。上がって来て、
25. 「ねえ、男。お前の声がちょっと違うから上がって行かないよ。」
26. と言って入ったとさ。海へ入って行ったとさ。
27. すると、その女は
28. 「あのねえ、風邪をひいたのだよ。風邪をひいたから、私の声が変わったのだよ」
29. と言ったとさ。
30. そうして今その男、いや娘が海の方から、
31. 「泳いでいくよ、泳いでいくよ」
32. といってあがってきた。見るとカニだったとさ。
33. カニが来て、女の食べ物をサラニヒに入れたものをそこで食べたとさ。食べてしまってから、その女は、カニがフンドシの玉を抜こうとしたところを、その頭を叩いて頭をつぶして、カニは死んでしまったとさ。
34. それからそのカニを持って家へ帰って、煮て食べて、それから頭や…、(足の)殻をみんないろりの穴へあけてから、いろりの穴の中へ殻を入れておいたとさ。
35. そして今、男が山から下りて来たとさ。マキをとって帰って来て、今ごはんを食べてから、その女はまたユリ根掘りに山へ行ったのだとさ。行った後でその女、デナイ、その男は今玉のついたフンドシを作って浜へ下りて行ったとさ。浜へ下りて行って歌った。

36. 'amukita 'amukita monimahpo
    yanuu hetaa tuntu nii
    riih rih see
    'amukita 'amukita monimahpo
    yanuu hetaa tuntu nii
    riih rih see

37. と言ったとさ。
38. そう言っているうちに、海の上が動いたとさ。それで、(大きい声でお願いします。M) 動いた。海の水が動いた。そうして、
39. 「ねえ、男、お前の声が違うので上がって行かないよ」
40. と言ったとさ。
41. そう言ったので、その男はこう言ったとさ。

42. " 'iine 'ah suy, ku'onkekara kusu kuhawehe sinnay hii. "
43. nah yee manu.
44. neyke neya suy taa,

45. 'amukita 'amukita monimahpo
    yanuu hetaa tuntu nii
    riihrih see

46. nah kii yayne 'atuy kaa wa 'atuy wahka simoyma manu.
47. 'anayne 'atuy kaa wa taa,
48. "maa kuh roo, maa kuh roo "
49. nah taa yan manu.
50. " 'iine'ah suy moni-, horokewpo, ひゞ 'emacihpoho monimahpo 'ene kii 'omantene kusani ike 'eysitayki 'ike 'enrayki teh tani kuramatuhu pateh 'an."
51. nah taa yee manu.
52. ramatuhu pateh 'an nah yee teh 'are'anno hosipiwa repun manu. 'oman manu.
53. neeteh 'okaaketa tani taa horokewpo tani taa cise 'ohta makan manu. cise 'ohta makan teh tani taa mokoro.
54. 'anayne monimahpo taa kimma san. 'ehahtaa teh san manu. san teh tani taa horokewpo taa, ひゞ 'unci 'onne kama 'onne 'inkaraha ne'ampe, kama kuh puy 'onnaykehe takahka sey 'oro'oo teh 'an manu.
55. 'anihi ne'ampe "sonno kayki monimahpo taa takahka 'aynuponihi kara haa.." nah 'eraman kusu, 'orowa taa, macihi koyki koyki 'omantene 'aynuponi kara teh taa hesoy 'ene 'ociwe manu.
56. neeteh 'okaaketa taa, sinenehka 'an manu. sinenehka 'ani ike taa, 'anayne taa tetahcikah 'utah ka rihpo ka 'ahkasahci yahkayki taa nah yehci manu.

57. takahka so'eere, yaysame koo kohko.
    takahka so'eere, yaysame koo kohko.
    takahka so'eere, yaysame koo kohko.

58. nah taa kihci 'ani 'ahkasahci manu. 'ahkasahci.
59. horokewpo taa 'eyaykoyrayki kusu taa, 'ampene tani neya yayputa'ekara teh mokoro. mokoro yahka ray ka hankii manu.
60. neeteh 'orowa hetesuu teh taa, cise 'onnaykepe taa, moomare yayne taa, kentomuspe nukara manu. kentomuspe nukara 'ike, 'onnayketa taa ruwe kah kiro kara kem 'an

42.「あのね、風邪をひいたから、私の声が変わったのだよ」
43. と言ったとさ。
44. そうしてそれからまた、

45. 'amukita 'amukita monimahpo
　　yanuu hetaa tuntu nii
　　riih rih see

46. と言いながら、海の上から海の水が動いたとさ。
47. そうしてから海の上から
48.「泳いでいくよ。泳いで行くよ」
49. と言って上がって来たとさ。
50.「実はね、男。お前の妻の女が、こんなふうにして私が行くと、私を叩いて、私を殺してしまって、今私の魂だけがあるんだ」
51. と言ったとさ。
52. 魂だけがあると言って、そのまま沖へ帰って行ったとさ。行ったとさ。
53. そうしてその後で男は今家へ帰ったとさ。家へ帰って今そこで寝たとさ。
54. そうしているうちに、女が山から帰って来た。ユリ根掘りをして下りて来たとさ。下りて来て、男はいろりの方を見ると、いろりの穴の中にカニの殻が入れてあったとさ。
55. 入れてあったから、「本当に女がカニを殺したんだな」と思ったので、そこで妻を叩いて叩いてから殺して外へ投げたとさ。
56. そうしてから一人で暮らしたとさ。一人でいるうちに、白鳥たちが空を飛びながらもこう言ったとさ。

57. takahka so'eere, yaysame koo kohko.
　　takahka so'eere, yaysame koo kohko.
　　takahka so'eere, yaysame koo kohko.

58. と、なきながら飛んで行ったとさ。飛んで行ったんだ。
59. だから男は、それが恥ずかしくて本当に今ふとんをかぶって寝たけれども、死にはしなかったとさ。
60. それから起き上がって、家の中のものを、片付けていると、針刺しが見つかったとさ。その針刺しを見たら、中に太いクツを作る針が刺してあった

manu. neya kem 'uki ike taa, yarapokihi cih kaari taa, kem 'ahunke ciw manu. ciw teh taa, taata taa, horokewpo 'aynukihpo kii manu.

61. ソレテ゛ オワリ。

とさ。その針をとって、その脇の下から針を入れて刺したとさ。刺して、そこで、男は死んだとさ。
61. それで終わり。

22 MAAS PONTARA PII(-88)

1988年8月23日録音 (8818b)

1. アノネー, sine kotan 'ohta, sine 'acahcipo, 'amahkaha reske manu. (siina'an. M) 'amahkaha reskee.
2. reske 'ike taa reske yayne taa naa hacikoho ne'ampe 'unkayoh sineh 'ahun 'ike taa, neya monimahpo pahkay 'ike 'asin manu.
3. neyke taa neya hekaci cis manu.

4. maas pontara pii,
   tara pih tara pii, tara pii
   'atuy soo kurukaa
   cihawesunka cihawesuye
   maas pontara pii,
   tara pih tara pii, tara pii

5. nah kii manu, hekaci.
6. hekaci cis taa, 'anayne taa, アノー 'osmake 'ene taa,
7. " kiisiriwempe cinee kusu yooponi 'aas."
8. nah kii manu.
9. nukara 'ike taa, 'ahciyehe 'orowa 'annospa kusu 'an manu.
10. neeteh 'orowa tani neya, 'unkayoh pahkay monimahpo taa, 'acahcipo taa, 'uh teh taa, tura hosipi manu.
11. neeteh taa 'unkayoh taa caruwen manu.
12. " 'iine 'ahsuy, naa ponno porope ne'anah kusuke teh kurayki teh kusuke teh ku'ee nah kuramuhu neewa kayki naa haciko, naa kamihi honohononke."
13. nah yee wa taa 'iruska wa taa 'oman manu. ソルダケダ゜。

22話　さらわれた娘(-88)

1988年8月23日録音 (8818b)

1. あのね、ある村で一人のババが小さい娘を育てていたとさ。(そうなんだ。M) 娘を育てていた。
2. ずっと育てていたが、まだ小さいときに、お化けが一人家に忍び込んでその娘をさらって背負って出て行ったとさ。
3. それでその子は泣いたとさ。

4. maas pontara pii,
   tara pih tara pii, tara pii
   'atuy soo kurukaa
   cihawesunka cihawesuye
   maas pontara pii,
   tara pih tara pii, tara pii

5. といって泣いたとさ。
6. そう子どもが泣いていると、あのう、後ろの方から、
7. 「どうもわしが悪かったらしい。それで後から来たよ」
8. という声がしたとさ。
9. 見ると、ババが追いかけて来たのだった。
10. そうしてそのお化けがおぶっていた娘を、そのババは、とって、連れて一緒に帰ったとさ。
11. お化けはこうブツブツ文句を言ったとさ。
12. 「あのなあ、もう少し大きい子だったら、煮て、殺して煮て食おうかと思ったが、まだ小さい子だから、肉も柔らかくておいしくないだろう」
13. と言って、お化けは怒ってそのまま行ってしまったとさ。それだけの話だ。

23 HAKU MONKA TUYTAH(-88)

1988年8月23日録音 (8818b)

1. (何でもいいわ。M) Sannupista sine horokewpo macihi tura 'okayahci. sine horokewpo macihi tura 'okayhci 'ike taa, 'okayahci yayne taa, pooho korohci. 'ohkayo poo korohci. 'ohkayo poo korohci 'ike taa reskehci. reskehci yayne tani poro horokewpo ne'an manu.
2. neyahka naa アンマリ poro kayki hannehka neyahkayki naa haciko yahkayki cehkoyki ka 'e'askay. (へえー。M) niina ka 'e'askay manu.
3. neeteh 'orowa taa, sine too taa, horokewpo taa, neya cehkoyki koh 'ehci, niina koh kuruhci nah kihci yayne taa sine too taa horokewpo 'asin taa 'okaaketa taa, monimahpo taa, neya hokuhu 'onne nah yee manu.
4. " 'iine 'ahsuy, アノ haku neh kara wa. taa pon horokewpo taa 'onnayketa 'an'ama teh monka kusu." nah yee manu.
5. ナガシテヤルッテイウンダト。(何して流してやるの？ Si) ソーシタラ コンダ ホロケウポ コンダ イッタ トオリニ コンダ アノー ハク コシラッタンダ ト、イタテ。コシラッテ コンダ (aynu'itah 'ani yee. M) haku kara manu. haku kara teh 'orowa, horokewpo taa, kimma san manu. (ハクッテ siisam'itah でしょ。'aynu 'itah 'ani yee.M) ハクハ アイヌゴ モ オナジ ダ。sipoh ハ、タカラモノヲ イレル モノ ダ。タカラモノ、カタナ ダノ、イレタ ヤツハ sipoh.
6. haku karaha ne'ampe, pon horokewpo kimma san manu. kimma sani ike taa, 'aacaha kopisi.
7. " hemata ne kara haku hetane yaa? " nah yee 'ike taa,
8. " 'ane'ehecinte kusu 'ankara haa." nah yee manu.
9. neeteh tani tah kara 'omantene,
10. " 'iine 'ahsuy horokewpo, 'onnayketa 'ahunu wa nukara. " nah yee manu.
11. 'orowa taa, pon horokewpo neya haku 'onnayketa 'ahunihi ne'ampe taa, nani taa 'ita 'ani 'okore 'apaha tompa. sikay 'ani kara 'omantene taa, wahka 'onne 'ociwe teh monka manu.
12. neyke taa, 'okaakara taa tani taa horo-, moni-, horokewpo, nani nay 'okaakara momma taa, sani ike taa, cis wa san manu.

13. ha'ii mahpa cooruntee
    monimaa kurukaa cooruntee
    ha'ii mahpa cooruntee
    'ooyoo kante cooruntee
    ha'ii mahpaa cooruntee

23話　箱流しの話(-88)
1988年8月23日録音 (8818b)

1. (何でもいいわ。M) サンヌピシ村に一人の男が妻と暮らしていた。一人の男が妻といて、暮らしているうちに、子供が生まれた。男の子が生まれた。男の子が生まれて育てた。育てているうちに、今もう大きい大人になったとさ。
2. だけどまだあまり大きくなくてまだ小さかったけれども、魚とりもよくできたし、マキとりもよくできたとさ。
3. そうしてからある日、その男は魚をとっては食べ、マキをとってはたき、そうしているうちにある日、その男が出かけたあとでその娘はその夫にこう言ったとさ。
4. 「ねえお前さん、箱を作っておくれ。あの子を中に入れて流すから」と言ったとさ。(どうして流してやるの？ Si)
5. 流してやるって言うんだとさ。そうしたらこんど男が言った通りにこんど、箱をこしらえたんだとさ。板でこしらえたんだとさ。(アイヌ語で言ってください。M)箱を作ったとさ。箱を作ってから男が山から下りて来たとさ。箱はアイヌ語でも同じだよ。sipoh は宝物を入れるものだよ。宝物、カタナだの入れたやつは sipoh。
6. 箱を作ったら、男が山から下りてきたとさ。山から下りてきて父さんに聞いたとさ。
7. 「何の箱なの？」と言うと、
8. 「お前を遊ばせるために作ったんだよ」と言ったとさ。
9. それから箱を作ってしばらくして
10. 「ねえ坊や、中に入ってごらん」と言ったとさ。
11. そうして、小さい男がその箱の中に入ると、すぐ板で全部口を閉めて釘でふさいだ。ふさいでから、水の中に投げて流したとさ。
12. そうして、ずっと今その男、女、男はすぐ川に沿って流れた。流れて、下って泣きながら下ったとさ。

13. ha'ii mahpa cooruntee
    monimaa kurukaa cooruntee
    ha'ii mahpa cooruntee
    'ooyoo kante cooruntee
    ha'ii mahpaa cooruntee

monimaa kuru kaa cooruntee
ha'ii mahpaa cooruntee

14. nah taa cis wa san manu.
15. 'anayne temana ka 'anihi ﾀﾟｶ wante ka hanki manu. rayhi ﾀﾟｶ sihnuhu ﾀﾟｶ 'e'erameskari.
16. 'anayne, コンタﾞ ソノ ホカニ コンタﾞ sine kotan 'ohta taa sine monimahpo 'an manu.
17. sine monimahpo 'ani ike taa, suukawka, niina, cehkoyki koh 'ee, 'ehahtaa koh 'ee, suukawka nah kii manu.
18. nah kii yayne taa sine too taa suukawka yayne taa, reekoh 'otakaa 'ene san rusuy manu. 'otakaa 'ene san rusuy kusu taa,
19. "hemata kusu 'ene kanne 'otakaa 'ene ku'oman rusuy kusu 'ene'ani hii? "
20. nah 'eraman teh 'an yahkayki taa 'otakaata san manu.
21. 'otakaata sanihi ne'ampe taa, sine haku taa momma taa, 'anihi cisehe pee kanne taa, 'ohta yan manu.
22. ne'anike haku 'ohta 'oman rusuy kusu taa, 'ohta 'oman teh nukara teh puta cahke rusuy kusu 'orowa taa, cahke manu. cahkehe ne'ampe taa 'onnayketa sapa numa ruusihiハﾟッカﾘ 'oro'oo teh 'an manu.
23. ruusihハﾟッカﾘ 'oro'oo teh 'ani ike neya ruusicihi yanke yayne nukara koh, sine hekacimompeci rukumihi taa, 'onnayketa 'an kusu 'an manu.
24. neyke taa neya mompeci rukumihi tani taa 'ampawa makan manu. taa kosonto 'ani somaha kara teh hunke hunke hunke yayne tani nukara koh 'iramas neeno 'an yoy pon horokewpo nee manu.
25. neyke tani ne'an yoy pon horokewpo tani taa reske. (魂だべさ。Si) reske manuyke taa reske reske reske kii yayne tani taa poro manu.
26. poro teh tani taa sine too taa, 'ene yee manu.
27. "neyta 'oman kusu neyke, taa, nee, horokewpo 'ohta 'oman kusu neyke, nukara koh ne 'aynu 'ohta ka 'oman kusu nah nukara kusu."
28. nah yee manu.
29. neeteh tani taa 'orowa taa, 'oman manu. 'oman ike taa, 'oman 'ayne taa sine ruu 'uma kimma san manu. ne'ampe 'okaakara makan 'ayne taa sine cise 'an manu.

30. 'apaha cahke 'ahunihi ne'ampe taa, sine horokewpo macihi tura 'okayahci manu. neyke tani taata 'ahun teh tani taa, yaypuntekahci 'ike,
31. " nah wa 'eh horokewpo hetane yaa ? "
32. " 'anihi taa tuyma kotan 'oro'un horokewpo."

monimaa kuru kaa cooruntee
ha'ii mahpaa cooruntee

14. と言って泣きながら川を下ったとさ。
15. それからどうなったのか分からなかったとさ。死んだのだか生きているのだか分からなかったとさ。
16. そうしているうちに、こんど話は変わって、ある村に一人の娘がいたとさ。
17. 娘が一人いて、お裁縫や、マキとりをして、魚とりをしては食べ、ユリ根を掘っては食べ、お裁縫をしていたとさ。
18. そうやっているうちにある日、お裁縫をしていたら無性に浜へ出たくなったとさ。浜へ出たいから、
19. 「どうしてこんなに浜へ行きたいんだろう?」
20. と不思議に思ったけれども、浜辺へ下りて行ったとさ。
21. 浜へ下りたら、そこに箱が一つ流れて来た。自分のうちのすぐ前に上がったとさ。
22. それで箱のところに行きたかったので、そこへ行ってみた。ふたを開けたかったのでそれからふたを開けたとさ。開けたらその中に髪の毛ばかり入っていたとさ。
23. 髪の毛ばかり入っていて、その髪の毛を引き上げ引き上げして見ると、子どもの小指が半分その中にあったとさ。
24. そうしてその半分の小指を今持ってうちへ帰ったとさ。それを晴れ着でくるんで子守をし、子守をし、そうして今見るとりっぱな美しい男の子になっていたとさ。
25. そうして今美しい男の子になって育て育てていたら、(魂だべさ。Si) 育て育てているうちに今大きくなったとさ。
26. 大きくなって今ある日、こう言ったとさ。
27. 「どこかに行って見て、だれか男でもそこに行ってみて、だれかそこにいるかいないか見に行ってみよう」
28. と言ったとさ。
29. そうして今それから、出かけたとさ。ずっと行くと一本の道が山からずっと下がっていたとさ。その道をずっと山の方へ上っていくと一軒の家があったとさ。
30. その戸を開けて入ったら、一人の男が妻と一緒にいたとさ。そしてそこに入って今みんな喜んで、
31. 「どこから来たお方ですか?」
32. 「私は遠い村から来た男だ」

33. nah taa yee manu.
34. neyke tani taa, 'ehah sukehci 'ike 'eerehci, tura 'ipehci, 'omantene taa horokewpo taa yee manu.
35. " 'iine 'ahsuy, ウン yuukara hannehka 'ecinuu rusuy hii?" nah pisi manu.
36. " yuukara nuu rusuyahci kusu neyke yuukara kusu neyke nuure kusu."
37. nah yee manu.
38. neyke tani taa, yuukara 'ike tani pahno ka nuu ka hanki manu. taa,
39. " yuukara nuu rusuy. " nah yehci manu.
40. neeteh tani taa, horokewpo taa 'uturuketa taa 'aaha nee manu. monimahpo neewa horokewpo 'ututuketa taa hekaci taa 'aa teh tani taa yuukara manu.

41. ha'ii mahpa cooruntee
monimaa kurukaa cooruntee
hoyoo kante coruntee
ha'ii mahpaa cooruntee
monimaa kuru kaa cooruntee
ha'ii mahpaa cooruntee
monimaa kuru kaa cooruntee

42. " tah yoy yuukara. " nah taa yehci manu.
43. nah taa yehci 'omantene tani taa, monimahpo taa yee manu.
44. " 'iine 'ahsuy, 'epooho ka hanneh 'ampe? " nah taa yee manu.
45. " 'ohkayo pooho ne'ampe sonnoho nee nanko." nah yee manu.
46. nuu teh taa 'orowa taa, tuhse teh 'asin manu. tuhse teh numaha ne'ampe taa, 'ukahci kusu kara teh hontom 'ikehe taa, 'oha hontom 'ukahcihi ne'ampe taa 'ampene 'ukotahmahci 'ike taa,
47. sineh, " 'in nee." sineh, " 'in nee." nah kii.
48. nukara koh kira wa 'asin teh taa, 'orowa taa, 'otaka 'ene san teh taa, cise 'ene san. monimahpo sanu wa 'oman manu.
49. 'oman teh tani taa, monimahpo taa 'ohta 'oman. suy monimahpo tura taa 'okayahci yayne tani taa poro horokewpo ne 'an teh taa, neya monimahpo taa horokewpo nah teh taa, 'usamahci teh taa, pirikano 'okayahci manu.
50. neeteh 'orowa neya horokewpo taa, monimahpo temana 'okayahci 'ene 'ani nah 'eraman kusu taa 'urukay 'oman nukara 'okaa, nah 'eraman kusu nukaraha ne'ampe taa, 'okore ヤマニ ナッタリ シテ hemakahci manu. キー、アノ— sunku nii naa yayuh nii naa tah nii tay 'ene tay 'ene ナッタリ teh 'an kusu 'an manu.

33. と言ったとさ。
34. そうしてユリ根をほって煮て食べさせみんなで食べた。しばらくして男が言ったとさ。
35. 「あの、歌を聞きたくありませんか。とたずねたとさ。
36. 「歌が聞きたかったら、歌って聞かせますよ」
37. と言ったとさ。
38. そうして今、歌を歌ったが、歌はいままで聞いたことがないと言った。
39. 「歌が聞きたいよ」と二人は言ったとさ。
40. そうして今その男はその間に座ったとさ。その娘と男の間にその子は座って、そこで歌を歌ったとさ。

41. ha'ii mahpa cooruntee
    monimaa kurukaa cooruntee
    hoyoo kante coruntee
    ha'ii mahpaa cooruntee
    monimaa kuru kaa cooruntee
    ha'ii mahpaa cooruntee
    monimaa kuru kaa cooruntee

42. 「これはよい歌だ」と二人は言ったとさ。
43. そう言ってから今度は娘が言ったとさ。
44. 「あのね、お前の子どもじゃないか」と言ったとさ。
45. 「男の子だから、本当にそうだよ」と言ったとさ。
46. それを聞いたとたん、その子は飛び出したとさ。その子が飛び起きたところを、その腹のところをつかもうと、腹をつかもうとしたら、その夫婦は互いにくっついてしまったから、
47. 一人が「離してくれ！」、もう一人が「離してくれ！」、と声をあげた。
48. 見ると、その子は逃げ出して、そこから、浜の方に下りて行って、うちへ帰った。娘もまた下りて行ったとさ。
49. 下りて行って、その娘が行った。また娘とそこで暮らしているうちに立派な男になって、その娘と夫婦になって、幸せに暮らしたとさ。

50. そうしてからあの男、あの女はどうしているかと思ったので、ちょっと行ってみたいなと思ったので行ってみると、みんなそこは山になってしまっていたとさ。いろいろな木、あのう、エゾマツやマツやシラカバの木などの林になっていたとさ。

51. neeteh nukara teh 'orowa horo-, hosipi teh 'uwas taa ツ/- macihi 'ekoweepekere manu.
52. " 'e'ani 'eysihnuka kusu, katakihi kukii teh kuhosipi."
53. nah yee manu.
54. " hunke yayne 'orowa ne'an horokewpo, monimahpo taa, 'orowa kiraha ne'ampe taa, 'ukahci kusu kara 'ohacirun cise ka nii tay 'ene 'okayahci."
55. nah 'eweepekere manu.
56. ソーイウ tuytah タ゛。 アルー。

51. そうして見てから、帰ってすぐ妻に話したとさ。

52.「お前が私を生き返らせてくれたから、仇をとってきたよ」
53. と言ったとさ。
54.「お前が子守をしてくれて、それからあの男と女から逃げてきて、その後あそこは林になってしまった」
55. と話をしたとさ。
56. そういう昔話だ。こんなのがあった。

24 'IMUU MONIMAHPO(-88)

1988年8月24日録音 (8820a)

1. (さあ、どうぞ。M) Sannupista, (イムー? M) ウン, sine horokewpo 'an manu. sine horokewpo 'ani ike taa, niina koh kuru, cehkii koh 'ee, nah kii yayne tani sine too suy niina kusu makanihi ne'ampe taa, sine 'acahcipo niina kusu 'an manu.
2. ne'anike taa, 'acahcipo taa, horokewpo nukara teh taa,
3. " 'iine 'ahsuy, horokewpo, 'ene nee ciki, ku'ani sine 'imuu monimahpo tura ku'an. 'imuu monimahpo tura ku'ani ike 'imuu monmahpo ne'ampe 'ehahtaa, nah kii koh 'an'ee, ku'ani ne'ampe kuniina, nah 'anki... 'ipe... アノ- yayreske'an, kusu... ku'imiyehe naa mii teh, ウン... niinaha taa teh see teh san teh 'imuure wa nukara, reekoh kiroro 'an."
4. nah taa yee manu.
5. orowa tani taa, neya 'imiyehe naa taa, horokewpo miire teh taa, 'orowano niina niina 'omantene taa, 'acahcipo taa, horokewpo tura niinahci 'omantene taa, 'orowa taa nii see teh taa san manu, horokewpo.
6. sani ike taa, cise 'ohta 'oman, 'ahun, 'oman teh taa, cise sanke 'ene, nii 'ociwe. niske 'ociwehe ne'ampe taa, cise 'orowa 'an teh taa 'imuu manuyke taa 'ene kii manu.

7. reh taa cipoo cipoo
   yaa ta cipoo cipoo
   atuy manna kuru
   soroo soroo
   hawa hawa haw

8. ッテ nah kii manu.
9. reekoh 'ekiroro'an manu. reekoh 'ekiroro'an kusu tani taa, suy niyehe 'ociwe. niyehe 'ociwehe ne'ampe taa,

10. niiteh kaa cira rii too
    pun kara ciso soo
    nii suh tom 'ecitoko yee
    hawa hawa haw

11. ッテ nah kii manu.
12. tah kusu taa 'orowa taa, suy neya nii taa suy 'uh teh taa suy hera'oh 'ociwe 'ike taa,

24話 イムー女(-88)

1988年8月24日録音 (8820a)

1. サンヌピシ村に一人の男がいたとさ。一人の男がいて、マキをとってはくべ、魚をとっては食べ、していたが、ある日またマキとりに山へ行ったら、一人のババがマキをとっていたとさ。
2. それでババは男を見て、
3. 「ねえ、ちょっと聞いてくれ。わしは一人のイムー女といるんだ。イムー女といっしょにいて、イムー女がユリ根をほったりして食べて、私がマキとりをしたりして、こうして娘は大きくなったんだが、わしの着物を着て、とったマキを背負って帰って来たときイムーをさせてみろ。とてもおもしろいから」
4. と言ったとさ。
5. それからこんど、その着物を男は着せて、それからしばらくマキとりをしてから、それからマキを背負って男は帰ってきたとさ。
6. 帰って、家に着いて、入って、帰ってきた時、家の近くに、マキをおとした、荷物をおとしたら、家の中から、イムーの声がしたとさ。

7. reh taa cipoo cipoo
   yaa ta cipoo cipoo
   atuy manna kuru
   soroo soroo
   hawa hawa haw

8. という声がしたとさ。
9. とてもおもしろかったとさ。とてもおもしろいからこんど、またマキをおとした、おとしたら、

10. niitehkaa cira rii too
    pun kara ciso soo
    nii suh tom 'ecitoko yee
    hawa hawa haw

11. という声がしたとさ。
12. それでそれから、またマキをまたとってそれをまた下に落したら、

179　イムー女

13. rih ta cipoo cipoo
    yaa ta cipoo cipoo
    atuy manna kuru
    soroo soroo
    hawa hawa ta haw

14. ッテ nah kii manu.
15. taa kusu taa suy taa nii 'ociwehe ne'ampe taa, tani ta horo-, monimahpo taa 'iruska manu.
16. " 'iine'ahsuy, sirarahci, 'ahcipo, sonno sirara 'acahcipo ne'ampe 'ene kii kusu 'ene 'ani. 'arah suy テ゜ㇳ tu suy テ゜ㇳ 'imuuyara 'ike 'orowa 'imuuyara ka hankiipe neyawa 'ene'an. hamo hetesuu 'imuuyara kusu 'ene 'ani!"
17. nah yee teh 'iruska manu.
18. iruska 'ike tani taa, 'orowa taa, nii see teh taa, cise 'ohta 'ampa 'ahun teh 'ama teh taa, 'orowa taa, 'acahcipo saanu saanu kii wa 'acahcipo 'imiyehe mii teh taa 'acahcipo sanuu sanuu kii. 'acahcipo 'omayehe 'ohta 'an teh taa 'ikuu manu.
19. 'ikuu teh tani taa, 'acahci... suke manuyke taa monimahpo taa suke manuyke, taa 'ehah suke 'ike taa, 'acahcipo nipaapo sihte kanne 'oro'oo teh taa 'orowa 'eere manu. 'eere ike taa 'acahcipo taa neya, 'acahcipo tah pateh 'ee yam siina'an, 'acahcipo 'ee manu.
20. 'ee teh tani taa, 'ay yayne taa, 'onuuman 'oman manu. 'onuman 'oman teh tani taa, テノ-... reekoh 'ahto ran manu. reekoh 'ahto rani ike, 'ampene 'ahto ran manu.
21. 'an 'ayne taa, 'acahcipo 'omayehe kaari taa mo... horokewpo tah mokoroho nee manu. 'acahcipo 'imiyehe mii teh, 'acahcipo, 'acahcipo 'imiyehe ne'ampe taa, cikah rus nee manu. ハクチョウ rus nee manu. neyke taa mii teh taa, mokoro yayne tani taa, 'acahcipo taa, hemata hawehe 'an manu. nuuhu ne'ampe 'acahcipo kimma san manu.
22. " 'iine 'ahsuy, horokewpo, 'e'imiyehe, mii waa. ku'imiyehe 'enmiire. 'e'imiyehe kumii 'ike kumeerayki."
23. nah yee manu.
24. neeteh tani taa, horokewpo numa 'ike taa, neya 'ahci, 'imiyehe taa, 'asinke 'ike taa, 'acahcipo miire. 'anihi ne'ampe taa 'acahcipo mii 'anihi 'imiyehe taa 'uki ike taa, mii manuyke taa, sonno horokewpo neeno 'an teh taa 'an manu. horokewpo nee manu, tani.
25. neeteh tani taa sinke'ikehe taa, horokewpo tani 'ikisiw kusu, 'iruska kusu taa 'ikisiw kusu karaha ne'ampe taa, monimahpo taa, 'aca-,
26. "hanka 'iruskare kusu, horokewpo hanka 'iruskare, hemata ne kara, 'acahcipo 'imiyehe

13. rih ta cipoo cipoo
    yaa ta cipoo cipoo
    atuy manna kuru
    soroo soroo
    hawa hawa ta haw

14. という声がしたとさ。
15. それだからまたマキを落としたら、こんどはその女は怒ったとさ。

16. 「ねえ、おばあさん、あなたが本当にえらいおばあさんなら、こんなことをしてもいいのか。一回でも2回でも私にイムーをさせて、それで止めるならいいけど、こんなに何回もイムーさせるなんて！」
17. と言って怒ったとさ。
18. 女が怒ったからこんど、男はそれから、マキを背負って、家へ持って入って置いて、それから、ババにいたずらをして、ババの着物に身を包んでタバコをのんでいたとさ。
19. タバコをのんで、ババは……食事の仕度をして、その女は食事の仕度をして、ババの食器にいっぱい盛ってそれから食べさせたとさ。食べさせて、そのババは、そのババの食器だから当然それを食べたとさ。

20. 食べて今、いたが、夕方になったとさ。夕方になって今、すごく雨が降ったとさ。すごく雨が降って、たくさん雨が降ったとさ。
21. そうして、ババのふとんで、女いや男は寝ていたとさ。ババの着物を着て、ババの、ババの着物は、ハクチョウの毛皮だったとさ。それでそれを着て、寝て今、ババが何か言う声がしたとさ。それを聞いて、ババが山から下りてきたとさ。
22. 「ねえ、兄さん、お前は自分の着物をきなさい。私の着物を私に着させてくれ。お前の着物を着ると寒いわい」
23. と言ったとさ。
24. それでこんど、男は起きて、そのババの着物をぬいで、ババに着させた。自分はそのババの着ていた自分の着物を取って着たら、本当の男の姿になっていたとさ。今や立派な男だったとさ。

25. そうして、こんど次の日、男はこんど腹を立てたから、怒ったから、腹を立てて怒り出そうとしたら、女は、
26. 「怒らないで。怒らないで下さい。何だか、ババの着物を着せられて私は

mii teh 'orowa 'ene'an hamo heese, 'enimuure 'omantene taa ku'iruska kusu taa, 'iruska ciki 'ikisiw rusuy kusu 'ene'ani. hanka 'iruskare 'ike taa tura san kusu neyke, pee tahpo ne, wahka taa naa, 'ipekara naa kii kusu neyke, 'eere kusu."

27. nah yee 'ike taa 'imiyehe 'uhcinkehe kisma 'an 'ohta, horokewpo taa 'uhcinkehe caaca kotuye koh 'ociwe. suy 'oyahkeypo [?] ka kisma 'an 'ohta suy tuye koh 'ociwe, nah kihci yayne taa, horokewpo ramupirika manu.

28. teh ramupirika teh taa 'orowa taa horokewpo cise 'ene taa, monimahpo tura teh san manu teh taa tani taa, monimahpo taa, horokewpo koro teh taa, pirikano 'okayahci manu.

29. pirikano 'okayahci 'ike tani taa, poo korohci. poo korohci 'ike taa, poohohcin taa, reskehci yayne taa neya poohohcin suy poo korohci kihci 'ike taa, reeko pirika 'okay kihci manuyke taa, ne'an poo 'utarikehehcin suy poo korohci nah kihci yayne taa, yaykotampa 'etuhturi, yaykotampa 'etuhturi kihci yayne taa, 'oka'ay cise karahci manu.

30. rih poka 'ahkas cikah ka tehkupi sayayse 'ike taa, 'okore sahka ne naa, muysahkeh naa korohci pe nee manu.

31. ソレデ オワリ.

息苦しくなって、イムーをやらせられてやらせられて私が怒ったからあなたも腹を立てたんでしょう。もし機嫌をなおして私を連れて行って下さるなら、水汲みでも、炊事でも私がして食べさせてあげるから」

27. と言って、その着物の裾を引っぱた時、男の裾のはしが切れて落ちた。またほかの裾を引っぱたらまた切れて落ちたりしているうちに、男は機嫌をなおしたとさ。

28. こうして機嫌をなおしてから、娘を連れて下りていって、その娘を男は嫁にして、幸せに暮らしたとさ。

29. 幸せに暮らして今、子どもが生まれた。子どもが生まれて、その子どもたちを育てて、その子どもたちもまた子どもをもって、とても幸せになって、その子どもたちがまた子どもを生んで、こうやって村も大きくなって栄えて、何軒もの家を建てたとさ。

30. 空飛ぶ鳥も羽を落として、みんなハシやホウキもつくったということだ。

31. それで終わり。

25 KINATAA TUYTAH(-88)
1988年9月12日録音(日研生たちと) (8821a)

1. ('otahkon... 何でもいいわ。M)
2. sine kotanta re monimahpo 'okayahci. re monimahpo 'okayahci 'ike taa, sine too taa, kiyanne monimahpo taa kina taa kusu makan.
キイタラ キイタッテ イエヨ。ワスレテ シマッタ モノ, アンナニ ムカシガ タッタン ダ モノ……
3. kinataa kusu makanihi ne'ampe kinta makan teh kinataa yayne taa, kimma taa sine cih san manu. 'otokacih nee manu. sani ike taa,

4. saawa saawa kiiru kiiru
   saawa saawa kiiru kiiru

5. nah taa san manu.
6. 'o'ara ninkaaripuy'us horokewpo nee manu. ソルカラ 'okehkatura setarus mii horokewpo, setarus mii horokewpo nee manu.
7. neeteh taa, sani ike taa, monimahpo taa kinataa 'ikehe 'ohta san teh taa,
8. " 'iine'ahsuy monimahpo, nee kina 'etaa ciki neh 'en'eere. 'oyantura kina, ku'ani oyantura kina pateh kukonopuruuu."
9. nah yee manu.
10. ne'ampe kusu taa, kinataa 'ike taa 'oyamuhu tura horokewpo koore. horokewpo koorehe ne'ampe horokewpo neya kinataa 'ehekempaha ne'ampe taa tekihi tura taa 'uh teh 'ehekempa 'ike taa monimahpo wahka 'onne haaciri manu. monimahpo haaciri 'ike ray manu.
11. neeteh tani taa horokewpo taa cise 'onne makan manu.
12. neyke cise 'orowa ne'an horokewpo, monimahpo 'utah taa, tani taa nannahahcin kinataa kusu makani ike taa, hosipi kuni teerehci yahka koyaykusahci yayne taa, nannahahcin citokihi taa hera'oh taa haaciri manu.
13. "kee, nanna nanna, nee 'oyas henneh 'ekaari teh アノ raykihci カ? " nah ramuhci teh taa, 'okayahci yayne taa, 'orowa taa 'inoskuh monimahpo suy taa, kinataa kusu makan manu, sine too.
14. kinataa kusu maknihi ne'ampe taa, nanna kina, nanna nanna kinataa ruwehe 'ani ike, kinaha 'okore sahteh wa 'an manu.
15. neeteh taa, sanke 'ike taa, kinataa manu. kinataa yayne 'inkaraha ne'ampe taa, sine horokewpo 'otokacipoo horokewpo, 'otokacih'oo horokewpo, cipoo wa san manu.

25話　フキとりの話(-88)

1988年9月12日録音（8821a）

1. (昔話やって、別のお話。ちがう新しい昔話を…新しいの。M)
2. ある村に3人の娘が住んでいた。3人の娘が住んでいて、ある日、上の娘がフキとりに山へ行った。

3. フキとりに山へ行ったら、山へ行ってフキとりをしていたら、上の方から舟が一そう下りてきたとさ、丸木舟だったとさ、下りて来て、

4. saawa saawa kiiru kiiru
   saawa saawa kiiru kiiru

5. といって下りて来たとさ。
6. 片方の耳輪の穴がついた男だったとさ。皮のままのイヌ毛皮を着た男、イヌの毛皮を着た男だったとさ。
7. こうして下りてきて、その娘がフキとりしている所に下りて来て、
8. 「ねえ娘さん、とれたらフキでも食べさせておくれ、葉つきのフキはぼくは大好物でね」
9. と言ったとさ。
10. そう言ったから、フキをとって、葉つきのフキを男にやった。男にやったら男はそのフキを引っぱて、娘の手もいっしょにとって引っぱったらその娘は水の中に落ちてしまったとさ。娘は落ちて死んでしまったとさ。

11. それからその男は家に帰ったとさ。
12. それで家にいた男、(いや)娘たちは、前に姉さんがフキとりに行って、その帰りを待っていたが、帰って来なかったのだが、そのうちに姉たち飾玉が上から落ちてきたとさ。
13. 「あら、姉さんは何かお化けにでも会って殺されたのかしら？」と思っていたが、それから真ん中の娘がまたフキとりに山へ行ったとさ、ある日。

14. フキとりに山へ行った時、姉さんがフキをとったあとがあって、そのフキがみんな枯れてしまったとさ。
15. それで山から少し下がったところでフキをとったとさ。フキとりをしながらながめると、たらい舟にのった一人の男、たらい舟にのった男が上の方からこいでやってきたとさ。

16. saawa saawa kiiru kiiru
    saawa saawa kiiru

17. nah cipoo wa sanihi ne'ampe taa, monimahpo 'onne 'ehankeno sani ike taa 'ene yee manu.
18. " 'iine'ahsuy monimahpo, nee アノー kina 'etaa ciki nee, 'eneere. ku'ani 'oyanrurakina pateh kukonopuru."
19. nah yee manu.
20. ne'anike tani taa, kinataa teh taa horokewpo koore. horokewpo koorehe ne'ampe taa, tekihi tuuri 'ike " 'otahkon" nah yee. "naa ponno naycaata sanke kusu." nah yee manu.
21. naa ponno san, nay 'ohta, naa sanihi ne'ampe taa, tekihi tura naa 'uh teh sikota サクレ? 'ehekempaha ne'ampe, taa monimahpo wahka 'onne 'ahun manu. ray manu.

22. neeteh tani taa, cise 'ohta sine monimahpo pateh, イチハ゜ン poniwne monimahpo pateh taa, cise 'ohta 'an manu.
23. "taa hosiki nanna nanna kinataa kusu makan yahka, teere yahka koyaykus yayne taa, citokihi haaciri. yooponi suy nah tani 'inoskuh nanna nanna suy kinataa kusu makani ike, suy teere yayne taa, citokihi hera'oh haaciri manu. tani taa, "nanna nanna 'uta 'okore tani 'aynukipokihci yaa?"
24. nah 'eraman cis manu.
25. cis 'omantene taa, 'orowa 'anayne taa, sine too taa, makan kusu 'ene nukara kusu nah 'eraman kusu tani taa, 'orowa taa makanihi nee manu.
26. kinataa 'usihi 'ohta makanihi ne'ampe taa, nanna nanna hosiki kinataa makan, nannananna kinataa 'ikehe 'okore sahteh wa hemaka manu.
27. yooponi kinataa makan nanna ka kinataa 'ike 'okore sahteh manu.
28. neeteh taa sanketa taa suy taa kinataa yayne taa, 'anayne hemata hawehe, hemata humihi 'an manu.

29. saawa saawa kiiru kiiru
    saawa saawa kiiru kiiru

30. nukaraha ne'ampe sine horokewpo 'o'ara ninkaaripuynu horokewpo. setarus mii horokewpo taa tani taa, cipoo wa san manu.
31. "teh monimahpo, 'iine'ahsuy, neyke neya 'etaa ciki koh 'oyanturakina neh, 'eneere. ku'ani 'oyantura kina pateh kukonopuru." nah yee manu. [咳]

16. saawa saawa kiiru kiiru
    saawa saawa kiiru kiiru

17. と音をたてながら舟をこいで下ってきて、娘のそばに近づいた時こう言ったとさ。
18. 「ねえ娘さん、フキをとったら、私に食べさせてくれ、ぼくは葉つきのフキだけが好物なのだ」
19. と言ったとさ。
20. それでこんどフキをとって、それを男に渡した。男に渡したとき、手をのばしたら男が「短いよとどかない」と言った。「もう少し川岸に寄せるから」と娘が言ったとさ。
21. 少しばかり下って、川を下っていった時、手といっしょにフキを受けとって男が自分の方へ引っぱったとたん、その娘は水の中に落ちたとさ。死んでしまったとさ。
22. それで今は、家には娘がひとりだけ、一番若い娘だけが家に残っていたとさ。
23. あの最初にフキとりに行った姉さんの帰りを待っても帰って来ないままいたが、その飾玉が落ちた。その後でまた中の姉さんがフキとりに山へ行って、その帰りを待っているうちに、その飾玉が下に落ちたとさ、それで「姉さんたちはみんなさらわれてしまったのか？」
24. と思って泣いたとさ。
25. 泣いて泣いてしばらくしてから、ある日に、自分も山へ行って、様子を見てこよう思って、それから山へ行ったんだとさ。
26. フキとりの場所に上って行ったら、最初に姉さんがフキとりに行ってフキとりしたところもみんなかれていたとさ。
27. あとからフキとりに行った姉さんのフキもみんな枯れていたとさ。
28. そして、そのばでまた（末娘が）フキとりをしていたら、何か声が、何かの声がしたとさ。

29. saawa saawa kiiru kiiru
    saawa saawa kiiru kiiru

30. 見ると、一人の男が、片方の耳に穴があいてる男が、イヌの毛皮の着物を着た男が、いま舟をこいで下りて来たとさ。
31. 「それで娘さん、ねえ、あのフキをとったら、葉っぱごとフキを食べさせてくれ、ぼくは葉つきのフキが大好物なんだ」と言ったとさ。[咳]

32. ne'ampe kusu taa kinataa teh taa, 'oyantura taa koore. koorehe ne'ampe taa, kinaha 'ehekempaha ne'ampe taa, tekihi tuuri taa, cih 'ohta repun manu.
33. cih 'ohta repunihi ne'ampe taa, taa horokewpo taa tani taa, cipihi taa sine 'ene hewee, ta'ene hewee, te'ene hewee, nah kii yahka taa monimahpo taa haaciri kahanki manu.
34. haaciri kahankii teh taa, cise 'ohta tura makan manu.
35. cise 'ohta tura makan teh tani taa, tura 'an manu.
36. 'ani ike taa, cehkoyki koh 'ehci, niina koh kuruhci, cehkoyki'an 'ohta taa, monimahpo ceh sukere kusu nah yeehe ne'ampe monimahpo ceh suke 'ike taa, pirikano cehkara ranke, suke 'ike, 'eere 'ike トッテモ 'etumne manu.
37. ('etumune? M)　ウン、アノー 'etumneヨ、ウン。
38. cehsuke'an kusu 'osapatura ceh, 'otuytura ceh taa, rukumpa kusu マルッコ キレイニ taa, 'omantene suke ranke taa 'eere, nah kii manu.
39. ne'ampe kii yayne taa, sine too taa soyta 'asinihi ne'ampe horokewpo 'isam teh 'okaaketa taa, soyta 'asinihi ne'ampe, sine horokewpo ne'ampe 'ene nah yoy horokewpo sineh 'eh manu. 'eh teh taa,
40. " 'iine'ahsuy monimahpo, アノー 'ehorokewpoho 'isam 'ohta, 'utura mokoro'an." ッテ コ ウ イッタモン、ne'ampe kusu taa, tura mokoro manu.
41. tura mokoro teh taa tani yee manu.
42. " 'iine'ahsuy, tan horokewpo ne'ampe, 'aynu ka hannehka." nee manu. seta horokewpo nee manu.
43. ne'an kusu taa, ceh neh sukere 'ike renkayne, ceh sukere 'ike taa, ウン horokewpo 'e'utehkante kusu nee manu.
44. "nee 'utarihi 'an kusu neyke 'etahkante kusu." nah yee manu.
45. " 'ahupahci, 'ahupahci kusu, nah 'itakahci kusu neyke 'ahupahci kusu neyke, renkayne 'ahupahci teh, ceh 'ehci kusu 'iki." manu.
46. "ceh 'ehci kusu neyke taa, soyta 'asin kusu neyke, cuh 'onne 'inkara teh 'orowa 'ahun teh <cuhnise'asin> nah yeere kusu."
47. nah yee manu. [咳]
48. "nise'asin kusu nah yee kusu neyke, horokewpo 'uta 'okore 'asipahci teh woosehci kusu 'iki"
49. nah yee manu, horokewpo.
50. neeteh tani taa, horokewpo taa yaynuyna manu. neeteh taa monimahpo taa cise 'ohta 'ahun teh taa, 'anayne tani taa horokewpo 'uta cehkii wa san manu.
51. neyke tani taa 'otuytura taa ceh taa suke manu. suke 'omantene taa,
52. " 'iine'ahsuy, horokewpo, (わかってる？ Si) (いいよ、いいよ、どうぞ続けて。

32. それだからフキをとって、葉ごと男にやった。男に渡す時フキを引っぱたとき、自分の手をのばして、舟にころがりこんだとさ。
33. 舟のなかにころがりこんだ時、男は、舟を一方へゆらす、こっちへゆらす、あっちへゆらす、というふうにゆらしたけど娘は（川）に落ちなかったとさ。
34. 落ちないで、男といっしょに家へ帰ったとさ。
35. いっしょに家に帰っていっしょに暮らしていたとさ。
36. いっしょにいて、魚をとっては食べ、マキをとってはくべして、ある時魚をとってきて娘がそれを料理しようと言ってご馳走をつくって、おいしいご馳走をつくって、煮て、食べさせたが、男は食べたがらなかったとさ。
37. （嫌いなのか？ M）うん、あの嫌いなんだ。うん。
38. 魚を料理するのに魚を頭ごと、はらわたごと、丸ごときれいに切って、こうして料理して食べさせるようにしたとさ。
39. こうして暮らしているうちにある日、男は出かけていなくなったあとで、娘が外に出てみると、一人の男が良い男が一人やって来たとさ。やって来て、
40. 「ねえ娘さん、あのお前さんの男がいない時いっしょに寝ようよ」ってこう言ったからいっしょに寝たとさ。
41. いっしょに寝た後でこう言ったとさ。
42. 「実は、ここの男は、人間じゃない」とさ。イヌ男だということだったとさ。
43. だから、魚もたくさん煮るようにして、イヌ男をもてなすことにしたとさ。

44. 「もし仲間でもいたらご馳走しよう」と言ったとさ。
45. 「その仲間たちが入って、ご馳走をたべに入ってきたら、たくさん入ってきたら、魚を食べるだろうからご馳走をしよう。」ということだったとさ。
46. 「魚をたべたら、外に出て、太陽に向かって顔を向けて、それから入って＜日の光よ、出て行け＞と言わせなさい」
47. と言ったとさ。［咳］
48. 「もし日光が出て行くように言って、イヌ男たちがみんな出て行ったら、ワーワーと遠吠えするだろうよ」
49. とその男が言ったとさ。
50. そうして今、その男はかくれたとき、それから、娘は家の中に入って、そうしているうちに、男たちが魚とりから戻ってきたとさ。
51. それで、魚をはらわたごと煮たとき。煮てから、
52. 「ねえ、あなた、（わかってる？ Si）（いいよ、いいよ、どうぞ続けて。M）夫

M) 'ehokuhu 'etahkara, ceh 'etahkara." nah yee manu.
53. neeteh taa horokewpo taa ne'an 'utarihihcin ceh 'etahkara kusu taa maka 'asin manuyke taa, neya horokewpo 'utah taa ceh'etahkara renkayne horokewpo 'uta 'ahupanci manu. 'ahupahci manuyke tani taa ceh 'ehci.
54. neeteh tani taa, monimahpo 'asin teh taa, soyta 'asin teh taa, cuh 'onne 'inkara, cuh 'onne 'inkara. cuh 'onne 'inkara teh taa 'ahun 'ike taa,
55. "nise'asin!" nah yee manu. "nise'asin!" nah yeehe ne'ampe taa, tani taa horokewpo 'utah taa 'asipahci manuyke taa, 'okorehcin taa, woosehci manu.

56. kita 'orowonna 'orowonna
   kita 'orowonna 'orowonna
   tan nisasin tee 'eeh, 'orowonna
   nis'oro 'onne 'orowonna
   tan nisasin tee 'eeh, 'orowonna
   sita'oro 'onne 'oro'onna 'oro'onna
   tan nise'asin tee hee, 'oro'onna
   cupekanraypa 'oro'onna 'oro'onna
   tani nise'asin tee hee, 'orowonna 'orowonna
   cepekanraypa 'oro'onna 'orowonna

57. nah taa woosehci manu. [咳]
58. neyke taa neya yaynuyna horokewpo taa, 'asin manuyke taa,
59. "neeroh, horokewpo 'utah taa, yooni'unparee! yooni'unparee! "
60. nah yee. tani 'oro'oo.
61. nii 'ani ウテ! manuyke taa, neera seta 'utah taa, 'okore rayki manu, 'uta. taa 'okore seta nee manu.
62. neeteh tani taa, アノー sine seta taa yee manu.
63. " 'iine'ahsuy ku'ani hanka 'enrayki. ku'ani hanka 'enrayki. ku'ani ne'ampe seta 'oconihi. 'ampene seta 'okore raykihci 'ike taa, teeta 'ampene seta 'isay yahka wen" manu.
64. "kusu taa, hanka 'enrayki." nah yee manu.
65. ne'ampe kusu taa tani, horokewpo taa, neya seta tah si- sineh taa 'ama manu.
66. neeteh tani taa, horokewpo taa,
67. " 'iine'ahsuy monimahpo, 'ancise 'ene 'ecitura."
68. nah yee manu.
69. neyke taa monimahpo taa, neya horokewpo tura teh taa, cise 'onne horokewpo cise

に食べさせなさい、魚を食べさせなさい」と言ったとさ。
53. そうして、その男はイヌの仲間たちに魚をご馳走するために山の方へ出かけて行って、そのイヌ男たちに魚をご馳走しようと、たくさん男たちが入って来たとさ。入ってきてその魚を食べた。
54. こんどは、その娘が出て、外に出て、太陽に顔を向けて、太陽の方を見た。太陽に顔を向けて、入って、
55. 「日の光よ出ていけ」といったとさ。「日の光よ出ろ」と言ったら、こんどその男たちが出て来て、みんな、ウォーウォーとほえたとさ。

56. kita 'orowonna 'orowonna
    kita 'orowonna 'orowonna
    tan nisasin tee 'eeh, 'orowonna
    nis'oro 'onne 'orowonna
    tan nisasin tee 'eeh, 'orowonna
    sita'oro 'onne 'oro'onna 'oro'onna
    tan nise'asin tee hee, 'oro'onna
    cupekanraypa 'oro'onna 'oro'onna
    tani nise'asin tee hee, 'orowonna 'orowonna
    cepekanraypa 'oro'onna 'orowonna

57. といってほえたとさ。[咳]
58. それでそのかくれていた男は出て来て、
59. 「あの男たちをみんなたたけ!、みんなたたけ!」
60. と言った。そして今舟に乗った。
61. 棒で打てと言って、そのイヌというイヌはみんな殺されてしまったとさ。それはみんなイヌどもだったとさ。
62. そうしたら一匹のイヌが言ったとさ、
63. 「あのう、私はどうか殺さないでくれ、殺さないでくれ、私はイヌの生き残りだ、イヌが皆殺しにされてしまったら、ここでイヌが全部なくなってもよくない」といった。
64. 「だから、どうか私は殺さないでくれ」と言ったとさ。
65. それだから、男は、そのイヌを一匹だけそこに残したとさ。
66. それでこんど男は、
67. 「さあ娘さん、家にいっしょに帰ろう」
68. といったとさ。
69. それで娘は、その男といっしょに、家に男の家に行ったとさ。

'ene payehci manu.
70. cise 'ene payehci manuyke taa, sine ruu sani ike taa 'okaakara makapahcihi ne'ampe taa, sine poro kaanicise taa 'an manu.
71. neyke tani taa 'ohta 'ahupahcihi ne'ampe sinenehka 'an horokewpo neyahkayki taa, cisehe 'onnaykehe ka reekoh munihi ka 'isan teh 'an. yoyno 'anruwehe 'an manu.
72. neyke tani taa horokewpo 'ohta taa 'anihi taa, horokewpo cehkoyki koh 'ehci, niina koh kuruhci, monimahpo ne'ampe taa 'ehahtaa, nah kii yayne tani taa, nannahahcin uwe'omante kusu taa, cis manu. nannahahcin 'uwe'omante kusu cis 'an 'ohta taa, horokewpo yee manu.
73. "monimahpo 'uta, hanka monimahpo hanka ciste kusu. 'issinno ki'anne nanna nanna ne'ampe taa, cepehtekamuy horokewpo 'otusmaki ike tani sam teh 'an" manu.
74. "neeteh 'orowa 'inoskun monimahpo ne'ampe taa, wahka'uskamuy horokewpo taa 'otusmaki ike taa, sam teh 'an kusu 'an" manu.
75. "neekusu, ku'esunkehe nah 'e'eraman kusu neyke, simma 'e'oman 'enukara kusu 'ikii."
76. nah yee manu.
77. neeteh tani taa, sinke'ikehe taa, tani monimahpo taa, yuhkam naa see teh taa, 'orowa taa 'oman manu.
78. 'omanayne taa sine nay 'an. sine nay 'anihi ne'ampe taa, wahka 'onne cihesuyteh teh wahka 'onne 'ahun manu. taa wahka kaari taa momma san nayne taa, sine ruu mahwa san. taa 'okaakara makanihi ne'ampe taa, ru'ahcara sine cise 'an manu.

79. ta'ohta 'ahunihi ne'ampe, sine horokewpo heekopoho tura 'okayahci manu. neyke ta'ohta 'ahuni ike taa, 'epuntekahci manu.
80. taa monimahpo taa, neya nanna nannaha taa, sineh taata 'an manu.
81. neyke tani taa 'epuntekahci 'ike tani neya heekopohcin 'epuntekahci, 'epuntekahci 'omantene taa, 'orowa suy taa ne'an ceh naa seerehci teh taa 'orowa hosipi manu.
82. hosipi teh taa, 'orowa taa wahka'uskamuy horokewpo nee manu.
83. neeteh 'orowa tani taa 'oman ayne taa ciseta 'oman manuyke taa, horokewpo 'ekoweepekerehe, taa horokewpo 'ene'an,
84. "kuyee 'ike 'enecaararikaraha nee nanko. 'ahka simma suy, 7/- cepehtekamuy horokewpo 'onne 'omanuwa 'e'inkara. taata ka 'eheekopo, 'enannaha 'an kusu 'an."
85. nah yee manu.
86. neeteh taa rewsi teh taa sinke'ikehe taa suy taa, tani 'ehah naa taa, teh tani taa, suke teh tani, 'ampa teh 'asin teh taa 'omanihi ne'ampe taa, sine too 'omanihi ne'ampe, sine pon 'atuy 'an manu.

70. 家へ行く時、一本の道が下りていて、そこを通って上って行ったら、一軒の大きな立派な金の家があったとさ。
71. それで中に入ったら、たった一人で男が住んでいるのに、家の中にはチリ一つなかった。とてもきれいに片づけてあったとさ。
72. それで、その男自身は魚をとっては食べ、マキをとってはくべし、娘はユリ掘りをするという生活をしているうちに、姉さんたちのことが恋しく思い出されて泣いたとさ、姉さんたちが恋しくなってないていたら、男が言ったとさ。
73. 「姉さんたちはね、娘さんを悲しませないよ（安心しなさい）。一番上の姉さんは、豊漁の神に救われて今その神様と結ばれている」ということだ。
74. 「それから真中の姉さんは、水の神に救われて、その神様と結ばれている」ということだった。
75. 「だから、私がうそをついていると思うなら、あした行って見て来なさい。」

76. と言ったとさ。
77. それでこんど次の日に、娘はえものの肉を背負って、それから行ったとさ。

78. しばらく行くと川が一つあった。川が一つあって、その水の中に体をひらりとゆらして、水の中に入ったとさ。その川づたいに流れてきたら、一本の道が山の方から下がっていた。その道をつたってのぼって行ったら、道はずれに一軒の家があったとさ。
79. その中に入ると、一人の男が妹娘といっしょにいたとさ。それで、そこに入って、それを見てよろこんだとさ。
80. あの娘、あの姉さんの方は一人でそこにいたとさ。
81. それで、それを見てよろこんで、妹もよろこんで、みんなでよろこんで、それからまたその魚を背負わせて帰ったとさ。
82. 帰って、それからこんどは水神の男のことだ。
83. そうしてから、ずっと行って家に着いて、その一部始終を男に話したら、男はこう言った。
84. 「おれの言った通りだっただろう、それじゃあ、あしたまた水の神のところへ行ってみなさい。そこにもお前の妹、お前の姉さんがいるから」
85. と言ったとさ。
86. それで一晩泊まって、その翌日また、こんどはユリ根をとって来て煮て、それをもって行ったら、一日行ったら、小さい海があったとさ。

87. ne'ampe taa pon 'atuy 'ohta 'omanihi ne'ampe taa, 'onne 'ahun teh taa, taa 'atuy kaari taa, maa maa wa 'omanihi ne'ampe, sine ruu 'an manu.
88. taa 'okaakara makanihi ne'ampe taa, sine cise 'ani ike, 'onnayke 'ene taa,
89. "nee monimahpo ka nee horokewpo ka 'uka'okaypkepo ka 'ahunuhu ka 'annukara."
90. nah yee manu.
91. ne'ampe kusu tani taa 'ahunihi nukaraha ne'ampe taa, nanna nannaha taa reekoro 'anepuntehe manuyke taa cis wa, 'orowa 'anepuntehe 'omantene taa 'anayne taa 'inkara koh taa sine horokewpo taa, ceh kii wa san manu.
92. teeta 'ahunihi nukaraha ne'ampe taa, sine horokewpo. neya 'epuntekahci, monimahpo 'epuntekahci, 'epuntekahci 'omantene taa, ceh naa sukehci 'ike taa tura 'ehci, 'omantene taa 'orowa taa, horokewpo taa, sehpa 'asinke 'ike taa, monimahpo 'uhsoro 'ohta 'ama manu.
93. "taa hokuhu 'onne 'ampare kusu" nah yee teh taa 'uhsoroho 'ama manu, sehpa.

94. neeteh monimahpo taa 'orowa ne'ampe nukara, nuu teh taa 'orowa tani ci-, 'oma-'asin teh taa suy 'omanike taa, ne'an 'atuy 'ohta san teh taa, suy 'atuy kaari taa maa wa 'omanihi ne'ampe taa, kotanuhu ruwehe 'ohta 'oman manu.
95. kotanuhu ruwehe 'ohta 'oman teh tani taa, ruu 'okakara 'oman 'ike taa ciseta 'oman.
96. hokuhu taa, 'uunahci niina wa san teh taa, 'unci 'u'aare kusu 'an manu.
97. 'aaha ne'ampe taa,
98. " 'iine'ahsuy, 'ene'an kuyee 'ike 'enecaararekaraha nee koh."
99. nah taa yee manu.
100. taa horokewpo taa, monimahpo taa 'uhsoro 'orowa taa sehpa sineh 'asinke 'ike horokewpo koore. tah ne'ampe cepehtekamuy horokewpo 'orowa 'ankonte sehpa nee manu.
101. neeteh tani taa 'orowa ne'an taa horokewpo tura 'usamahci teh taa pirikano 'okayahci yayne tani taa, poo korohci 'ike, taa mahtekuh poo neewa 'ohkayo poo tura korohci teh, caskumahci yayne taa, kohekayehokustehci manu.
102. sooka 'ene nuhci yahkayki taa, rihpoka 'ahkas cikah ka 'okore tehkupihi sayayse 'ike 'uynahci 'ike sahka ne naa, muysanke ne naa korohcipe nee manu.
103. nah kanne.

87. それで小さい海に行って、海に入って、海をつたって泳いで泳いで行ったところに、一本の道があったとさ。
88. その道をつたってずっとのぼって行ったら、一軒の家があって、その中から、
89. 「だれか娘か、男か、2人かが入ってくるのが見える」
90. と言ったとさ。
91. それで、その娘が入って来るのを見たら、姉さんはすごくよろこんで、泣いてよろこんでよろこんでいると、ふと見るとその一人の男が魚とりから帰ってきたのだった。
92. 男が入って来たのを見て、みんなでよろこんで娘たちはよろこんで、魚を料理してごちうを皆いっしょに食べて、そしてから男はセッパ（切刃）を出して、娘のふところに入れたとさ。

93. 「これをお前の夫にもたせるから」と言ってふところにいれたとさ、そのセッパを。
94. それで娘はそれから、見て、聞いて、それから今自分で家を出て、また旅をして、その海に下りて、海をつたって泳いでいって、自分の村への道を急いだとさ。
95. 村への道を行って、道をずっと行って家にたどり着いた。
96. 夫も灰をかけてマキとりから戻って火をくべていたとさ。
97. 夫は座って、
98. 「ほら、おれの言った通りだっただろう」
99. と言ったとさ。
100. その男に,その女はふところからセッパを一つ出して男に渡した。それは水の神からもらったセッパだといったとさ。

101. こうして、その男と夫婦になって幸せに暮らしていたが、もう子どもも生まれて、女の子と男の子をもって、色々語り継いで、そのうちみんな年老いたとさ。
102. 外の様子はというと、空とぶ鳥もみんな羽を落として、それをひろって、箸やホウキを作ったということだ。
103. これまでだ。

26 HUMPECEHPO

1988年12月29日録音 (8825a)

1. (tuytah kii yan kanne. M) humpecepo... サンニン イテ, (もう一度最初から。M) humpecehpo neewa 'etuhka tura 'etu'aane tura nah kanne 'okayahci manu. humpecehpo 'okayahci 'ike taa, 'anayne tani taa, 'etu'aane taa 'iworoo. 'etu'aane 'iworo 'ike taa, 'etuhka 'okore 'ee manu.
2. 'orowa taa, 'etuhka taa 'etu'aane taa,
3. "naata naata 'an'iworoho taa 'ehcin cah?"
4. nah kii manu.
5. neyke tani taa 'etu'aane taa,
6. "cookah, cookah, 'e'iworoho taa ci'ehcin cah!"
7. nah kii manu.
8. neeteh tani taa コンダ゛アノ- 'etu'aane 'iworo. 'etu'aane 'iworo 'ike taa 'etuhka 'okore 'ee.
9. neyke taa, 'etu'aane taa,
10. "naatah naatah 'aniworoho taa 'ehcin cah !"
11. 'etuhka taa,
12. "cookah, cookah, ci'ehcin cah !"
13. nah kii manu.
14. ne'ampe kihci 'omantene taa, 'orowa taa, 'episka'ene nakene ka payehci wa 'isam manu.
15. neyke tani taa humpecehpo neewa 'etu'aane tura taata 'okayhci manu.
16. 'orowa taa humpecehpo taa 'ene yee manu.
17. "kumahkarakuu, kumahkarakuu, 'asinuuwa hecire 'ankeh, hecire 'ankeh!"
18. nah kii manu.
19. nah kiihi 'ne'ampe taa, 'etu'aane taa,
20. "ku'acaapoh ku'acaapoh, ku'akamihi 'ee rusuy, 'ehuu'oh 'ehuu'oh."
21. nah 'etu'aane nah yeehe ne'ampe taa humpecehpo 'ene yee manu.
22. "hemata 'aynu hee, mahkarakuhu ne'ampe 'akamihi 'ee rusuy, 'ehuu'oh. 'ehuu'oh !"
23. nah kii manu.
24. neyke tani taa アノ- tani 'etuhka taa, tani suy kimma san manu.
25. 'etuhka tani kimma sani ike taa, 'etu'aane 'iworo 'ike taa tani neya 'iworoho taa 'okore 'ee manu. 'etu'aane taa,
26. "naata, naata, 'aniworoho taa 'ehcin cah ?"
27. nah kiihi ne'ampe taa, 'etuhka 'ene yee manu.

26話　フグの話
1988年12月29日録音 (8825a)

1. (昔話をして。M) フグ…3人いて…(もう一度最初から。M) フグとカラスとハシボソがいっしょに暮らしていたとさ。そうしているうちに、ある時、ハシボソが干魚をうるかしておいた。ハシボソがうるかしておいた物をカラスがみんな食べてしまったとさ。
2. それからそのカラスにハシボソが、
3. 「だれだ、だれが私のうるかした物を食べたのか！」
4. と言ったとさ。
5. するとハシボソにカラスが、
6. 「私だ、私がお前のうるかした物を食べたんだ！」
7. と言ったとさ。
8. そうしてこんどはハシボソが干魚をうるかしておいた。ハシボソがうるかしておいたが、それをまたカラスがみんな食べてしまった。
9. そうして、ハシボソが、
10. 「だれだ、だれが私のうるかしておいた物を食べたのか！」
11. するとカラスが、
12. 「私だ、私が食べたんだ」
13. と言ったとさ。
14. そうやっているうちに、それからカラスはあちこちへ、どこかへ行って、いなくなってしまったとさ。
15. それで今、そこにフグとハシボソがいっしょに暮らしていたとさ。
16. それからフグがこう言ったとさ。
17. 「私の姪や、姪っ子よ。いっしょに外へ出て遊ぼうよ、遊ぼうよ」
18. と言ったとさ。
19. そうしたら、そのハシボソは、
20. 「おじさんやおじさん。あたしはいっしょに寝たいわ。'ehuu'oh、'ehuu'oh」
21. とハシボソがそう言うと、フグはこう言ったとさ。
22. 「どこの男が、自分の姪といっしょに寝たがるものか。'ehuu'oh、'ehuu'oh」
23. と言ったとさ。
24. すると、そこへ、あのう今、カラスがまた山の方から帰って来たとさ。
25. カラスが山から戻ってきて、ハシボソが干魚をうるかしていたものをカラスがみんな食べてしまったとさ。それで、ハシボソが、
26. 「だれだ、だれが私のうるかしたものを食べたのか！」
27. と言ったから、カラスはこう言ったとさ。

28. "cookah cookah 'e'iworoho taa ci'ehcin cah."
29. nah yee.
30. taa humpecehpo 'ene yee manu.
31. "kumahkarakuh, kumahkarakuh, hecire'an keh, hecire'an keh!"
32. nah yee manu.
33. 'etuhka suy 'ene yee manu.
34. "ku'acaapoh ku'acaapoh ku'akamihi 'ee rusuy. 'ehuu'oh 'ehuu'oh!"
35. humpecehpo taa
36. "hemata 'aynu hee, ne'ampe mahkarakuhu ne'ampe 'akamihi 'ee rusuy?"
37. nah taa yee シタト。
38. nah kihci 'omantene taa 'orowa tani 'okore payehci wa 'isan teh taa humpeccehpo pateh sinenehka 'an シタト。
39. humpecehpo pateh sinenehka 'an teh taa, 'otakaata san koh taa sey テ゜モ nukara koh 'uyna koh taa, ciire koh 'ee nah taa kiipe nee manu.
40. nah kii yayne taa, ア/- penka'ankuh taa 'otakaata san manu. penka'ankuh taa 'otakaata san ike taa neya humpecehpo nukara 'ike taa tani humpecehpo,
41. " 'e'uh, 'anah 'esuke teh 'e'ee kumpe ?"
42. nah yee teh tah 'ukihi ne'ampe taa, 'ene yee manu.
43. " 'anihi humpecehpo hannehka. 'anihi ne'ampe 'etuhka ciwtehpe
44. neya wa."
45. nah yee manu.
46. neeteh tani taa neya humpecehpo tani taa, 'ociweteh taa hohpateh makan manu. ne'an hekimoh makan.
47. ア/- 'okaaketa humpecehpo taa suy sey 'ipe ne'an 'ipehe kara teh 'uyna teh 'ee nah kii manu. nah kii suy taa, ne'an seyne 'ekarakarahci humpecehpo nee manu.
48. nah'an ハナシ アル。

28.「私だ、私がお前のうるかした物を食べたんだ！」
29. と言ったとさ。
30. すると、フグがこう言ったとさ。
31.「私の姪や、姪っ子よ。いっしょに外に出て遊ぼうよ、遊ぼうよ。」
32. と言ったとさ。
33. カラスがまたこう言ったとさ。
34.「おじさんやおじさん。あたしはいっしょに寝たいわ。'ehuu'oh、'ehuu'oh」
35. するとフグが、
36.「どこの男が自分の姪といっしょに寝たがるものか！」
37. と言ったとさ。
38. そうこうしているうちに、それから、みんなどこかへ行って、フグだけ一人になってしまったとさ。
39. フグだけそこに残って浜辺に出て、貝を見つけて拾っては焼いて食べたりしていたのだそうだ。
40. そうしているうちに、あのう川上のじいさんが浜から上がって来たとさ。
41. 川上のじいさんは、浜に出て、フグに会ったからフグに、
42.「お前は貝を拾ったら、それを煮て食べるのか」
43. と聞いたら、フグは貝を拾ってこう言ったとさ。
44.「自分は実はフグではない。自分はカラスのお使いなんです」
45. と言ったとさ。
46. そうして今、そのフグを川上のじいさんは放り出して行ってしまったとさ。それで、山の方へ上って行った。
47. そのあとでフグは、また貝の身をとって料理して、また貝を拾って食べたりしていたとさ。こうやってまた、そのう、貝になって、フグはいたんだとさ。
48. こんな話もあるんだ。

27 'OHKE TUYTAH

1988年12月29日録音 (8826a)

1. キイタラ キイタ ッテ イエヨ。(うん。M) penke yeesu panke yeesu 'okayahci. 'okayahci 'ike taa, kesito'asinkoh ne'an niinahci. yayka'oniinahci. nah kihci yayne tani taa sine too suy niinahci 'ike taa 'untohpa キー キッタン ダ゚ト。キッタケ コンダ゚ムシ ハイッタン ダ゚ト。ソノ ムシ コ ンダ゚クチサ、、、('aynu 'itah 'ani yee. 'untohpa?　M) 'osewanii. (もう一度。M) 'osewanii (くさった木よ。Si) 'osewanii 'onnayketa taa, ア/ーnii kikiri 'an manu. nii kikiri 'ani ike taa 'uki ike caru 'ohta 'amaa. caru 'ohta 'amaha ne'ampe taa 'orowa taa niina 'ike ド゚ッチモ ヘー タレルン ダ゚ト。'ohke シタト。'ohke 'ike, taa
2. "kaani tuntu siipe carara puuyu yuu"
3. nah 'ohke manu.
4. ohke 'ike taa, suy taa 'ohke 'an 'ohta suy,
5. "kaani tuntu siipe carara puuyu yuu"
6. nah 'ohke manu.
7. neeteh taa 'orowa taa nii see teh taa 'orowa cise 'ohta san manu.
8. cise 'ohta sani ike taa, niskehe 'ociwe 'ike taa suy nah 'an manu.
9. "kaani tuntu siipe carara puuyu yuu"
10. nah 'an manu.
11. neeteh tani taa, soyke cise'un yeesu 'ohta makanihi ne'ampe taa yeesu taa,
12. " 'iine 'ahsuy, ku'ohke ciki nuuyan."
13. nah yee manu.
14. neyke 'ohkehe ne'ampe taa,
15. "kaani tuntu siipe carara puuyu yuu"
16. nah 'ohkehe ne'ampe taa yeesu
17. "hooh rah, heeh rah" [笑声]
18. nah オモシロガ゚ル 'ekiroro'an manu.
19. taa wooya 'okaype taa sanke manuyke taa, ア/ー yeesu taa konte manu. 'omantene taa yeesu taa cise 'ohta hosipi manuyke taa, cise 'ohta 'an nahkayki taa nah 'an manu.
20. neyke taata 'ahkas manuyke taa, 'episkan taa 'ohta 'oman'an 'ohta taa suy neya 'ohke manuyke taa,
21. "kaani tuntu siipe carara puuyu yuu"
22. nah taa woya'ampe kontehci manu. kosonto デ゚モ 'emusデ゚モ hemata デ゚モ kontehci manu.
23. nah kii 'omantene taa 'orowa taa cise 'ohta hosipi manu.

27話　おならの話

1988年12月29日録音 (8826a)

1. ｷｲﾀﾗ ｷｲﾀｯﾃ ｲｴﾖ。(うん。M)川上の男と川下の男がいた。いて、その毎日マキをとっていた。マキをとって暮らしていたが、ある日もまたマキとりにいって、中が空洞になった木を切ったんだと。切ったんだが、こんだ虫入ったんだと。その虫こんだ口さ…（アイヌ語で話して。M) 中が空洞の木の中に、あのう木の虫が入ってたとさ。木の虫がいて、それをとって、口の中に入れた。口に入れて、それからまたマキをとって、(そしたら)どっちもへーたれるんだと。おならをしたと。おならをして、その、
2. 「kaani tuntu siipe carara puuyu yuu」
3. といって　おならしたとさ。
4. おならをして、またおならをしたらまた、
5. 「kaani tuntu siipe carara puuyu yuu」
6. といったとさ。
7. そうしてから、マキを背負って家の方へ下ったとさ。
8. 家へ帰って、その荷物を投げ出したとこにも、またこういったとさ。
9. 「kaani tuntu siipe carara puuyu yuu」
10. といったとさ。
11. こうして帰って、隣の家のイェースのところへいって、その男に
12. 「ねえ、オレがおならするから聞け」
13. と言った。
14. そしておならしたら、
15. 「kaani tuntu siipe carara puuyu yuu」
16. といって、おならしたら、そのイェースは
17. 「hooh rah, heeh rah」
18. といって、面白がったとさ。
19. そのいろいろな物を出して、そのイェースにやったとさ。そうしてから、男は家へ帰ったが、家にいても同じことをしたとさ。

20. そして、外を歩いて、あちこち行ってまたそこでおならして、そして、

21. 「kaani tuntu siipe carara puuyu yuu」
22. といって、色々な物をもらったとさ。晴れ着でも、刀でも、何でももらったとさ。
23. そうしてもらってそうして家へ帰ったとさ。

24. neeteh taa 'orowa 'an nayne taa, ソノ トナリノ ジ イサン コンダ ソレヤル、ジブン モ マネスル ッテ イッテ ソウシテ コンダ ヤマサ イッテ マキ トッタン ダト. マキ トッタ.
25. niinaha ne'ampe taa, kikiri nukara manu. kikiri nukara kusu tani neya kikiri taa caruhu 'ohta 'ama. caruhu 'ohta 'amaha ne'ampe taa, 'ohke manuyke taa, ramma,
26. "siipe carara puuyu yuu
    kaani tuntu siipe carara puuyu yuu"
27. nah taa 'an. 'orowa 'ekiroro'an kusu 'an.
28. neya cise 'ohta san teh taa 'ene'ampe tah kii yayne taa アルトコサ イッテ sine cise 'ohta 'ahun manuyke taa kakan nee manu. kakan 'ohta 'ahunihi ne'ampe taa, kakan taa henke soyke, 'ecise soyke 'un henke kayki nah kii 'ike,
29. "renkayne wooya'ampe koro teh 'ekah neyaa."
30. nah taa yee teh taa, 'orowa taa, ne'an kakan taa, アノ yeesu 'ohke manu.
31. 'ohke manuyke taa,
32. "kaani tuntu siipe carara puuyu yuu"
33. nah 'ohke 'ike taa,
34. "hooh rah heeh rah"
35. nah 'ekonopuruhci manu.
36. tah hemata テモ konteyan konteyan nah kii. nah 'ohke 'ike taa,
37. "kaani tuntu siipe carara puuyu yuu"
38. nah 'ohkehe ne'an ike taa.
39. neeteh kii yayne tani taa 'osoma シタ。[笑声] reekoh poro 'osoma kii manu. neyke tani taa, neyan kakan 'iruska kusu reekoh caruwen manu teh,
40. " 'ukotayan 'ukotayan. 'ene'ampe 'eyrankotuyehci teh 'oro'onne 'uwasi 'uta 'ene 'ampe 'eyrankotuyehci."
41. nah 'uteyehci manu.
42. neya kakan taa 'inonno 'itah manuyke,
43. " 'atuy peci raari raari, sii maw 'asin, sii maw 'asin
    'atuy peci raari raari, sii maw 'asin, sii maw 'asin"
44. ne'ampe kii yayne taa reera 'ani ike taa, koy 'ani, neya ciyeesu siyehe taa, 'okore 'asinkehci manu.
45. 'okore 'asinkehci teh taa yeesu caruhu 'ohta taa, poro toomus 'amahci 'ike taa, heso 'ene 'ociwehci manu.

24. そうして、こんどは、隣のじいさん、こんだ、それやる、自分も真似するって言って、そうしてこんだ山さ行ってマキとったんだと。
25. マキとったら虫を見たとさ。虫を見たから今その虫を口の中に入れた。口の中に入れてからおならして、やっぱり、

26.「siipw carara puuyu yuu
　　kaani tuntu siipe carara puuyu yuu」

27. って言った。それから面白がったとさ。
28. それから家にもどってこうしているうちに、あるところに行って一軒の家に入ったんだが、そこは金持ちの家だった。その立派な家に入って、その主人のジジも、隣のイェースも
29.「そのように真似して、たくさん色々な物をもらおう。」
30. と言って、その主人に向かってそのイェースはおならをしたとさ。
31. おならをして
32.「kaani tuntu siipe carara puuyu yuu」
33. とおならすると、
34.「hooh rah, heeh rah」
35. といって、みんな面白がったとさ。
36. それで、何でもやれ、やれと言った。こう言っておならした。
37.「kaani tuntu siipe carara puuyu yuu」
38. とおならをしたら、
39. そうしているうちに、こんどはウンコしたと。たくさんウンコしたとさ。それでもうその主人は怒ってののしった。
40.「ぶんなぐれ、ぶんなぐれ！　こんなに悪いことをして歩くのか。ここの人たちは、こんな悪いことをして歩くのか」
41. とみんな言ったとさ。
42. その主や人々は拝んだ。

43.「'atuy peci raari raari, sii maw 'asin, sii maw 'asin
　　'atuy peci raari raari, sii maw 'asin, sii maw 'asin」

44. と拝んでいたら、風が出て、波が立ちその男のクソをみんな出してしまったとさ。
45. みんな出してしまって、イェースの口に大きいハエを入れて、外へ投げ出したとさ。

46. neyke taa neya toomus taa
47. " 'oo 'oo 'oo 'oo. 'oo 'oo 'oo 'oo."
48. nah kiyehe neya, taa yeesu 'utah taa poohohcin,
49. " 'ecihawe 'ecihawe, 'eci'onaha sikewente kusu kayo kusu 'an."
50. nah taa yehci. 'e'utomatasahci wa taa woonekahci wa sapahcihi ne'ampe taa, 'okore kenrus mii teh, 'orowa ne'an caruhu 'ohta poro toomus 'an teh, ray hemaka manu.
51. neeteh tani taa, 'orowa ne'an 'ociwehci teh taa, 'oro 'okayahci manu.
52. kiyanne poro yeesu pateh taa ne'an poro nispane 'an manu. renkayne wooya'ampe kayki koro manu.
53. neyke taa, tani ne'an mahtekuh taa ray yeesu macihi 'eekumpe ka 'isam. 'orowa ne'an 'episkanta yoonohka. 'episkanta yoonohka yoonohka kii yayne taa, フリヴ horoka hekaci pahkay, フノ- 'eykonna hekaci pahkay, samahki pahkay, nah kii 'ike taa 'onne taa, rekucihi 'onne 'okoysehci 'osomahci yayne taa, rekucihi tuyteki 'ike ray manu. ray teh taa 'orowa kisaruhu taa 'opusihci 'ike taa, poro ninkaari kaari フノ- 'ahunkehci teh taa 'ociwehci manu.
54. nah 'an tuytah 'an.

46. そしてそのハエが、
47. 「'oo 'oo 'oo 'oo、 'oo'oo 'oo 'oo 'oo」
48. とないて、イェースは子どもたちに、
49. 「さわぐな、さわぐな、父さんが物を背負って重たいから呼んでるんだよ。」
50. と言ったから、皆でそこへ走って、それを見に行ったらみんな血だらけになって、それにその口には大きなハエが入っていて、死んでいたとさ。
51. そうしてから、その葬式を出して、そこからみんな帰ってきたとさ。
52. 兄のイェースだけが大長者になったとさ。たくさん色々な物をもっていたとさ。
53. それでこんどは、その女、その死んだ男の妻は食べるものもなくなった。それからあちこちで子守をした。あちこちで子守をし、子守をしていたが、子どもを逆さにおぶったり、ちゃんとおぶったり、横におぶったりしたから、その首にオシッコしたり、エンコしたりして、とうとうその首が切れて死んでしまったとさ。死んでから、その耳に穴をあけて大きい耳輪をそこから通してお葬式を出したとさ。
54. こういうお話があったんだ。

28 SOOKUMA KAATA 'AN MONIMAHPO

1988年12月29日録音 (8826a')

1. e (tuytah? M) tuytah. sine horokewpo macihi tura 'okayahci manu. 'amahkahahcin sineh 'an manu, monimahpoo. neyke taa 'otakaata 'orowa sine too taa 'okayahci yayne taa, tani sine too taa 'amahka 'otakaata san manu. 'otakaata sanihi ne'ampe taa, sine cih yan manu, 'atuy kaawa. taa cipoo wa yan manu.

2. huh taa kiruu kiruu
   huh huyoo huyoo
   repun keh kaype
   cikeh keh keh keh
   huh taa kiruu kiruu
   huh huyoo huyoo
   repun keh kaype cikeh keh
   nahpoka nahpoka 'eyyanihii
   teepoka teepoka 'eyyanihii
   taapoka taapoka 'eyyanihii

3. nah kii wa taa yan manu.
4. taa monimahpo taa kira manu, cise 'onne. kira 'ike taa 'ommoho 'aacahahcin 'ohta makani ike taa 'eweepekere manu.
5. " 'otakaata kusan teh kuhecire yayne taa 'atuy kaawa sine cih yan ike taa,

6. huh taa kiruu kiruu
   huh huyoo huyoo
   repun keh kaype
   cikeh keh keh keh
   nahpoka nahpoka 'eyyanihii
   teepoka teepoka 'eyyanihii

7. nah taa kii wa yan manu. yanihi kusu taa tani kira haa."
8. nah yee manu.
9. neyke taa monimahpo 'aacaha neewa 'ommoho tura taa yehci wa,
10. " 'iine'ah, 'otakaata hanka san. 'otakaata hanka san nah taa yeepe neya waa."
11. nah yehci manu.

28話　岩島に取り残された娘
1988年12月29日録音 (8826a')

1. （昔話？　M）昔話だ。一人の男が妻と暮らしていたとさ。娘が一人あったとさ、女の子が。そうして浜にある日、ある日みんないてある日、その女の子は浜に出たとさ。浜に出たら、そこに舟が一そうあがってきたとさ、海から。舟は漕いであがったとさ。

2. huh taa kiruu kiruu
   huh huyoo huyoo
   repun keh kaype
   cikeh keh keh keh
   huh taa kiruu kiruu
   huh huyoo huyoo
   repun keh kaype cikeh keh
   nahpoka nahpoka 'eyyanihii
   teepoka teepoka 'eyyanihii
   taapoka taapoka 'eyyanihii

3. とこう言いながら、そこに上陸したとさ。
4. その娘は逃げたとさ、家へ。家に逃げて帰って、父さん母さんに一部始終を話したとさ。
5. 「私が浜に出て遊んでいたら、海の向こうから舟がこっちに上がってきて、

6. huh taa kiruu kiruu
   huh huyoo huyoo
   repun keh kaype
   cikeh keh keh keh
   nahpoka nahpoka 'eyyanihii
   teepoka teepoka 'eyyanihii

7. と騒ぎながら舟が上がって来たの。だから、あたし逃げて来たの」
8. と言ったとさ。
9. そうして、その娘が父さんと母さんにそう話すと、
10. 「ねえ、もう、浜には行くなよ。浜には行くなと言ったじゃないか」
11. と父母は言ったとさ。

12. 'anayne taa sine too taa suy taa 'otakaata san manu. 'otakaata san ike taa hecire yayne taa suy taa 'otakaawa cih 'atuy kaawa yan manu. cipoo wa yan manu.

13. huh taa kiruu kiruu
    huh huyoo huyoo
    repun keh kaype
    cikeh keh keh keh
    huh taa kiruu kiruu
    huh huyoo huyoo
    repun keh kaype
    cikeh keh keh keh
    nahpoka nahpoka 'eyyanihii
    teepoka teepoka 'eyyanihii

14. nah taa cipoo yan manu.
15. kira kusu karaha ne'ampe neya monimahpo taa 'uh teh taa cih 'ohta 'ama teh taa 'orowa 'ampa wa repun manu, 'atuyka 'ene. 'atuyka 'ene repun 'ike taa sookuma kaskeketa taa monimahpo 'apa cahke 'ike taa 'anihi taa sookuma 'empokene 'ahunu wa 'isam manu.
16. neyke taa 'okaaketa taa sinenehka 'an 'ike taa 'anayne taa, 'aahunkah 'eh manu. 'aahunka(h) 'eki ike taa,
17. " 'iine'ahsuy, taranoka 'aahunka 'utah, kucise 'ene ku'ommohohcin 'onne ku'aacahahcin 'onne 'enruura wa 'enkonteyan. "
18. nah yeehe ne'ampe 'aahunka(h) 'ene yee manu.
19. " 'iine'ahsuy, paykara 'oman koh ne'an 'aahunkah yapahci ranke hawe'ikihci 'ike, senra paykara 'aahunkah taa 'otakaata sapahci ranke(he) 'atuykaawa yapahci ranke hawe'ikihci. tah ka ku'e'ocis. 'ane'iranakahcihi manu. 'ane'iranankahci kusu taa ku'e'ocis manu."
20. nah yehci ranke hohpa teh payehci manu.
21. tah suy 'anayne tani ハクチョウ 'eh manu. (tetara cikah? M) tetahcikah 'eki ike taa hawe'ikihci wa 'arikihci. " ko koh koh koh, ko kdoh koh koh " nah hawe'ikihci wa 'arikihci manu. tani taa suy taa (ranneeno kanne.M) ハア? tani taa suy taa, アノ tetahcikah 'utah taa 'eko'itahkara manu.
22. " 'iine'ahsuy, taranoka tetahcikah 'utah kayki 'enerankarapanu waa. kucisehe 'ene 'enruura wa 'enkonteyan. "
23. nah yeehe ne'ampe tetahcikah 'ene yee manu.

12. しばらくたってまたある日娘は浜に行ったとさ。浜に出て遊んでいたらまたあの浜に舟が一艘海の方からやって来たとさ。漕いでやって来たとさ。

13. huh taa kiruu kiruu
    huh huyoo huyoo
    repun keh kaype
    cikeh keh keh keh
    huh taa kiruu kiruu
    huh huyoo huyoo
    repun keh kaype
    cikeh keh keh keh
    nahpoka nahpoka 'eyyanihii
    teepoka teepoka 'eyyanihii

14. こう言って漕ぎながらやって来たとさ。
15. その娘が逃げようとすると、娘をつかまえて、舟に乗せて連れて沖へ行ってしまったとさ。海上を沖へと出て、ある岩島の上にその娘を置いて、その洞窟の入口を開けて岩島の下の洞窟に入って姿を消したとさ。
16. それで娘は岩島に一人取り残されていたが、そこにアーフンカ鳥が来たとさ。アーフンカ鳥が来たから、その、
17. 「ねえ、アーフンカ鳥さん、私の家に、母さんや父さんのところに私を連れて行ってちょうだい」
18. と言ったところが、アーフンカ鳥はこう答えたとさ。
19. 「あのねえ、春になって自分たちアーフンカ鳥が陸に上がって鳴けば、お前の親たちが春のアーフンカ鳥が浜に下りてきて、沖から上がって来て鳴いてうるさいとうるさがるんだ。それが私はくやしい（だからお前を連れていってやらないよ）」
20. と言って娘を置いて行ってしまったとさ。
21. すると今度はハクチョウが来たとさ。ハクチョウが来て、鳴きながら来た。「ko koh koh koh, ko koh koh koh」と鳴きながら来たとさ。そしてまた娘はハクチョウに声をかけたとさ。

22. 「ねえ、ハクチョウさん、お願い！ 私の家へ連れて行ってちょうだい。」

23. と言ったらハクチョウはこう答えたとさ。

24. " 'iine'ahsuy, cukiita kayki nayrupuskara 'ike sapan ike, <ko kohkoh koh, ko koh koh koh > hawe'iki 'an 'ike senra 'oman tah tetahcikah 'ohta suy hemata 'ehawekoykihci. nah yehci. tah ka ku'e'ocis."hohpahci teh payehci.
25. 'anayne tani taa 'okayahci 'ay yayne taa tani herohki 'eh manu. herohki 'eki ike taa, reekoh herohki taa ruu 'esanu wa taa 'eh manu. ne'anike taa,
26. " 'iine'ahsuy, taranoka herohki 'utah, 'enerankarapanu waa. 'ancise 'ene 'enruura, 'ene 'enkonteyan."
27. nah kii.
28. " 'iine'ahsuy, 'okayani ike 'ikoykihci 'i'ukahci 'ike 'anhomaha 'ehci 'ike paykara herohki 'an'ee 'ike humihi ka yuhke, herohki homaha humihi ka yuhke. nah yehci. tah ka ku'e'ocis."
29. nah yehci ranke taa payehci manu, taa herohki 'uta.
30. 'anayne tani taa mas 'eh manu. mas 'eki ike taa mas suy 'ene yee manu. ウン monimahpo taa,
31. " 'iine'ahsuy, taranoka cikah 'uta, 'enerankarapanu waa.. 'ancise 'ene ruura 'ene 'enkonteyan."
32. " 'iine'ahsuy, herohki kaata mas 'uta hawe'ikihci nah kihci 'ike ta'ah ka 'e'iraanahkahcipe. ta'ah ka ku'e'ocis."
33. nah yehcihi ne'ampe suy hohpa teh payehci manu.
34. ne'ampe kihci yayne, tani taa 'anayne taa sookuma 'empokehe taa, ne'an hokuhu ヤ゛ ガ kee ヤ゛ガ taata taa 'ani hii.
35. 'anayne taa tani hemoy 'eh manu. hemoy 'eki ike taa,
36. " 'iine'ahsuy, taranoka hemoy 'utah kayki 'enerankarapanu waa. kucise 'ene 'enruurayan 'enkonteyan."
37. " 'iine'ahsuy, 'e'aacaha 'e'ommohohcin 'i'e'iraanahkahci 'ike taa senra 'oman. hemoy 'utah 'arikihcihi neeno suy 'ene'an 'imontapikahci, 'i'eywankehci." nah taa yehci manu.
38. 'orowa taa 'ene yehci manu.
39. " 'iine'ahsuy, 'ehokuhu, sookuma 'empoketa 'an teh kaske'ene 'e'okoyse 'e'osoma 'ekamuy'oh kusu 'ampene simoyma koyaykus teh 'an kusu 'an."
40. nah yehci ranke hohpa teh payehci manu.
41. 'anayne tani taa suy taa yayreske yayne sinenehka 'ay yayne taa tani ciray 'eh manu. ciray 'eki ike taa suy taa si'ehomaraykiree.
42. " 'iine'ahsuy, taranoka ciray 'uta ka 'enhomaraykiyanu waa. 'ancise 'ene 'enruura 'ene 'enkonteyan."

24.「あのね、秋になってnayrupuskaraして下りてきてko koh koh koh, ko koh koh kohと鳴いて騒ぐ、まったくハクチョウたちがまた何を騒いでいるんだといつもいつも皆で言っているのが、それがくやしい（だから連れていってやらないよ）」と言ってまた置いて行ってしまった。
25. そうしていると、今度はニシンが来たとさ。ニシンが来て、ニシンが坂道からやって来たとさ。それで、
26.「ねえ、ニシンさん、お願い！　私の家へ連れていってちょうだい」

27. と言った。
28.「あのね、みんなで自分たちニシンをとってカズノコを食べて春ニシンも食べて、ガリガリ音がするカズノコを食べる時も音がするなどといつもいつも文句を言う。それがくやしい（だから連れていってやらないよ）」
29. と言いながら行ってしまったとさ、そのニシンたちは。
30. そうしている中に今度はゴメが来たとさ。ゴメが来て、そのゴメにまたこう言ったとさ、娘は。
31.「ねえゴメさん、お願い！ 私の家へ連れていってちょうだい」

32.「あのね、ニシンの上でゴメが鳴いてうるさいと皆がうるさがるのがくやしい」
33. と言って、ゴメはまた娘を置いて行ってしまったとさ。
34. そうこうしているうちに、今度はそうしてその岩島の下にhokuhuだかkeeだかがそこにいた。
35. 今度はマスが来たとさ。マスが来たから、
36.「ねえマスさん、お願い! 私の家へ連れて行ってちょうだい」

37.「あのね、お前の父さん母さんたちがいつもいつも私たちを嫌がってうるさがる。マスどもが来るとまた忙しくなって、いろいろ料理して食わなければならないから面倒くさいと嫌がるんだ」と言ったとさ。
38. それから（カジカが来て、カジカは）こう言ったとさ。
39.「あのね、お前のオヤジが岩島の下にいて、そこでオシッコしたりウンコしたりソソするから全く動くこともできやしない」
40. と言いながら、娘を置いて行ってしまったとさ。
41. そうやって暮らしている中に、一人でいると今度はイトウが来たとさ。イトウが来たからまた頼んだ。
42.「ねえイトウさん、お願いだから私の家へ連れて行ってちょうだい」

43. nah yeehe ne'ampe, ciray 'uta 'ene yehci manu.
44. " 'anhawehe nuhci 'ike <temana 'an.> nah 'ayyeehci. tah kayki ku'e'ocis kusu ku'an. hannehka 'eciruura kusu 'iki."
45. nah yee ranke taa payehci manu.
46. neyke taa 'okaake ne'an tukusis 'eh yahka siruraare kusu nah yee yahka 'etunne. 'ocis manu nah yee ranke 'oman. nah kii manu.
47. 'anayne tani taa 'okayahci 'ay yayne taa, suy tuhciri nah 'ayyee cikah suy 'eh manu. tuhciri taa 'eki ike taa,
48. " 'iine'ahsuy, tan cikah kayki 'ancise 'ene 'enruura 'enkonte."
49. 'ene yee manu. taa tuhciri kayki kuko'ocis 'uwas. tah kayki wen 'oyasi, 'anipere kusu nah 'ayyee yahka hekota ceh naa 'an'ociwe yahka 'uh ka hanki ranke hohpa teh 'oman naa. tah ka ku'e'ocis kusu ku'an."
50. nah yee teh payehci manu.
51. " 'iine'ahsuy, 'ehokuhu, sookuma 'empoketa 'an teh kaskene 'e'okoyse, 'e'osoma 'ike 'ekamuy'oh teh 'ampene イコ゜カナイテ゜ 'an kusu 'an."
52. nah taa yehci teh taa payehci manu, tuhciri 'uta.
53. tah 'anayne tani taa cukiita 'oman kusu kara. hacuhceh 'eh. hacuhceh suy si'ehomaraykire.
54. " 'iine'ahsuy, 'enerankarapanu waa. ku'ommohohcin 'onne 'enruurayanu waa. 'enekonteyan."
55. nah yeehe ne'ampe 'ene yehci manu.
56. " senra cukiita hacuhceh suy 'eh 'anah suy 'eehe ka 'ane'iranahka 'uwasi , nah yehci manu. ta'ah ka ku'e'ocis."
57. nah yehci ranke 'uta suy payehci manu.
58. taa 'okaaketa 'ay yayne taa, sine too taa, 'inkara koh taa tani cuhceh taa 'eh manu. cuhceh ru'esan cuhceh 'eh manuyke taa nukara 'ike taa cuhceh 'ene, 'onne taa seerankarahte.
59. " 'iine'ahsuy, tanoka cuhceh 'uta, 'ene rankarapanu waa. ku'ommohcin ku'aacahcin ene 'enruura. 'ene 'enkonteyan."
60. nah yeehe ne'ampe cuhceh 'ene yee manu.
61. "taykuh ne'ampe haciko'oope テ゜モ 'ohawehe テ゜モ niikah kihci yahkayki 'okore 'enkokehe 'okore 'ene'an 'ehci nah kihci kusu, tah ka ku'eyayrah kusu 'eciruura kusu 'iki."
62. nah yee 'ike taa sarakupihi 'ani taa monimahpo sitaykihi ne'ampe monimahpo 'ene nee kun 'erameskari manu.
63. 'anayne yaymososoho ne'ampe taa アキアンシ゛ sanke'iketa taa, mokoro kusu 'an manu.

43. と言ったら、イトウたちはこう言ったとさ。
44. 「私たちの声を聞いて、どうのこうのと皆で言っているじゃないか。それがくやしいんだ。お前なんか連れて行ってやらないよ」
45. と言いながら行ってしまったとさ。
46. そのあとでアメマスが来たけれど、身が柔らかくて食べたくないと言われてそれがくやしい、と言いながらまた行ってしまった。
47. このようにしていたら、こうしているうちに、今度はまたtuhciriという鳥が来たとさ。tuhciri が来たから、
48. 「ねえ、tuhciri さん、お願い！ 私の家へ連れて行ってちょうだい」
49. とこう言ったとさ。このtuciriも、「本当にくやしいんだ。これも役に立たないヤツだ」と言って、食べさせてやろうと魚を投げてやってもそれを取らずに行ってしまった。「これもくやしいんだ」
50. と言って行ってしまったとさ。
51. 「あのね、それにお前のオヤジが岩島の下にいてオシッコしたりソソするから、少しも身動きできないよ」
52. と言って行ってしまったとさ、そのtuhciri たちは。
53. こうしている中に、今季節は秋になろうとしていた。hacuhcehが来たから、hacuhceh にまた頼んだ。
54. 「あのう、お願いです。私の母さんのところへ連れて行って下さい。お願いします」
55. と言ったら、こう言ったとさ。
56. 「いつもいつも秋になると、hacuhcehがまた来て、食べるのが面倒なんだよ、と皆で言ってるんだろう。これがくやしいんだ」
57. と言いながら、また皆で行ってしまったとさ。
58. それからしばらくたったある日、見ると今度はアキアジがそこに来ていたとさ。アキアジが坂道をやって来て、娘はそれを見るとアキアジに声をかけた。
59. 「ねえ、アキアジさん、お願い！ 私の母さん父さんたちのところへ連れていってちょうだい」
60. と言ったら、アキアジはこう言ったとさ。
61. 「この私は小さくてもおつゆにしたり、こぼしてもそれを拾ってみんなこうやって食べてくれたりしてありがたいから、お前を連れて行ってやるよ」
62. と言ってシッポでその娘をはたいたとたん、娘はそれからどうなったか分からなかったとさ。
63. そうして目が覚めると、そのアキアジのそばで娘は寝ていたとさ。それで

neyke tani taa, 'orowa taa, 'aacaha naa 'ommoho naa taa, 'ene'an wooya'ampe karahci ike taa, アキアンジ゜ sanketa 'amahci, 'eerehci, kontehci, nah kihci 'ike monimahpo 'uta 'ukahci 'ike tani taa, karakarahci 'ike taa 'imiyehe naa 'itasarehci. yoyno karahci 'ike taa, pirikano 'amahci 'ike taa, アキアンジ゜ kayki taa pirikano 'iperehci wa 'oman kusu kara 'ike taa, wooya'ampe kotuyehci 'omantene taa, 'ene'an 'ekarakarahci teh taa, hosipi manu. (ちょっと待って。M)

64. 'okaaketa taa, monimahpo taa 'aacahahcin tura pirikano 'okayahci manu.
65. pirikano 'okayahci 'ike taaア/- tani 'episkanu wa taa kon rusuyahci manu. konrusuyahci yahka taa 'oskorohci manu. 'amahkahcin. 'ene yehci manu. horokewpo taa 'episkan horokewpo 'uta,
66. " 'ene'oka アキアンジ゜ pooho, アキアンジ゜ 'amahka haa."
67. nah taa yehci ranke taa, 'ekimatehci 'ike hohpahci wa payehci. nah kihci manu.
68. 'anayne tani taa, cepehtekamuy horokewpo taa 'eki ike taa, ア/- monimahpo kon rusuy manu. kon rusuy 'ike suy taa yee manuyke taa,
69. " 'iine'ahsuy, monimahpo. 'iine'ahsuy, シ゜フ゜ンタチ 'amahkaha neyahkayki 'ampene 'ene'an 'oyahta pateh 'annuu 'omantene tani 'uwasi cuhceh 'ankeraykusu 'amahkahahcin tura 'ehpe nee kusu 'etaraka kosmahne モ 'omante ka koyaykusahci."
70. nah yehci manu.
71. neyahkayki taa ne'an horokewpo 'uta kon rusuyahci 'omantene taa cepehtekamuy horokewpo nee kusu tani neya 'amahkahci kontehcipe nee manu.
72. neeteh 'okaaketa tani taa, pirikano 'okayahci yayne tani taa, 'okayachi 'ike tani pooho korohci 'ike taa, tu pooho korohci. 'ohkayo pooho sineh, mahtekuh pooho sineh, nah kanne korohci 'ike taa, 'okayhci yayne tani hekaci 'utah ka porohci 'ike taa, rih poka 'ahkas cikah ka 'okore tehkupihi sayayse 'uynahci 'ike muysankeh ne naa sahka ne naa korohci 'okayahci.
73. nah kihci yayne taa, hekaye hokuhtehci manu.
74. teh 'orowa taa, poohohci pateh 'okayahci 'ike taa, 'okaaketa pirika 'okay kihcihi nah sooka'ene weepekerehe nuhci manu.

今度、それからは父さん母さんもあれこれ色々な物を作ってアキアジに供して食べさせたりして、娘を皆で迎えて、身支度を整えてやって、着物も取りかえて、きれいにして、きれいにさせて、そのアキアジにも沢山ご馳走したんだが、もう出発するというので、色々な物を持たせて身支度させて、今アキアジは帰っていったとさ。(ちょっと待って。M)

64. それから、後に残った娘は父さんたちと幸せに暮らしたとさ。
65. 幸せに暮らしていたが、あのう、方々から嫁にほしいと言われたとさ。言われたけれど、両親は嫁にやりたがらなかった、その娘を。それで方々の男たちはこんな風に言ったとさ。
66. 「この娘はアキアジの子、アキアジの娘なのか!」
67. と何度も言って、怖がってそのまま行ってしまう始末だったとさ。
68. そうしているうちに、魚神の男が来てその娘を嫁にほしいと言ったとさ。ほしいと言ったんだが、
69. 「ねえ、娘さんや、あのね、自分たちの娘だと言っても、ずっとよそに行っていて、今やっとアキアジのおかげで自分の娘が戻って来たんだから、両親はなかなか当り前には嫁にやれないんだろう」
70. と言ったとさ。
71. そうは言っても、その男は親たちに嫁にほしいと熱心に頼んでいたが、何しろ魚神の立派な男だったので、今その娘を嫁にやることになったとさ。
72. そうしてから、幸せに二人は暮らしていたが、今子供ができた。子どもが2人できたとさ。男の子と女の子一人ずつ授かって暮らしていたが、もう子どもたちも大きくなって、空を飛ぶ鳥からは羽がたくさん落ちて、それでホウキやハシも作ったりして幸福に暮らしていた。

73. そのうちに、両親は年老いて死んだとさ。
74. あとには子どもたちだけ残って幸せに暮らした、という話が人々の間に伝えられてみんな聞いているとさ。

29 'ITUMUNKE(-88)

1988年12月29日録音 (8826b)

1. (pirika. M) sine monimahpo, 'okayahci. (もう一度、もう一度 Sannupista からどうぞ、はい。M)
2. Sannupista sine monimahpo hokuhu tura 'okayahci. (はい。M) hokuhu tura 'okayahci 'ike taa, ウーン niina koh kuruhci, cehkihci koh 'ehci.
3. sine too taa monimahpo taa 'ehahtaa kusu makan manu, hekimoh.
4. 'okaakeketa taa, horokewpo taa, アノー tama'oo tepa, macihi tama'oo tepa 'e'asakara manu.
5. teh 'ike taa monimahpo tama'oo tepa kara teh horokewpo konte 'ike hohpa teh taa, 'ehahataa kusu makan manu.
6. 'ehahtaa kusu makan teh 'okaaketa taa neya horokewpo taa, 'otakaata san teh taa, 'atuyka 'ene taa kayoo manu.

7. 'amukita 'amukita monimahpo
    yanuu hetaa, tuntunii (これ、もう聞いた。M)

8. re horokewpo 'okayahci. キイタラ キイタ ッテ イエヨ。(これも聞いたかなあ。M) re horokewpo 'okayahci 'ike taa, sine too taa, kiyanne horokewpo taa kinta niina kusu makan manu. kinta niina kusu makan ike taa, niinaha ne'ampe taa, 'inkara koh taa sine cise 'an manu.
9. ne'ampe kusu taa 'ohta 'ahunihi ne'ampe taa, 'uurara raniine siro'esikari manu. teh 'ekuhteh teh taa, 'ekuhteh tunke 'ene taa, ウン hemata hawehe 'an manu.

10. pannuu paata ku'inkaara 'ike
    siwnin peepeko toyree toyree
    pannuu paata ku'inkaara 'ike
    huure peepeko toyree toyree

11. nah kii manu. suy sihkewehe 'onne ne'ampe taa,

12. kamuy horokewpo weeka piipi
    'uma 'ee nanko

13. nah'an haw'an manu. 'orowa suy sine sihkewehe 'onne ne'ampe taa,

29話 糸つむぎ(-88)
1988年12月29日録音 (8826b)

1. (pirika. M) 娘が一人、、、いた。(もう一度、もう一度 Sannupista からどうぞ、はい。M)
2. サンヌピシ村に娘が一人夫と住んでいた。(はい。M) 夫と一緒に住んでいてその、マキをとってはくべ、魚をとっては食べしていた。
3. ある日その娘は、ユリ根を掘りに行ったとさ、山へ。
4. その後でその、夫はその、玉のついたフンドシを、妻に作ってくれと頼んだとさ。
5. それでその娘は玉のついたフンドシを作って男にやって、うちを出てその、ユリ根堀りに山へ出かけたとさ。
6. 妻がユリ根堀りに山へ行ったあとで、男はその、浜に下りて、海に向かった叫んだとさ。

7. 'amukita 'amukita monimahpo
   yanuu hetaa, tuntunii (これ、もう聞いた。M)

8. 3人の男がいた。キイタラ キイタッテ イエヨ。(これも聞いたかなあ。M) 男が3人いた。3人の男がいて、ある日、上の兄が山にマキとりに行ったとさ。山にマキとりに行って、マキとりしていると、ふと見たら一軒の家があったとさ。

9. それでそこに入って行くと、あたりが暗くなってきたとさ。暗くなって、その暗闇の中で、何だか声がしたとさ。

10. pannuu paata ku'inkaara 'ike
    siwnin peepeko toyree toyree
    pannuu paata ku'inkaara 'ike
    huure peepeko toyree toyree

11. という声がしたとさ。すると隅の方から、

12. kamuy horokewpo weeka piipi
    'uma 'ee nanko

13. という声がしたとさ。また隅の方からは、

14. soosika soosika soosika soosika

15. nah'an haw 'an manu. suy sine sihkewehe 'onne taa,

16. horo ciw ciw, horo ciw ciw
    kamuy horokewpo 'asinkun ramu
    soyun soyun
    hetake 'asin cannna.

17. nah yee.
18. horokewpo taa numa teh taa 'orowa taa, 'asin teh taa, san manu, cise 'onne.
19. sani ike taa, konkeni'ah taa 'iyohte wa ranke 'ike kapuhu taa, hahkane koro teh, sapahka tasko teh taa, cise 'ohta 'ahun teh taa, nani mokoro. mokoro 'ike taa, 'ahkapohohcin taa,
20. " 'iine'ahsuy, 'ahkapo, yuhpo yuhpo, nee 'oyasi 'uwasi 'enukara ciki yee wa 'annuu."
21. nah yee yahka, 'ampene mokoro manu. mokoro yayne tani taa, 'inoskun horokewpo taa,
22. "yuhpo yuhpo, hemata kusu 'iruska 'ike sani hii? teh 'ene kii 'ene'ani?"
23. nah 'eram'an kusu taa, 'orowa taa, niina kusu makan manu.
24. niina kusu makani 'ike taa, yuhpo yuhpo niina ruwehe 'an teh 'orowa 'iruska wa sani hee ruwehe 'an manu.
25. taa 'orowa niinaha ne'ampe taa, 'inkara koh sine cise 'an manu. ne'ampe kusu ne'an cise 'ohta taa 'ahunihi ne'ampe 'ampene 'ekuhteh teh 'an manu.'ahunihi ne'ampe 'aaha ne'ampe taa, cise sihkewehe 'onne taa hemata hawehe 'an manu.

26. pannuu paata ku'inkaara 'ike
    siwnin peepeko toyre toyre
    pannuu paata ku'inkaara 'ike
    huure peepeko toyre toyre

27. nah'an haw 'an manu. 'anayne taa, suy sine cise sihkewehe 'onne naa,

28. kamuy horokewpo weeka piipi 'uma 'ee nanko

29. nah'an manuu. suy sine sihkewehe 'onne ne'ampe taa, "soosika soosika soosika"

14. soosika soosika soosika soosika

15. という声がしたとさ。また、他の隅から、

16. horo ciw ciw, horo ciw ciw
    kamuy horokewpo 'asinkun ramu
    soyun soyun
    hetake 'asin canna.

17. と言った。
18. 男は起きてそれから、外に出て、帰っていったとさ、家へ。
19. 帰って、イロマキの樹皮をはがして取ってその皮で、帽子を作って頭に結び付けて、家に入ってきて、すぐ寝てしまった。寝てその弟たちが、

20. 「ねえ、兄さん、何かお化けにでも出会ったなら話して聞かせて」
21. と言っても、兄は寝てばかりいた。寝ていたが、今度は中の兄さんが、

22. 「兄さんは、何をそんなに怒っているのか。どうしてこうなのか?」
23. と思って、それから、マキとりに山へ行ったとさ。
24. マキとりに山に行ったら、兄さんがマキとりをした跡があって、そこから怒って帰ってきた跡があったとさ。
25. それからマキをとって中の兄が、みると一軒の家があったとさ。それでその家に入ったら、あたりがすっかり暗くなっていたとさ。中に入ってそこに座っていたら、家の隅から何だか声がしたとさ。

26. pannuu paata ku'inkaara 'ike
    siwnin peepeko toyre toyre
    pannuu paata ku'inkaara 'ike
    huure peepeko toyre toyre

27. という声がしたとさ。そうしていると、また家の隅から

28. kamuy horokewpo weeka piipi 'uma 'ee nanko

29. と言う声がしたとさ。また他の隅からは、「soosika soosika soosika」

nah'an haw 'an manu.
30. 'orowa suy sine cise sihkewehe 'onne ne'ampe taa,

31. horo ciw ciw horo ciw ciw
    kamuy horokewpo
    'oman kun ramu
    soyun soyun,
    hetake 'asin caana.

32. nah 'an haw 'an manu.
33. neyke taa horokewpo numa teh taa, 'orowa taa 'asin manu. 'asin teh taa cise kimma sani ike taa, 'ahunihi nani taa, 'uma mokoro manu.
34. konkeni'ah yohte wa ranke 'ike sapahka kokarikari teh cise 'ohta 'ahun teh taa, nani taa mokoro manu. mokoroho ne'ampe taa,
35. " 'iine'ahsuy, yuhpo yuhpo 'utah, nee 'oyasi 'uwasi 'ecinukara ciki yee yanu waa. 'annuu."

36. nah taa poniwne horokewpo taa yee yahka taa, yuhpohohcin taa 'ampene 'iruska iruska 'ahun kihci 'ike mokorohci manu.
37. neeteh tani taa, 7 ノ− 'omantene sine too taa, taa, イチパン poniwne horokewpo taa suy, niina kusu makan manu(yke), "yuhpo yuhpo 'utah hemata 'iruskahci ran koro sapahcihi 'ene'ani?" nah 'eraman 'ike taa niina kusu makan manu.
38. niina kusu makani ike taa kinta makan teh taa, kinta makan teh taa, niina. niinaha ne'ampe taa 'inkara koh sine cise 'an manu.
39. sine cise 'anihi ne'ampe taa,
40. " 'ine'ahsuy, 'e'ani 'e'ahun 'ike 'enukara 'oka." nah 'eraman kusu, tani taa 'ahunihi ne'ampe taa, 7 ノ− 'uurara raniine siro'esikari 'ekuhteh 'an manu. neyke tani taa, 'uurah tunke 'ene taa, sine cise sihkewehe 'onne taa,

41. panno paata ku'inkaara 'ike,
    siwnin peepeko toyree toyree
    panno paara ku'inkaara 'ike
    huure peepeko toyree toyree

42. nah 'an haw 'an manu. suy sine cise sihkewehe 'onne ne'ampe taa,

という声がしたとさ。
30. それからまた別の家の隅からはその、

31. horo ciw ciw horo ciw ciw
    kamuy horokewpo
    'oman kun ramu
    soyun soyun,
    hetake 'asin caana.

32. という声がしたとさ。
33. そうしてその男は起きて、それから外に出たとさ。外に出てその家から下って、自分のうちに戻って入ったらすぐ、寝たとさ。
34. イロマキの樹皮をはがしてきて頭に巻き付けて家に入ってきてそれで、すぐ寝てしまったとさ。寝たのだが、
35. 「ねえ、兄さんたち、何かお化けにでもひょっとして会ったなら、話して聞かせて、聞くから」
36. と下の男が言っても、その兄さんたちはすっかり怒って、プリプリして入ってきて寝てしまったとさ。
37. そうしているうち今度、しばらくしてある日に、一番下の男がまた、マキとりに行ったのだが、「兄さんたちは何を怒って、頭を坊主にしたんだろう」と思ったが、マキとりに山へ行ったとさ。
38. マキとりに山へ行って、山の方へ行って、山に行って、マキとりをした。マキとりしてふと見ると一軒の家があったとさ。
39. 一軒の家があったので、
40. 「どれどれ、中に入ってみようか」と思ったので、中に入ったら、あたりは暗くなっていたとさ。それから今度、その暗闇の中から、家の隅から、

41. panno paata ku'inkaara 'ike,
    siwnin peepeko toyree toyree
    panno paara ku'inkaara 'ike
    huure peepeko toyree toyree

42. という声がしたとさ。また家の隅からは、

43. kamuy horokewpo weeka piipi 'uma 'ee nanko.

44. nah 'an haw 'an manu. suy sine sihkewehe 'onne ne'ampe taa,

45. soosika soosika soosika soosika

46. nah 'an haw 'an manu. 'anayne sine cise sihkewehe 'onne taa,

47. horo ciw ciw, horo ciw ciw
    kamuy horokewpo 'asin kun ramu
    soyun soyun
    hetake 'asin cannah.

48. "neya yuhpo yuhpo 'utah kayki sapan 'ike 'ene'an haw nuhci teh 'orowa kirahcihi yaa?" nah 'eraman kusu taa kira kahankii teh 'are'anno 'an manu.
49. 'anayne taa suy taa, 'orowa

50. horo ciw ciw, horo ciw ciw
    kamuy horokewpo 'asin kun ramu
    soyun soyun
    hetake 'asin canna.

51. nah 'an haw 'an.
52. neya ko'inee ka hanki teh 'ay yayne taa, 'uurah rukum puy kaari 'asin, 'uurah rukum apa kaari 'asin sirokewaa teh 'an manu.
53. 'inkaraha ne'ampe taa, sihkewehe 'ohta taa, sine 'ahcahcipo 'an teh taa, 'ihuureka kusu 'an manu. taa 'ihuurekape hawehe nee manu.
54. 'orowa suy sine sihkewehe 'ohta sine 'ahcahcipo, テ− sine monimahpo 'an teh taa, 'ihuureka kusu 'an manu. 'ihuureka テ゜ㅓイ, 'ikunneka ﾂ゜丿 kihci hawehe nee manu.

55. 'orowa suy sine monimahpo 'an teh taa, tani 'ihuureka テ゜ㅓイ, 'ikunneka ﾂ゜丿 kii manu.
56. 'orowa sine monimahpo ne'ampe taa, 'itumunke kusu 'an manu. 'itumunkepe nee manu.

57. horo ciw ciw, horo ciw ciw

43. kamuy horokewpo weeka piipi 'uma 'ee nanko.

44. という声がしたとさ。また、もう一つの隅からは、

45. soosike soosike soosika soosika

46. という声がしたとさ。そうして、また隅から、

47. horo ciw ciw, horo ciw ciw
    kamuy horokewpo 'asin kun ramu
    soyun soyun
    hetake 'asin cannah.

48.「あの兄さんたちもここに来てこんな声を聞いてから逃げたのだな?」と思ったから(自分は)逃げないで、そのままそこにいたとさ。
49. そうしているとまた、そこから

50. horo ciw ciw, horo ciw ciw
    kamuy horokewpo 'asin kun ramu
    soyun soyun
    hetake 'asin canna.

51. という声がした。
52. そこにあきらめないでしばらくいたら、朝の煙が半分窓からでて、半分戸口から出て、あたりが明るくなってきたとさ。
53. 見ると、隅っこに一人のババがいて、赤染めの仕事をしていたとさ。その赤染めの声がしたのだとさ。
54. それからもう一つの隅にはまた一人のババがいて、いや娘が一人いて、赤染めの仕事をしてたとさ。いや赤染めではない、黒染めの仕事をしている声だったとさ。
55. それから、もう一人の娘がいて、赤染めの、いや黒染めの糸つむぎの仕事をしていたとさ。
56. それから一人の娘は、そこで糸つむぎをしていたとさ。それは糸つむぎの音だったとさ。

57. horo ciw ciw, horo ciw ciw

kaamuy horokewpo 'asin kun ramu
soyun soyun
hetake'asin canna nah.

58. tah 'itumunkepe humihi nee manu.
59. 'orowa sine horo-, monimahpo ne'ampe taa 7/- 'ikunneka hawehe nee manu.
60. panno paata ku'inkaara 'ike
siwnin peepeko toyree toyree
penno pa-
61. tah ne'ampe taa 'ikunnekape hawehe nee manu.
62. 'orowa sine monimahpo ne'ampe taa, "soosika soosika soosika" nah yee. 'itumunkepe hawehe nee manu.
63. 'okore nukara manu. re monimahpo 'okore nukara manu.
64. neeteh tani taa, 'anayne taa, 'apa 'uurara taa, rukumihi puy kaari 'asin, 'uurara rukumihi 'apa kaari 'asin, sirokewaa teh, 'ene ne'an 'ani yoy cise 'ohta 'an.
65. monimahpo 'utah 'okayahci 'anihi neyaa nah taa 'eramanihi nee manu.
66. neeteh taa 'orowa taa monimahpo 'uta paykihci 'ike taa, sukehci manuyke 'ipekarahci manuyke taa horokewpo 'eerehci, tura 'ehci manu.
67. neeteh tani taa, tani horokewpo cise 'ene san kusu kara 'ike, taa,
68. " 'ine'ahsuy, horokewpo turayan turayan." nah taa 'acahcipo yee manu. sine acahcipo taa yee manu.
69. 'orowa tani neya monimahpo reh pis taa, 'okore horokewpo turahci teh sapahci manu. sapahcihi ne'ampe taa cise 'onne 'ehankeno sapahci 'ike taa, poniwne (neya) horokewpo taa cahse wa taa cise 'onne san manuyke taa, cise kaari taa monimhahpo, horokewpo 'uta cisahci hawehe 'an kusu 'an manu.

70. 'iihii 'iihii yuhpo yuhpo wen kusu
'iihii 'iihii 'ahkapo 'ahkapo 'ekoweepekere ka hankii
'iihii 'iihii pirikaruy 'ahkapo 'ahkapo tani
'aynuhuhcin honikarahcihi nee nanko
'iihii 'iihii

71. nah taa cisahci hawehe 'an manu.
72. 'orowa taa horokewpo 'utah cahse wa 'asin. taa 'apa cahse 'ike 'ahun manuyke taa,

kaamuy horokewpo 'asin kun ramu
soyun soyun
hetake'asin canna nah.

58. これは、糸つむぎの音だったとさ。
59. それから一人の娘は、黒染めの仕事の声を出したのだとさ。

60. panno paata ku'inkaara 'ike
siwnin peepeko toyree toyree
penno pa-

61. これは、黒染めの仕事の声だったとさ。
62. それから一人の娘は、「soosika soosika soosika」といった。これは糸つむぎの声だったとさ。
63. この様子をみんな見たとさ。3人の娘たちの姿をみんな見たとさ。
64. そうして今、その、朝の煙が戸口から、半分窓から出て、煙が半分戸口から出て、明るくなって、見るとそこに立派な美しい家があった。
65. 下の娘は、姉娘たちがここにいたのだなあと思ったのだとさ。
66. そうしてから、その娘たちは起きて、炊事をして御飯を作ってからその男に食べさせて、一緒に食べたとさ。
67. それから、今度男が家に帰ろうとした時、
68. 「さあ、娘たち、男について行きなさい」とババが言ったとさ。一人のババが言ったとさ。
69. それから、その娘たち3人は、みんな男と一緒に男の家に行ったとさ。家に行って、その近くまで行くと、その下の男が家の方へ走ってきたら、家の回りから、娘たち、いや、男たちの泣く声がしたとさ。

70. 'iihii 'iihii yuhpo yuhpo wen kusu
'iihii 'iihii 'ahkapo 'ahkapo 'ekoweepekere ka hankii
'iihii 'iihii pirikaruy 'ahkapo 'ahkapo tani
'aynuhuhcin honikarahcihi nee nanko
'iihi 'iihii

71. と言って、泣く声がしたとさ。
72. それから、男たちが走ってやってきた。戸を開けて中に入って、その弟た

ahkapohohcin taa 'okore 'ahkapoh- , yuhpohohcin taa 'okore taa, 'okore taa, sapahkahahcin naa 'okore menkehci teh, hew 'anno 'okayahci teh taa cisahci kusu 'okayahci manu. neyke tani taa, horokewpo 'uta yee manu.

73. " 'ine'ahsuy yuhpo yuhpo, taa hemata ciskarahci? yuhpo yuhpo hemata ciskarahci hii? 'acahcipo 'orowa 'anmahnuure rusuyahci kusu, 'anmakankehcihi 'ampe neya wa ne'an. hemata ciskarahci hii? numpe karayanuwa 'ecisapahkaha kotahmareyan. 'ecimacihi 'ahun kusu kara."
74. nah yee manu.
75. neeteh tani taa, numpekarahci 'ike taa, sapahkahahcin taa kotahma.
76. simo'ene 'utukanahci. "ahkapo 'ahkapo wen kusu 'e'iruwa sanke. yuhpo yuhpo wen kusu 'e'iruwa sanke." nah simo'ene 'utukanahci teh taa,
77. 'orowa numpe karahci 'ike taa sapahkahahcin kotahmarehci, haaciri, kotahmarehci 'ani kii yayne neya monimahpo 'utah 'ahupahci 'ike taa, 'eyraykihcihi kusu taa, 'ampene 'utah hetesu ka koyaykusahcipe nee manu.
78. neeteh 'orowa 'okayahci yayne taa, tani kiyanne monimahpo ne'ampe kiyanne horokewpo sam, 'inoskun horokewpo ne'ampe 'inoskun monimahpo sam. neeteh poniwne horokewpo ne'ampe taa poniwnne monimahpo sam.
79. tani taa pirikano 'okayahci 'ike taa, pirika cise karahci wa, 'okore 'usahpa 'usahpa re cise karahci teh 'okayahci 'ike taa, 'anayne taa poo korohci. poo korohci 'ike taa, neya poohohcin suy kanna suy poo korohci nah kihci 'ike taa, hekaye hokusteh teh 'okaaketa poohohcin taa kotanpa 'etuhturi, cise mosiripa 'etuhturi kihci manuyke taa, rih poka 'ahkas cikah 'okore tehkupihi sayayse 'ike 'uynahci 'ike muysankehe ne naa sahkaha ne naa korohcipe nee manu.
80. nah 'an tuytah.

ちがみんな、いや、兄さんたちがみんな、みんな、その頭をすっかり坊主にしてしまっていて、うめくようにして泣いていたとさ。それで今、その兄さんたちに言ったとさ。

73. 「ねえ、兄さんたち、何でそんなに泣くの？兄さんたちどうして泣くの？お婆さんが僕たちに嫁取りをさせようと僕たちを山に行かせたからなんだよ。何を泣くのか？さあ糊を作ってお前たちの頭につけなさい。お前たちの嫁さんたちがもうすぐ入ってくるから」
74. と言ったとさ。
75. こうして今、兄さんたちは糊を作って、その頭につけた。
76. simo'ene 'utukanahci. " 'ahkapo 'ahkap wen kusu 'e'iruwa sanke, yuhpo yuhpo wen kusu 'e'iruwa sanke." nah simo'ene 'utukanahci teh taa,
77. それから、糊を作ってその頭につけては、落とし、つけては落とししているうちにその娘たちが、そこに入ってきたから、恥ずかしくて、起き上がることもできなかったとさ。
78. こうして、それからしばらくして、今上の娘は上の男と夫婦に、中の男は中の娘と夫婦になった。そして下の男は下の娘と夫婦になった。

79. それでみんな幸せになって、よい家を建てて、みんなそれぞれ3軒の家を建てて暮らしていたが、もう子どももできた。子どもができて、その子どもたちもまた子どもをもって、そうしてから、年寄りになって、そのあとで子孫が村にあふれ、家も村も栄えて大きくなって、空とぶ鳥もみんな羽をたくさん落として、それを拾ってホウキやハシを作ってみんな幸せに暮らしたとさ。
80. こういうお話だ。

30 PENKA'ANKUH NEEWA PANKA'ANKUH

1988年12月29日録音 (8826b')

1. (はい、どうぞ。M) penka'ankuh neewa panka'ankuh 'okayahci. penka'ankuh panka'ankuh 'okayahci 'ike taa, kesito'asinkoh neya penka'ankuh taa niina. niina' ike taa, kuruhci, cehkoyki koh 'ehci, nah kihci yayne taa sine too taa penka'ankuh taa 'otakaata sanihi ne'ampe taa, poro kamuy 'ekaari manu.
2. poro kamuy 'ekaari 'ike taa, 'orowa ne'an, riye teh taa 'okore kirupuhu naa kamihi naa J'okore kara teh 'orowa tani taa 'ampa teh taa cise 'ohta makan manu. makan teh tani taa, macihi 'e'utehkara.
3. "taa panka'ankuh tahte kusu." nah yee manu.
4. 'orowa taa panka'ankuh tah kusu taa, penka'ankuh macihi taa, neya tah kusu sanihi nee manu.
5. 'opas 'okay 'ike taa, kaari taa, kiro'usihi san teh taa,
6. "keepuru tuu tuu, keepuru keepuru tuu tuu " nah kiiwa taa, panka'ankuh 'ohta san manu. santeh taa,
7. " 'iine'ahsuy tara'an kuh, 'ancise ta kamuy raykipe 'anemakan ki ike 'an'eere."
8. nah yee 'ike taa panka'ankuh 'iruska manu.
9. "naata hosiki kanne 'anecaskuma karapee ? ku'ani 'u'enecaskumakara hcipe. ku'ani kuyaasuhkepihi sintoko 'orowa 'aysanke 'unci'eere. ku'ani kukucihi ku'ekuhkurupe 'itesene kaawa 'anranke. 'unci'ekuhkonte. 'urekucirin kucirin, heru'apa 'urekucirin kucirin. kento 'onne kema seesehka 'e'ahkaspe penka'ankuh neya waa. ne'an naata hosiki kanne 'anecaskumakarape hee ? "
10. nah taa yee. 'iruska manu.
11. neyke tani taa, taa panka'ankuh macihi taa,
12. "keh, 'anoka tu'aynune sapan. "
13. nah yee 'ike taa, penka'ankuh macihi tura taa 'uturahci teh taa 'ohta sapahci manu.

14. sapahci manuyke taa, ne'an kamuy rayki penka'ankuh 'ohta sapahci manuyke taa neyan kamihi taa sukehci manuyke kirupuhu naa taa tootohci 'ike taa keehe karahci. nakapuru naa tah harune kontehci. kee suke kam naa, taa pooho 'imekihi naa, hokuhu 'imekihi naa, 'anihi 'imekihi naa, karahci teh taa, 'oro'oo kontehci manu.
15. kontehci teh taa, 'orowa taa 'ampa wa makan manu. 'ampa wa makani ike taa, cise 'ohta 'ay yayne taa, hokuhu taa 'ahun manu.

30話　川上男と川下男
1988年12月29日録音（8926b'）

1. （はい、どうぞ。M）川上男と川下男がいた。川上男と川下男がいて、毎日その川上男は山へマキとりに行った。マキをとってはくべたり、魚をとっては食べたりしていたが、ある日その川上男が浜に出たら、そこに大きなアザラシがいたとさ。
2. 大きなアザラシを見つけたので、それから皮をはいで脂身もみんな切り取って、それからそれを持って家へ帰ったとさ。帰ってこんど妻を呼んだ。
3. 妻に「あの川下男を呼んで来るように」と言った。
4. それからその川下男を呼びに、川上男の妻は呼びに川下へ下りてきたとさ。
5. 雪が沢山あったから、その上をクツで歩くとき、
6. 「keepuru tuu tuu, keepuru keepuru tuu tuu」と音を立てながら川下男のところに下りて来たとさ。下りて来て、
7. 「ねえおじさん、家でアザラシ取って殺して持って帰ったから、食べさせてやるよ」
8. と言うと、川下男は腹を立てたとさ。
9. 「だれが先に（アザラシ取りのことを）教えてやったのかわかるか？　このオレがお前に教えてやったんだよ。オレは自分で残しておいた物を勝手に棚から出して自分で食べている。自分の帯は自分でゴザの上から掛けておく。自分で帯を締めるんだ。'urekucirin kucirinと音をたてながらハダシで歩き、時には火で足を暖めて歩いているのは川上男ではないか。それをだれが先に教えてやったんだ」
10. と言った。腹を立てたとさ。
11. それで、その川下男の妻が、
12. 「じゃあ、私たち二人で行きましょう」
13. と言ってその川上男の妻と（川下男が）連れ立ってそこへ下りて行ったとさ。
14. 下りて来て、つまりそのアザラシを取った川上男のところへ下りて来たのだが、川上男たちはその肉を煮て脂身もいためて脂を作った。その脂身も弁当にして（川下男に）持たせてやった。脂を煮た肉も、子どもの分と夫の分も自分の分も作って入れてもたせたとさ。
15. （その弁当を）もらって、それを持って家へ帰ったとさ。持って帰って家にいたが、しばらくして、夫が入って来たとさ。

16. " 'iine 'imoka? 'iine 'imoka? "
17. nah yeepehe ne'ampe taa, tah haciko'oope ka sanke 'ike taa hokuhu 'eere manu.
18. " tah pateh 'i'eerepe ? "
19. nah yee teh taa tani,
20. " keh, ci'oka ka cikii 'anah ci'ee ! "
21. nah taa yee manu.
22. neeteh taa 'orowa taa 'anayne tani taa, sine toota 'otaka'ene san manu. 'otaka'ene sani ike taa, sine seta taa nukara manu. seta nukara 'ike taa, neya seta taa kuu 'ani cohca 'ike rayki.
23. rayki teh taa 'orowa ne'an riye teh taa, kamihi naa kankamihi naa taa, 'okore taa, 'atuy kaapoka huraye teh, 'orowa 'ampa wa makan manu. 'ampawa makan teh tani sukehe ne'ampe taa,
24. " kamuy kam. " nah taa yee manu.
25. neyke taa simah nukara 'ike,
26. " hemata kamuy kam ? " "seta kam."
27. nah taa yee manu.
28. neyke taa, 'orowa taa, ne'an 'e'utakahci manu. 'e'utakahcihi ne'ampe taa, neya panka'unkuh taa 'otakaawa makan manu. 'ahun manuyke taa 'eerehcihi ne'ampe,

29. " tah ci'oka hannehka ci'ee kusu. tah ne'ampe seta kam. hannehka ci'ee kusu 'iki. "
30. nah yee teh tah 'ociwe teh tah hohpa teh taa 'asin manu.
31. neeteh tani taa cise koro 'utah tani taa ne'an seta kam naa taa, 'ehci teh taa, 'orowa 'okayahci manu.
32. 'okayahci yayne taa sine too taa yeesu taa, penka'ankuh taa 'otakaata san. 'otakaata sanihi ne'ampe taa, panka'ankuh 'otakaata 'an kusu 'an manu. 'otakaata 'an kusu 'an 'ike taa,
33. " 'iine 'ahsuy, hemata 'ekara haa? "
34. " hemata kukaraha ku'ani neyahka ku'inkara kusu 'otakaata kusan."
35. nah taa yee manu.
36. neeteh tani taa, " 'ahka nee kusu neyke taa, 'anihi taa tuymano 'oman kusu."
37. nah yee teh taa 'orowa 'oman manu.
38. 'okaakeketa taa, panka yeesu taa, 'otakaata 'ay yayne taa, 'otakaata 'omanu wa hosipi manu. hosipihi ne'ampe taa hariyam naa 'opompaki naa taa マイタㇼリ 'uhcinkehe 'ohta 'oro'oo teh 'ampa wa makan manu.
39. " hemata 'aynu nah'ampe 'ene'ani 'e'ee hee? 'e'eywanke hee? "
40. nah yee.

16.「おい、おみやげは？おみやげはないのか？」
17. と言ったから、その小さい包みを出して夫に食べさせたとさ。
18.「たったこれだけか、オレに食わせるのは！」
19. と言って、
20.「フン、自分でやったら自分で食うわい！」
21. と言ったとさ。
22. それからしばらくして今度、ある日浜に出たとさ。浜に出てイヌを一匹見たとさ。イヌを見てそのイヌを弓で射って殺した。

23. 殺してから皮をはいで、肉もはらわたも海で洗って、それから家へ持って帰ったとさ。持って帰って今それを煮てから、

24.「アザラシの肉だよ」と言ったとさ。
25. すると妻がその肉を見て、
26.「何の肉だろう？」「イヌの肉だ」
27. と言ったとさ。
28. それからみんなをご馳走に招待したとさ。みんなを招待したら、その川下男は浜から帰って来たとさ。川下男が家に入って来たから食べさせようとしたら、川下男は、
29.「これはオレは食べないよ。これはイヌの肉だ。オレは食べないからね」
30. と言ってそれを投げてそのまま出て行ってしまったとさ。
31. そうして今度、家の人たちはイヌの肉もみんなで食べていたとさ。
32. 食べていたがある日、あの男、川上男が浜に出たとさ。浜に出たら、川下男が浜にいたとさ。浜にいたから、

33.「ねえ、一体何をするんだ」
34.「何をするかと私も考えるために浜に出てきたんだ」
35. と言ったとさ。
36. そしてこんど、「とにかく自分は旅に出る」
37. と言って旅に出たとさ。
38. その後で川下男は浜にいて、浜にしばらくいたが浜に出てから家へ帰ったとさ。帰って来るとき、そのカナヘビやカエルなどを、前かけの裾までいっぱいに入れて持って帰ったとさ。
39.「一体だれがそんなもの食うのか。使うのか」
40. と妻が言った。

41. kira wa makan teh taa ciseta 'ahuni ike taa, 'anayne tani taa, neya yeesu taa, neya マ
 イカケ 'uhcinkehe 'oro'oope taa 'ampa teh taa, makan manuyke taa, suy ne'an yeesu
 'ohta 'ahunihi ne'ampe taa, yeesu neya 'e'ohaynehcihi nee kusu taa, sinepikehe ハタイ
 タ。macihi コンタ゜ mawnin manu.
42. mawninihi ne'ampe taa コンタ゜ 'ene yee manu.
43. " penka'ankuh neyke neya 'ene pateh kii kusu ne'ampe tani neya naa."
44. nah taa yee 'ike 'ohta 'oman teh tah kema 'ekahkawe wa taa, 'asinke manuyke soyta
 'asinkehe ne'ampe, hemata 'epaaciwehe ne'ampe sapahkaha taa maciroo teh taa
 kemihi sayayse manu.
45. neeteh tani taa, caruhu 'ohta taa 'oro'oo. toomus taa 'ama manu. 'ama teh taa
 toomus taa,
46. " 'uu 'ohoo " nah kiihi ne'ampe taa, tani cise 'ohta taa, penka'ankuh cise 'ohta taa,
47. " 'ecihawe, 'ecihawe. poohohcin hawekihci 'ike taa, 'ecihawe, 'ecihawe. 'eci'aaca
 sikewente. suy nee kamuy 'erayki 'an kusu, sikewente'an kusu kayo hawehe 'an
 kusu. "
48. nah yeehe ne'ampe taa, 'orowa 'okorehehcin taa, 'asipahci nukarahcihi ne'ampe taa,
 hekimoh makan 'usi 'ohta taa, hokuhuhcin taa 'okore ne'an kenrus mii teh taa 'orowa
 taa, poro toomus 'an teh taa, hawe'iki kusu 'an manu, ray kusu. aynu kipo kii
 hemaka manu.
49. neeteh tani taa neya kamuy koyki ka hannehka, 'opompaki hariyam koyki teh
 penka'ankuh 'ohta 'an'oman 'ekoweeciwahci kusu neya, 'ukotahci 'ukotahci 'omantene
 taa raykihci teh 'ociwehcihi nee manu.
50. neeteh 'orowa tani taa, ツノ mahtekuh sinenehka 'an manu. poohohcin tura 'an yayne
 taa, 'ampene 'ehci kumpe ka 'isan kusu taa, アノ penka'ankuh 'ohta san teh taa,
 yoonohka manu.
51. yoonohka 'ike taa, hekaci 'enkokehe 'eruhne hekacine pahkay. suy 'o'upeekano アタ
 リマエニ hekaci pahkay neeno pahkay. nah kii yayne taa rekucihi 'onne taa 'okoysehci
 'osomahci yayne taa, rekucihi tuyteki 'ike ray manu. taa pahko ka ray manu.
52. 'orowa taa, taa penka'ankuh taa poroo panco mukara 'ani ike taa, taa ninkaarihi
 'oposo kisaruhu 'oposihci teh taa, poro ninkaari tuh pis taa ko'ociwehci 'ike taa オツウ
 シチ kihci wa 'asinkehci manu.
53. neeteh 'orowa tani taa, pirikano 'okayacipe タ゜ ト。
54. nah kanne.

41. 逃げるようにして家に入って、そうしてこんど、その男は、その前かけの裾一ぱいに入ったものを持って帰って来たんだが、またその男が家に入ったとたん、やはりおっかないものだから、そばにいる仲間一人（妻）をはたいたんだ。すると妻は気を失ってしまったとさ。
42. 妻が気絶したので、川下男はこう言ったとさ。
43. 「川上男があんなことばかりするから今こうなったんだよ。」
44. と言って、そこに行ってそれを足で蹴飛ばして、みんな外へ出して外へ出したところが、何かにぶつかって、頭に大ケガをして、血がドッと流れ出たとさ。
45. そして今度はそれを口の中に入れた。その虫をみんな入れたとさ。入れて、その虫たちが、
46. 「'uu 'ohoo」とうなったので、その家の中で、川上男の家の中で、
47. 「騒ぐな、騒ぐな。子どもたちが騒いだので、騒ぐな、騒ぐな。お前の父さんが重い荷物を背負ってるんだよ。アザラシを取ってそれを背負って重いから、叫び声を出して呼んでるんだよ。」
48. と言ったら、そこにいた人たちみんな外へ出て見ると、山に行くところに夫たちがみんな血だらけになって、それから大きい虫がいて、うなっていたとさ、死にそうになって。そしてとうとう死んでしまったとさ。

49. それからは獲物を取るのではなく、カナヘビやカエルを退治して、旅に出た川上男もみんなそこに集まって、皆でそれを叩いて叩いてようやく殺して葬ってやったとさ。
50. それから今度は、その妻は一人でいたとさ。子どもと一緒にいたが、食べる物もなくなったから、川上男のところへ行って子守をしていたとさ。

51. 子守をすると、子どもを半分は逆さに背負う。そうかと思うとまたちゃんと背負ったりしていた。そうしているうちに子どもが口の中にオシッコしたりウンコしたりするようになって、その女はのどが腐って切れて死んだとさ。そのばあさんも死んでしまったとさ。
52. それから、川上男は大きなマサカリで耳輪を通して、耳に穴をあけて通して、その大きい耳輪も二つつけて、お葬式をして出してやったそうだ。

53. それから後に残った者たちは幸せに暮らしたということだ。
54. それでおしまい。

31 'IMUU MONIMAHPO(-89)

1989 年 1 月 6 日録音 (8901a)

1. Sannupista re monimahpo 'okayahci. te monimahpo 'okayahci 'ike taa キイタラ キイタッ テ イエヨ. te monimahpo 'okayahci 'ike taa, niinahci koh kuruhci, cehkihci koh 'ehci, nah kihci yayne taa, sine too taa, monimahpo テ゚ ナイ, horokewpo ヨ アノー、アレ, niina kusu makan manu. niina kusu makanihi ne'ampe taa, sine teh taa, sine, 'acahcipo taa, niina kusu 'an manu. neeteh taa 'acahcipo taa yee manu.
2. "ウン、'iine'ahsuy horokewpo, ウン ku'imiyehe naa mii teh, 'orowa, アノ, niina teh see kanne. 'imuu monimahpo tura ku'ani ike reekoh kiroro'an."
3. nah yee manu.
4. neeteh taa 'acahcipo 'imiyehe naa taa horokewpo miire. neeteh tani taa, niina niina 'omantene taa, 'orowa see teh taa cise 'ohta san teh taa, 'ociwe. hesoyne アノー, saaketa 'ene アノー saaketa'ene 'ociwehe ne'ampe taa, cise 'ohta 'an monimahpo taa 'imuu manu.

5. nii teh kaa cira rii too
   punkara ciso soo
   nii suh tom 'esitoko yee
   hawa hawa haw ッテ

6. nah kii manu. [笑い声。M]
7. neyke taa 'orowa 'uh teh taa, suy 'ociwee. suy 'ociwe 'ike taa,

8. reh ta cipoo cipoo
   yaa ta cipoo cipoo
   'atuy manna kuru
   soroo soroo
   hawa hawa haw ッテ

9. nah kii manu. (へえー M)
10. ne'ampe kiroro'an kusu tani taa, tani suy 'ociwe. suy 'ociwehe ne'ampe taa 'imuu teh taa,

11. reh ta cipoo cipoo
    yaa ta cipoo cipoo

31話　イムー女(-89)

1989年1月6日録音(8901a)

1. サンヌピシ村に3人の娘がいた。3人娘がいて、ｷｲﾀﾗ ｷｲﾀｯﾃ ｲｴﾖ、3人の娘がいて、マキとってはくべ、魚とっては食べしているうちに、ある日、娘ではない、その男がマキとりに山へ行ったとさ。マキとりに山へ行ったら。ババが一人マキをとっていたとさ。それで、そのババがこう言ったとさ。

2. 「ねえ、兄さん、わしの着物を着て、マキをとって背負っておくれ。わしはイムー娘といっしょにいてとても面白いんだから」
3. と言ったとさ。
4. それで、そのババの着物をその男に着せた。それでこんど、マキをとってとってから、背負って家に下りて行って、それを下ろした。家の外に、そばに下ろしたら、家にいた娘がイムーをしたとさ。

5. nii teh kaa cira rii too
   punkara ciso soo
   nii suh tom 'esitoko yee
   hawa hawa haw ｯﾃ

6. と言ったとさ。[笑い声。M]
7. それでそれからマキをとって、また落した。また落したら、

8. reh ta cipoo cipoo
   yaa ta cipoo cipoo
   'atuy manna kuru
   soroo soroo
   hawa hawa haw ｯﾃ

9. といったとさ。
10. それで、おもしろいから、こんどまた落した。また落したら、イムーをして、

11. reh ta cipoo cipoo
    yaa ta cipoo cipoo

'atuy manna kuru
soroo soroo
hawa hawa haw ッテ

12. nah 'imuu manu.
13. neeteh taa 'orowa suy 'ociwehe ne'ampe taa tani 'iruska manu.
14. " 'iine'ahsuy, sirarahcipo, sonno sirarahcipo ne'ampe 'ene'ani 'imuuyara 'ike hamo heese 'imuuyara kii kusu 'ene'ani hii?"
15. nah taa yee 'iruska manu.
16. neeteh tani taa, 'orowa taa nii hohpa teh taa, cise 'ohta taa, 'acahcipo 'imiyehe see,... mii teh taa, cise 'ohta 'ahunihi ne'ampe taa, monimahpo niwen kusu 'an manu.
17. 'orowa numa teh tani taa 'ipekara, 'ipekara 'omantene taa, 'acahcipo nipaapoho taa 'oro'oo 'omantene taa, 'acahcipo 'ehaciw 'okasura 'omante manu.
18. neyke tani taa, neya 'acahcipo tani taa 'ee manu. 'ee 'omantene hemaka teh 'o'ipepihi moomare. 'okore taa, monimahpo taa, moomare 'omantene, 'anayne tani taa, 'ahto ran manu. 'ahto ranihi, reekoh 'ahto ran, 'ahto ran 'ayne taa, 'anayne taa, 'acahcipo 'imiyehe ne'ampe cikah rus, tetah cikah rusihi nee manu.
19. neeteh 'uma horokewpo 'imiyehe ne'ampe taa, アタリマエニ 'aynu 'imiyehe nee manu.
20. neyke taa 'okore toyre teh taa 'orowa taa cise 'ohta san manu. 'ike taa,
21 " 'iine'ahsuy kumicimicii, 'e'imiyehe 'enmiire. ku'imiyehe 'enkoore. 'e'imiyehe kumii 'ike kumeerayki."
22. nah yee manu.
23. ne'ampe tani taa, horokewpo taa, 'imiyehe 'asinke 'ike taa, 'acahcipo koorehci taa, 'acahcipo 'imiyehe taa, 'anihi 'imiyehe nee kusu taa, 'uki ike taa, toyre 'ike taa, sahke, sahke, 'omantene taa, tani mii manu.
24. neyke taa, taa monimahpo nukara 'ike taa,
25. " 'ene'an yoy horokewpo ne'ampe 'ene'an 'acahcipo saanu 'ekii teh.."
26. nah taa yee manu.
27. 'acahci-, monimahpo アノ- horokewpo tani taa 'ikisiw kusu, cise 'ene hosipi kusu 'ikisiw kusu san kusu kara manu.
28. neyke tani taa, monimahpo taa, suy,
29. " 'iine'ahsuy horokewpo, hanka 'iruska waa. 'ecitura ciki, 'ecarukehe 'ene wahkataa テ゜ξ kukii kusu 'ikii, 'ipecara テ゜ξ kukii kusu 'ikii."
30. nah yee.
31. 'uhcinkehe kisma, 'uhcinkehe caaca kotuye koh 'ociwe, suy 'oyakoyakoroke(?) kisma, suy caaca kotuye koh 'ociwe, nah kii yayne taa, ramupirika manu. ramupirika teh

'atuy manna kuru
soroo soroo
hawa hawa haw ツテ

12. といってイムーしたとさ。
13. そうして、それからまた落したらこんどは娘が怒ったとさ。
14. 「ねえ、えらいおばあさん、本当にえらいおばあさんならどうしてこんなにたて続けにイムーをやらせるの?」
15. と言って怒ったとさ。
16. そうしてこんど、それからマキを放り出して、男が家の中に、そのババの着物を背負って...家に入った時、娘は腹を立てていたとさ。
17. それから起きて、食事の仕度をしていたが、ババの食器にご飯をついで、ババにヤブマメを押し出したとさ。
18. それでこんど、そのババはそれを食べたとさ。食べてしまってから食器を片付けた。みんな娘は片付けていたら、こんど雨が降り出したとさ。しばらく雨がザーザーたくさん降っていたが、ババの着物は鳥の羽毛、ハクチョウの羽毛でできた着物だとさ。
19. それから、男の着物はといえば、普通の男用の着物だったとさ。
20. それで、みんなぬれて、それから家へ帰ったとさ。それで、
21. 「ねえ、坊や、お前の着物を私に着せてくれ。私の着物をくれ。お前の着物をわしが着たら寒いわい」
22. と言ったとさ。
23. それでこんど、男は自分が着ていた着物をぬいで、ババにやって、ババの着物、つまり自分の着物だったからババはそれを受取って、ぬれたから乾かして乾かして、それから着たとさ。
24. それで、娘はそれを見て、
25. 「こんなに立派な良い男がこんな悪さをババにして……」
26. と言ったとさ。
27. 娘は、男を助けるために、男が家に帰る時に、いっしょに行こうとしたとさ。
28. それでこんど、娘が言ったとさ、また、
29. 「ねえ、兄さん。怒らないで下さい。あなたといっしょになったら、炊事でも水汲みでも料理でも何でもするから」
30. と言った。
31. 男の裾を引っ張った、裾の端がやぶれて落して、また裾を引っ張って切れては落しているうちに男は機嫌をなおしたとさ。機嫌をなおして、それか

tani taa, 'orowa 'ipekarahci teh, 'ipehci teh rewsi.

32. rewsi teh taa, sinke'ikehe taa 'orowa horokewpo taa tura teh taa, sapahcihi ne'ampe cise 'onne hankeno sapahcihi ne'ampe, cise 'onnaykepoka taa, 'ahkapohohcin cis hawehehcin 'an kusu 'an manu.

33. "ii 'i hii, 'ii 'i hii
yuhpo yuhpo wen kusu
'ii 'i hii, 'ii 'i hii
'ahkapo 'ahkapo wen kusu
'ii 'i hii, 'ii 'i hii
yuhpo yuhpo 'ekoweepekere ka hankii
pirika ruy 'ahkapo 'ahkapo tani
'oyasi 'oyasi 'uta 'epirika ruy
yuhpo yuhpo tani 'oyasi 'orowa
'aynuhuponikarahcihi(?) nee nanko."

34. nah tah yehci. cisahci manu, tu horokewpo.
35. neyke tani taa, 7/- yuhpo 'uta cahse wa 'ahun. 'apacahkehe ne'ampe taa, 'okore taa sapahkahahcin menkehci teh taa, cisahci kusu 'okayahci manu, tu horokewpo.
36. taa 'ahkapohohcin taa, kocaaranke manu.
37. " 'iine'ahsuy 'ahkapo 'ahkapo 'uta, hemata 'eciskarahci hii? 'ecimacihi 'ahun kusu kara. 'ecisapahkaha kotahmare yan. 'ecimacihi 'ahun kusu kara."
38 nah yee manu.
39. neeteh tani taa, numpe karahci teh taa, sapahkahcin kotahmarehci, haaciri, kotahmarehci, haaciri nah kii yayne taa, kotahmarehci tani taa, neya monimahpo 'ahun manu. 'iramusireno'ay yoy monimahpo taa, 'ahun manu.
40. ne'ampe kusu 'eyraykihci teh taa yaykoherawsih hetesu ka koyaykusahci. yaykoherawsih taa 'okayahci 'omantene taa 'orowa hetesuhci 'ike taa, tani taa monimahpo tani taa 'ipekara 'ike taa horokewpo taa 'ipere. turahahcin taa 'ipe manu.
41. neeteh taa 'orowa pirikano 'okayahci teh tani 'okayahci 'ike tani taa, neya monimahpo 'utah taa, tuh pis taa 'ahciyehehcin tura 'okayahci 'ike taa, pirikano 'okayahci yayne tani taa, horokewpo 'utah taa, 'acahcipo 'onne taa, mahtekuh kon rusayahci kusu makapahci manu, tu horokewpo.
42. makapahci manuyke taa, tani taa, neya monimahpo 'utah taa, 'ipekarahci 'ike taa, horokewpo 'iperehci.
43. neyke tani taa, 'acahcipo yee manu.

ら食事を用意して、食事して泊った。
32. 泊って、その次の日、それから男といっしょに帰って行ったら、家の近くに帰って来たら、家の中から弟たちの泣く声がしたとさ。

33. "ii 'i hii, 'ii 'i hii
　　yuhpo yuhpo wen kusu
　　'ii 'i hii, 'ii 'i hii
　　'ahkapo 'ahkapo wen kusu
　　'ii 'i hii, 'ii 'i hii
　　yuhpo yuhpo 'ekoweepekere ka hankii
　　pirika ruy 'ahkapo 'ahkapo tani
　　'oyasi 'oyasi 'uta 'epirika ruy
　　yuhpo yuhpo tani 'oyasi 'orowa
　　'aynuhuponikarahcihi(?) nee nanko."

34. と言った。と言って泣いていたとさ、２人の男が。
35. それでこんど、兄たちが戸を開けて入って来た。戸を開けたら頭はみんなはげになって、泣いていたとさ、その２人の男が。
36. その弟たちにこう叱ったとさ。
37. 「ねえ、弟たちよ、何を泣いているのか？お前たちの嫁さんが入って来るよ。頭をつけなさい。嫁さんたちが入ってくるよ」
38. と言ったとさ。
39. それでこんど、ノリを作って、頭をつけては落し、つけては落しているうちに、ようや頭をつけて、その娘が入って来たとさ。とてもおとなしい美しい娘が入って来たとさ。
40. だから、彼らは恥ずかしいから頭を上げることもできなかった。しばらく恥ずかしがっていたがそのうちに頭を上げて、今、その娘は食事を作って、その男に食べさせた。みんなで食べたとさ。
41. それからみんな幸せに暮らして、その娘たちは２人ババといっしょにいたのだが、幸せに暮らしていたが、男たちは、ババのところに娘探しにやって来たとさ、２人の男が、
42. やって来て、こんどその娘たちが食事の仕度をして男たちに食べさせた。
43. それで、こんどババが言ったとさ。

44. " 'iine'ahsuy monimahpo 'uta, アノー hanka 'etunneyan kanne. Sannupitun horokewpo re horokewpo 'uriwahne 'okayahci, sine horokewpo 'ecinanna nannaha koro teh, tura yaycisekoro kusu, 'ecioka tu 'aynu sapanu waa. taa poniwne horokewpo koroyan. taa pirikano yayreskeyanu waa."
45. nah yee manu.
46. neeteh taa 'orowa taa neya monimahpo taa, tuhpis taa horokewpo turahci teh sapahci manu. sapahci 'ike sonno kayki taa, nannahahcin, taa kiyanne horokewpo sam teh taa, 'iramasinne 'okorehehcin 'okayahci manu.
47. neeteh tani taa, 'orowa taa, イチハ゛ン kiyanne, poniwne ho-, monimahpo ne'ampe taa, poniwne horokewpo taa sam manu. 'inoskun horokewpo ne'ampe taa, 'inoskun monimahpo sam teh taa, pirikano 'okayahci pe nee manu.
48. 'usah 'usahpa taa yaycisekorohci teh taa, cise taa karahci koh taa 'okayahci manuyke taa, 'anayne tani taa, poo korohci 'ike taa, 'okorehehcin taa poo korohci 'ike taa, neya poohohcin suy taa, pookorohci. kihci manuyke taa, yaykotanpa'etuhturi yaycise'etuhturi kihci manuyke taa, rih poka 'ahkas cihkah kayki taa tehkupi sayayse 'ike 'uynahci 'ike taa muysankeh ne naa sahka ne naa, 'ecipeh ne naa korohci pe nee manu. (うん。M)
49. nah 'an tuytah タ゛。(ああ、そう。M)

44. 「ねえ、娘たち、いやがらないでくれ。サンヌピシ村の3人兄弟の男たちがいて、その兄さんがお前たちの姉さんといっしょになっているから、お前たちも2人でそこに下りて行きなさい。その弟たちといっしょになりなさい。ちゃんと食べさせてやりなさい」
45. と言ったとさ。
46. そうしてそれからその娘2人は男といっしょに下りて行ったとさ。そうして、本当に、その姉娘は兄の方と妹娘は弟の方と夫婦になって、みんな幸福に落したとさ。
47. それでこんど、一番下の娘は下の男と夫婦になったとさ。中の男は中の娘と夫婦になって幸せに暮らしたということだ。

48. それぞれ所帯をもって、家も建てていたが、子どももできて、みんな子もができて、またその子どもたちにも子どもができた。こうして、村も栄えて空飛ぶ鳥も羽を落として、それをひろって、ホウキやハシや食器を作ったと言うことだ。(うん。M)

49. こういう話だ。(ああ、そう。M)

32 CIHPO KIKIRI
1989年1月7日録音 (8901a,8912b)

1. Sannupista, sine horokewpo macihi tura 'okayahci. macihi tura 'okayahci ike taa, ne'an, ne'an 'aynu 'okore ne'an, cihkarahci kusu, 'oka ay horokewpo 'utah cihkarahci kusu makapahci manu.
2. cihkarahci kusu tan nii, cih nii ka tohpahci manu. cih nii tohpahci ike taa, tohpahci 'an 'ohta, kohpaha tuhse 'an ohta "sinen kuh ray," suy tohpahci 'ohta "tunne kuh ray," suy tohpahci 'an, kokeraha tuhse, kohpaha tuhse 'an ohta "renne kuh ray," nah taa kihci manu.
3. nah taa yehci 'ani taa cihkarahcihi ne'ampe taa, ウン, Sannupitun horokewpo ウン, kokera sineh taa 'uh manu. kokera sineh 'uki ike, 'onnayketa kikiri 'an manu. tah cihpo nee manu.
4. 'orowa taa ウーン, horokewpo taa 'uh teh orowa 'ampa wa sani ike taa, hankata kara 'ike taa hankata 'onnayketa ne'an cihpo taa 'ama manu. nii 'oro 'uh cihpoo. si'aa cihpoo.
5. neyke taa, cehsukehci yahkayki taa, cehkoykihci koh 'ehci ike taa ceh sapahka sukehci manuyke taa, sikihi 'an (y)ahka ka poohohcin ka neh ka 'eere ka hankii 'okore temana kara koh isam manu.
6. suy ceh ehci 'an ohta ceh sapahkahahci(n) 'ee 'an 'ohta, sikihi temana ka karaha ダ゛カ poohohcin neh ka 'eere ka hanki manu.
7. nah kii yayne taa, sine too taa, horokewpo horokewpo ne'ampe taa, yuhkii kusu makan. monimahpo ne'ampe 'eha(h)taa kusu makan manu.
8. teeta 'okaaketa taa, hekaci 'utah pateh taa tuhpis taa 'okayahci manu. 'okayahci ike taa, neya イチハ゜ン haciko hekaci taa 'ommohohcin naa isam, 'aacahahcin ka 'isam kusu, taa cis manu.
9. cis manuyke taa mokonrayki kusu cisihi ダ゛カ, to'ee rusuy kusu cisihi ダ゛カ, taa moro'an monimahpo ta'aa 'ahkapoho taa mokonte kusu taa hunke manu.

10. kohko rooro kohko rooro
    nanna nanna
    kohko rooro kohko rooro
    nanna nanna
    'ehahtaa kusu makan
    yuhpo yuhpo ne'ampe
    yuhkii kusu makampe

32話　チッポ虫
1989年1月7日録音 (8901a, 8912b)

1. サンヌピシ村に、一人の男が妻と暮らしていた。妻といたが、そこの、そこの男たちはみんな舟を作っていて、男たちは舟を作るために山へ行ったとさ。
2. 舟を作るために、舟を作る木を切ったとさ。木を切って切っていた。木を切りつけて木片が一片とぶと「一人死んだ」、また切りつけると「二人死んだ」、また木片がとぶと「三人死んだ」と言ったとさ。
3. こう言いながら舟作りをしたんだが、木片一つを拾ったとさ。木片一つを取ってみたら、その中に虫がいたとさ。それはチッポ虫だったとさ。
4. それから、男はそれを持って家へ帰って、ハンカタ（カンピの皮で作った容器）を作って、その中にそのチッポ虫を入れたとさ。木から取ってきたチッポ虫を。一匹で座っていたチッポ虫を。
5. それで、魚を煮たんだが、魚をとってきて食べてその魚の頭を煮たんだが、魚の目があったのに子どもたちが食べないうちにどうしたのかなくなっていたと
6. また魚を食べるとき魚の頭を食べるとき、その目はどうしたのか子どもたちには食べさせられなかったとさ。
7. こうしているうちに、ある日、男は、獲物をとりに山へ行った。女はユリ根を掘りに山へ行ったとさ。
8. その後で、子どもたちだけその2人だけで家にいたとさ。そうしていて、その一番小さい子どもは母さんもいない、父さんもいないから、泣いたとさ。
9. 泣いたのは眠たくて泣いたのか、乳が飲みたくて泣いたのか、家にいた女の子がその坊やを寝かそうと子守歌を歌ったとさ。

10. kohko rooro kohko rooro
    nanna nanna
    kohko rooro kohko rooro
    nanna nanna
    'ehahtaa kusu makan
    yuhpo yuhpo ne'ampe
    yuhkii kusu makampe

チッポ虫　243

kohko rooro, kohko rooro
'ehawee 'ahkapo 'ahkapoo
'ehawee, 'ehawee

11. nah taa hunke manu.
12. 'anayne taa sehpokene hemata hawehe 'an manu.

13. "nenkusu nenkusu hum
    ku'ani 'uwasi yuhpo yuhpo, cehkoyki 'anaa,
    sapahkaha ku'ee kumpe,
    'ehahtaa nanna nanna 'ehahtaa
    'anaa, ku'ee kumpe"

14. nah taa haw'iki manu.
15. "nenkusu nenkusu hum" nah kii manu.
16. 'orowa tani neeroh hekaci 'utah taa, 'e'ohayohaynekahci 'ike tuhpis 'okore taa cisahci manu.
17. tuhpis 'okore cisahcihi ne'ampe taa, 'anayne taa, 'ommohohcin ehahtaa kusu san manu. sanihi ne'ampe taa,
18. " 'iine'ahsuy, 'ahkapo 'ahkapo uta, hemata 'eciciskara haa?"
19. nah yeehe ne'ampe 7/- taa kiyanne monimahpo taa, yee manu. 'ahkapo 'ahkapo mokonrayki kusu cis 'ike taa,

20. "hohko rooro hohko rooro 'ehawee 'ehawee
    nanna nanna, 'ehahtaa kusu makan
    yuhpo yuhpo, yuhkii kusu makan 'ehawee 'ehawee"

21. nah kukiihi ne'ampe sehpokene hemanta hawehe 'an manu.

22. kohko rooro, kohko rooro
    ku'ani 'uwasi yuhpo yuhpo cehkoyki 'anah ceh kii teh ku'ee kumpe,
    nanna nanna 'ehahta 'anah ku'ee kumpe,
    nenkusu nenkusu hum nenkusu nenkusu hum

23. nah taa, kii manu.
24. ne'ampe 'e'ohayohaynekahci ike, taa 'uneeno cisahcihi nah yehci manu. neeteh

  kohko rooro, kohko rooro
  'ehawee 'ahkapo 'ahkapoo
  'ehawee, 'ehawee

11. と歌って子守りをしたとさ。
12. そうしたら、寝台の下の方から何か声がしたとさ。

13. 「nenkusu nenkusu hum
  ku'ani 'uwasi yuhpo yuhpo, cehkoyki 'anaa,
  sapahkaha ku'ee kumpe,
  'ehahtaa nanna nanna 'ehahtaa
  'anaa, ku'ee kumpe」

14. と声がしたとさ。
15. 「どうした どうした フム」と声がしたとさ。
16. それからその子どもたちは、びっくりして2人とも泣きだしたとさ。

17. 2人とも泣いていたら、しばらくして、母さんたちがユリ根を掘ってきたと言って下りてきたとさ。帰ってきて、
18. 「あら、坊や、何で泣いているの？」
19. と言ったら、その年上の娘が、言ったとさ。坊やは眠たくて泣いていて、

20. 「hohko rooro hohko rooro 'ehawee 'ehawee
  nanna nanna, 'ehahtaa kusu makan
  yuhpo yuhpo, yuhkii kusu makan 'ehawee 'ehawee」

21. と私が歌ったら寝台の下から何か声がしたとさ。

22. kohko rooro, kohko rooro
  ku'ani 'uwasi yuhpo yuhpo cehkoyki 'anah ceh kii teh ku'ee kumpe,
  nanna nanna 'ehahta 'anah ku'ee kumpe,
  nenkusu nenkusu hum nenkusu nenkusu hum

23. と、声がしたとさ。
24. それでびっくりして、一緒に自分も泣いてこう言ったとさ。それでその娘

tani taa monimahpo taa, ne'an 'episkan kohunara

25. " 'iine'ahsuy, tan cise'un horokewpo neera'ampe cise ko'ampaha ne'an kusu ceh 'ee yahka sapahka 'ee yahka sikihi ka poohohcin ka neh ka 'eere kahankii teh 'okore temana ka kara wa 'isam."
26. nah yee manu. (自分で食ったんだべ　Si)
27. neeteh tani taa ne'an episkan pohka taa, hunara yayne taa, seh naa puni kii yayne taa, ha- seh pohka taa, sine hankata 'an manuyke taa, 'onnayke cih(po) rehpis 'oro'oo teh taa, toono teh 'an manu.
28. ne'ampe kusu tani maamamaa ma nukaraha ne'ampe taa, cihpo taa 'onnayketa 'an manu. 'orowa taa 'ampa 'asini ike taa hesoyne 'ociwe. hesoyne 'ociwehe ne'ampe taa etuhka 'utah taa reekoh weeciwahci 'ike taa, reekoh cihpo, hankata 'uko'ampahci manu.
29. 'anayne taa horokewpo taa, cehkoyki yuhkii san manu. yuhkii wa san teh taa,
30. " 'iine'ahsuy, hemata ecikiiye hee?"
31. nah yeehe ne'ampe taa, monimahpo taa neh ka yee ka hankii manu. yee ka hankii teh taa, horokewpo tani neya seh naa puni'ike nukara 'ike neya cihpoho taa isam manu. 'orowa taa ,
32. "ne'an nanna, macihi taa cihpo rayki hii! "
33. nah yee 'ike taa, cikoyki wa 'omantene taa, wahka 'onne 'ociwe manu.
34. neyke tani taa, monimahpo tura cisahci yayne taa, tani taa 'etuh- ７/− cihpo taa 'etuhka 'utah taa rihpoka 'uko'ampahci manuyke taa, cihpo tusu kusu 'an manu. tani taa horokwpo 'asin teh taa
35. "kucihpo 'enkohaare yan, kucihpo 'enkohaareyan."

36. nah taa etuhkah uta 'onne nonna 'itah yayne taa, haarehci manu. taa cihpo rew, haaciri manu.
37. 'orowa taa, horokewpo 'uh teh taa tani 'ampa 'ahun manu. 'ampa 'ahun teh tani taa, ipekarahci taa horokewpo taa yee manu.
38. " 'iine'ahsuy, cihpo, mahtekuh 'enee, 'aynu 'enee kusu, monimahpo ka 'esiko'iruskarehe neeko. suke kanne. suke kanne."

39. nah yee an 'ohta taa,

40. tee man kanne
　　kuyaykara kusu kusu
　　suu 'ah kaapoka ciirih ciirih

は、あちこち探しながら、
25. 「ねえ、この家の男は何を持ってきても、魚を食べても魚の頭は食べてもその目は子どもたちにも食べさせないで、どうしたわけか目がなくなっている」
26. と言ったとさ。[自分で食ったんだべ。Si]
27. そうして今あちこちのところを、探して、寝台を持ち上げながら探していたが、寝台の下のところに、ハンカタが一つあって、その中にチッポ虫が3匹入っていて、光っていた。
28. だから今びっくりしてそれを見たら、チッポ虫がその中にいたとさ。それからそれを取って外に出て外に投げた。外に投げたらカラスたちがすごく集まってきて、そのチッポ虫、ハンカタをみんなですっかり持っていったとさ。
29. しばらくして男が、魚とりアザラシとりから帰ってきたとさ。獲物をとって下りてきて、
30. 「おいおい、何をしているんだ？」
31. と聞いたら、娘は何も言わなかったとさ。何も言わないから、男は寝台を持ち上げて見たらそのチッポ虫がいなくなっていたとさ。それから、
32. 「この姉さん、この奥さんがチッポ虫を殺したんだな！」
33. と言って、殴って殴って、水の中に落としたとさ。
34. 一方家ではこんど、娘たちが泣いていて、今カラスたちが家へチッポ虫を持っていったが、そのチッポ虫がお祈りを唱えていたとさ。すると男が出てきて、
35. 「私のチッポ虫を私に落としてください、チッポ虫を私に落としてください」
36. とカラスたちに向かってお祈りを唱えていたら、カラスたちはチッポ虫を落としてくれたとさ。そのチッポ虫は止まって、落ちてきたとさ。
37. それから、男はそれを拾って持って入ったとさ。持って入って、食事の仕度をして男は言ったとさ。
38. 「ねえ、虫さんや、お前さんは女だから、つまり人間だから、この家の娘を怒らせてしまったんだよ。さあ食事の仕度をしてくれ。料理を作ってくれ」
39. と男が言ったとき、

40. tee man kanne
    kuyaykara kusu kusu
    suu 'ah kaapoka ciirih ciirih

suu 'ah kaapoka, ······

41. cihpo rew, suu 'onne 'ahun, 'an ohta taa, horokwpo taa
42. "peeka. 'acikacika." nah yee. "peeka" nah kii manu.
43. suy ne'an wahka taa 'e'utehkara 'an 'ohta taa,
44. "cihpo, aynu 'enee kusu nee wahka taa."
45. ka nah yee ike taa, suy taa,

46. tee man kanne,
 kuu yaykara kusu,
 ni'atus kaapoka ciirih ciirih,
 cih- cihpo rew, suy ni'atus onne 'ahun an 'ohta horokwepo taa "acikacika."

47. nah yee 'ike taa, yanke, nah taa kihci manu.
48. 'anayne taa sine too taa, horokewpo taa, neya poohohcin koytah mee teh taa, macihi hunara kusu nah yee teh taa, 'asin teh taa, 'oman manu.
49. 'omanihi ne'ampe taa, oman oman 'oman ayne taa sine nay an. taa nay 'ohta nay 'onne tuhse teh waa waa pecikaha ne'ampe taa, ァノ− sine icse 'an manu. sine cise 'anihi ne'ampe taa, sine 'acahcipo 'an manu.

50. " 'iine ahsuy, mon-, horokewpo, nakene 'e'oman kusu?"
51. "macihi hunara haa." nah yee manu. "monimahpo 'iruska 'ike nakene ka 'omanuwa isam" nah yee manu. neyke taa,
52. " 'ahka nee kusu neyke, teewa taa ruura kusu, tura 'oman kusu", nee manu. "tura 'oman kusu neyke, ァノ− taa mahta kanne makan kusu neyke, poro cise 'an manu. poro cise 'ani ike taa 'onnayketa taa, monimahpo 'usa 'oka renkayne 'okayahci'ike ウ ノ 'ehahtaa koh makapahci 'ani ike taa sapahci koh hecire koh sapahci, nah kihci, 'anah kayki taa makan kusu neyke hoski kanne, hokokohse haw 'an kusu neyke hanka heruhse ruhki."
53. nah yee manu.
54. 'orowa taa suy ウノ "monimahpo 'utah hecirehci wa sapahci kusu neyke hanka hetesuu. hosiki 'ahun hecire 'utah ne'ampe 'okiriki humpe" nee manu.
55. 'orowa suy hecirehci wa sapahci kusu neyke, エ− hoski sanpe ne'ampe taa re'oykaarimpa sinuye monimahpo tah nee manu. tah ne'ampe 'okiriki humpee. 'orowa taa, suy sanpe 'an kusu neyke tah ne'ampe taa yayan horo-, monimahpo tah nee manu.

suu 'ah kaapoka, ……

41. チッポ虫は止まった、鍋の中に入った、その時、男が
42. 「上りなさい、バタバタしなさい」と言う。するとチッポ虫は上ったとさ。
43. また水汲みを頼むときも、
44. 「チッポ虫や、お前は人間だから水を汲んでおくれ」
45. と言うと、また、

46. tee man kanne,
　　kuu yaykara kusu,
　　ni'atus kaapoka ciirih ciirih,
　　cih- cihpo rew, suy ni'atus onne 'ahun an 'ohta horokwepo taa "acikacika."

47. と言って、上らせる、という風だったとさ。
48. そうしてある日、男は、その子どもたちと相談して、妻を捜しに行くと言って、家を出て、行ったとさ。
49. 行って、ずっと行くと川が一つあった。その川に跳び込んで泳いで泳いで向こう岸に渡ったら、一軒の家があったとさ。家が一軒あって、ババが一人いたとさ。
50. 「ねえ、兄さん、どこへ行くのかい？」
51. 「妻を捜しに行くんだ」と言ったとさ。「彼女は怒ってどこかに行ってしまった」と言ったとさ。すると、
52. 「それじゃ、そこまで連れて行こう、わしも一緒に行くよ」と言った。「一緒に行ったら、山の方へずっと上っていくと、大きい家が一軒あるんだとさ。大きい家があって、その中に娘たちがたくさんいて、山へユリ根を掘りに行っては踊りながら帰ってくるという風に暮らしているが、だけどそこに行ったら、最初は帰ったよという声がしても動くなよ」
53. と言ったとさ。
54. それでまた「娘たちが踊りながら帰ってきても起き上がるなよ。最初に踊って入ってくるのはオキリキクジラの神だからな」と言ったとさ。
55. それからまた踊りながら帰ってきたら、その最初に帰ってくるのは3つの丸印の刺青をした娘だとさ。それがオキキリクジラの神なのだ。それから、次に帰ってくるのは普通の娘なのだそうだ。

56. nah taa 'acahcipo taa yee teh taa, horokewpo tura wa makan manu. tura wa makan teh tani taa, neya cise ohta,
57. ［テープ切れる］……
58. (はじめからじゃない、今の続き。M) イマノツヅキカ？
59. 'orowa tani taa horokewpo taa, nuyna, 'imii cikoore teh tah 'ama manu.
60. " 'ukokayohaw 'ay yahka hanka hetesuu. yohciwehaw 'ay yahka hanka hetesuu."
61. nah yee teh taa,
62. " yohciwehehaw 'an kusu neyke hetesuu kusu neyke, 'okiriki 'ekusa naa. hokokohse haw ay yahka hanka hetesu."
63. nah yee manu.
64. "hecire wa, hecirehci wa, hecire wa san 'utah 'an kusu neyke, hetuhsere kusu neyke caytom eysinuyehe kii monimahpo 'an kusu neyke, nukara kusu neyke, wante kusu iki. 'oha caytom ani sinuye monimahpo taa pateh."
65. nee manu.
66. neeteh tani taa 'orowa taa neya 'oro- 'acahcipo taa suy 'asinu wa 'isam manu.neeteh taa 'orowa taa horokewpo taa mokoro yayne taa hoski taa, hokokohse haw 'an. ne yahka hetesu ka hankii. cipeyan ciw haw 'an neyahka hetesu ka hanki manu.
67. neeteh taa 'anayne tani taa suy tani neya 'anayne taa monimahpo 'uta hecirehci wa hecirehci wa sapahci hawehe 'an manu.

68. 'oorin toko koh, 'oorin toko koh
 cihpo hokuhu
 miru-'atu tuy tuy
 'oorin toko koh, 'oorin toko koh

69. nah kii kusu, 'ohta payehci.
70. neyah taa orowa suy taa cise ohta 'ahupahci. cise 'ohta 'ahun. cise 'ohta ahupahci. suy taa,

71. 'oorin toko koh, 'oorin toko koh,
 cihpo hokuhu, 'oorin toko koh,

72. "huraha 'an." nah yehci ' ike taa kirahci wa 'asipahci manu.
73. neeteh taa 'okaaketa suy 'anayne taa suy 'eh cih 'ay 'ahun manu.

56. ババはこう話しながら、男と一緒に山の方へ上っていったとさ。一緒に上っていったら、その家に、
57. [テープ切れる。] ……
58. [はじめからじゃない、今の続き。M] イマノツヅキカ？
59. それからその男はそれを隠した、着物を着せて置いたとさ。
60. 「叫び声が聞こえても起きるなよ。どんなに小さな声が聞こえても起き上がるなよ」
61. と言って、
62. 「かすかな声がして起き上がれば、オキキリ神がお前をさらっていってしまうからな。猟の知らせの声が聞こえても起き上がるなよ」
63. と言ったとさ。
64. 「踊って、もし踊って、踊って下りてくる人が来て、頭を上げてcaytomに刺青をしている娘なら、見ると、分かるよ。そのcaytomに刺青がある娘だけだよ」
65. と言うことだ。
66. それからそのババはまた出ていってしまったとさ。それからその男は寝ていると初めに、猟を知らせる声がした。だけど起きなかった。次に舟をつける波の音がしたが起きなかったとさ。
67. そうしているうちにまたそうこうしていたら娘たちが踊りながら山から下りてくる声がしたとさ。

68. 'oorin toko koh, 'oorin toko koh
 cihpo hokuhu
 miru-'atu tuy tuy
 'oorin toko koh, 'oorin toko koh

69. という声がして、やって来た。
70. それから娘たちは家に入った。家に入った。皆で家に入った。するとまた、

71. 'oorin toko koh, 'oorin toko koh,
 cihpo hokuhu, 'oorin toko koh,

72. 「臭いがする」と言って娘たちは逃げて出ていったとさ。
73. その後でまた舟がやって来て入ってきたとさ。

74. hoh, hoh, hoh,
    kucirin kucirin kucirin nah
    hoh, hoh,
    kucirin kucirin kucirin hoh,
    kucirin kucirin kucirin
    cihpo hokuhuu piro atutuytuy hoh,
    kucirin kucirin kucirin

75. tah hecirehci wa sapahci 'ahupahci manuyke taa, sikaatehci manu.
76. sikaatehci kusu taa, nukara yayne taa macihi taa hecire noske'ike ta an manu.
77. tah kusu tani taa, numa teh taa nani taa macihi uh manu. 'ukihi ne'ampe 'enkokehehcin taa, cihpo huraha 'an nah yee teh, 'okore kirahci wa 'asipahci (wa) isam manu.
78. neeteh tani taa 'okaaketa tani taa monimahpo 'ukihi ne'ampe taa, monimahpo 'ene yee manu.
79. " 'ahka nee kusu neyke nah kanne 'orowa 'ankon rusuy kusu, ney- 'an'uh rusuy kusu neyke, 'oman teh cihpo raykire kusu."
80. nah yee manu.
81. "cihpo raykire teh sihnumihi 'ampa 'eh kusu neyke wante kusu neyke taa 'eko'oman kusu."
82. nah yee manu.
83. neeteh tani taa horokewpo tani taa 'oman manu. [ranneeno kii kanne. M] 'oman manu. 'omanihi ne'ampe taa, ne'an ウン cise ta 'oman manu. cise ta 'omani ike taa, cihpoho rayki rusuy ahka 'oskoro kusu taa, 'otuy'umpe sineh taa 'ani ike taa tah rayki teh taa, sihnumihi 'asinke teh 'ampa teh taa, 'oman manu.
84. 'omanihi ne'ampe taa, neya monimahpo 'ohta 'omanihi ne'ampe taa, monimahpo sinenehka 'an kusu 'an manu.
85. neyke tani taa neya koorehe ne'ampe nukaraha ne'ampe taa,
86. "seta setasih neya waa!" nah taa yee manu.
87. "hannehka 'oman kusu. nah kanne cihpoho 'oskoro'ampe nee kusu neyke taa, hanka si'omante kusu. 'ahka nee kusu neyke , oman kusu neyke sonno 'orowa 'ankonrusuy nee kusu neyke, ウン cihpo rayki kusu neyke, 'anihi ka niwen kanne. sikihi 'orowa wahka 'asin kanne. cihpo ka sikihi 'orowa wahka 'asin kanne. 'ampa 'eh kusu neyke, 'anihi wante kusu neyke horokewpo tura hosipi kusu."

88. nah yee manu.

74. hoh, hoh, hoh,
kucirin kucirin kucirin nah
hoh, hoh,
kucirin kucirin kucirin hoh,
kucirin kucirin kucirin
cihpo hokuhuu piro atutuytuy hoh,
kucirin kucirin kucirin

75. と踊りながら下りてきて入ってきて、sikaate した。
76. sikaate したから、よく見ると自分の妻がその踊りの真ん中にいたとさ。
77. だから今、起きてすぐその妻の手をとったとさ。手をとったら娘たちの半分は、チッポ虫の臭いがすると言って、みんな逃げて出ていってしまったとさ。
78. それで今その後でその妻の手をとったら、妻はこう言ったとさ。

79. 「それじゃあそんなに私に帰ってほしいなら、私がほしいなら、行ってチッポ虫を殺してらっしゃい」
80. と言ったとさ。
81. 「チッポ虫を殺してその目玉を持ってきてそれだと分かったら私はあなたのところへ帰っていきます」
82. と言ったとさ。
83. それで今その男はそこへ出かけたとさ。[ゆっくり言ってください。M] 行ったとさ。行ったのだが、その家へ行ったとさ。家へ行って、それでチッポ虫を殺そうとしたがもったいなくて、獲物（イヌ？）が一匹そこにいたから、それを殺して、目玉を取り出して持って、行ったとさ。
84. 持っていったら、その女のところに持っていったら、女はたった一人でいたとさ。
85. それで今それをやったら女は見て、
86. 「イヌの、イヌの目じゃないの！」と言ったとさ。
87. 「私は（あなたのところに）行きませんよ。そんなにチッポ虫が惜しいのなら、私は行きませんよ。それじゃあ、もし私に行って本当に帰ってほしいならば、チッポ虫を殺す気があるならば、心を鬼にしてちょうだい。目から涙を流してちょうだい。チッポ虫の目から涙を流すようにしてちょうだい。その目を持ってくれば、私が自分で納得すればあなたについてゆくわよ」
88. と言ったとさ。

89. neeteh tani orowa taa, horokewpo taa, tani taa, neya seta sih 'ampa teh taa 'orowa hosipi manu. hosipihi ne'ampe taa tani ciseta 'oman teh taa tani niinankorope tah kara manu. niinankorope kara 'ike taa, poohohcin tura 'ohacirunka.
90. 'orowa cihpo taa tani taa rayki teh taa, sihnumihi taa 'asinke teh taa 'ampa teh taa, niwen kanne cis kanne taa, neya cihpo sihnumihi 'ampa teh taa 'oman manu.
91. 'omani ike taa, neya macihi 'ohta 'omanihi ne'ampe taa, tah nukantehe ne'ampe tani,
92. " tah cihpo sikihii. numihii." nah yee teh tani taa, 'orowa horokewpo tura 'omanihi ne'ampe taa cise ta 'omanihi ne'ampe taa, niinankorope rimse 'ani taa 'ekanrayehcihi neh manu.

93. 'ahkapo ahkapo 'uta keepu ci'eere.
kaama cis ranke,
'ahkapo 'ahkapo keepu ci'eere
kaama cis ranke,
hahko nanna
'ahkapo ahkapo
keepuci 'eere
kaama cis ranke
hahko nanna"

94. nah taa yee 'ani taa, 'apa ohta 'asin manu.
95. nukara koh taa 'anihi nanuhu ka 'okore keepus nee teh taa kee koroye teh monimahpo 'utah naa cisahci kusu 'okayahci manu.
96. 'ohta payehci, 'ahupahcihi ne'ampe taa neya 'ommohohcin taa reekoh 'epuntekahci manu, monimahpo hekaci utah.
97. 'orowa ne'ampe taa, neya niinankorope tani 'ampa wa makani ike, kinta makan teh taa, cise 'osmaketa 'ampa wa makan teh taa, 'inawehe kara teh taa nii hekopas taa hotarika manu.
98. neeteh 'orowa tani taa, monimahpo taa tani taa 'ipekara ike taa poohohcin tura ipehci nah okayahci tani taa pirikano 'okayahci manu.
99. [cihpo は？ cihpo 殺してしまったの？ Si]
100. コロシテ シマッタ モノ。
101. コロシテ sikhi 'ampa 'oman teh monimahpo nukante シタカラ コンド゛ monimahpo ciseta hosipihi ダ゛ン ダ゛。
102. [うん、"tani hemaka? M] ウン hemaka.

89. そうしてそれから、男は、そのイヌの目を持っていって家へ帰ったとさ。帰って家に行って木の人形を作ったとさ。木の人形を作って、子どもたちと一緒に留守番をさせた。
90. それからチッポ虫を殺して、その目玉を取り出して持って帰って、心を鬼にして泣いて、そのチッポ虫の目玉を持って帰ったとさ。

91. 持って帰って、妻のところに持っていって、それを見せたら今度は、

92.「これはチッポ虫の目玉だ。目玉だ」と言って今、ようやく男と一緒に行って家へ行ったら、木の人形たちが踊りながら出迎えてくれたんだとさ。

93. 'ahkapo ahkapo 'uta keepu ci'eere.
 kaama cis ranke,
 'ahkapo 'ahkapo keepu ci'eere
 kaama cis ranke,
 hahko nanna
 'ahkapo ahkapo
 keepuci 'eere
 kaama cis ranke
 hahko nanna"

94. と言いながら、戸口に出てきたとさ。
95. 見ると自分たちの顔もみんな脂だらけになって脂まみれになって妻の子たちも泣いていたとさ。
96. そこに行った、入ったらその母さんたちもとても喜んだとさ、妻の子どもたちも。
97. それから、その木の人形を持って山へ行って、山の方へ行って、家の後ろの山へ持って行って、イナウを作って nii hekopas を立てたとさ。

98. それからは今、女はご馳走を作ってその子どもたちと一緒に食べて、こうやって幸せに暮らしたとさ。
99. ［チッポ虫はどうしたの？ Si］［チッポ虫は殺してしまったの？ Si］
100.「そうだ殺してしまったもの」
101. 殺して目を取ってきて女に見せたから、女は家に帰ったんだ。

102. ［うん、もう終わりましたか？ M］うん、終わった。

チッポ虫 255

103. [わあ、長いねえ。'otanne tuytah だ。poro tuytah だ。私全然わからなかった。ちょっと休んで。またお茶もって来るから。M]

103. ［わあ、長いねえ。長い昔話だ。大きい昔話だ。私全然わからなかった。ちょっと休んで。またお茶もって来るから。M］

33 WEHTAA NEEWA KOMPURA

1989年1月7日録音 (8912a)

1. sine horokewpo neewa horokewpo 'utah taa 'okayahci manu, Sannupista.
2. horokewpo 'uta 'okayahci manuyke taa, アー seta reshkehci manu. seta reskehci 'ike taa, sineh ne'ampe taa, "wehtaa, wehtaa" nah yehci manu. sineh ne'ampe taa, "kompura kompura" nah yehci manu.
3. 'okaaketa taa humpe yan manu. 'oktakaata humpe yani ike taa, 'ohta payehci ike taa, keehe nunnun nah kii 'ike taa, kompura numaha 'okore kee'us. wehtaa numaha ka 'okore kee'us.
4. 'orowa tani taa, cise 'ohta makapahci nah kiike taa, ウン monimahpo neye horokewpo neya taa,

5. wehtaa kaay kaaay
   kompura maas maas
   wehtaa numaha hoorika hoorika
   kompura numaha hoorika hoorika

6. nah taa kayookarahci manu.
7. nah taa payehci ranke taa 'iperehci 'ike taa numahahcin ka 'okore kee'us. kompura ka 'okore numaha kee'us.
8. neeteh tani 'an nayne tani taa, sine too taa, repunkusun horokewpo taa, 'eh manu. 'eki ike neya seta 'utah taa 'okore taa tura wa 'oman manu, cise 'ene.
9. neeteh taa tura wa 'oman teh tani taa, 'okayahci manuyke taa, 'otakaata suy taa, humpe, hacikoo humpe taa, yan manu.
10. hacikoo humpe yani ike taa, neya humpe 'ohta taa suy ne'an wehtaa nah payehci manuyke taa, ciyehe taa 'ehci nunnun nah kii manuyke taa, 'okore ka ke'usahci manu.
11. neeteh taa 'orowa taa cisehehcin taa hosipihcihi nee manu.
12. hosipihci 'ike taa horokewpo taa, monimahpo naa, horokewpo naa, taa setahahcin taa kayookarahci.

13. wehtaa kaay kaaay
    kompura maas maa
    wehtaa numaha hoorika hoorika
    kompura numaha hoorika hoorika

33話　ウエッターとコンブラ

1989年1月7日録音 (8912a)

1. ある男がその仲間と住んでいたとさ、サンヌピシ村に。
2. 男たちが住んでいて、イヌを飼っていたとさ。イヌを飼っていて、その一匹は、「ウエッター、ウエッター」とみんなが呼んでいた。一匹は、「コンブラ、コンブラ」と呼んでいたとさ。
3. 浜にクジラがあがったとさ。浜にクジラがあがったから、そこへみんなで行って、脂をしゃぶったりしていたら、コンブラの毛は脂だらけになった。ウエッターの毛もみんな脂だらけになってしまった。
4. それから、みんなで家に帰って、その娘いやその男は、

5. wehtaa kaay kaaay
   kompura maas maas
   wehtaa numaha hoorika hoorika
   kompura numaha hoorika hoorika

6. といって呼んだとさ。
7. こうして行ってえさをやったがその毛にはみんな脂がついていたとさ。ウエッターの毛も脂だらけ、コンブラの毛も脂だらけだった。
8. こうしていたが、ある日に、レプンクシの男が、やってきたとさ。やって来て、そのイヌたちをみんな連れて行ったとさ、家へ。
9. それで連れて行ってしまって、しばらくしてから、浜にまた、クジラが、小さいクジラが、あがったとさ。
10. 小さいクジラがあがったから、そのクジラのところへまたウエッターもまた行ったのだが、チンポを食べてはしゃぶって、そうしているうちにみんな脂だらけになったとさ。
11. そうしてそれから男の家に帰ったとさ。
12. 帰ってその男は、女も、男も、イヌたちと呼んだとさ。

13. wehtaa kaay kaaay
    kompura maas maas
    wehtaa numaha hoorika hoorika
    kompura numaha hoorika hoorika

wehtaa kaay kaay
kompura maas maas

14. nah taa kihci manu.
15. nah kihcihi ne'ampe taa, ウン kompura numaha wehtaa taa nunnun. 'orowa wehtaa numaha kompura nunnun, kompura numaha wehtaa nunnun, nah 'uko'enunnun nah kihci yayne tuhpis 'okore rayahci manu.
16. ソーイウ tuytah アル。
17. ［わあ、短い。これは面白い。M］

wehtaa kaay kaay
kompura maas maas

14. といって呼んだとさ。
15. そうしてから、コンブラの毛をウエッターがしゃぶった。それから、ウエッターの毛をコンブラがしゃぶった、こうやってお互いに毛をしゃぶり合っているうちに2匹とも死んでしまったとさ。
16. そういう昔話がある。
17. [わあ、短い。これは面白い。　M]

34 TUNKASAPAHKA(-89)

1989年8月13日録音 (8905a')

1. Sannupista re horokewpo 'okayahciシタト. re horokewpo 'okayahciシテ, niina koh kuruhci, cehkihci koh 'ehci, yuhkihci 'ehci, ソーヤッテ イタウチ コンダ゜アルヒニ アノー kiyanne horokewpo コンダ゜niina kusu makan シタト. niina kusu makani ike kinta makan teh niinaha ne'ampe, sine mun'ehokoyakoya ruu カラ sine tunkasapahka karakahse wa taa san manu.

2. kanciine tuuneh tuuneh
   heetunne tuuneh tuuneh

3. ソーシテ karakahse wa san teh tani nay 'ohta san teh wahka kuu manu. wahka kuu teh taa 'orowa taa, horokewpo 'e'ohayohayne kusu 'orowa kira wa san manu. 'iruska wa san manu.

4. 'iruska wa sani ike taa cise 'ohta san teh taa, konkeni'ah yohte wa ranke 'ike taa, sapahka kokarikari teh, cise 'ohta 'ahun teh mokoro.

5. neyke taa, 'ahkapo 'ahkapo 'utah taa,

6. " 'ine'ahsuy, yuhpo yuhpo, nee 'oyasi 'uwasi henneh 'enukara ciki yee wa 'annuu."

7. nah yee yahka 'ike taa yehci yahka taa 'ampene taa mokoro.

8. 'anayne tani taa, sine too taa, 'inoskun horokewpo niina kusu makan manu.

9. 'inoskun horokewpo niina kusu makani ike, kinta makan teh niinaha ne'ampe taa, アノー オクカラ mah wa taa, munehokoyakoya ruu kaari taa, hemata 'usikepe san kusu taa pirika nukaraha ne'ampe tunkasapahka nee manu.

10. kanciine tuuneh tuuneh
    'eetunne tuuneh tuuneh
    kanciine tuu-

11. nah kii wa taa san taa , nay 'ohta sani ike taa, wahka kuu.

12. teh taa 'orowa taa, wahka kuu teh 'orowa suy karakahse wa taa ruu 'okakara makan manu.

13. neeteh tani taa horokewpo taa, 'orowa nukara teh 'e'ohayohayne kusu 'orowa taa san 'ike taa, cise ta san teh taa, konkeni'ah yohte wa ranke 'ike, sapahka kokarikari teh konkeni'ah ッテ イウモノ イロマキタ゜。ソーシテ コンダ゜オトウト コンダ゜ 'ahkapo コンダ゜ "nuu kurusuy."

34話　頭がい骨(-89)

1989年8月13日録音 (8905a')

1. サンヌピシ村に3人の男がいた。3人の男がいてマキ取りに行ってはくべ、魚をとっては食べ、えものをとっては食べしていたがある日、上の男がマキ取りに山に行った。マキとりに山に行って、木を切っていたら、一本の草の生い茂った道から頭がい骨が一つ転がって下りてきたとさ。

2. kanciine tuuneh tuuneh
   heetunne tuuneh tuuneh

3. こうして転がって下りてきた、こんど川に下りて水を飲んで、それから、男は驚いてそこから逃げ出したとさ。怒って帰ったとさ。

4. 怒って家へ帰ってきて、そのその木の皮をはがして下ろして、それを頭に巻き付けて家へ入って寝た。
5. それで弟たちが、
6. 「ねえ、兄さんや、何かお化け明けにでも会ったのなら話してよ。僕たち聞くから」
7. と、弟たちが言っても、まったく、そのまま寝てたとさ。
8. 寝ていたのだが、ある日、真中の男がマキとりに山へ行ったとさ。
9. 真中の男がマキとりに山へ行って、山に行ってマキとりをしていたら、山の奥の方から草の生い茂った道が下りていて、その一を毛が生えたものが下りてきたからよく見ると、それは頭がい骨だったとさ。

10. kanciine tuuneh tuuneh
    'eetunne tuuneh tuuneh
    kanciine tuu

11. といいながら転がって下りてきて、川で水を飲んだ。
12. 水を飲んで、それからまた転がってその道を通って山へ帰って行ったとさ。

13. それでこんど男は、それからそれを見てびっくりしたから、そこから下りて家に帰ってきて、イロマキの皮をはがして下ろして、頭に巻きつけて、イロマキっていうの木の名前だ。そうしてこんど弟が話を聞きたいと言っ

manu.
14. " 'iine'ahsuy yuhpo yuhpo, hemata 'enukara haa? hemata 'enukaraha hanka 'esiina kanne yee wa, 'annuu."
15. nah yee yahka taa 'ampene taa mokoro manu.
16. neeteh tani taa 'orowa taa 'anayne sine too taa, suy poiwne horokewpo tani taa, yuhpo yuhpo 'utah hemata nukarahci ronkoroho 'ene'ani hii? nah 'eraman kusu taa, 'orowa taa niina kusu makan manu.
17. teh kimta makan teh taa, yuhpoyuhpo 'uta niinahci ruwehe 'ani ike taa, hoski tahci nii ka 'an, yooponi tahcipe ka 'an. sehci ka hankihici ranke sapahci nah kihci. taa 'orowa taa niina.
18. niina yayne 'inkara koh mun 'ehokoyakoya ruu kaari taa sine tunkasapahka taa san manu.

19. kanciine tuuneh tuuneh
    'eetunne tuuneh tuuneh
    kanciine tuuneh tuuneh

20. nah taa karakahse wa san teh taa, nay 'ohta wahka kuu. wahka kuu teh taa 'orowa suy taa, makan manuyke taa,

21. kanciineh tuuneh tuuneh
    'eetunne tuuneh tuuneh

22. nah kii. 'orowa taa makan manuyke taa, nukara 'omante'ene taa, 'orowa tani taa, 'oponi taa makan manu.
23. 'oponi makani ike taa, ruu 'okoyakoya, taa mun, 'ehokoyakoya ruu kaari taa makani ike 'oponi makan ayne taa, sine cise 'an manu.
24. neya cise taa, 'onne taa, neya tunkasapahka 'ahunu wa 'isam manu.
25. neeteh tani taa 'orowa taa, horokewpo taa tani, taata makan teh taa, taa cise 'apaha cahke. 'ahunihi ne'ampe 'ampene 'ekuhteh manu. 'ekuhteh teh taa ウン 'onnayketa taa, paa numaa kusu 'an manu. 'orowa taa 'ekuhteh sakaaketa taa, 'ohta 'ahunihi ne'ampe taa, 'anayne taa, 'uurah rukum pay puy kaari 'asin, 'uurah rukum 'apa kaari 'asin, kii teh sewa teh 'an manuyke taa, 'onnayketa taa, sine 'ahchcipo taa 'ahrus kara kusu 'an manu. [テープ切れる。]
26. 'orowa 'annukara teh taa,
27. " 'ine'ahsuy horokewpo, temana 'ekii teh 'emakani hii? temana 'an teh 'orowa

たそうだ。
14.「ねえ、兄さん、何を見たのか？何を見たのかかくさずに話してくれ。僕たち聞くから。」
15. と弟が言ってもぐっすり眠っていたとさ。
16. それでこんど、しばらくしてある日、また末の男が、こんど兄たちが何を見て、ハゲになったのか不思議に思ったので、その後をついて山へマキとりに行ったとさ。
17. 山に行ったら、兄さんたちのマキとりをした跡があって、最初に切ったマキも後で切ったマキもあった。それを背負わないで帰ってきたのだった。それからそのマキをとった。
18. マキとりをしている時、ふと見ると、草の生い茂った道を通って頭がい骨が一つ下りてきたとさ。

19. kanciine tuuneh tuuneh
    'eetunne tuuneh tuuneh
    kanciine tuuneh tuuneh

20. といいながら転がって下りてきて、川で水を飲んだ。水を飲んで、それからまた山へ帰って行ったとさ。それで、

21. kanciine tuuneh tuuneh
    'eetunne tuuneh tuuneh

22. と言った。それから山へ帰って行ったので、男はそっちを見て、それからその後について行ったとさ。
23. その後について、草の生い茂った道を通って山の方に上って行ったら、家が一軒あったとさ。
24. その家の中に、その頭がい骨は入ってしまったとさ。
25. それで今度、それから男はそこに行って、家の戸を開けた。中に入ったら中は真っ暗だったとさ。真っ暗で、その中に煙が立っていたとさ。それからその暗闇の中に入って行ったら、もやの半分は窓から出、もやの半分は戸から出、もやが晴れて、見ると、一人のババがそこでアッシを作っていたとさ。[テープ切れる。]

26. ババは男を見て、
27.「ねえ、兄さん、どうして山に上ってきたのか？何があって上って来たの

'emakani hii? 'ine'ahusuy, teeta 'an teh monimahpo 'utah 'ehahtahci kusu makapahci kusu. sapahci kunihi teere. 'ehahtahci kusu sapahci 'aysukehcihi 'ee teh san."

28. nah yee manu.
29. teh tani taa, horokewpo taata taa 'ay yayne taa, monimahpo taa ta 'ehahtahci wa sapahci manuyke taa, hecirehci wa sapahci manu.
30. rih tan ponpo ta'un, han ciraa kootan
    raw tan ponpo ta'ii, han ciraa kootan
    rih tan ponpo ta'ii, han ciraa kootan
31. nah taa hecirehci wa sapahci hawehe 'an manu.
32. 'acahcipo taa 'ene yee manu.
33. "tani 'anmatutah neyke hecirehci yahka sinnay, 'anoka neyke 'asinno neyke,
34. kokoo kokoo kokoo
    ciraa ciraa ciraa
    kokoo kokoo
    ciraa ciraa
35. nah 'ampe. tani ne'an monimahpo neyke,
36. rih tan ponpo ta'un, han ciraa kootan
    raw tan ponpo ta'ii, han ciraa kootan
37. nah hecirehci kusu ne'anii."
38. nah taa 'acahcipo yee manu.
39. 'anayne taa monimahpo 'utah 'ahupahci kun taa 'ehahtahci wa sapahci 'ahupahci manu.
40. neeteh tani taa 'ehahsukehci manuyke taa, horokewpo tura 'ehci 'ipekarahci 'ike taa, horokewpo 'eerehci.
41. ne'ampe kihci 'omantene taa,
42. " 'iine'ahsuy 'achahcipo, 'ine'ahsuy, horokewpo re'usi teh simma tanoka monimahpo 'uta 'okore tura kanne sanu waa."
43. nah yee manu.
44. 'acahcipo monimahpo horokewpo 'utah kumah nuure rusuyahci kusu. kesito'asinkoh

か? ねえ、ここに娘たちが今ユリ根掘りに山に行って帰ってくるから待ちなさい。ユリ根を掘って帰ってくるから、それを煮てやるから食べて帰りなさい」
28. と言ったとさ。
29. それで今度、男はそこにしばらくいて、娘たちがユリ根を掘って娘たちが、踊りながら山から下りて来たとさ。

30. rih tan pompo ta'un, han ciraa kootan
    raw tan pompo ta'ii, han ciraa kootan
    rih tan pompo ta'ii, hanciraa kootan

31. といって下りて来る声がしたとさ。
32. ババはこう言ったとさ。
33. 「今どきの娘たちの踊りは違うな。わしらがはじめにやったのは、

34. kokoo kokoo kokoo
    ciraa ciraa ciraa
    kokoo kokoo
    ciraa ciraa

35. とやって踊った。今どきの娘たちは踊ると、

36. rih tan pompo ta'un, han ciraa kootan
    raw tan pompo ta'ii, han ciraa kootan

37. といって踊るんだ」
38. とババは言ったとさ。
39. そうして今、娘たちは入って、ユリ根を彫って帰ってきた家に入ったとさ。
40. それでこんど、ユリ根を煮て、男といっしょに食べて、食事を作って男に食べさせた。
41. 食べさせて食べさせて、
42. 「ねえ、おばあさん、ねえ、男や、今晩はここに泊って、明日この娘たちを連れて帰りなさい」
43. と[ババは]言ったとさ。
44. ババは、「娘を男たちに嫁がせたいと思って、毎日マキとりをして、嫁を

niinahci kusu kumahnuure rusuyahci kusu kukarahci 'ike 'iruskahci koh sapahci, 'iruskahci koh sapahci. poniwne horokewpo pateh taa, 'ani(hi) 'ennospa wa makan."
45. nah taa yee manu.
46. neeteh tani taa neya horokewpo taa, 'iperehci, caro'oykihci 'omantene taa re'usi. re'usi teh taa 'orowa taa sinke'ikehe taa san kusu kara 'ike taa, 'acahcipo taa monimahpo 'utah taa, 'okore taa horokewpo turare kusu nah yee manu.
47. neeteh tani taa horoekewpo turahci 'ike sapahcihi ne'ampe taa, cise 'onne 'ehankeno sapahci koh, yuhpo yuhpo 'utah cishawehehecin 'an manu.

48. 'i'i hii 'i'i hii
    yuhpo yuhpo wen kusu
    'i'i hii 'i'i hii
    'ahkapo 'ahkapo 'ekoweepekere ka hankii
    'i'i hii 'i'i hii
    pirikaruy 'ahkapo 'ahkapo tani,
    tani 'oyasi 'usiw 'utah 'aynuhuhcin honikarahcihi neenanko.
    'i'i hii 'i'i hii

49. nah taa cisahci hawehe 'an kusu 'an manu.
50. 'orowa taa cahse wa san teh 'apacahke wa 'inkaraha ne'ampe taa, 'okore sapahkahahcin menkehci 'omantene, taa cisahci kusu 'okayahci manu.
51. 'unukara teh taa,
52. " 'ine'ahsuy 'ahkapo 'ahkapo 'utah, hemata ciskarahci?"
53. 'ahcahcipo 'orowa 'anmahnuure rusuyahci kusu, 'anhunarahci 'ike taa, hemata menkerahci nah cisahci?"
54. nah taa yee manu.
55. "taa 'ecisapahkaha numpe 'ani karayan. 'ecimacihi 'ahun kuru kara."nah yee manu.

56. ne'ani tani taa, horokewpo 'uta 'esumani 'utah 'utukarahci manu.

57. yuhpo yuhpo wen kusu 'e'iruwah sanke purupuru taa
    'ahkapo 'ahkapo wen kusu   'e'iruwah sanke purupuru taa

58. nah taa 'esum 'ani'utukanahci 'omantene taa, numpe karahci 'ike taa sapahkahahcintaa kotahmarehci. haaciri, suy kotahmarehci, haaciri, kii yayne taa monimahpo 'uta sahupahci manuyke 'eyaykoyraykihci kusu taa, 'ampene hetesu ka koyaykusahci,

取らせたいと思っていろいろしたが、みんな男たちは怒っては帰ってしまった。末の男だけが私を追って山に上ってきた。」
45. と言ったとさ。
46. それで、こんどその男に、食べさせて、ご馳走してから泊った。泊ってその翌日、男が帰ろうとする時に、ババは娘たちに、みんな男について行きなさいと言ったとさ。
47. それでその男について娘たちは下りて行って、家の近くまできた時、兄さんたちの泣く声がしたとさ。

48. 'i'i hii 'i'i hii
　　yuhpo yuhpo wen kusu
　　'i'i hii 'i'i hii
　　'ahkapo 'ahkapo 'ekoweepekere ka hankii
　　 'i'i hii 'i'i hii
　　pirikaruy 'ahkapo 'ahkapo tani,
　　tani 'oyasi 'usiw 'utah 'aynuhuhcin honikarahcihi neenanko.
　　'i'i hii 'i'i hii

49. と泣く声がしたとさ。
50. それから走って行って戸を開けてみたら、みんな頭を坊主にして、泣いているのだったとさ。
51. それを見て、
52. 「ねえ、弟たち、何を泣いているのか？」
53. 「ババが僕たちに嫁取をさせたいと言って、嫁探しをしてくれたのに、なんで頭を坊主にして泣いているの？」
54. と言ったとさ。
55. 「お前たちの頭をノリで付けなさい。いまお前たちの嫁さんが入ってくるよ」と言ったとさ。
56. それで、男は、ノリのために獣を射止めたとさ。

57. yuhpo yuhpo wen kusu 'e'iruwah sanke purupuru taa
　　'ahkapo 'ahkapo wen kusu　　'e'iruwah sanke purupuru taa

58. と言って、獣を射止めて、ノリを作ってその頭をくっつけたとさ。落としたり、付けたり、落としたり、付けたりしてしていたが、その娘たちが入ってくるから恥ずかしがって、まったく起き上がることもできないで、恥ず

'eyraykihcipe nee manu. hetesu ka koyaykusahcihi nee manu.
59. neeteh 'orowa tani taa 'okayahci 'omantene taa, 'orowa taa, sapahkahahcin 'iramasreno kotahma teh 'an manu.
60. neeteh sani taa 'orowa paykihci ike'taa tani taa nanuhuhcin hurayehci teh taa tani taa 'ipekarahci manuyke taa 'ehci manu.
61. neeteh 'orowa tani taa pirikano 'okayahci 'ike taa tani 'okore taa, mahnuhci, hokunuhci, nah kihci teh taa, tani 'ene kihci teh taa, tani 'ene mahkorope neeno taa, 'usahpa 'usahpa cisekarahci. taa pirikano cise 'ohta 'okayahci 'ike taa, rih poka 'ahkas cikah taa tehkupihi sayayse 'ike, 'uynahci 'ike muysankeh ne naa sahka ne naa korohci.
62. nah kihci yayne yaykotanpa 'etuhturihci 'ike taa, poo 'utah renkayne korohcipe nee manu. nah'an tuytah ヤ゜。

かしがったとさ。頭を上げることもできなかったとさ。
59. それでそれから、しばらくして、それから、頭をきれいに付けてしまったとさ。
60. そうして今度、ようやくみんな起きて、顔を洗って、ご飯の支度をしてみんなで食べたとさ。
61. こうしてそれからは幸せに暮らして、みんな3人とも男は嫁をもらって娘は婿をとって、こうして、今は嫁をもらった者がするようにそれぞれ家を建てた。その家でみんな幸せに暮らして、そうして空飛ぶ鳥もその手羽を落して、みんなそれを拾って、ホウキやハシも作った。

62. こうしているうちに村も栄えて、子どもたちもたくさん増えたとさ。こういうお話だ。

35 'UNKAYOH 'OYASI(-89)

1989年8月13日録音 (8905a)

1. Sannupista suy, rehorokewpo 'okayaci. rehorokewpo 'okayhci 'ike taa, niinahci koh kuruhci, cehkihci koh 'ehci, nah kihci yayne sine too taa ｳﾝ, kiyanne monihorokewpo taa, niina kusu makan manu.
2. niina kusu makan 'ike, kinta makan teh taa, niina 'ike taa niina 'ike taa, ｱﾉ 'etukuma sineh taa mukara 'ani humpaha ne'ampe,

3. 'ahkapo pirikapo hum po hum
   'ahkapo pirikapo hum po hum

4. nah kii.
5. "tan nanutetara, hemata kohaw'iki hii?"
6. nah yee 'ike taa, mukara 'ani sitaykihi ne'ampe mukara kotahmaa. teh 'ani siyayki 'ike tekihi kotahmaa. ｱﾝ kemaha 'ani siytayki 'ike kemaha kotahmaa. ﾄﾞｰﾓ ﾅﾗﾅｲ ｶﾗ ｺﾝﾀﾞ teh 'ani sitayki kotahma. ｱﾀﾏﾃﾞ ﾊﾀﾞｲﾀ ｹ sapahkaha kotahmaa. neeteh taa, temana ﾓ kii ﾓ koyaykus.
7. 'anayne taa, 'osukeh sineh cahse wa san manu. 'osukeh sine cahse wa san 'ike taa, nukara teh taa, 'orowa taa neya 'osukeh taa cahse wa makan manu.
8. neyke taa, neya horokewpo taa, sine ho- 'unkayoh taa, kimma san manu.
9. 'unkayoh kimma san 'ike,
10. " 'ene 'an kusu taa kunoosetaha ﾀﾞ " ｯﾃ nee, nnee manu.
11. ｿﾉ 'osukeh ﾊ ｱﾉｰ 'unkayoh setaha ﾀﾞﾄｦ nooseta ﾀﾞﾄｦ neetah tani taa, 'orowa neya 'unkayoh taa mesuhci teh taa 'orowa 'ampahci wa makapahci manu.

12. ｿｰ ｼﾃ ｺﾝﾀﾞ horokewpo taa, kamihi 'ehci ﾀﾞﾍﾞｻﾆｸ ｸｳﾆ ﾓｯﾃ ｲｯﾀｮｿｰ ｼﾃ ｱﾆｷ､ ﾃﾞﾅｲ ｵﾄｳﾄ ﾌﾀﾘ ｳﾁﾆ ｲﾃ ﾅﾝﾎﾞ ﾏｯﾃﾓ ﾏｯﾃﾓ ｺﾅｲｶﾗ ｺﾝﾀﾞ ｱﾙﾋﾆ ｺﾝﾀﾞ ﾏﾀ ﾔﾏｻ ｲｯﾀﾝ ﾀﾞﾄｦﾔﾏｻ ｲｯﾀﾗ ｺﾝﾀﾞ､ ｱﾆｷ ﾏｷ yuhpo yuhpo niina 'ike taa, renkayne 'an teh taa, 'ayunuwehe 'isam manu.
13. neyke tani taa, suy niina. niina 'ike taa, mukara 'ani taa nii humpaha ne'ampe 'etukuma humpaha ne'ampe taa,

14. 'ahkapo pirikapo hum po hum
    'ahkapo pirikapo hum po hum

35話　ウンカヨお化け(-89)

1989年8月13日録音（8905a）

1. サンヌピシ村にまた、3人の男がいた。3人の男がいて、マキをとってはくべ、魚をとっては食べ、しているうちに、ある日一番上の男が、マキとりに山へ行ったとさ。
2. マキとりに山へ行って、山へ行って、マキをとっていたら、木の根っこを一つマサカリで切り付けたら、

3. 'ahkapo pirikapo hum po hum
   'ahkapo pirikapo hum po hum

4. という声がした。
5. 「この顔白め！何に向かって叫んでいるんだ？」
6. と言って、マサカリで叩いたらマサカリがくっついた。手で叩くと手がくっつく。足で叩くと足がくっつく。どうしようもないからまた、手で叩いたらくっついた。頭で叩いたらくっつく。こうしているうちに、どうすることもできなくなった。
7. そうしたら、そこへウサギが一匹走って出てきたとさ。ウサギが一匹走って来て見たら、それからそのウサギは走って山の方へ行ったとさ。
8. すると、その男が、一人のお化けが山の方から下りてきたとさ。
9. お化けが下りてきて、
10. 「全く、忠実な猟犬だな」と言ったとさ。
11. そのウサギは、つまりそのお化けの猟犬、忠実な猟犬だとさ。それでこんどそのお化けはそれ[くっついた木の根っこ]をはがして、担いで山へ帰ったとさ。
12. そうして、その男の肉を食べたんだ。肉を食うために運んだ。そうして兄、いや弟2人が家にいていくら待っても帰ってこないからある日弟は山に行ったとさ。山に行ったら今度兄のマキ、兄さんがとったマキはそこにたくさんあったが、人間はいなかったとさ。
13. そして、今また弟はマキをとった。マキをとって、マサカリでそのマキを切ったら、その木の根っこを切ったら、

14. 'ahkapo pirikapo hum po hum
    'ahkapo pirikapo hum po hum

15. nah 'itah.
16. "nanutetara, hemata hokaw'iki hii?" nah yee 'ike taa, mukara 'ani sitayki 'ike mukaraha kotahma. 'orowa tekihi 'ani sitayki, tekihi kotahma. 'o'ara tekihi 'ani sitayki 'o'ara tekihi kotahma. kemaha 'ani sitayki kemaha kotahma. 'o'ara kemaha 'ani sitayki suy kemaha kotahma. 'orowa sapaha 'ani sitaykihi ne'ampe sapaha suy kotahma. 'orowa 'are'anno taata taa, yay'ikisiw teh 'ay yayne taa, 'osukeh sineh cahse wa san manu. cahse wa san teh taa, 'orowa 'annukara teh taa, 'orowa cahse wa makanihi ne'ampe, 'unkayoh sineh sani ike taa,
17. " 'ene'an kusu kunoosetaha tah nee wa."
18. nah taa yee teh taa, neya 'unkayoh taa, nii 'orowa mesuhci teh taa 'ampahci wa makapahci manu, 'unkayoh neewa 'osukeh tura.
19. neya, neeteh 'orowa tani taa, suy, hacikoope taa, yuhpoho hosiki sineh niina kusu makani ike teere yahka koyaykus. yooponi suy sineh niina kusu makani ike teere yahka koyaykus, コンダ゜ アルヒニ コンダ゜ ジ゜プ゜ン マダ niina kusu makan manu.

20. niina kusu makani ike taa, yuhpo yuhpo taa niinahci ruwehe 'ani ike taa, renkayne 'an teh taa, 'orowa taa (yuhpo) niinahci 'ike 'ohta taa, 'etukuma 'ohta taa, mukara 'ani ta'ah niina. niina teh 'etukuma mukara 'ani humpaha ne'ampe ,

21 'ahkapo pirikapo hum po hum
    'ahkapo pirikapo hum po hum

22. nah yee. suy
23. " ne'an nanutetara hemata kohawe'ikihi?" nah yee 'ike taa, suy sitaykihi ne'ampe suy mukaraha 'ampene tani kotahma. neera ko'as yahka mesu kusu karaha koyaykus.
24. 'orowa teh 'ani sitayki tekihi kotahma. マダ 'o'ara tekihi 'ani sitayki suy 'o'ara tekihi kotahma. 'o'ara kemaha 'ani sitayki suy kemaha kotahma. 'o'ara kemaha 'ani sitayki suy kemaha kotahma.sapaha 'ani sitayki suy sapaha, スッカリ 'okore kotahma hemaka.
25. neeteh taa 'ay yayne taa, 'osukeh sineh cahse wa san manu. 'osukeh sineh cahse wa saniike tah 'annukara teh taa, 'orowa taa makan manu.
26. 'anayne taa, tani 'unkayoh sineh taa cahse wa san manu. 'orowa 'annukarahci teh taa,
27. " 'ene'an kusu kunoosetaha pateh neewa!"
28. nah yee 'ike taa, neya 'unkayoh taa, horokewpo mesu kusu kara yahka, mesu

15. という言葉が聞こえた。
16. 「この顔白め！何に向かってしゃべっているんだ？」と言ってマサカリで叩いたらマサカリがくっついた。それから手で叩くと手がくっついた。片手で叩いたら片手がくっついた。足で叩くと足がくっついた。片足で叩くとまたあしがくっついた。それから頭で叩いたら、頭がまたくっついた。それから、そのままそこで一人でいらいらしていたら、ウサギが一匹走って出てきたとさ。出てきて、それから見ると、それから走って山の方へ行ったと思ったら、お化けが一人下りてきて、その、
17. 「全く、忠実な猟犬だなあ」
18. と言って、そのお化けはその木をはがして、担いでもって行ったとさ。そのお化けはウサギといっしょに（山へ帰ったとさ）。
19. そうして、それから今度は、末の弟が、先に兄さんが一人でマキとりに山へ行って、帰りを待っていても帰ってこない。その後でまた一人マキとりに行って帰ってこない、だから今度はある日にまた自分がマキとりに行ったとさ。
20. マキとりに行ったら、兄さん達がマキをとった跡があって、マキがたくさんあって、そのマキをとった所に、木の根っこがあって、マサカリでマキをとった。マキをとって木の根っこをマサカリで切ったら、

21. 'ahkapo pirikapo hum po hum
    'ahkapo pirikapo hum po hum

22. という声がした。また、
23. 「この顔白め！何に向かって声をかけてるんだ？」と言って、また叩いたらまたマサカリがすっかりくっついてしまった。どんなに壊そうとしてもはがせなかった。
24. それから手で叩いたら手がくっついた。また、片手で叩いたらまた片手がくっついた。片足で叩いたらまた足がくっついた。片足で叩いたらまた足がくっついた。頭で叩いたらまた頭が、すっかりみんなくっついてしまった。
25. こうしているうちに、ウサギが一匹走って下りてきたとさ。ウサギが一匹走って下りてきて、それを見たと思ったら、すぐ逃げていったとさ。
26. そうしていると、お化けが一人走って下りてきたとさ。それを見て、それで、
27. 「全く、私の忠実なイヌだなあ」
28. と言って、そのお化けが、その男をはがそうとしても、はがそうとしても

kusukara yahka 'ampene koyaykus manu. meske koyaykus manu.
29. 'orowa taa, suy pooho pon 'unkayoh 'ohta makani ike taa, 'unci 'e'utehkara manu. sanke 'ike taa,
30. " 'unci 'ampare makanke kusu." nah yee manu.
31. neeteh taa 'orowa neya ponunkayoh taa, 'unci hunara kusu sanihi ne'ampe taa, 'ohoro manu.
32. 'ohorohno 'an nayne taa, tani makan koh taa 'unci 'ampa wa makanihi ne'ampe 'okore 'unci 'us 'omantene 'unci nee manu. 'ampa wa makanihi nee manu.

33. poo kocaaranke 'omantene taa, 'orowa 'anihi taa 'unci hunara kusu san manu.

34. teh 'okaaketa taa, horokewpo taa, ponunkayo 'onne taa
35. " 'ine'ahsuy, ponunkayo, 'e'ani hemata 'ekonrusuy?" nah yeehe ne'ampe
36. " 'ay neewa kuu tura." nah yee manu.
37. " 'ahka nee kusu neyke taa, simesuye kusu." nah yee manu.
38. " mesu kusu neyke sanketa 'ay naa kuu naa kara kusu neyke konte kusu."
39. nah yee manu.
40. neyke tani taa, (pon)unkayo 'ohta 'omani ike taa, neya ponhorokewpo taa, mesu manu. cimesutehte manu.
41. neyteh taa 'orowa taa, 'ay naa kuu naa kara 'ike taa ponunkayoh kontehe ne'ampe taa, 'ani taa horokewpo taa, アノ— nii kasketa taa, 'an teh taa, 'ay yayne taa, アノ— 'unkayoh taa, 'ene yee manu.
42. "horokewpo ranke kusu."
43. nii tohpa. nii tohpa 'ike taa, yahkayki(pe) nii neera tohpa yahka koyaykus.
44. 'anayne tani taa, cise 'ene suy san manu. 'unci hunara kusu san manu.
45. 'unci hunara kusu sani ike taa, 'okaaketa taa, アノ— horokewpo taa, nii kaa wa ran teh taa, yaynuyna. yaynuyna 'ike taa, 'anayne taa, horokewpo taa, 'unci 'ampa teh 'unci 'esiyasiya wa tah makan manu.
46. 'unci 'esiyasiya wa manike taa, makan teh, 'orowa tani taa, neya horokewpo saakene ne'an ko'omanu wa 'isam manu.
47. ne'ampe kusu tani taa, nay 'onne 'inkaraha ne'ampe taa, nay 'onnayketa taa, 'etukuma kaske 'ene taa, rikin teh 'an kusu 'an manu. ne'ampe taa, 'onne rikin rusuy kusu taa, tani taa, nay kamuy 'onne コント゜オカ゜ンタ゜リ。

48. rure 'atu cikah rure 'atu, rure 'atu cikah rure 'atu
    ruru kuu cikah ruru kuu, ruru kuu cikah ruru kuu

全然できなかったとさ。はがれなかったとさ。
29. それから、そのお化けの子どもがそこにやってきたので、火を頼んだとさ。その子どもを下へやって、
30. 「火を持って来させるからな」と言ったとさ。
31. そうしてそれからそのお化けの子は、火を取りに山を下って行って、ずいぶん時間が経ったとさ。
32. ずいぶん時間が経ってから、やっといま戻ってきてその火を持って山の方へ戻ってきたらその火はみんな消えてしまっていたとさ。消えた火を持ってきたとさ。
33. だから、しばらく子どもをしかっていたが、それから自分が火を持ってくるといって下って行ったとさ。
34. それから後で、男は、お化けの子に、
35. 「ねえ、お化けの子や、お前は何が欲しいのかい？」と言うと
36. 「矢と弓が欲しい」と言ったとさ。
37. 「そうしたら、自分ではがすというのか」と言ったとさ。
38. 「はがすなら、このしたで矢と弓を作ってやるよ」
39. と言ったとさ。
40. そうして、お化けの子はそこに行って、その男をはがしたとさ。（ようやく）はがれたとさ。
41. そうしてから、矢と弓を作って、それをお化けの子にやったら、その自分は、男は木の上にいたのだが、お化けの子はこう言ったとさ。

42. 「男を下ろしてやるからね」
43. 木を切った。木を切ってもどんなに切っても切れなかった。
44. そうしているうちに、家へまた下りて行ったとさ。火を取りに行ったとさ。
45. 火を取りに下りて行って、そのあとで、その男は、木の上から下りて、かくれた。しばらくかくれていたが、男は、（一方お化けの子は）火を持って振り回しながら登ってきたとさ。
46. 火を振り回しながら登ってきたが、それからその男は浜の方へ向かって行ってしまったとさ。
47. それでこんどは、川の方を見たら、その川の真ん中に、木の根っこが水面に突き出して立っていたとさ。それでそこに上りたいと思って、川の神様に拝んだとさ。

48. rure 'atu cikah rure 'atu, rure 'atu cikah rure 'atu
    ruru kuu cikah ruru kuu, ruru kuu cikah ruru kuu

49. ト イッタ イケ、コンド wahka スッカリ kawaha 'okore sahte hemaka manu. kawa 'okore sahte hemaka kusu taa, 'orowa horokewpo taa, nii kaata 'an teh taa,

50. ruru kuu cikah ruru kuu, ruru kuu cikah ruru kuu ruru kuu cikah …

51. nah yeehe ne'ampe taa, nay 'ohoo 'ike taa, 'ampene kasketa 'an horokewpo ka, kasketa 'an nii kayki taa, 'okore taa mom kusu kara manu.

52. ne'ampe tani taa, rurupaa 'unkayoh 'ohta waa wa repunihi ne'ampe ダンダンニ フカク ナッテ ダンダンニ フカクナッテ コンダ スッカリ kemaha nii yohte teh, kuhtokoriponi haaciri teh taa, honihi nii ciw 'ike naske 'ike taa, 'orowa ne'an wooya'ampe kikiri ダ / hemata ダ / renkayne 'orowa 'asin. ray manu.

53. neeteh taa 'orowano ponunkayoh taa pateh taa tura 'an manu. taa 'orowa taa, tura san kusu nah yee manu.

54. tani taa tura san teh taa, sanketa kuu naa 'ay naa kara 'ike taa konte manu.

55. neeteh taa, neya yuhpo yuhpo sapahkaha naa, 'ahkapo sapha naa, 'ahkapo テナイ、yuhpo yuhpohohcin sapahkaha ヨ、イチバン poniwnepe ダカ, 'uh teh taa 'okore taa, cise 'onne 'ociwe manu.

56. cise 'onne 'ociwehe ne'ampe taa, teh taa 'orowa 'oponi taa, taa ponunkayoh tura taa sapahci manu. ponunkayoh tura saphci 'ike taa, cise 'ohta sapahci 'ike taa, cise 'ohta sapahci 'ike taa, tani ne'an ponunkayoh taa, 'unci 'u'aarehci teh taa, 'unci 'onne 'ahunkehci hukuykahci teh taa, ponihi hee taa wahka 'onne 'ociwehci manu. nay 'onne 'ociwehcihi ne'ampe, neeteh 'anayne taa, cise 'ohta 'ahun manuyke nukarahci 'ike, 'iramasreno'an yoy pon horokewpo nee manu.

57. taa ponunkayoh naa, 人間 ナッチマッタン ダベサ。ホレカラ コンダ horokewpo taa コンダア ノー sapahkahahcin モ cise 'onne 'ociwehci 'ike ミンナ アノ wahka 'onne 'ociwe 'ike taa ミンナ コンダ ヨクナッタン ダト。 ヨイ オトコニ ナッタン ダト、アタマ ソー イウ ハナシダ。

49. といって拝んだら、水はすっかり、川はみんな渇いてしまったとさ。川はみんな渇いてしまったから、今度は、男は、木の上にいて、

50. ruru kuu cikah ruru kuu, ruru kuu cikah ruru kuu
    ruru kuu cikah …

51. と唱えたら、川は深くなって、その上にいた男も、その上に出ていた木もみんな流れ出してしまったとさ。
52. それでこんど、ルルパのウンカヨは泳いで沖の方に出たら、だんだん水が深くなって、だんだん深くなって、すっかり足が木にひっかかって仰向けにひっくり返って、腹に木が刺さって、そこからいろいろな虫だの何だのがたくさん出てきた。お化けは、死んでしまったとさ。
53. それからウンカヨの子だけが一緒にそこにいたとさ。それで「いっしょに帰ろう」と言ったとさ。
54. 今いっしょに帰って、家のそばで矢と弓を作ってやったとさ。
55. そうして、その兄さんの頭も、弟の頭も、弟でない、自分の兄さん達の頭を、一番下の弟が取ってみんな、それを家めがけて投げたとさ。

56. 家に投げてから、その後にウンカヨの子が後からついて、いっしょに家に帰ってきて、家に帰ってきて、今そのウンカヨの子は、火をたいて、その火の中に入れて焼いて、その骨なども、水の中に投げ入れたとさ。川の中に投げてから、しばらくして、家の中に入ったが、見ると、それはそれはきれいな、美青年だったとさ。

57. そのウンカヨの子も、人間になってしまったんだろう。それから男も、いまその頭を家にむかって投げて、みんな水の中に投げたら、みんな、きれいな、美青年になったんだとさ。頭もきれいに。そういう話だ。

36 'ETOORO TUYTAH(-89)

1989年9月24日録音 (8906a-b)

1. [tani pirika. いいわ。M]
2. sine 'acahcipo sine monimahpo reske manu. [siina'an. M]
3. sine monimahpo reske 'ike taa, ウン 'ehahtahci koh 'ehci, niinahci koh kuruhci nah kihci 'okayahci manuyke taa tani taa yayne tani taa monimahpo taa poro monimahpo ne'an manu.
4. neeteh tani taa 'anayne tani taa mokorohci manuyke kunne mokorohci 'an 'ohta taa, 'acahcipo taa 'etooro manu. ['etooro manu. M]
5. 'etooro manuyke taa,

6. cireske moromahpo
   kamihi ci'ee rusuy naa
   unta pii pi unta pii po
   hankoro roo

7. ソーヤッテ イビ゜キ カイタン ダ゜ト. ('aynu 'itah 'ani yee M)
8. 'etooroho ne'ampe taa monimahpo taa 'acahcipo moymoye.
9. " 'acahcipo hemata yee kusu 'ani hii?"
10. "hemata kuyee hee? neh ka kuyee ka hankii."
11. nah yee. neyke, "cireske moromahpo kamihi ci'ee rusuy kusu"
12. nah ソー イッタ。イビ゜キ カイタン ダ゜。'etooro ダ゜ノ。
13. "taa mokoro 'oyasi 'ene'an nah kusu 'anihi ka yee."
14. "mokoro 'an 'oyasi moymoyehe 'ene 'ani."
15. nah taa yee manu, 'acahcipo.
16. neyahkayki taa suy, sine 'ukuran suy mokoro 'ike taa suy nah mokoro 'etooro, 'etooro manuyke suy naa,

17. kureske moromahpo
    kamihi ci'ee rusuy kusu
    unta pii pi unta pii po
    hankoro roo

18. suy taa 'ahciyehe moymoye. monimahpo taa,
19. " 'iine'ahsuy 'acahcipo, hemata 'ekii hee? hemata 'eyee hee?"

36話　いびきの話(-89)

1989年9月24日録音 (8906a-b)

1. ［もう良いわ。いいわ。M］
2. 一人のババが一人の娘を育てていたとさ。［はい。M］
3. 娘を一人育てて、ユリ根を取っては食べ、マキをとってはくべしていたがいま、その娘は大きくなったとさ。
4. それで込んどいたが、今寝たのだがよる寝たときババがいびきをかいたとさ。［いびきをかいたとさ。M］
5. いびきをかいたが、

6. cireske moromahpo
   kamihi ci'ee rusuy naa
   unta pii pi unta pii po
   hankoro roo

7. こう、いびきをかいたとさ。(アイヌ語で言って　M)
8. いびきをかいたからその娘はババを揺り起こした。
9. 「ババ、何を言ってるの?」
10. 「わしが何と言ったか? 何も言わなかったよ」
11. と言った。それで、「自分が育てた娘の肉が食いたいよ」
12. と言ってたよ。いびきをかいていたよと言った。
13. あれは寝ていたお化けがそう言ったから自分もそう言ったとさ。
14. 「寝ていたお化けを起こすためにこう言ったんだ」
15. とババが言ったとさ。
16. だけれどまた、ある夜、また寝たときいびきをかいて、また、

17. kureske moromahpo
    kamihi ci'ee rusuy kusu
    unta pii pi unta pii po
    hankoro roo

18. またババを揺り起こした。娘は、
19. 「ねえ、おばあさん、何と言ったの?　何を言ったの?」

20. "hemata kuyee neh ka kuyee ka han(kii)."
21. neyke, "cireske moromahpo kamihi ci'ee rusuy kusu 'unta piipi unta piipo unkoro roo" ソーヤッテ 'etooroスル.
22. sinenehka taa yaykocaruwen manu. sinenehka mokoro 'oyasi neh kusu hannehka yee hee, ッテ コウ.
23. nah kii suy 'ukuran taa suy nah kii manu.
24. nahkii yayne taa sine 'ukuran taa sine too taa, horokewpo 'ikuutumtum 'an kusu taa, monimahpo taa 'apa cahkehe 'inkaraha ne'ampe taa sine horokewpo taa soyta 'an manu.
25. 'ani ike taa, 'orowa taa,'ahun teh taa 'so'aanu, sohkara turi sokara turi 'omantene taa 'orowa horokewpo 'ahun ike taa, monimahpo kara 'omayehe kasikehe sanike 'aa manu.
26. 'acahcipo taa 'ene'an horokewpo 'epuntekahci 'ike tani 'ikuure naa 'ipere naa kihcihi ne'ampe kihci 'omantene taa, neya kunne 'oman teh tani taa, horokewpo mokoro. mokoro 'omayahe taa horokewpo monimahpo taa sanketa pohka taa 'omayekara manu.
27. 'omayekara teh taa horokewpo taa mokonte. 'anihi ka taa mokoro. 'acahcipo ka taa 'iine 'iine 'omantene taa sine 'aape mori'oka 'etumun kuni ike yaykoniwenahci teh taa, 'iine 'iine 'omantene taa makani ike mokoro.
28. neeteh tani taa 'anayne taa 'acahcipo taa suy 'etooro manuyke taa, horokewpo nuu kusu 'an manu.

29. cireske moromahpo
    kamihi ci'ee rusuy kusu
    unta pii pi unta pii po
    hankoro roo

30. nah taa kii manu.
31. ne'anike taa monimahpo taa suy taa, 'acahcipo kokayo.
32. " 'acahcipo, hemata 'eyee hee? 'iine'ahsuy 'acahcipo, hemata 'eyee hee?" neyke,
33. "mokoro 'oyasi wooya'an saanu kihci. nah taa yaykocaruwen manu, sinenehka."
34. neeteh taa 'orowa hawehe 'isan teh mokoro.
35. suy nah kii manu.

36. cireske moromahpo
    kamihi ci'ee rusuy naa

20. 「何も言ってないよ」
21. すると、「わしが育てた娘の肉を食いたいよ unta pii pi unta pii po unkoro roo」といびきをかいてた、と言ったとさ。
22. ババは一人でぶつぶつ文句を言ったとさ。一人で、寝てたお化けがそう言ったんで自分は言わなかったよ。
23. こう言って、また夜また同じことをしたとさ。
24. こうしているうちに、ある夜、ある日、男のキセルの音がしたから娘が戸を開けてみたら、男が一人外に立っていたとさ。

25. いて、それから中に入って、敷物のゴザを敷いてそれから男が入って、娘が用意した寝床の上に来て座ったとさ。

26. ババはこの男を見て喜んで、飲ませたり、食べさせたりしてご馳走したが、夜になって今男は寝た。寝床を、その男の寝床を娘はそのそばに作ったとさ。

27. 寝床を作ってその男をそこに寝かした。娘は自分も寝た。ババもあれこれかたづけて sine 'aape mori'oka 'etumun kuni 'ike 一人で腹を立てて、あれこれやって寝た。
28. それでしばらくしてババはまたいびきをかいて、それを、男が聞いていたとさ。

29. cireske moromahpo
    kamihi ci'ee rusuy kusu
    unta pii pi unta pii po
    hankoro roo

30. といびきをかいたとさ。
31. それでその娘はまた、ババに声を掛けた。
32. 「ババ、何を言ってるの？ねえ、おばあさん、何言ってるの？」すると、
33. 「寝ていたお化けが色々なことをするって、文句言ったんだよ、一人で」
34. それからこんど声が途切れて寝てしまった。
35. またこういったとさ。

36. cireske moromahpo
    kamihi ci'ee rusuy naa

unta pii pi unta pii po

hankoro roo

37. nah kii.
38. 'orowa taa monimahpo taa numa kusu kara 'an 'ohta taa horokewpo taa monimahpo kisma. suy numa kuru kara teh kisma. kii 'omantene taa, horokewpo numa 'ike taa monimahpo tura numa teh taa monimahpo tura numa teh taa tura 'asipahci manu.
39. 'asipahcihi ne'ampen taa, soyta 'asipahcihi ne'ampe taa ウン− 'unka-, 'acahcipo taa 'asin manuyke taa, kayo manu.
40. " 'iine'ahsuy, yantone horokewpo monimahpo 'ekira kusu kara. 'asipan kasi'orayan."
41. nah yeehe ne'ampe taa, 'inkara koh kimma taa 'unkayo 'utah renkayne taa sapahci manu.
42. 'unkayo 'utah renkayne sapahci manuyke 'ike taa, 'acahcipo taa 'ukahci manuyke taa, kemaha naa 'ehekempahci, tekihi naa 'ehekempahcı, rekucıhi naa 'ehekempahci, nah kihci yayne taa raykihci teh taa 'orowa taa 'okore raykihci manuyke taa kamihi karahci teh taa 'unci 'u'aarehci 'ike taa sukehci manu.
43. nukarahci teh taa 'orowa horokewpo taa kirahci manu. monimahpo tura.kirahci wa taa horokewpo kotan 'ohta taa monimahpo tura 'oman teh taa, 'anayne taa アノ− cikaripe ka,'inuhci manuy koh neya 'unkayo 'utah taa 'acahcipo taa tuyehci 'ike sukehci 'ike 'ehci 'ike 'orowa taa neya 'okore rayahci manu.
44. nah taa weepekerehe nuhci manu. yay'ehci シテ 'okore rayahci. ソ− イウ tuytah ダ゜。
45. (ふうん。それで終わったの?　M) ウン。

unta pii pi unta pii po
hankoro roo

37. と言った。
38. それからその娘が起きようとしたとき男が娘を押さえた。また起きようとしたら押さえた。そうやってから男も起きて娘といっしょに起きて娘といっしょに起きていっしょに出発したとさ。
39. 2人が出発して、外に出たら、ババも外に出て、何か叫んだとさ。
40. 「あのなあ、夕べうちに泊った男が娘を連れて逃げようとしてる。下りてきて助けてくれよ」
41. と言ったら、見ると山の方からウンカヨお化けたちがいっぱい下りて来たとさ。
42. ウンカヨお化けたちがいっぱい下りてきて、ババを捕まえて、足を引っ張る、手を引っ張る、のどを引っ張るなどして殺してしまって、それからみんな殺してしまって肉を料理して火を焚いて煮たとさ。

43. 見ると、それから男は逃げたとさ。娘といっしょに。逃げて、男の村に娘はいっしょに行って、それからそのご馳走も、聞いたところ、そのババを、切って、煮て食べてそれでそのみんな死んでしまったとさ。
44. こう言う話をみんな話して聞いたとさ。自分たちで共食いしてみんな死んでしまった。そういう話だ。
45. [ふうん。それで終わったの？　M] うん。

いびきの話　285

37 KINATAA TUYTAH(-89)

1989 年 9 月 25 日録音 (8906a-b)

1. [pirika. kii. kii kanne. M]
2. sine kotan 'ohta sine monimahpo 'aacahahcin tura 'okayahci manu. 'ommohohcin tura 'an teh taa 'orowa ne'an niina kusu, kinataa kusu makan.
3. kinataa kusu makani ike taa kinta makan teh taa, kinataa 'omantene taa hosipi kusu karaha ne'ampe taa mah wa taa sine 'aynu taa cipoo wa san manu.

4. saawa saawa kiiru kiiru
   saawa saawa kiiru kiiru

5. nah taa cipoo wa san manu. teh taa san teh taa,
6. " 'iine'ahsuy monimahpo, 'oyantura 'ahtus 'etaa ciki neya 'eneere."
7. nah yee manu.
8. "ku'ani neya 'oyantura 'oka, 'akas pateh, 'oyantura kina ダ°ト。 'en'eere."nah yee manu.
9. ne'ampe kusu taa, kina トッテ 'uh teh taa kina 'uh teh taa, ウン yamuhu kara ka hankii teh taa, horokewpo koore manuyke taa, horokewpo taa, tuymano 'an teh taa tekihi 'ohta kina'an teh 'omantehe ne'ampe, "tekihi 'otahkon" nah yee manu.
10. 'orowa tah kusu sanketa 'omante, cih sanketa 'omante teh kina turihi ne'ampe 'uki ike tekihi tura 'uh teh taa wahka 'onne 'ociwe manu.
11. neyke tani taa, siina'an カワサ オチタ モンダ°モノ、 シンダ°ンダ°ト。['aynu 'itah 'ani yee waa. M]

12. tekihi tura nay 'onne 'ociwe manu.
13. neeteh cise 'ohta 'okay 'utah taa ne'an heekopohohcin neya 'amahkahahcin teerehci yahka teerehci yahka koyaykusahci manu.
14. neeteh tani taa, ウン suy sine too suy taa, kiyanne monimahpo niina kusu, kinataa kusu makan manu.
15. kinataa kusu makan 'ike taa, 'orowa tani taa, kinataa yayne taa sine horokewpo taa mah wa taa, cih 'oo wa san manu.

16. saawa saawa kiiru kiiru
    saawa saawa kiiru kiiru

17. nah kii wa sanihi ne'ampe taa ウン,

37話　フキとりの話(-89)

1989年9月25日録音 (8906a-b)

1. ［いいわ。やって。やってください。いいわ。M］
2. ある村に娘が一人父さんたちといたとさ。母さんたちといっしょにいて、それからマキとりに、フキとりに山へ行った。
3. フキとりに山へ行って山へ行って、フキとりをしようとしたら、上の方から一人の男が舟を漕いでやって来たとさ。

4. saawa saawa kiiru kiiru
    saawa saawa kiiru kiiru

5. と言って舟を漕いで下りてきたとさ。それで下りてきて、
6. 「ねえ娘さん、葉つきのahtusをとったらそれを食べさせてくれ」
7. と言ったとさ。
8. 「私はその葉つきのフキが好きでね、それが葉つきで、それを食べさせてくれ」と言ったとさ。
9. それだから、フキをとってフキをとって、葉をとらないで、男にやろうとしたが、男が遠くにいるものだから、男の手に渡そうとしても、「手が短い」と言ったとさ。
10. それでそばまで手を伸ばしてフキを引っ張ったら手もいっしょに引っ張って、娘を水の中に落としてしまったとさ。
11. それだから、川に落ちてしまったから死んでしまったとさ。［アイヌ語で言ってください。M］
12. 手といっしょに川に落としたとさ。
13. そして、家にいた妹たちがその姉の帰りを待っても待っても姉は帰って来なかったとさ。
14. それでこんどまたある日に、次の姉がマキとり、フキとりに出ていったとさ。
15. フキとりに出ていって、こんどまたフキをとっていたら一人の男が上の方から、舟にのって下ってきたとさ。

16. saawa saawa kiiru kiiru
    saawa saawa kiiru kiiru

17. と言って下ってきて、

18. " 'iine'ahsuy monimahpo, kina 'etaa ciki 'oyantura 'kina neh 'eneere."
19. nah yeehe ne'ampe taa, 'orowa taa monimahpo taa kinataa 'omantene taa koore 'ike taa, ウン tuymano 'an teh taa, kina taa 'ene taa 'ociwe manu.
20. 'ociwehe ne'ampe taa horokewpo taa ne'an kina taa 'uh teh taa 'ampa teh taa makan manu, hekimoh. [うん。M]
21. nah kii yayne taa 'okore 'inosku-, イチバン poniwne monimahpo taa, 'aacaha tura 'okayahci wa 'ommohohcin tura 'okayahci.
22. neyke tani taa nannahahcin kinataa 'orowa san teh taa,
23. " 'iine, アノー heekopoho, イチバン チイサイ heekopo kinataa kusu makani ike, kinataaha 'enukara?"
24. nah yee.
25. kopisihcihi ne'ampe,
26. "kinataa ka taa kina ka 'an yahkayki monimahpo カワサ オチテ シンダ゛ッテ イウ。"
27. nah taa yee manu. "nay 'ohta 'ahun teh ray."
28. nah taa yee manu. "ray 'an kusu, taata taa raykewehe pateh taa nay 'ohta mon kusu 'an"
29. nah yee manu.
30. neya 'orowa taa horokewpo taa monimahpo makapahci manuyke taa neya 'amahakahahcin taa nay 'ohta mon kusu 'ani ike taa 'ukahci 'ike taa, tani, オソーシキ シタ リ kihci manu.
31. neeteh tani taa, 'okaaketa taa tani イチバン poniwne monimahpo, neya 'inoskun monimahpo taa, sine too kinataa kusu makan manu.
32. kinataa kusu makanihi ne'ampe taa ウン kinataa yayne taa,

33. saawa saawa kiiru kiiru
    saawa saawa kiiru kiiru

34. nah sanu wa 'okaha ne'ampe taa 'o'ara ninkaari puy nuu horokewpo 'okehka tura setarus mii horokewpo san manuyke taa,
35. " 'iine'ahsuy, nee kina 'eneere. ku'ani 'oyantura kina pateh ku'ee rusuy. 'oyantura kina ッテ yeepe, 'akas nah yeepe シタ。 'oyantura 'akas pateh ku'ee rusuy."
36. nah yeehe ne'ampe taa 'orowa taa kinataa teh 'oyantura kihci taaha koorehe ne'ampe taa, naa ponno 'ehankeno 'eh, taa cih 'onne 'ehankeno 'omanihi ne'ampe taa cih 'onne taa, kina tura tekihi tura taa hoyahtehtehe ne'ampe taa monimahpo cih 'ohta tuhsehcihi nee manu.
37. neeteh tani taa, ウン, horokewpo taa makan manuyke taa, monimahpo カワサ. 'ociwe

18. 「ねえ娘さん、もしフキをとったら葉つきのフキでも食べさせてくれ」
19. と言ったから、それからその娘はフキをとって渡そうとして、遠くにいたから、フキを投げたとさ。
20. 投げたから、男はそのフキをとって山へ持っていったとさ。[うん。M]

21. こうして、みんな、末娘が、父さんと母さんといっしょにいた。

22. それでこんど姉さんがフキをとって帰ってきたから、
23. 「ねえ、あの妹が、いちばん小さい妹がフキとりに山へ行ったけれど見なかったか？」
24. と言った。
25. 聞いたが、
26. 「フキとりをしたフキはあったけど、娘は川に落ちて死んだ」
27. と言ったとさ。「川に落ちて死んだ」
28. と言ったとさ。「死んでしまったから、死体だけが川に流れてきたよ」

29. と言ったとさ。
30. それから、その男、その女は家に帰ってその姉さんの死体が川に流れていたのを引き揚げて、お葬式をしたとさ。

31. それでこんど、後から、一番下の娘が、その中の娘がある日フキとりに山へ行ったとさ。
32. フキとりに山へ行って、フキをとっていたら、

33. saawa saawa kiiru kiiru
    saawa saawa kiiru kiiru

34. と言っておりてきたのは、片耳に耳輪をした生のイヌ毛皮を着た男で、その男が下りてきて、
35. 「ねえ、何かフキを食べさせてくれ。私は葉つきのフキばかりが好物で、葉つきのフキには目がないんだ。葉つきフキが食べたいんだ」
36. と言ったから、それからフキとりをして、葉つきのフキを渡そうとして、少し近づいて、フキを持った手を引き揚げた途端、娘は舟の中に跳び込んだとさ。

37. そうしてこんど、男は山へ帰って、娘も家に帰った。男が娘を川に落とそ

フキとりの話　289

rusuy kusu neya nay 'onne 'ahunke rusuy kusu cipihi taa 'episka'ene 'episka'ene hewpa, ewpa, hewpa nah kii yahka haaciri ka hankii manu.

38. neeteh taa 'orowa, cih 'ohta, cise'ohta tura makan manu.
39. neeteh tani taa tura 'okayahci. monimahpo tura 'an manuyke taa, cehkoyki, horokewpo cehkoyki. monimahpo 'eere. cehkoykihci 'ehci, 'ehahtahci, cehkoyki yahkayki taa, monimahpo taa suke 'ike sapaha naa 'okore kara ranke suke 'an 'ohta taa horokewpo reekoh 'iruska manu.
40. horokewpo reekoh 'iruska. kina kayki taa 'an 'ohta taa, ア/- yam naa 'okore kara kapuhu naa kara ranke 'eere yahkayki 'okore monimahpo 'ekoykikara nah kii manu.
41. ne'ampe kii yayne tani taa sine too suy taa, kinataa teh taa 'orowa taa hosipihi ne'ampe suy taa, horokewpo taa ceh suke manuyke taa, 'otuy tura ceh taa suke manu.
42. monimahpo taa 'ee ka 'ecaake manu. 'anihi kina, 'anihi suke 'an 'ohta taa horokewpo taa suke 'an 'ohta taa, neya 'otuy tura suke. monimahpo sapahkaha naa 'okore kara. tuyehe naa 'okore kara rankeアタリマエニ suke 'an 'ohta taa monimahpo koyki, nah kii manu.
43. 'anayne tani taa, ア/- sine too taa horokewpo taa, kinataa, ア/- cehkoyki kusu makani ike taa 'okaaketa taa, sine horokewpo 'ahun manu.
44. sine horokewpo 'ahuni ike taa, monimahpo taa kinataa 'ike taa, 'ehahtaa 'ike taa suke 'ike taa, horokewpo 'eere 'omantene taa, horokewpo tura mokoro. horokewpo tura mokoro teh taa, horokewpo nuyna.
45. nuyna teh 'okaaketa taa horokewpo san ike taa, cehkoyki wa san teh taa, suy neya monimahpo kara, suke ceh 'eerehe ne'ampe taa suy taa koyki manu.
46. neeteh tani taa, sine too taa monimahpo taa suy 'an kusu 'an teh taa, hokuhu taa, hokuhu ダ カ citura 'an horokewpo, suy 'ene'an numa kusu makan manu. エ- cehkoyki kusu makan manu.
47. cehkoyki kusu makan 'okaaketa taa, neya horokewpo taa 'apacahke 'ahun konno neya kimun nuuman 'ipere horokewpo nee manu.
48. 'ahuni ike taa,
49. " 'iine'ahsuy monimahpo, kunne 'an toono 'an teh 'anukowente."
50. nah yee teh taa, 'orowa taa suy tura mokoro manu.
51. tura mokoro teh 'orowa taa yaynuyna manu. [うん。 M] ウン,
52. " 'iine'ahsuy horokewpo, cehkoyki wa 'ahun kusu neyke ceh suke kusu neyke, ceh renkayne sukere teh 'orowa ne'an 'utarihihcin 'an kusu neyke tahte 'ike tura 'eere kusu."
53. nah yee manu. horokewpo 'eh kusu neyke monimahpo nah 'eere kusu, nah yee

うと舟をあちこちに揺らし揺らし揺らししたが、とうとう落ちなかったとさ。
38. それでこんど、舟の中で、家の中でいっしょに山へ行ったとさ。
39. それでこんどいっしょにいたとさ。娘といっしょにいて、魚をとった、男は魚とりに行った。娘は料理を作って食べさせた。魚をとっては食べ、ユリ根をほって、魚をとってきても、娘はそれを煮て、魚の頭もみんなとって、きれいに料理して煮たから、その男は怒ったとさ。
40. 男はすごく怒った。フキとりをしたときも、その葉もみんなとって皮もむいて食べさせても、いつも娘に食ってかかって怒ったとさ。
41. こうしているうちにある日、フキとりをして、帰ってきてまた、男が魚を煮たのだが丸ごと魚を煮たとさ。

42. 娘は食べるときに頭をとってきれいに料理したとさ。男は煮るときにその丸ごとはらわたごと煮た。娘は頭をみんなとって料理した。切ってちゃんと料理していたから、男はそれをいつも怒って娘をぶっていたとさ。

43. こうしているうちに、ある日男が、フキとり、いや魚とりに山へ行ったあとで、一人の男が家に入ってきたとさ。
44. 一人の男が入ってきたから、娘はフキをとって、ユリ根をほって料理を作って、男に食べさせて男と寝た。男と寝てから、男を隠した。

45. その男を隠してから、家の男が帰ってきて、魚とりから帰ってきて、またその娘が頭をとって煮て食べさせたら、また食ってかかったとさ。
46. それでこんど、ある日に娘はまたそこにいて、自分の夫だか、そのいっしょにいる男がまたマキとりに山へ行った。いや、魚とりに山へ行ったとさ。

47. 魚とりに山へ行った後で、あの男が戸を開けて入ってきた、それはあの昨夜の食べさせた山の男だったとさ。
48. 入ってきて、
49. 「ねえ姉さん、夜も昼も 'anukowente」
50. と言って、それからまたいっしょに寝たとさ。
51. いっしょに寝てから男は隠れたとさ。[うん。M] うん、
52. 「ねえ兄さん、夫が魚をとって帰ってきたら煮て、魚もたくさん煮て、それからその親戚たちがいたら、招待してご馳走して食べさせてやりなさい」

53. と言ったとさ。夫が帰ってきたら食べさせなさいと娘に言ったとさ。

フキとりの話 291

manu.
54. neeteh taa 'orowa moni-, horokewpo ne'ampe yaynuyna manu, tani.
55. yaynuyna teh taa nukara manu.
56. 'anayne tani taa horokewpo taa kimma taa cehkoyki wa san manu. cehkoyki wa san teh taa monimahpo taa,
57. " 'iine'ahsuy horokewpo, ceh suke wa renkayne ceh suke teh 'esirankore 'utah tah waa. 'ipere."
68. nah yee manu. ceh 'eere.
59. neeteh tani taa horokewpo tani taa ceh suke 'orowa wooya 'otuy tura ceh taa suu sihte kanne suke teh taa tani taa horokewpo 'untah kusu 'asin manu.
60. 'untah kusu 'asini ike taa, 'anayne tani taa horokewpo taa 'ahupahci manuyke taa, renkayne 'ahupahci manu.
61. neeteh tani taa monimahpo 'asini ike taa, horokewpo taa, taa yaynuyna horokewpo taa soyta 'ekaarihi ne'ampe taa horokewpo nah yee manu.
62. "nee, 'ahun kusu neyke nise 'asin, nah yeere kusu."
63. nah yee manu.
64. "nise 'asin nah yee kusu neyke 'okore 'asipahci 'ike taa soyta 'asipahci kusu neyke 'eywante kusu 'iki."
65. nah yee manu.
66. neeteh tani taa, 'orowa taa monimahpo horokewpo taa suy nakene ka 'omanu wa 'isam manu.
67. neeteh tani taa monimahpo tani taa suy taa cise 'ohta 'ahun 'ike taa horokewpo 'utah taa ceh sukehci 'ike 'ehci kusu 'okayahci manu.
68. taa horokewpo monimahpo taa yee manu.
69. " 'iine'ahsuy horokewpo 'uta, taa nise 'asin, nise'asin."
70. nah yee manu.
71. neyke tani neya horokewpo 'utah 'okore taa 'asipahci manu. soyta 'asipahci 'ike taa tani taa woosehci manu. seta 'uta pateh nee manu.

72. woro won naa woro won naa
    tan nise 'asin teh hee
    woro won naa
    cuh woro won nee
    woro won naa
    tan nise 'asin teh hee
    woro won naa

54. そうしてから男は隠れたとさ。
55. 隠れて見ていたとさ。
56. そうしているうちに、その夫が山から魚をとって帰ってきたとさ。魚をとってきたから娘は、
57. 「ねえお前さん、魚を煮てたくさん魚を煮てお前さんの親戚を招待しなさい。ご馳走しなさい」
58. と言ったとさ。魚を食べさせなさい。
59. そうしてこんど、(娘が)魚を煮て、それから色々な魚を丸ごとナベいっぱい煮て、夫はみんなを呼びに外へ出たとさ。
60. 呼びに出て、しばらくして夫は家に戻ってきたのだが、たくさん連れて入ってきたとさ。
61. そうしてこんど娘が外に出て、男、その隠れていた男を外に迎えに出たとき、男はこう言ったとさ。
62. 「家に入って『お日様出ろ』と言ってくれ」
63. と言ったとさ。
64. 「『お日様出ろ』と言ってみんなが外に出たらすべてわかるからな」

65. と言ったとさ。
66. そうしてこんど、それからその娘と男はまたどこかへ行って姿を消したとさ。
67. そうしてこんど、娘はまた家に入ったらその男たちは魚を煮て食べていたとさ。
68. その男に娘は言ったとさ。
69. 「ねえ皆さん、nise 'asin、nise 'asin」
70. と言ったとさ。
71. それでこんどその男たちはみんな外に出たとさ。外に出て、こんど吠えたとさ。それはイヌたちばかりだったとさ。

72. woro won naa woro won naa
    tan nise 'asin teh hee
    woro won naa
    cuh woro won nee
    woro won naa
    tan nise 'asin teh hee
    woro won naa

cuh kamuy reehe
woro won naa
tan nise 'asin teh hee
keta woro won nee
woro won naa
tan nise 'asin teh hee
nis woro won nee
woro won naa

73. nah taa woosehci manu.
74. neyke taa, nee yaynuyna horokewpo taa 'asin ike taa neeroh horokewpo 'utah taa seta utah taa 'okore 'oone'umpare manu.
75. 'oonne'umpare 'eene'umpare yayne taa 'okore rayahci manu.
76. neeteh tani taa sineh pateh taa 'an manu.
77. taa seta taa 'ene yee manu.
78. " 'iine'ahsuy, ku'ani hanka 'enrayki. ku'ani ne'ampe seta 'otuyun kunee kusu hanka 'enrayki."
79. nah yee manu.
80. neeteh tani neya seta pateh taa sihnu kusu 'ama teh taa 'orowa taa monimahpo tura taa, cise 'ene 'oman kusu taa niske teh taa cise 'ene tura teh 'oman manu.
81. 'oman teh taa 'okaaketa tani taa, 'oha cisehehcin 'an teh taa 'orowa neya horokewpo taa tani neya monimahpo taa sam teh taa, tani horokewpo taa,
82. " 'ommohohcin 'onne nannahahcin 'onne tura kusu neyke nukante kusu."
83. nah yee manu.
84. neeteh tani taa 'orowa taa, horokewpo taa monimahpo taa neya horokewpo tura teh taa 'aacahahcin 'ommohohcin 'onne sapahci manu. nannahahcin sineh 'an manu.
85. tah 'onne taa sapahci manuyke taa, nanna nanna naa reekoh neya horokewpo 'epuntekahci caro'oykihci, 'iperehcipe nee manu.
86. neeteh taa 'orowa taa, tani taa cise 'ene hosipi manu.
87. neeteh taa kiyanne monimahpo taata taa 'ommohohcin reske manu.
88. pirikano reske.
89. イチバン poniwne monimahpo ne'ampe taa tani horokewpo 'orowa 'anreske rusuy ダ カ 'an reske シテ reske 'ike sam manu.
90. neeteh taa pirikano 'okayahcipe nee manu.
91. ［ふうん。これはじめて聞いた。M］

cuh kamuy reehe
woro won naa
tan nise 'asin teh hee
keta woro won nee
woro won naa
tan nise 'asin teh hee
nis woro won nee
woro won naa

73. と吠えたとさ。
74. それで、その隠れていた男も出てきて、その男たち、そのイヌどもをみんなめった打ちにしたとさ。
75. あっちを打ちこっちを打ちしてみんな殺してしまったとさ。
76. そうしてこんど一匹だけが残ったとさ。
77. そのイヌがこう言ったとさ。
78. 「あのう、どうかオレを殺さないでくれ。オレはイヌの生き残りだから殺さないでくれ」
79. と言ったとさ。
80. それで、そのイヌだけは生かすためにとっておいてその娘といっしょに家に帰るために、マキを背負って連れ立って行ったとさ。
81. 連れ立って家に帰った後は、空の家になっていたが、それからその男とその娘は結婚して、こんど男は、
82. 「母さんたちや姉さんたちのところに嫁を見せに行く」
83. と男は言ったとさ。
84. そうしてこんど、娘は男といっしょに父さんや母さんのところに行ったとさ。姉さんが一人で暮らしていたとさ。
85. そこに行って、姉さんも喜んでくれて、ご馳走をして食べさせてくれたとさ。
86. それから、こんど2人は家に帰ったとさ。
87. こうして結局、上の姉は母が育てたとさ。
88. 元気に育てた。
89. 末娘は男に育てられて、その妻になったとさ。
90. こうしてみんな幸せに暮らしたということだ。
91. ［ふうん。これはじめて聞いた。M］

38 PISE NUHSU

1989年9月25日録音 (8911a-b)

1. Sannupista re horokewpo 'okayahci. re horokewpo 'okayahci ike taa, アノー cehkoykihci koh 'ehci, niinahci koh kuruhci, 'ehahtahci koh 'ehci, nah kihci kusu 'okayahci yayne taa sine too taa 'otakaata san, soyta 'asin. taa kiyanne horokewpo taa,soyta 'asinihi ne'ampe taa, mah wa taa kimma taa sine nuhsu san manu.
2. nuhsu sani ike taa, pise nuhsu ッテ イウ コト。[nuhsu?   M] ウン, pise nuhsu. ネー、アザラシ ノ フクロノ イブクル、ソレサ アブラ ハイッタヤチ、チイサイヤチハ イヌニ ナッテ オオキイヤチハ ニンゲンニ ナッテ、[ああ、その話いいわ。…もう一度 'aynu 'itah 'ani yee waa.M]
3. 'okayahci yayne taa horokewpo taa 'okayahci yayne taa   ウン sine too taa soyke 'ene taa nuhsu haw 'an manu.

4. pise roo roo roo

5. nukarahcihi ne'ampe pise nuhsu nee manu. [うん。M] アザラシノ イブクルノ nuhsu ダト。 チイサイ ヤチラハ hacikoo seta 'uta, hacikoo pise ne'ampe taa 'okore seta nee manu. teh 'orowa poro pise ne'ampe taa kucituy poro pise, tah ne'ampe taa nuhsu 'oo manu.

6. neyke taa seta 'osakanke manu, taa,

7. pise roo roo roo
   pise kay pise tow
   pise roo roo roo
   pise kay pise tow

8. nah taa seta 'osakanke manu. seta 'utah koytah manu.
9. nah kii 'ike taa イチバン hacikoo seta, poy seta 'utah デナイ seta 'utah taa nuhsu ne koro teh, nuhsu 'ohonkeskehe ne'ampe taa pon 'iso taa 'e'isah manu. サキニ 'oman manu. サキニ 'omani ike taa, 'orowa taa horokewpo nukara kusu taa ko'ipisi manu.

10. "pise nakene 'oman kusu?"
11. nah yee 'an 'ohta,
12. "pise, nakene 'oman kusu."
13. "pise, 'esantoonukara kusu?" "pise, 'esantoonukara kusu."

38話　アザラシの胃袋
1989年9月25日録音 (8911a-b)

1. サンヌピシ村に男が3人いた。3人男がいて、魚とりをしては食べ、マキとりをしてはくべ、ユリ根ほりをしては食べしているとある日に浜に出た、外に出た。その上の男が外に出ると、川上から、山の方からソリが下りてきたとさ。
2. ソリが下りてきて、それはアザラシの胃袋のソリなんだ。[nuhsu?　M] アザラシの胃袋に脂が入ったやつ、小さいのはイヌ、大きいのは人間の形になって…［ああ、その話いいわ。もう一度アイヌ語で言ってください。M］
3. そうやってやってきて、男がある日外に出たとき、外の方からソリの音がしたとさ。

4. pise roo roo roo

5. 見るとアザラシの胃袋だったとさあ。[うん。M] アザラシの胃袋のソリだったとさ。小さいのは小イヌ、小さい胃袋はみんなイヌの形をしてたとさ。それから大きい胃袋は口の空いた大きい胃袋になって、そのソリに乗っていたとさ。

6. それでそのイヌがソリを追いたてているのだった。

7. pise roo roo roo
   pise kay pise tow
   pise roo roo roo
   pise kay pise tow

8. といってソリを追いたてていたとさ。イヌたちが話していたとさ。
9. こうして末の小さいイヌ、いや小さいイヌたちでないイヌたちはソリになって、ソリの最後部に子グマが乗っていて、ソリのかじをとっていた。先を導いたとさ。先に行って、それを男が見たからアザラシの胃袋に尋ねたとさ。
10. 「胃袋さん、どこへ行くの？」
11. と言ったら、
12. 「胃袋さん、どこへ行くの」（と言う）
13. 「胃袋さん、沼に行くのか？」（と言うと）「胃袋さん、沼見に行くの」

14. "pise, 'emahkoywah kusu?" "pise, 'emahkoywah kusu."

15. ソー ヤッテ nah yee manu, horokewpo. pise ソー ヤッテ 'eko'ocis kusu taa makiri rise 'ike taa, kemaha ciw manuyke taa 'anihi kemaha ciw manu.

16. neeteh 'orowa taa 'iruska wa cise ta 'ahun teh taa mokoro manu.
17. mokoro teh taa, 'orowa taa, 'inoskun horokewpo taata sine too suy taa アノー soyta 'asin manu. soyta 'asinihi ne'ampe taa, suy taa nuhsu 'eh manu. nukara 'ike suy ne'an pise nuhsu 'eh manu.
18. 'eki ike taa, アノー hacikoo pise 'utah taa nuhsu ne koro teh 'orowa poro se-, pise taa nuhsu 'oo teh taa イチパン setaha 'ohonkesehe 'orowa taa アノー ponkamuy, yamakamuy, 'isokamuy 'e'isan manu.
19. neeteh taa 'arikihci manuyke taa pise taa 'osakanke manuyke taa pise taa nuhsu 'oo teh, pise nuhsu 'oo teh 'osakanke.

20. pise roo roo roo
    pise kay pise tow
    pise roo roo roo
    pise kay pise tow

21. nah kii wa taa 'arikihci manu. 'arikihcihi nukara kusu taa,
22. " 'iine pise, nakene 'oman kusu?" taa 'ike pise,
23. "pise, nakene 'oman kusu."
24. "pise nuhsu, hee?" "hee pise nuhsu, hee."
25. "pise, 'esantoo nukara kusu?" "pise, 'esantoo nukara kusu."
26. "pise, 'emahkoywah kusu?" "pise, 'emahkoywah kusu."
27. 'ekoweere kusu taa makiri rise teh taa kemaha ciwehe ne'ampe 'anihi kemaha ciw wa maciroo manu.
28. neeteh 'orowa taa cise 'ohta 'ahun teh taa mokoro. teh neeteh taa 'okaaketa taa suy サー イチパン poniwne horokewpo taa, suy taa soyta 'asin manu, sine too.
29. soyta 'asinihi ne'ampe taa suy taa nuhsu 'eh manu.

30. pise roo roo roo
    pise kay pise tow
    pise roo roo roo
    pise kay pise tow

14. 「胃袋さん、女を探しに行くのか？」（と言うと）「胃袋さん、女を探しに行くの」
15. こう言ったとさ、男が。そうしたらまた胃袋が同じことばをまねするからそれを怒って男はナイフを出して、相手の足を刺したら、自分の足を刺してしまったとさ。
16. それから腹を立てて男は家に入って寝たとさ。
17. 寝てから、こんど真中の男がある日また外に出たとさ。外に出たら、またソリがやって来たとさ。見たらまたあの胃袋ソリがやってきたのだとさ。
18. やって来て、あの小さい胃袋たちがそりになって、それから大きい胃袋がソリに乗ってそのイヌの後に子の神、山の神、クマの神がかじをとっていたとさ。
19. そうやってやって来て、その胃袋はソリを追いたててソリに乗って追いたてた。

20. pise roo roo roo
    pise kay pise tow
    pise roo roo roo
    pise kay pise tow

21. と言いながらやってきたとさ。それを見たから、
22. 「ねえ胃袋さん、どこへ行くのか？」と聞くと胃袋は、
23. 「胃袋さん、どこへ行くの」
24. 「胃袋なのか？」「胃袋なの」
25. 「胃袋さん、沼見に行くのか？」「胃袋さん、沼見に行くの」
26. 「胃袋さん、女を探しに行くのか？」「胃袋さん、女を探しに行くの」
27. とそのまままねするからナイフを出して足を刺したら自分の足を刺してけがをしてしまったとさ。
28. それで家に入って寝た。寝てその後でまたこんど一番下の男が、また外に出たとさ、ある日に。
29. 外に出たらまたソリがやってきたとさ。

30. pise roo roo roo
    pise kay pise tow
    pise roo roo roo
    pise kay pise tow

31. nah taa kii wa 'eh manu.
32. tah kusu taa,
33. " 'iine'ahsuy pise, nakene 'oman kusu?" nah yee 'ike,
34. "pise, nakene 'oman kusu."
35. "hee pise nuhsu?" "hee pise nuhsu."
36. " pise, 'emahkoywah kusu?" "pise, 'emahkoywah kusu."
37. nah 'ekowehci kusu taa, ciwehe ne'ampe taa, kira wa 'isam manu. kirahci wa 'isam manu.
38. 'orowa tani taa neya horokewpo taa sumari nuhsu paa hanneh manu. sumari nospa 'ike taa, 'oman 'ike taa sine too 'omani ike taa neya 'okay 'aynu 'uta taa suy ne'an tusuhci kusu 'okayahci manu.
39. neyke taa tusuhci manuyke taa 'ananyne taa sine pahko taa sumai, sumari ne'ampe taa poy sumari taa 7/- soyta taa 'etaras teh taa cis kusu 'an manu.

40. kukema rupus naa 'umpaa
    kuteki rupus naa 'umpaa
    kukema rupus naa 'umpaa

41. nah taa tusu, cis kusu 'an nahkayki taa, cise 'ohta taa neya monimahpo neya 'aynu utah taa tusuhci kusu 'okayahci manu.
42. neyke taa 'anayne sine poro 'ahci taa 'ene yee manu.
43. " 'iine'ahsuy, hemata kihciye hee? hemata 'ecikii hii? 'ecihekaciyehe nukara. hera'apa an teh soyta cis kusu 'ay yahka kemeha ka rupus kusu cis kusu 'an yahka han ko'enehci teh ,,?"
44. nah taa yee manu. 7/- 'acahcipo nah yee yahkayki taa raapoketa taa tusuhci kusu 'okayahci.
45. 'orowa taa, 'omanan 'ike taa sine too 'omanihi ne'ampe pise taa renkayne 'ani ike taa, pise 'utah taa 'osomahci manuyke taa nakapuru taa renkayne 'osomahci 'ike taa, neya nakapuru 'ohta 'oman 'ike taa, 'ee 'omantene taa, 'inkaraha ne'ampe taa, sine pise taa rih wa rahki kusu 'an manu.
46. neyan pise 'ene rahki kusu 'ani ike taa, taa tani taa 'uh teh taa, see teh taa 'orowa 'oman manu.
47. 'omanayne tani taa sine too 'omanihi ne'ampe taa sine sumari nukaraha ne'ampe,
48. " 'iine'ahsuy horokewpo, 'entura waa. 'ecisirecaakasino kusu 'iki neya waa."
49. nah yee manu.

31. といってやって来たとさ。
32. それで、
33. 「ねえ胃袋さん、どこへ行くの?」と言ったら、
34. 「胃袋さん、どこへ行くの」
35. 「ねえ、胃袋なのか?」「ねえ、胃袋なの」
36. 「胃袋さん、女を探しに行くのか?」「胃袋さん、女を探しに行くの」
37. とすっかりまねして言うから、刺したら、逃げていってしまったとさ。逃げていってしまったとさ。
36. それからこんどその男はキツネのソリは見えなくなってしまったとさ。キツネを追いかけて行って、一日また行くと、たくさんの人たちが集まって、そこでまたお祈りをしていたとさ。
39. それでみんなお祈りをしていたが、一人のババが、そのキツネ、一匹の小ギツネになった者が外に立って泣いていたとさ。

40. kukema rupus naa 'umpaa
    kuteki rupus naa 'umpaa
    kukema rupus naa 'umpaa

41. と言って、お祈りをして泣いていたが、家ではその女や男たちがいっしょにお祈りをしていたとさ。
42. こうしていると、一人のえらいババがこう言ったとさ。
43. 「ねえ、何をしているんだ?何をしているのか?お前たちの子どもを見なさい。はだしで外で泣いていて、足が冷たくて泣いているのに、何もしてやらないで?」
44. と言ったとさ。ババがこう言ってもその下でみんなお祈りをしているのだとさ。
45. それから、旅に出て一日行くと、胃袋たちがたくさんいて、ウンコをして、その脂たちがウンコをして、その脂のウンコのところへ行って食べていたら、ふと見るとその胃袋が一つつるしてあったとさ。

46. その胃袋がつるしてあったから、こんどそれをとって、背負ってから出て行ったとさ。
47. ずっと行って一日たったとき、一匹のキツネに会ったが、
48. 「ねえ兄さん、ぼくに付いてきなさい。みんなわけを教えてやるから」
49. とキツネが言ったとさ。

50. neyke taa sumari taa tani taa pise kasketa 'ama teh taa pahkay teh taa 'oman manu.
51. 'oman 'ike taa, アノ− nay 'ohta 'omanan 'ike taa, sine nay 'ohta 'oman. 'an 'ohta taa,
52. " 'iine'ahsuy horokewpo, "
53. tah yee. sumari kopisi manu.
54. "tan nay reehe temana 'ampe?"
55. "Yeepeta'usnaypo."
56. neeteh 'orowa taa suy payehci yayne taa suy nay nukara.
57. " 'iine'ahsuy, tan nay reehe temena?"
58. "Yeepeta'usnaypo."
59. suy payehci yayne suy nay nukarahci'an 'ohta,
60. " 'iine'ahsuy, tan nay temana?"
61. nah taa sumari kopisi 'an 'ohta taa, [咳]
62. pahkay kusu 'ay シタ モン タ゛カラ コンタ゛
63. " 'iine'ahsuy, Yootari'usnaypo. paa."
64. nah kii teh taa, kira wa 'isam manu. [咳]
65. nukara koh neya pise, see pise keehe 'okore kuu wa 'isam manu. 'okore kuu wa 'isam teh kiraha nee manu.
66. ne'ampe tani taa 'okanospa. ne'anike nospa. neera nospa yahkayki taa 'ampene kira manu.
67. kira yayne taa 'omanayne nukara koh taa アノ− sine kotan ta 'omanihi ne'ampe taa, cise soyketa taa neya sumari taa taata taa 'an kusu 'an manu.
68. neyke tani taa アノ−,
69. " 'iine'ahsuy アノ horokewpo, 'iine'ahsuy, teeta 'uhecire ciki nukara."
70. nah yee manu.
71. neyke tani taa, 'orowano taata taa アノ− 'ota poye 'ike taa, nay kara manu.
72. nay kara 'omantene taa, 'onnaykene taa ウン 'ohcaraha taa 'ahunke. 'ohcaraha 'ahunke ranke, wahka kopoye ranke, rupuska ranke suy wahka kopoye. rupuska ranke suy アノ simpuy 'onne, puy 'onne 'ahunke. nah kii yayne taa, 'okore taa アノ− ruh koro manu.
73. neeteh 'orowa tani neya 'ohcaraha 'esihtaaha nee manu.

74. ruh, konkas konkas
    ruh, ma'ii ma'ii
    ruh, konkas konkas
    ruh, ma'ii ma'ii
    ruh, konkas konkas

50. それでキツネを胃袋の上に乗せて背負って行ったとさ。
51. 行って、川をずっと行ったら一本の川のところに行った。そこで、
52. 「ねえ兄さん」
53. と言った。キツネが聞いたとさ。
54. 「この川の名前はなに？」
55. 「Yeepeta'usnaypoだ」
56. それでこんどまたずっと行くと川があった。
57. 「この川の名前はなに？」
58. 「Yeepeta'usnaypoだ」
59. それから、またずっと行ったところでまた川があった。
60. 「ねえ、この川は何と言うの？」
61. とキツネが聞いたとき、[咳]
62. 背負っていたものだから、
63. 「あのね、Yootari'usnaypoだ。見ろ」
64. と言ったら、キツネは逃げてしまったとさ。[咳]
65. 見たらその胃袋、その胃袋の上に背負っていた脂をみんな飲んでしまっていたとさ。飲んでしまって逃げたのだった。
55 それでその後を追いかけて行った。どんなに追いかけても追いつかず逃げたとさ。
67. それでこんど、逃げていって、見ると、ある村があって、そこに、一軒の家があってキツネはその外に立っていたとさ。
68. それでこんど、あのう、
69. 「ねえ兄さん、ここでぼくらがいっしょに踊るから見てよ」
70. と言ったとさ。
71. それからこんど、キツネはそこで砂をほって川を作ったとさ。
72. 川を作ってから、その中に自分の尻尾を入れた。尻尾を入れては水をピチャピチャさせて、凍らせて、また水を混ぜる。凍らせてまたその穴の中に入れる。という風に繰り返しやっている中に、みんな氷になってしまったとさ。
73. それからこんどその尻尾を地面に叩きつけたとさ。

74. ruh, konkas konkas
    ruh, ma'ii ma'ii
    ruh, konkas konkas
    ruh, ma'ii ma'ii
    ruh, konkas konkas

ruh, ma'ii ma'ii

75. nah kiihi ne'ampe taa 'anayne taa kimma taa 'osukeh naa hoynu naa rohse naa 'opokay naa renkayne taa, [テープ切れる。]
76. 'orowa kuu wa 'isam teh kiraha nee manu.
77. ne'ampe tani taa 'okanospaha ne'anike nospa. neera 'annospa yahkayki 'ampene kira manu.
78. kira yayne taa 'omanayne nukara koh taa, アノ- sine kotan ta 'omanihi ne'ampe taa, cise soyketa taa, neya sumari taa taata taa 'an kusu 'an manu.
79. neyke tani taa, moni-,
80. " 'iine'ahsuy horokewpo, 'iine'ahsuy teeta 'uhecire ciki nukara."
81. nah yee manu.
82. neyke tani taa 'orowano 'an taata taa アノ- 'ota poye 'ike taa, nay kara manu. nay kara 'omantene taa 'onnaykene taa, 'ohcaraha tah 'ahunke. 'ohcaraha 'ahunke ranke wahka kopoye ranke, rupuska ranke, suy wahka kopoye. rupuska ranke suy アノ- sımpuy 'onne, puy 'onne, 'ahunke. nah kii yayne taa 'okore taa アノ- ruhkoro manu.
83. neeteh 'orowa tani neya 'ohcaraha taa 'esihtaaha nee manu.

84. ruh, konkas konkas
    ruh, ma'ii ma'ii
    ruh, konkas konkas
    ruh, ma'ii ma'ii
    ruh, konkas konkas
    ruh, ma'ii ma'ii

85. nah kiihi ne'ampe taa, 'anayne taa kimma taa 'osukeh naa hoynu naa rohse naa 'opokay naa renkayne taa kamuy 'uta sapahci manu.
86. neyke taa neya hokorewpo 'uta naa,
87. "sumari 'uta, ni'oro'unte, ni'oro'unte ."
88. nah yee manu.
89. ne'ampe taa neya nii 'ani 'utehci manuyke taa renkayne raykihci manu.
90. 'okore raykihci teh taa, 'orowa taa cise'un horokewpo 'utah naa monimahpo 'utah naa taa 'okore 'ecaro'oykikarahci manu.
91. neyke tani taa 'orowa, 'okayahci yayne taa suy taa, suy 'oyahta payehcihi neya horokewpo 'uta taa 'omanihi nee manu.
92. 'omani ike taa, sine kotan ta 'omanihi ne'ampe suy neya sumari taata 'an kusu 'an

ruh, ma'ii ma'ii

75. とやっていたら、山の方から、ウサギやテンやキネズミやジャコウジカなどがたくさんやって来て、[テープ切れる。]
76. それから（キツネは）飲んでしまって逃げたとさ。
77. それでその後を追いかけて行った。どんなに追いかけても追いつかず逃げたとさ。
78 逃げていって、見ると、ある村があって、そこに、一軒の家があってキツネはその外に立っていたとさ。
9. それでこんど、
80.「ねえ兄さん、ここでぼくらがいっしょに踊るから見てよ」
81. と言ったとさ。
82. それからこんど、キツネはそこで砂をほって川を作ったとさ。川を作ってから、その中に自分の尻尾を入れた。尻尾を入れては水をピチャピチャさせて、凍らせて、また水を混ぜる。凍らせてまたその穴の中に入れる。という風に繰り返しやってみんな氷になってしまったとさ。
83. それからこんどその尻尾をそれに叩きつけて、

84. ruh, konkas konkas
ruh, ma'ii ma'ii
ruh, konkas konkas
ruh, ma'ii ma'ii
ruh, konkas konkas
ruh, ma'ii ma'ii

85. と言っていたら、山の方からウサギやテンやキネズミやジャコウジカたちがたくさん、けものたちが下りてきたとさ。
86. それでその男は、
87.「まあキツネたち、木で倒せ、木で倒せ」
88. と言ったとさ。
89. それでその木で倒して、たくさん殺したとさ。
90 みんな殺してしまって、それから家にいる男や女たちにもみんなご馳走してやったとさ。
91. そうしてしばらくいたが、また、よそへ行ったあの男たちがそこに行ったとさ。
92. 行って、ある村に着いたら、またあのキツネが行って、ある村に着いたら、

manu. neya nospa sumari taata 'an kusu 'an.
93. suy taa sumari taa,
94. " 'iine'ahsuy horokewpo, hanka 'enrayki. hanka. teeta suy kutahkara 'ciki nukara."
95. nah yee manu.
96. neeteh 'orowa taata taa suy taa tahkara manuyke taa, 'ohcaraha taa, rupuska 'omantene
 コォリ ne kara teh 'orowa 'esihtaa manuyke taa,
97. ruh, konkas konkas   ruh, ma'ii ma'ii   ruh, konkas konkas
98. nah kii yayne taa, kimma taa, 'opokay naa 'osukeh naa suy taata sapahci 'ike, renkayne sapahci 'ike taa, tani taa, cehkoykihci manu. yaykihci manuyke taa, 'ene kihci manu.

99. humporo yaa humporo yaa
 hempara yaa hempara yaa

100. nah taa kihci yayne taa, ㅏ- kihci manuyke taa, renkayne ceh raykihci manuyke taa renkayne taata taa, taa 'oro'un horokewpo 'utah naa monimahpo 'utah naa tah renkayne taa karahci manuyke 'uynahci 'ike karahci 'ike sukehci manuyke taa 'ehci manu.
101. 'orowa nukarahci teh taa 'orowa taa, horokewpo tani taa neera 'oman nahka sinka kusu tani taa hosipi manu.
102. hosipihi ne'ampe taa sumari kayki taa nakene ka 'omanu wa 'isam manu.
103. neeteh 'orowa tani taa ciseta hosipihi ne'ampe yuhpohohcin 'okore hetesuhci manu, tani.
104. cise 'onnayketa cisahci kusu 'okayahci manu.

105. 'ahkapo ahkapo wen
 yuhpo yuhpo wen kusu
 'ahkapo 'ahkapo pirika ruy
 'ahkapo 'ahkapo 'oyasi 'ohta
 r aykihcihi nee nanko.

106. taa nah yehci 'ani taa cisahci kusu 'okayahci manu.
107. neeteh tani taa horokewpo taa 'apacahke wa 'ahun teh taa,
108. " 'iine'ahsuy yuhpo yuhpo 'uta, hemata ciskarahci hii? sumari 'orowa pise nuhsu 'orowa, 'ancah-, 'ankocaarankehci , 'orowa, makiri 'ani 'anciwahci 'orowa 'ene'ani.

またあのキツネがそこにいたとさ。あの追いかけていたキツネがいた。
93. またそのキツネが、
94.「ねえ兄さん、ぼくを殺さないでくれ。お願いだ。ぼくがここでまた踊るから見てくれ」
95. と言ったとさ。
96. それからまた踊って、尻尾を凍らせて、氷になって、地面に叩きつけて、

97. ruh, konkas konkas　　ruh, ma'ii ma'ii　　ruh, konkas konkas
98. と言っていたら、山の方から、ジャコウジカやウサギなどがまた下りてきて、たくさん下りてきて、魚とりをしたとさ。

99. humporo yaa humporo yaa
　　hempara yaa hempara yaa

100. と言いながら、やーやー言いながら、たくさんの魚をとって、そこの男たちや女たちがそれを料理して集めて、料理して、煮て食べたとさ。

101. それから男はそれを見て、いくら旅を続けても疲れるから、もう家に帰ったとさ。
102. 帰ったら、キツネもどこかへ行っていなくなったとさ。
103. それからこんど家に帰ったら、こんど兄さんたちは起きていたとさ。

104. 家の中で兄さんたちは泣いていたとさ。

105. 'ahkapo ahkapo wen
　　yuhpo yuhpo wen kusu
　　'ahkapo 'ahkapo pirika ruy　'ahkapo
　　'ahkapo 'oyasi 'ohta
　　raykihcihi nee nanko.

106. こう言って泣いていたとさ。
107. それから、その男が戸を開けて入ってきて、
108.「ねえ兄さんたち、どうして泣いているの？キツネのために、胃袋のために、いじめられて、ぼくはナイフで切られてきた。kesiwしたり、怒っ

kesiwahci wa 'iruskahaci teh 'orowa mokorohci ranke, hemata kusu nah 'an kurayki hii? ku'ani neyke pise kurayki kusu 'orowa ne'an kirahci teh 'orowa 'ene'ani kunospahci. pise kotan 'orowa ku'oman 'ike taa, kee naa renkayne kukoro. pise naa kukoro."
109. nah taa yee.
110. 'orowa taa horokewpo 'uta taa paykihci manuyke taa, neya kee naa taa nukarahci teh taa 'orowa reekoh 'eyaykonopuruhci manu.
111. nah 'an tuytah ダ゜。
112. ［わあ、むずかしい。いろんなのが出てきて。少ししかわからなかった。M］

たり、寝たりして、どうしてぼくが殺したか、ぼくは胃袋を殺そうとして追いかけたが、胃袋は逃げて、ぼくは追いかけた。ぼくは胃袋の村に行ってきたから脂もたくさん持っているよ。胃袋もあるよ」

109. と言った。
110. それから男たちは起きて、その脂を見て、たいへん喜んだとさ。

111. こういう昔話だ。
112. ［わあ、むずかしい。いろんなのが出てきて。少ししかわからなかった。M］

39 'ECIKIIKI

1990年4月6日録音 (9002a)

1. 'iine 'ahsuy, sine monimahpo yayreske. ［もう一度最初からお願いします。M］
2. 'iine'ahsuy, sine kotan 'ohta, Sannupista sine monimahpo 'an manu.
3. 'aniike sinenehka yayreske. ceh kii koh 'ee, niina koh kuru, 'ehah taa koh 'ee, nah kii yayne sine too taa sine simah 'ahun manu.
4. simah 'ahuni ike taa,
5. " 'iine'ahsuy monimahpo, 'ekaanukampehe 'enerusakara, 'eneko 'enerusa kara."
6. nah yee manu.
7. ne'ampe taa monimahpo taa kaanukampehe naa citokihi naa tah 'enerusakarateh, taa 'anihi ne'ampe taa kahsiri kayarusihi, cikayarusihi 'imiyehe taa mii manu. neeteh tani taa 'orowa taa 'acahcipo, simah taa 'orowa taa ponno ponno taa cooko, cooko 'omantene taa 'orowa taa 'asin manu.
8. cisehe 'ene 'oman kusu neyke 'utasa suy 'inkara teh 'orowa yooponi suy 'eh kusu nah yee 'ike 'oman manu.
9. teh 'okaaketa taa monimahpo taa sinenehka 'ay yayne taa アルバンニ sine too, taa sine 'ecikiiki taa puy caata 'an manu. 'ecikiiki taa puy caata 'aa teh taa hawe'iki manu.

10. ciihin ciihin cirikooko taa
    monimaaha teen, ciri kooko taa
    'ecitokihihcin naa, ciri kooko taan
    'ekaanukampehehcin naa, ciri kooko taa
    tuunah kanne hunara waa, ciri kooko taan
    simah teen, ciri kooko taa
    hokuhu kotaniine 'ekira kusu 'iki, ciri kooko taa

11. nah kii manu, 'ecikiiki. 'orowa tani taa,
12. " 'iine'ahsuy 'ecikiiki, neya 'ahka nee hunara hetaa, hunara hetaa."
13. nah yee manu.
14. 'orowa tani 'ecikiiki tani 'omanu wa 'isam manu.
15. 'anayne taa simah taa cise 'ohta 'ay yayne taa 'ecikiiki puu caata 'an teh taa haw'iki manu.

16. ciin ciin ciri kooko taa

39話　エチキーキ鳥

1990年4月6日録音 (9002a)

1. あのね、娘が一人で住んでいた。[もう一度最初からお願いします。M]
2. あのね、ある村に、サンヌピシ村に娘が一人いたとさ。
3. たった一人で住んでいた。魚を取っては食べ、マキを拾ってはくべ、ユリ根を掘っては食べ、こうしているうちにある日、一人の女が入ってきたとさ。
4. 一人の女が入ってきて、
5. 「ねえ、娘さんや。お前の晴れ着を貸してくれ。私に貸してくれ」
6. と言ったとさ。
7. それで、その娘は、晴れ着も、首飾りも、みんな貸してやって、自分は魚皮で作った着物、自分の魚皮の着物を着たとさ。そうして今それから、そのババは、[いや]その女は、そこからちょっとピョンピョン小躍りしながら、そこから出ていったとさ。
8. 自分のうちへ帰ってから、遊んで、また様子を見てから、後でまた来るから、といって出ていったとさ。
9. そのあと娘は一人でいたが、ある晩に、ある日に、一羽のエチキーキ鳥が窓辺にとまっていたとさ。エチキーキ鳥が窓辺にとまって泣いていたとさ。

10. チーン　チーン　チリコーコ　ター
　　娘さんや、チリコーコ　ター
　　お前の首飾りも　チリコーコ　ター
　　お前の晴れ着も　チリコーコ　ター
　　早く取りに行きなさい　チリコーコ　ター
　　あの女が　チリコーコ　ター
　　夫の村へ逃げていくから　チリコーコ　ター

11. と言ったとさ、エチキーキが。それで、
12. 「ねえ、エチキーキや、そんなら、探してくれ、探してくれ」
13. と言ったとさ。
14. そうして、エチキーキはどこかへ行ってしまったとさ。
15. しばらくして、その女が家にいると、そのエチキーキが窓辺にとまって泣いていたとさ。

16. チーン　チーン　チリコーコ　ター

(monimah) simah teen, ciri kooko taa
'ecitokihihcin naa, ciri kooko taan
'ekaanukampehehcin naa, ciri kooko taa
hunara kusu ku'ekihii, ciri kooko taa
'enmiire waa, ciri kooko taa
'ehokuuhu kotantaa 'e'oman cikii, ciri kooko taa
'ekikun cooko, ciri kooko taa
kukii ciki nukaraa, ciri kooko taa

17. nah kii manu, 'ecikiiki.
18. taa simah taa 'ecikiiki 'eki ike,
19. "kanna 'aka nee ciki 'ahun hetaa, 'ahun hetaa."
20. nah yee manu.
21. 'ecikiiki taata 'ahun manuyke, taa simah taa citokihi naa kaanukampihi naa ninkaarihi naa 'asınke 'ike 'ecikiiki taa miiree. muhtee.

22. neeteh 'orowa 'ecikiiki numa koyaykusu manu.

23. ciin ciin ciri kooko taan
    simah teen, ciri kooko taa
    huhteh 'unci 'ohta 'ama waa, ciri kooko taa
    'empaapahseka waan ciri kooko taa

24. 'orowa simah taa huhteh kara 'ike 'ampa wa 'ahun 'ike 'unci 'orowa 'okaaketa 'unci 'epaakara 'ike 'ecikiiki 'epaapahsekaha neya 'ecikiiki numa manu. tah cooko cooko 'omantene taa 'asin teh taa 'oman manu, monimahpo 'onne. 'oman teh tani taa neya citokihi naa ninkaarihi naa taa 'okore taa 'asinke.

25. 'asinke teh taa kontehcihi neya 'orowa monimahpo taa 'ecikiiki hekota siyuhte manuyke taa tekihi naa kemaha naa netapakehe naa 'okore taa tama 'oo sisinah 'ekarakara, tama 'oo sisinah 'ekarakara manu.
26. neyke tani taa numa koyaykus manu.

27. ciin ciin ciri kooko taan
    monimah teen, ciri kooko taa
    'empaapahseka waan, ciri kooko taan

    （娘さん）ババさんや、チリコーコ　　ター
　　　　　お前の首飾りと、チリコーコ　　ター
　　　　　お前の晴れ着を、チリコーコ　　ター
　　　　　取りに来たよ、チリコーコ　　ター
　　　　　私に着せておくれよ、チリコーコ　　ター
　　　　　お前の旦那の村に行ったら、チリコーコ　　ター
　　　　　踊るの、チリコーコ　　ター
　　　　　だから見てなさい、チリコーコ　　ター

17. と言ったとさ、エチキーキが。
18. それからこんど、その女はエチキーキが来たので、
19. 「そんなら、入りなさい。入ってくれ」
20. と言ったとさ。
21. それからこんどまた、エチキーキはそこに入ったとさ、すると、その女は、首飾りも、晴れ着も、耳飾りも、出してエチキーキに着せた。掛けてやった。
22. そうしたらエチキーキは立ち上がれなくなったとさ。

23. チーン　チーン　チリコーコ　　ター
　　　　ババさんや、チリコーコ　　ター
　　　　松葉を火にくべて、チリコーコ　　ター
　　　　煙を出してくれ、チリコーコ　　ター

24. それからこんど、女は松葉をとってきて、家にもってきて、入って火にくべて、火を煙らして、エチキーキに、煙を出してかけたら、エチキーキは起き上がったとさ。ピョンピョン小躍りしながらエチキーキは出ていったとさ、娘のところへ。そこへ行って、その首飾りや、耳飾りや、それをみんなはずした。
25. はずして娘に渡したら、娘はエチキーキにお礼を言って、手にも、足にも、体にもみんな玉付きの手甲を巻いて、手甲を巻いてやったとさ。

26. そしたら、エチキーキは起き上がれなかったとさ。

27. チーン　チーン　チリコーコ　　ター
　　　　娘さんや、チリコーコ　　ター
　　　　煙をかけてくれ、チリコーコ　　ター

ciin ciin ciri kooko taa

28. monimhahpo tani taa huhteh naa 'unci 'ohta 'ama 'ike ta'a paaha kara 'ike epaapahsekakara. 'orowa taa kemaha naa huure po'us tah konoye. tekihi naa huure po'us konoye. tani taa 'ecikiiki numa manu.
29. numa teh tani tahkara tahkara 'omantene taa puy kaari taa purururu 'asin manu. 'omanteh taa tani taa simah 'ohta 'oman. simah 'ohta 'oman teh taa nani suy yee. puy caata 'an teh taa

30. ciin ciin ciri kooko taan
    (monimahpoo) simah teen, ciri kooko taa
    'ekanukampehe naa, ciri kooko taa
    ku'ampa ku'omanike 'okore monimahpo kukoore.

31. nah yee manu.
32. tah 'ecikiiki neya, " 'ahun hetaa, 'ahun hetaa." nah yee manu.

33. tani 'ecikiiki 'ahun manuyke monimahpo 'ekoyee 'itah kusu taa wooya 'ampe taa tekihi naa kemaha naa tah huure po'us naa tetara po'us naa kurasno po'us naa tah konoye 'omantene tah 'ecikiiki numa koyaykus manu.

34. ciin ciin ciri kooko taa
    'empaapahseka waa, cirikooko taa
    ciin ciin ciri kooko taa

35. simah taa wooya'ampe tah 'epaapahsekakara manu. huhteh naa kito naa 'orowa sah 'ipe naa 'epaapahsekaraha neya 'ecikiiki numa manuyke tahkara. tahkara tahkara 'omantene taa puy kaari 'asin teh taa 'oman manu.
36. neeteh taa monimahpo ne'ampe taa nani 'imiyehe naa 'okore 'uki ike taa 'ama manuyke taa pirikano yayreske manu.
37. yayreske 'ike taa cehkoyki koh 'ee teh niina koh kuru nah kii. 'orowa simah ne'ampe tani hokuhu kotanihi 'onne 'oman manu.
38. teh monimahpo sinenehka yayreske yayreske yayne tani hokuhu nuu manu.
39. hokuhu nuu teh taa pirikano 'okaykihci. pirikano 'okaaketa kihci taa poo koro.
40. poo koro 'ike taa tani 'ohkayo pooho naa mahtekuh pooho naa koro 'ike tani caskuma yayne taa kohekayehokusi teh 'okaaketa kohohcin 'okayahci yahka taa pirikano

チーン　チーン　チリコーコ　ター

28. 娘は今度、松葉を火にくべて、煙を出して、煙らせた。それから、足にも、赤い布をつけ、手にも赤い布を付けて、今、エチキーキは起きたとさ。

29. 起きて、いまピョンピョン踊って、窓からスーッと出ていったとさ。ずっと行って女のところへ行った。女のところへ行って、すぐまた言った。窓辺にとまって、

30. チーン　チーン　チリコーコ　ター
　　（娘）ババさんや、チリコーコ　ター
　　お前の晴れ着を、チリコーコ　ター
　　私が持っていって、みんな娘に渡したよ。

31. と言ったとさ。
32. エチキーキに、その鳥に、女は、「入りなさい。入りなさい」と言ったとさ。
33. 今エチキーキは入って、娘に向かって声をかけて、いろいろなものを、その手や、足に、赤い布や、白い布や、黒い布をつけてやったら、エチキーキは起きられなくなってしまったとさ。

34. チーン　チーン　チリコーコ　ター
　　煙を掛けておくれ、チリコーコ　ター
　　チーン　チーン　チリコーコ　ター

35. 女はいろいろなものに、煙を出してかけてやったとさ。松葉や、それから魚の干物などをくべて、煙をだしてやったら、エチキーキは起き上がって、踊った。ピョンピョン踊って、窓から出ていったとさ。
36. そうしてその娘は、今自分の着物もみんな受け取って、しまって、それからは幸せに暮らしたとさ。
37. 幸せに暮らして、魚取っては食べ、マキを拾ってはくべていた。そうして、女は自分の夫の村へ行ったとさ。
38. 娘のほうは一人で暮らして、暮らして、婿をとったとさ。
39. 婿をとって幸せになった。幸せになった。幸せに暮らして、子供ができた。
40. 子供ができて、男の子も女の子もできて、親から子へと語り継がれていたが、その子孫たちはみんな年老いて、死んでも、またその子孫はみんな幸

'okayahcihi neyaa.   manu.
41. nah kanne. nah kanne 'an tuytah.

せに暮らしたということだ。
41. これでおしまい。こういう話だ。

40 'IMUU MONIMAHPO(-90)

1990年4月6日録音 (9001a)

1. 'orowa, sine kotanta sine horokewpo yayreske manu. sine horokewpo yayreske 'ike taa, niina koh kuruu, cehkii koh 'ee ,nah kii yayne taa sine too taa kinta niina kusu makan manu.
2. niina kusu makanihi ne'ampe taa sine 'acahcipo taa niina kusu 'an manu.
3. neya 'acahcipo yee manu.
4. " 'iine'ahsuy, horokewpo, 'anciseta sanu waa. ku'ani sineh 'imuu monimahpo tura ku'an. 'imuu monimahpo tura ku'anike, kuniina koh kuhosipi 'an 'ohta taa, niskehe ko'ociwe 'an 'ohta taa, reekoh 'e'imuu. 'ekiororo'an manu. kiroro'an manu."

5. nah taa yee manu.
6. neeteh tani taa, 'imiyehe naa, neya horokewpo miire. horokewpo 'imiyehe 'anihi mii.
7. neeteh tani taa horokewpo taa nii 'achipo niina 'ike taa , tah taa see teh 'orowa taa 'acahcipo ciseta san manu.
8. neya monimahpo sinenehka 'an kusu 'an manu. neyke taa nii taa cise 'apa caa 'ene 'ociwe. neyke taa cise 'onnayketa 'imuu hawehe 'an manu.

9. niiteh kaa cira rii too
   hunkara ciso soo
   nii suh tom 'ecitoko yee
   hawa hawa haw

10. nah kii manu.
11. suy niskehe suy hera'oh 'ociwe. hera'oh 'ociwehe neya

12. rehta cipoo cipoo
    yaata cipoo cipoo
    'atuy mahna kuruu
    soroo soroo
    hawa hawa haw

13. nah kii manu.
14. nah kii 'ani tani taa suy 'ociwe. suy niskehe 'ociwehe ne'ampe

40話　イムー女(-90)

1990年4月6日録音 (9001a)

1. それから、ある村に男が一人で暮らしていた。男が一人で暮らしていて、山からマキをとってはくべ、魚を捕っては食べしているうちにある日、山へマキ取りに行ったとさ。
2. マキ取りに山へ行ったら、ババが一人そこでマキをとっていたとさ。
3. そのババが言ったとさ。
4. 「ねえ、ホロケウポや、わしの家へ来てみなさい。わしはなあ、イムーする女と一緒に暮らしてるんだ。わしはイムー女と住んでいて、マキをとって帰って、背負ってきたマキをおろすと、すぐ女はイムーするんだ。そりゃとてもおもしろいよ」
5. とババは言ったとさ。
6. そうしていま、そのババの着物を男に着せた。そして男の着物をババが着た。
7. それからその男はマキを、ババのとったマキを背負って、それからババの家へ下がっていったとさ。
8. その女は家に一人でいたとさ。そこで、そのマキを家の戸口におろしたとさ。すると家の中からイムーの声がしたとさ。

9. nii teh kaa cira rii too
   hunkara ciso soo
   nii suh tom 'ecitoko yee
   hawa hawa haw

10. といったとさ。
11. もう一度背負ってきたマキを地面に落とした。すると、

12. rehta cipoo cipoo
    yaata cipoo cipoo
    'atuy mahna kuruu
    soroo soroo
    hawa hawa haw

13. という声がした。
14. こうしていたが今また落とした。また背負ったマキを落としたら

15. rehta cipoo cipoo
    yaata cipoo cipoo
    'atuy mahna kuruu
    soroo soroo
    hawa hawa haw

16. nah kii.
17. suy 'ekiroro'an kusu suy nii 'ociwe. nii 'ociwehe ne'ampe taa

18. nii teh kaa cira rii too
    hunkara ciso soo
    nii suh tom 'eci toko yee
    hawa hawa haw

19. nah kii manu.
20. 'anayne tani taa, taa 'iruska manu.
21. " hemata ka 'acahcipo 'imuuyara ka setah kanne, 'acahcipo 'imuuyara 'ike ponno ponno 'imuuyara yahkayki 'orowa hemakape sonno sirara 'acahcipo 'ene'an 'imuu kiiyara."
22. nah taa yee, 'iruska hawehe 'an manu.
23. ne'ampe kusu tani taa, cise 'ohta 'ahun manu. cise 'ohta 'ahunihi ne'ampe taa monimahpo niwen 'ike nani taa 'ipe kara kusu 'an manu.
24. 'ipe kara 'omantene taa, 'acahcipo 'oypepihi taa ceh 'oro'oo 'ike 'oro'oo teh taa
25 " 'acahcipo 'eere."
26. 'acahcipo nah yee manu.
27. neeteh 'eere, taa 'ipe 'ee, nah kii 'omantene taa ko'itah ka hankii teh taa,'are'anno taa monimahpo 'onuuman kunne 'omanihi kusu taa horokewpo taa 'acahcipo 'omayehe kaata nah kanne taa mokoro manu. 'acahcipo 'imiyehe mii teh taa mokoro.
28. mokoro yayne taa 'ahto ran, 'ahto ran nayne taa, 'anayne taa, 'acahcipo san manu. sani ike taa
29. " 'iine'ahsuy horokewpo, 'e'imiyehe ku'imiyehe 'enmiire. 'e'imiyehe kumii 'ike kumeerayki. 'acahcipo 'imiyehe ne'ampe ハクチョウ cikah rusihi nee
30. manu.
31. tah kusu tani taa, 'asini ike taa 'acahcipo koore teh taa 'anihi 'imiyehe tah 'uki ike mii manu.

15. rehta cipoo cipoo
    yaata cipoo cipoo
    'atuy mahna kuruu
    soroo soroo
    hawa hawa haw

16. といった。
17. またおもしろいから、またマキを落とした。マキを落としたらまた

18. nii teh kaa cira rii too
    hunkara ciso soo
    nii suh tom 'ecitoko yee
    hawa hawa haw

19. と言ったとさ。
20. そのうちに女は怒ってしまったとさ。
21. 「何でババが何回も何回も私にイムーをさせるのか。少しばかりやらせておしまいにするならいいものを、本当に偉いババがこんなに私にイムーさせるなんて」
22. と言って、怒ったとさ。
23. それから、いまその家の中に入ったとさ。家の中に入ったら、その女は機嫌が悪かったが、いますぐご飯を作ると言ったとさ。
24. 女はご飯を作って、ババの食器を出して、ご飯をついでついで、そして
25. 「ババに食べさせるから」
26. とババに言ったとさ。
27. そして食べさせて、食べたりして、その間、女は一言も口を利かずにそのまま女は、もう夜になったので、その男はババの布団に、そのまま寝たとさ。ババの着物を着たまま寝た。
28. 寝ている間に大雨が降った、雨が降って降って今度は本物のババが山から下りてきた。下りてきて、
29. 「ねえ、ホロケウポや。お前が着てる着物、私の着物を私に着せてくれ。お前の着物は私が着ると寒い。ババの着物は白鳥の皮でできているんだ」
30. と言った。
31. それで、男はいま脱いで、それをババにわたして、自分の着物をとって着たとさ。

32. neyke taa monimahpo nukara 'ike taa
33. " 'ene'an yoy horokewpo ne'an kon. ne'an 'acahcipo, 'imiyehe mii teh 'ene kanne 'imuuyara kosiwpu kii kusu 'ene'ani."
34. nah yee teh 'iruska 'ani taa, tani taa horokewpo tani taa 'oman kusu, hosipi kusu cise 'ene······
35. horokewpo taa cise 'ene hosipi kara 'ike tani 'acahcipo naa taa,
36. "hanka 'iruskare kusu. 'anihi weni hii."
37. monimahpo ne'ampe
38. " 'iine'ahsuy 'acahcipo, horokewpo, sonno sirara 'acahcipo nah taa ku'eraman kusu, 'iruskaha neya waa. tah horokewpo hanka 'iruskare kusu."
39. nah yee 'ike taa, 'imiyehe kisma. 'uhcinkehe caaca kotuye. suy kismahci.
40. suy 'imiyehe serihi caaca kotuye, nah kii yayne taa tani ramo'ekayehci manu.

41. ramo'ekayehci 'ike tani taa, rewsi. rewsi teh taa sinke'ikehe taa tani horokewpo taa hosipi kusu kara manu. hosipi kusu kara taa monimahpo taa 'acahcipo taa
42. " 'iine'ahsuy monimahpo. 7/-horokewpo 'etura wa 'e'oman, 'etura kusu 'iki. ku'ani ne'anah sinenehka kayki pirika."
43. nah taa yee teh, taa horokewpo, taa monimahpo sipini 'omantene taa horokewpo tura teh taa horokewpo cise 'ene san manu.
44. neeteh taa horokewpo tura taa 'okayahci manu. horokewpo sam teh taa pirikano taa 'okayahci. niinahci koh kuruhci. cehkihci koh 'ehci nah kihci yayne 7/- taa tani 'ukohekayehci wa tani poo korohci 'ike taa poohohcin ka renkayne sikah manu.
45. nee poohohcin taa, 'ahkasahci 'ike taa, rih poka 'ahkas cikah ka 'okore tehkupihi sayayse 'ike taa 'uynahci 'ike muysankeh ne naa sahka ne naa korohci.
46. neya horokewpo, monimahpo poohohcin taa, yaykotampa 'etuhturi yaymosiripa 'etuhturi kihci 'ike, rih poka 'ahkas cikah ka 'okore tehkupihi sayayse 'ike taa 'uynahci 'ike taa muysankeh ne naa korohci, sahka ne naa korohcipe nee manu.
47. neeteh neya monimahpo 'utah kayki hekaye hokusihci yahka 'okaaketa poohohcin 'utah ka pirikano taa, horokewpo 'uta 'ahkari pirikano 'okayahcipe nee manu. nah'an tuytah 7ʾ。

32. 女はそれを見て、
33. 「まあ、立派なよい男になったものだ。あのババの着物を着た人にあんなにイムーをさせられたから頑張ってやったんだ」
34. と言ったら、今度は男も怒って、もう俺は帰る、もう家へ帰る、家へ帰ると言って、帰ろうとした、家へ……
35. 男が家へ帰ろうとしたら、ババもまた、
36. 「わしは怒らせる積もりはなかったんだ。自分が悪かった」（と言った。）
37. 女は、
38. 「ねえ、おばあさん、ホロケウポ、てっきり本当のババだと私は思ったから怒ったのです。ホロケウポ、あなたを怒らせる積もりはなかったのです」
39. と言って、男の着物を引っ張った。裾がびりびり破けた。また引っ張った。
40. また裾がびりびり破れた、これを繰り返しているうちに、男は機嫌をなおしたとさ。
41. 機嫌をなおして、その日はそこに泊まった。泊まって翌日男は今度こそ帰ろうとした。帰ろうとしたとき、女に（ババが言った。）
42. 「ねえ、娘や。お前はこの男について行きなさい。私は一人で大丈夫だから」
43. と言って、その男に、娘は身支度をして、その男について、男の家へ行ったとさ。
44. それから、男といっしょに暮らしたとさ。男と夫婦になって幸せに暮らした。マキをとってはくべ、魚をとっては食べ、しているうちに今、年をとって、子どももできて、その子どもたちも大きくなったとさ。
45. みんな子どもたちも、歩くようになって、空を飛ぶ鳥もみんな羽を落として、それを拾ってホウキにしたりハシにしたりした。
46. その男、その女の子どもたちは次々と、子孫を増やし、村もぎっしりと人でにぎわい、国も栄え、空飛ぶ鳥もみんな羽を落として、それを拾ってホウキにしたり、ハシにしたりしたりしたとさ。
47. それから、女たちも年をとってなくなった後、子どもたちは幸福に、親たちよりもっと幸福に暮らしたんだとさ。こういうお話だ。

41 HUHPE(-90)

1990年4月6日録音 (9005a)

1. sine kotanta ネー, Sannupis ネー sine yeesu macihi tura 'okayahci manu. sine yeesu macihi tura 'okayahci 'ike taa, niinahci koh kuruhci, cehkihci koh 'ehci, nah kihci kusu 'okyahci yayne taa, アノー monimahpo kuysapaha 'ohta huhpe 'an manu. 'acihpe 'an manu.
2. neyke taa 'ay yayne taa, tani caro'osma manu. caro'osma 'ike taa, niinum tuh pis 'asin manu. niinum tuh pis 'asini ike taa, アノ simah taa, simah デ゚ナイ monimahpo taa, アノ kosonto サ kosonto kocupu teh, muhru wa 'empokene 'ahunte manu. hokuhu 'ekowehcinra manu. ワカルカ? kosonto kocupu シテ...。
3. neeteh taa 'okaaketa taa, ウン monimahpo 'isam 'okaaketa taa, horokewpo taa nukara 'ike taa, muhru wa 'empoke taa macihi hemata 'an'ama haa, nah 'anramu. nukaraha ne'ampe kosonto soma. pitataha ne'ampe niinum tuh pis 'ohta 'ay manu.
4. ne'ampe sineh taa 'arikirihi mesu 'ike taa ciire teh 'ee manu. sineh 'are'anno 'an. sineh 'arikirihi. 'orowa macihi nukara kusu taa, アノー neya kosonto kocupu teh taa suy 'unci 'onne 'ociwe manu.
5. 'unci 'onne 'ociwehe ne'ampe taa, 'anayne taa, monimahpo taa 'ahun manuyke taa neya 'unci paaha taa numa 'ike taa, pasuhu simoye 'asin 'ike puy 'okaakara taa 'asin manu.（うん。M）
6. ne'anike suy monimahpo taa tani neya nukaraha ne'ampe taa, neya hancinukah siri neewa cinukahsiri 'uturukene taa haaciri manu, pasuhu. sumihi.（へえ。M）
7. neeteh tani taa 'okayahci yayne tani taa sine too taa, monimahpo neya 'unci paa 'ohta haaciri tokoho 'onne wooneka kusu 'oman manu.
8. wooneka kusu muni hokoyakoya ruu 'ani ike taa kaari taa makan manu.

9. makanyne taa, sine cise 'an manu. neyke sine cise 'onnayketa mantoho kasketa mantocaapusi 'ohta sine 'o'araratankapo soyke(?) monimahpo taa, 'an teh taa suukawka kusu 'an manu.
10. 'ani ike taa 'orowa taa 'annukaraha ne'ampe 'ene yee manu.

11. hetunaa hetunaa co'omaa ruypuu
    hetunaa hetunaa makan cape suy
    hetunaa hetunaa

12. nah yehci manu.

41話　腫れ物（-90）

1990年4月6日録音 (9005a)

1. ある村に、サンヌピシ村に、一人のイェースが妻と暮らしていたとさ。一人のイェースが妻と暮らしていて、（二人は）マキをとって火にくべて、魚を捕って食べて、と、そうやって暮らしているうちに、妻の足の膝に腫れ物ができたとさ。おできができたとさ。。
2. それで、しばらくして、腫れ物に口があいたとさ。。口があいて、木のタマゴが２つ出てきたとさ。木のタマゴが２つ出てきたから、女は、いや女じゃない、妻はそれを晴れ着にくるんで、枕の下にいれて置いたとさ。夫には内緒にしておいたとさ。わかるか？晴れ着にくるんで……。
3. それからしばらくして、妻が出かけていない時に後で、男はそれを見て、枕の下に妻は何を置いたのだろう、と思った。見ると晴れ着にくるんだものだった。開いてみると木の玉が２つそこにあったとさ。
4. それで、そのひとつ、半分の１つを取って焼いて、つぶして、それを食べたとさ。もう一つはそのままにしておいた。一つ、半分の一つはそれから妻が見たので、その晴れ着で包んでまた火へ投げ込んだとさ。
5. 火の中に投げたら、そうしていたら、妻がそこに入ってきて、見たら、その火の煙がたって、焼けカスが動いて窓から出ていったとさ。[うん。M]
6. それでまた妻がこんどそれを見ると、見えるところと見えないところの間に落ちたとさ。その焼けカスが。炭がね。[へえ。M]
7. そうして、ある日女はその火の煙が落ちたところを探しに行ったとさ。
8. 探しに行こうと思って、見ると草が生い茂った道があって、そこを通って山へ入っていったとさ。
9. 山へ入っていくと、一軒の家があったとさ。その中に、sine onnayketa mantoho kasketa mantocaapusi 'ohta sine 'o'araratankapo soyke（窓辺に片頬に傷のある）娘が一人いて、お裁縫をしていたとさ。
10. 娘がいて、見たら、このように言ったとさ。

11. hetunaa hetunaaa co'oma ruypuu
　　hetunaa hetunaa makan cape suy
　　hetunaa hetunaa

12. と言ったとさ。

13. neyke taa cise 'onnayketa sine monimahpo 'an teh taa,

14. huhrone 'an ciki 'ahunke 'okaa
    huhrone 'an ciki weesiriki ko'asini naa
    huhrone 'an ciki 'ecaroykikara
    huhrone 'an ciki weesiriki rupus moya
    huhrone 'an kici 'o'uno 'okaa
    huhrone 'an ciki

15. nah yee manu. [テープ切れる。]
16. neyke taa monimahpo tani taa, 'omani ike taa neya monimahpo tura teh taa 'ahun manu. 'ahuni ike taa,
17. "rupus moya kaskene 'aarehci kusu."
18. nah yehci 'ike 'iramasireno'an yoy sohkara, toma sohkara, pirika sohkara kaske 'ene monimahpo taa 'aarehci 'ike taa, 'orowa tani taa, caro'oykihci manu.
19. wooya'ampe 'ecaro'oyki karahci 'ike taa, 'eerehci 'omantene taa, haciko 'uhpe taa 'ampa teh taa, " cise 'ene 'ampa kusu." nah yee 'ike taa, cise 'ene san manu.

20. cise 'ohta san ike taa, neya horokewpo taa koore.
21. " 'iine, 'imokaa. 'iine, 'imokaa."
22. nah yee manu, horokewpo.
23. " 'iine, 'imoka! tah neeko. pateh tah pateh 'eneerehcipe!"
24. nah taa yee teh taa hokuhu koore.
25. "keh, ci'oka ka cikii 'anah ci'ee."
26. nah taa yee teh taa 'ee manu.
27. 'ee teh taa 'orowa 'an 'omantene taa sine too taa, ソノ ムスメタチ トコサ アスビ゛ニ イッタンダ゛ト.イッ タケ コンダ゛ネー イッテ ['aynu 'itah 'ani yee waa. M]
28. 'anayne taa ウン、sine ruu 'ani ike taa 'okaakara makan ayne taa, sine ruu 'ahcaata sine cise 'an manu.
29. ne'ampe sine cise 'ani ike taa, puycaata taa sine monimahpo taa 'o'ara notankamu soo 'ike monimahpo taa suukawka kusu 'an manu. [うん。M]
30. 'orowa 'annukara teh taa cise 'onne taa 'ene yee manu.

31. hetunaa hetunaa co'omaa ruypuu
    hetunaa hetunaa makan cape suy
    hetunaa hetunaa

13. それで、家の中に一人の娘がいて、

14. huhrone 'an ciki 'ahunke 'okaa
    huhrone 'an ciki weesiriki ko'asini naa
    huhrone 'an ciki 'ecaroykikara
    huhrone'an ciki weesiriki rupus moya
    huhrone 'an kici 'o'uno 'okaa
    huhrone 'an ciki

15. と言ったとさ。[テープ切れる。]
16. それからその娘は、そこへ行ってその妻を連れて入ったとさ。入ると、

17. 「凍ったゴザの上に座らせますから」
18. と言って素晴らしい上等なゴザ、トマのゴザ、いいゴザの上に女を座らせて、それから、食べ物をご馳走したとさ。
19. いろいろなものをご馳走して、食べさせて、そのうちに小さい物を持って来て、「これを家へ持っていきなさい」と言って、妻は家へ帰っていったとさ。
20. 家へ帰って行って、その男に手渡した。
21. 「さあ、お土産よ。さあ、お土産よ」
22. と言った、男に。
23. 「えっ、お土産だって！これが？ たったこれだけおれに食わせるのか！」
24. と、夫はいったが、夫に手渡した。
25. 「じゃあ、おれも、それならそこへ行って食うか」
26. と言って食べたとさ。
27. 食べてそれから、しばらくしてある日、男はその娘たちのところへ遊びに行ったとさ。行ってからこんど。[アイヌ語で言ってください。M]
28. そして、ある道を通って山へ入ったら、ある道のわきに一軒の家があったとさ。
29. それで、一軒の家があって、その家の窓辺に、一人の娘が、片頰に傷のある娘が、お裁縫をしていたとさ。[うん。M]
30. それから見ると、家の中から声がしたとさ。

31. hetunaa hetunaa co'omaa ruypuu
    hetunaa hetunaa makan cape suy
    hetunaa hetunaa

腫れ物 327

32. nah yee manu.
33. neyke taa cise 'ohta 'an monimahpo ne'ampe taa,

34. huhrone 'an ciki 'ahunke 'okaa
    huhrone 'an ciki 'inacikaripe
    huhrone 'an ciki 'ecaroykikara
    huhrone 'an ciki

35. nah kii manu.
36. nah kiihi ne'ampe taa, monimahpo taa 'o'ara notankamsoo'ike monimahpo taa neya ﾁﾁﾁﾔ 'aacaha taa tura 'ahun manu. 'aacaha tura 'ahui ike taa pirika sohkara kasketa 'aarehci kun nah 'eramanuhu ne'ampe weesiri ko'asi, toyre 'ukurupus sohkara, taa sohkara kasketa 'aarehci manu.
37. neeteh 'orowa taa, 'ampene 'uncıhı ka 'okore 'uskahci manu. 'unci 'us teh taa hemata ﾀﾞﾂ sukehci manuyke taa, 'unci 'uwaa ka hankii teh taa 'onne sukehci yayne taa, 'anayne tani taa poro 'unci 'uwaarehci manu.
38. poro 'unci 'uwaarehcihi ne'ampe taa, horokewpo taa seesh yayne taa, neyan rupus sohkaraha ka 'okore ruu 'ike taa, 'okore 'uskuy 'okore kotoyre seesesh yayne taa 'orowa 'unci 'uwaarehci manu. poro 'unci 'uwaarehci manuyke tani seesesh manu. seesehka yayne taa mokon rayki manu.
39. neeteh tani taa mokoro manu. mokoroho ne'ampe taa, 'anayne taa 'ohoro hetaneya tuunas hetaneya 'anayne yaymososoho ne'ampe taa, 'ipekarachi 'omantene taa 'acahcio moymoyehcihi nee manu.
40. 'acahcipo moymoyahcihi ne'ampe numarehcihi ne'ampe tani taa 'iperehci.
41. caro'oykihci, taa renkayne taa caro'oykihci, caro'oykihci taa 'omantene taa, 'orowa taa, san manu. cise 'ene sanu wa hosipi manu.
42. hosipihi ne'ampe taa ｱﾉｰ 'okoyse rayki kusu, 'okoyse kusu kara yahka koyaykus. suy sine too 'oman 'okoyse kusu kara yahka koyaykus. nah kii yayne taa ｱﾉ ciyehe tempa tempaha ne'ampe pisekah tampo koro manu.

43. neyke tani taa makiri 'asinkehe ne'ampe makiriyehe ka 'etokoho kayteh wa 'isam manu. teh makiri 'ani taa mesu manu. [テープ切れる。少しブランク]
44. neyke taa 'okoyse. taa suy 'omanayne tani taa suy 'osoma rayki kusu taa, suy 'osoma kusu kara yahka koyayksus.

32. と言ったとさ。
33. すると家にいた娘が、

34. huhrone 'an ciki 'ahunke 'okaa
    huhrone 'an ciki 'inacikaripe
    huhrone 'an ciki 'ecaroykikara
    huhrone 'an ciki

35. と言ったとさ。
36. そうしたら、その娘は、その片方の頬に傷のある娘は、その父親、つまり自分の父親と一緒に入ったとさ。父親と一緒に入って、いいゴザの上に座らせるだろう、と思っていると、凍り付いた、冷たいぬれたゴザを敷いて、そのゴザの上に座らせたとさ。
37. そしてそれから、火も全く消してしまったとさ。火が消えて、何かを煮ようとしていたが、火も燃えないで、そこで煮たのだが、やがて今度は大きな火がもえたとさ。
38. 大きな火がもえたから、男は暖かくなって、例の氷のゴザもみんな溶けて、みんな、尻がみんなそれで濡れて、暖かくなってしまって、まだ火は燃えて暑かったとさ。ぽんぽん火が燃えたからこんどは眠くなったとさ。

39. それで今度は眠ったとさ。眠ったら、やがて長い時間がたったか、それともすぐだったか、目が覚めたのだが、食事の用意をしてから、ババをゆり起こしたとさ。
40. ババをゆり起こして目覚めさせ、今度は食事を食べさせた。
41. ご馳走して、たくさんご馳走した、ご馳走してから、それから山を下りたとさ。家へ下りて帰ったとさ。
42. 帰ったらオシッコがしたくなったから、オシッコをしようとしたが、できなかった。またある日オシッコをしようとしたができなかった。そうしているうちに、チンポに触って、触ってみたら、アザラシの胃袋の皮が被さっていたとさ。

43. ナイフを出してみたら、ナイフの先が切れてしまっていたとさ。それでその男はナイフでその袋をはいだとさ。[テープ切れる。少しブランク]
44. それでオシッコした。それからしばらくしてこんどはまたウンコしたくなったからその、またウンコしようとしてもできない。

45. ne'ampe kii yayne taa, 'uskuyehe tempa tempaha ne'ampe pisekah tampo koro manu. 'orowa suy taa makiri 'ani sesu teh taa 'ociwe 'ike taa, 'osoma.teh 'osoma. 'okoyse. suy say yayne taa wahka rayki manu. wahka rayki kusu taa, makirihi 'asinke teh taa nampe kara manu. [nampe kara？ M] ウン、エント゛、アナ ホッタン ダ゛ト。[nampe kara manu. M] アナ ホッテ ミス゛ ノモウト オモッテ wahka kurayki 'ike ['aynu 'itah 'ani yee. M] wahka kara manu. nampe kara teh wahka kuu kusu wahka karaha ne'ampe wahka kuu kusu karaha ne'ampe, hemata pise ka hohcirikorope hetuhtehte manu.
46. ne'ampe 'e'ohayohayneh kusu taa heyoni. heyoni ranke taa suy wahka kuu kusu kara 'an 'ohta suy pise ka hohcirikorope heturi.
47. ne'ampe kii kusu taa, tani hemata 'ene'ani 'ene'anipe 'anihi nah 'eraman. kihtomoho tempa tempaha ne'ampe pise kah hohcirikoro. sapaha ka 'okore remkehci wa 'isam manu. pise ka hohciri 'ekarakarahci.
48. ne'ampe taa 'iruska 'ani ike taa neya makiri'ani taa ne'an hohcirihi トッテ 'uh teh taa 'ociwe manu.
49. 'ociwe teh taa 'orowa taa, wahka kuu teh taa 'orowa taa, cise 'ohta san manu.cise 'ohta sani ike neya 'okoyse kusu kara yahka pisekah taa tampokoroho makiri 'ani mesu teh 'ociwe. 'osoma kusu kara yahka pisekah tampokoro 'ike mesu koh 'ociwe.
50. cise 'ohta san teh tani taa yaykoniwen 'ani taa, yoomah siru manu.
51. yoomah siru 'ike taa, neyan 'amahkahahcin 'onne makan kusu neyke kopiwke kusu neyke taa yoomah siru manuyke taa 'anayne tani taa monimahpo nukara 'omantene taa 'asin teh taa, sinke'ikehe taa, 'amahkahahcin 'onne makan manu. makanihi ne'ampe taa 'amahkahahcin 'eyyeekaraha ne'ampe tani taa monimahpo 'utah taa tani 'ene kihci manu.
52. " 'otuyumpe, seta taa, mah seta taa sineh korohci 'ike taa, raykihci 'ike taa アノ- kemihi taa 'ukahci ike taa sine sihkew 'orowa tapara 'oro'ohci, sine sihkew 'orowa taa 'ahtehci. sine cise sihkewe 'orowa ne'ampe taa, turehkem 'oro'oo tapara taa 'ah teh hukuru 'ahtehci manu. 'orowa suy sine sihkewehe ne'ampe taa 'uuna'oo tapara taa 'ahtehci manu. suy sine sihkewe 'orowa taa tureh kem 'oo tapara taa 'ahteh manu. 'iineh taa, 'iine sihkew 'orowa taa 'iine pukuru taa 'ahtehci, manu.
53. neeteh 'orowa taa 'okayahci yayne taa, yaynuynakahci manu. kirahci manuyke taa, kinta makapahci 'ike taa 'orii nii kitayketa taa rikipahci 'ike taa 'okayahci manu.
54. 'anayne tani taa, monimahpo 'okayahci yayne tani taa horokewpo taa makan manu. yoomah taa posooko teh makan manuyke taa, tani taa 'amahkahahcin cise taa makan teh nukara yahka ne 'aynu ka 'isam manu.
55. sine sihkew kaari taa yoomah 'ahunke ciw. suy cikemkopoye henneh, setakem kopoyese teh taa 'asinke manu.

45. そうしてから、お尻を触って、触ったら、アザラシの胃袋の皮が被さっていたとさ。それからまたナイフではがして捨ててウンコした。そうしてウンコした。オシッコした。また下りていったら水が飲みたくなった。水が飲みたくなったので、ナイフをとり出して、それで井戸を作ったとさ。水を飲みたくなったので、井戸を作ったとさ。[nampe kara?　M] うん。井戸を掘って水を飲もうと水を出したら、水を飲もうと掘ったら、何か胃袋の皮のホシ（hohciri）のついたものが水の中から出てきたとさ。
46. それでびっくりして、身を引いた。身を引いてからまた水を飲もうとするとまた、その胃袋の皮のホシのついたものが出てきた。
47. こうしているうちに、何なんだろう、何があるのだろうか、と思った。ふと額を触って、触ってみると胃袋の皮のホシがついていた。頭もまったくはげてしまって無くなっていたとさ。胃袋の皮にもホシがついていた。
48. それで怒ってそのナイフでそのホシをとって捨てたとさ。

49. 捨ててそれから、水を飲んでそれから、家へ下って行ったとさ。家へ下りて行って、オシッコをしようとしたが（できないから）胃袋の皮に袋がかぶさっていてそれをナイフではがして捨てた。ウンコしようとしても（できないから）胃袋の皮に袋がかぶさっていてそれをはがして捨てた。
50. 家へ下りて今度は怒って、槍を砥ぎはじめたとさ。
51. 槍を砥いで、そうして例の娘のところに行ってやっつけてやろうと思って今槍を砥ぎはじめたのだが、その娘に会って、翌日その、娘のところへ向かって山へ行ったとさ。山へ行ってみたら妻が話した通りに、下の娘たちがしていたとさ。
52. （娘たちは）牝イヌ、イヌ、牝イヌが一匹いるから、殺して血をとって、それを一つの隅から（つるす）俵に入れて、もう一つの隅からつるした。また一方の隅からは、フレップの実の汁の入った俵をつるした。それからもう一つの隅からはフレップの実の汁の入った俵をつるしたとさ。4 隅から 4 つの袋をつるすように言ったとさ。

53. こうしてしばらくしてから、娘たち、自分たちは隠れたとさ。逃げて高い木の上にも登って行ったとさ。
54. そうしてこんど、娘たちはいたが、男がやってきたとさ。槍を posooko して上がってきって、その娘たちの家に行ったが、そこには誰もいなかったとさ。
55. 男は一方の隅から槍を突き刺した。血まみれになったイヌの血が流れ出したとさ。

56. "keh, monimahpo ,hiiramroyneh, tah sine rayki."
57. nah yee manu.
58. suy sine sihkew kaari ciw. ［咳］ sine sihkew kaari ciwehe ne'ampe suy numah pahno cikenkopoye teh 'asin. taa sine monimahpo rayki. tuhpis rayki manu.

59. 'orowa suy sine cise sihkew kaari 'iciwehe ne'ampe taa, " macihi taa ray." nah yee manu. ciwehe neya kem kopoye teh 'asin teh taa monimahpo ray nah yee manu.
60. neeteh tani taa 'orowa neyahkayki taa tani taa suy hekimoh makanihi ne'ampe taa kinta makanihi ne'ampe sine nii, 'orii nii humihi kayki renkayne 'an nii taa, taa tani tohpa manu. horahte kusu neyke 'amahkahahcin taata macihihcin taata 'okaychi hii, nah taa 'eraman kusu

61. kiw kiw tohpare kooro humpa
    kiw kiw tohpare kooro humpa

62. nah kii yahkayki taa, nii horahte kusu kara ka hoyaykus manu.
63. 'anayne taa, sine, sumari taa makan manu.
64. " 'iine'ahsuy, 'itacise'orun horokewpo, hemata 'ekii hee? 'itacise'un horokewpo hemata 'ekii hee? 'ahka 'emukaraha 'ehte waa. ku'ani kutohpa ciki."
65. nah yee manu.
66. neyke tani taa mukaraha koorehe ne'ampe taa, cise tohpa, nii tohpa yayne taa, hahtara 'onne yaa wa, tah nukara koh, taa 'ociwe manu.
67. neyke taa 'ociwehe ne'ampe taa 'orowa taa, 'iruska wa san manu. kocaarankehe ne'ampe 'iruska wa san manu.
68. 'okaaketa suy,
69. " 'iine'ah, horokewpo taa suy ne'an, kimma makan teh taa suy, neya nii taa tohpaha ne'ampe, suy tohpa tohpa yahka horah ka hankii." manu.
70. neeteh tani taa 'orowa taa horokewpo taa, 'orowa suy, cise 'ene san manu. neya tohpa nii horahte ka hankii kusu. nii tohpa manuyke taa nii kasketa 7 /‐ nii kitayketa 'okayahci teh taa,

71. hetah na rew rew
    hetah na horah
    hetari na rew rew
    hetah na horah

56. 「さあ、娘を一人やっつけた。一人殺したぞ」
57. と言ったとさ。
58. また一方から突き刺した。[咳] 一方の隅からついたらまた槍の鞘のところまで血まみれになって出た。また「一人娘を殺した。二人殺した」と言った。
59. それからまた家の隅から突き刺したら、「これで妻も死んだ」と言ったとさ。突いたら、血まみれになって、娘が死んだと言ったとさ。
60. そうしてそれからそうしていたけれどまた山の方へ登って行ったら、、一本の木があって、高い木の音がして、こんどその木を切り倒したとさ。木が倒れて、そこに娘が、妻がいるだろうと思ったからだ。

61. kiw kiw tohpare kooro humpa
    kiw kiw tohpare kooro humpa

62. と言って倒そうとしても、木を倒すことはできなかったとさ。
63. そうしているうちにキツネが一匹山の方へ走って行ったとさ。
64. 「ねえ、板家の兄さん、何をしているのかい？板家の兄さん、何をしているの？さあ、お前のマサカリをよこしなさい。僕が木を倒してやるから」
65. と言ったとさ。
66. それでこんどマサカリをわたしてから、家を切り付け、木を切りつけして、見ると、川の淵に岸から木を倒して落としたとさ。
67. それで落としたから、男はそれから怒って帰ってきた。ぶつぶつ文句言いながら怒って下りてきたとさ。
68. そのあとで、また、
69. 「ねえ、兄さん、また山に行って、また木を切っても、いくら切っても倒れないよ」と（キツネが）言ったとさ。
70. それでこんど男はそれから家に下りて来たとさ。その切った木は倒れなかったとさ。木を切って、（娘たちは）その木の頂上にいて、

71. hetaah na rew rew
    hetah na horah
    hetari na rew rew
    hetah na horah

72. nah taa kii.
73. mukaraha 'ani taa nii tohpaha ne taa nonna 'itah manu. nah kii yahkayki taa neya nii horah ka hankii manu.
74. teh taa, 'orowa taa, horokewpo taa, cise 'ene hosipi manu.
75. hosipi teh taa 'orowa 'okaaketa taa monimahpo 'uta taa, tani hetaa sapahci kusu neyke, neh ne neeta 'opayehci teh taa, nee cise 'ohta yayreskehci kusu nah yehci 'ike taa, 'ommohohcin naa turahci teh サンニン シテ コンダ゚ hosipihci manuyke taa, sapahcihi ne'ampe horokewpo taa neya monimahpo taa nospa manu, nukara kusu.
76. nospaha ne'ampe taa monimahpo, taa ninkaarihihcin 'ociwehci. 'orowa huhkarakarahci. tunke 'ene kirahci. suy payehci yayne citokihihcin 'ociwehci. 'orowa naykarahci. kirahci. nah kihci yayne taa, sine too ta taa sine 'acahcipo taata taa, nay 'ohta peray kusu 'an manu.
77. neyke tani neya suy,
78. " 'acahcipo, 'ipecikare, 'ipecikaree. hemata 'oyasikepihi タ゚カ 'inospa kusu tah kusu, teeta 'ariki 'anihi neyke 'isam, nah yee."
79. nah taa yehci manu.
80. neeteh taa 'acahcipo taa kemaha turi 'ike taa, monimahpo 'utah taa 'aare 'ike taa アノ- pecikahci manu.
81. pecikahci 'ike taa, naycaata pecikahci 'ike taa, 'okore yapahci 'ike taa 'okore taa yaynuynakahci manu.
82. taa 'okaaketa 'anayne taa, neya horokewpo taa 'eh manu. 'eh manuyke taa,
83. " 'iine'ahsuy, teh re'ani 'ike ne'aynu nukara 'iki ne setakuru nukara 'iki, ne 'aynu ka nukara kahankii, tah peray kusu 'ani hii."
84. nah yee manu.
85. neyke tani taa kimma suy,
86. " 'iine 'acahcipo, 'enpecikare, 'enpecikaree."
87. tah hemata 'enpecika. tah kemaha turi. kemaha turi teh taa, kasketa,
88. " 'iine'ahsuy, kukemaha kuturi kusu 'e'aa ciki pirikano 'aa waa."
89. nah taa yee manu.
90. neeteh taa kemaha turihi ne'ampe taa, アノ- noske 'ikehe 'acahcipo kemaha kasketa taa horokewpo taa 'aa manu.
91. 'aa teh taa 'orowa taa, nosketa pecika, naynoskeketa pecika 'ohta taa,
92. " 'a'aa, 'ankemahaa!" nah yee 'ike kemaha 'iyontehtehe ne'ampe horokewpo taa kuhtoko rihpaha ne'ampe taa mom wa taa san manu.
93. san ayne taa, アノ- honihi neecayteh 'iyohte 'ike honihi naske 'ike ray manu.

72. と言った。
73. それからマサカリで木を切りつけてお祈りを唱えたとさ。こうしてもその木は倒れなかったとさ。
74. それからその男は家に帰ったとさ。
75. 男が家に帰ったあとで、娘たちは、こんど下りてきたら、だれがどこに行って、どの家でどうやって暮らそうかなどと話をして、自分だちの母さんもいっしょに3人して帰ってきたら、その男がまた追っかけてきたとさ。見たら、
76. 追いかけてきたからその娘は、耳輪を投げた。それから山をつくった。その山の中に逃げた。また行ってから首飾りの玉を投げた。それで川をつくった。こうして、ある日一人のババがそこで魚釣りをしていたとさ。

77. それで今度また、
78. 「おばあさん、私を渡して、渡してちょうだい。なんだかお化けが私たちを追っかけてくるから、もし来たらいないと言って」
79. と娘たちはババに言ったとさ。
80. それでそのババは足を伸ばして、娘たちを座らせて渡してやったとさ。

81. 娘たちは川を渡って、向う岸に渡って、みんな岸に上がって隠れたとさ。

82. そのあとでしばらくしてから、その男が来たとさ。来て、
83. 「ねえ、3人いて、誰でも見たら、イヌっこ一匹でも見たら、(教えてくれ) だれか来なかったか？そこで魚釣りをしているときに」
84. と言ったとさ。
85. それからこんど山の方からまた、
86. 「なあ、ババや、オレを渡してくれ、渡してくれ」
87. 「何で渡すのか？」 そしてババは足を伸ばした。足を伸ばして、その上で、
88. 「ねえ、わしが足を伸ばすから座るなら気をつけて座りなさいよ」
89. と言ったとさ。
90. それで足を伸ばしたら、川の真中の所でババの足の上に男は座ったとさ。
91. 座ってそれから真中を渡って、川の真中を渡ったときに、
92. 「ああ、わしの足が…！」とババは行って足を引込めたものだから、男は仰向けに飛び上がってまっさかさまに川に流されて行ったとさ。
93. 流れて行って、あの、腹に木の枝が刺さって、腹が裂けて死んでしまった

腫れ物 335

94. neeteh tani taa 'orowa ne'an monimahpo 'utah taa 'eramusinnehcihi neya 'aacahahcin raykihci teh 'eramusinnehci 'ike taa 'orowa taa, cisehehcin taa hosipahci teh taa pirikano 'okayahci manu.

95. nah 'an ハナシダ。［これはむずかしいね　長いし、よくわからなかったなあ。M］

とさ。
94. それで今度そのあとでその娘たちは安心して、その父親を殺して安心して、それから、家に帰って幸せに暮らしたとさ。

95. こんなお話だ。[これはむずかしいね　長いし、よくわからなかったなあ。M]

42 TUNKA SAPAHKA(-90)

1990年7月15日録音 (9007b)

1. Sannupista re horokewpo 'okayahci. re horokewpo 'okayahci 'ike taa, niinahci koh kuruhci, cehkihci koh 'ehci, nah kihci yayne sine too taa kiyanne horokewpo niina kusu makan manu.
2. niina kusu makanihi ne'ampe kinta makanihi, niinaha ne'ampe sine mun 'ehokoyakoya ruu 'ani ike kaari taa, tunkasapahka sineh karakahse wa san manu. tunkasapahka sineh karakahse wa sani ike taa,

3. kancinine tuuneh tuuneh
   heetunne tuuneh tuuneh

4. nah kii wa sani ike taa, nay 'ohta san teh taa wahka kuu manu.
5. ne'ampe nukarahci teh taa 'orowa 'e'ohayohayneh kusu taa 'orowa 'iruska wa taa, san manu.
6. sani ike taa konkenii 'ah taa 'iyohte wa sapahka kokarikari teh taa, mesu teh sapahka kokarikari teh taa cise 'ohta 'ahun 'ike taa, nani taa 'ampene mokoro manu.
7. neyke taa poniwne horokewpo 'utah taa,
8. " 'iine'ahsuy, yuhpo yuhpo, nee 'oyasi 'oyasi 'enukara ciki yee wa 'annuu." nah yee yahka taa 'ampene taa mokoro manu.
9. ne'anike taa 'anayne taa 'inoskun horokewpo taa, sine too taa, 'oro- 'inoskun horokewpo taa, yuhpo yuhpo hemata 'iruska kusu 'ene kii 'ene 'ani nah 'eraman kusu taa, numa kusu makan manu.
10. kinta makanihi neya niinaha ne'ampe taa, 7 / sine mun 'ehokoyakoya ruu taa 'an manu.
11. neyke ruu kaari taa sine tunkasapahka taa karakahse wa san manu.

12. kanciine tuuneh tuuneh
    'ecaroykikaraheetunne tuuneh tuuneh

13. nah kii.
14. sani ike taa nay 'ohta sani ike taa wahka kuu manu. wahka kuuhu nukara teh taa horokewpo taa 'orowa 'iruska wa taa sani ike taa yuhpo yuhpo soso nii kapuhu 'ohta 'oman 'ike suy soso teh taa, hahka ne koro teh taa cise 'ohta san manu.
15. cise 'ohta san teh tani taa mokoro.

42話 頭がい骨(-90)

1990年7月15日録音 (9007b)

1. サンヌピシ村に3人の男がいた。3人の男がいて、マキ取りに行ってはくべ、魚をとっては食べ、していたがある日、上の男がマキ取りに山に行ったとさ。
2. マキとりに山に行って、木を切っていたら、一本の草の生い茂った道があって、そこから頭がい骨が一つ転がって下りてきたとさ。頭がい骨が一つ転がって下りてきて、

3. kanciine tuuneh tuuneh
    heetunne tuuneh tuuneh

4. といって転がって下りてきて、こんど川に下りて水を飲んだとさ。
5. それから、男は驚いてそこから逃げ出したとさ。怒って帰ったとさ。
6. 怒って家へ帰ってきて、そのその木の皮をはがして、それを頭に巻き付けて、家へ入って来て、すぐぐっすり寝てしまった。
7. それでその末の弟たちが、
8. 「ねえ、兄さんや、何かお化け明けにでも会ったのなら話してよ。僕たち聞くから」と、弟たちが言っても、まったく、そのまま寝てたとさ。
9. それでしばらくして、ある日、真中の男が、兄さんは何で怒ってこんなことをしているのだろうと思って自分も、マキとりに山へ行ったとさ。

10. 山に行ったら、草が生い茂った一本の道がそこにあったとさ。

11. それでその道から頭がい骨が一つ転がって下りてきたとさ。

12. kanciine tuuneh tuuneh
    'eetunne tuuneh tuuneh

13. といった。
14. 下りてきて、水を飲んだ。水を飲んで、それから男は怒って帰って、兄のはがした木の皮のところへ行って、また自分もはがして、それを帽子にして、うちに帰ったとさ。
15. 男は今うちに帰って寝た。

16. mokorokoho ne'ampe taa ウン 'ahkapo 'ahkapo taa,
17. " 'iine'ahsuy yuhpo yuhpo, nee 'oyasi 'oyasi 'ecinukara ciki yeeyanu waa. 'annuu. temana 'an kusu 'ene'an 'iruska wa suy sapahci 'ike 'ampene mokorohci kusu 'ene'anii"
18. nah taa yee manu.
19. neyahka taa yuhpo yuhpo taa 'ampene nah mokorohci manu.
20. neeteh tani taa neya 'ahkapo 'ahkapo taa 'orowa taa, niina kusu makan 'ike taa yuhpo yuhpo 'uta tahci nii sankeketa taa niina manu.
21. niina yayne taa mun 'ehokoyakoya ruu kimma sani ike taa 'okaakara taa sine tunkasapahka karakahse wa san manu. karakahse wa sani ike taa,

22. kanciine tuuneh tuuneh
    heetunne tuuneh tuuneh
    kanciine tuuneh tuuneh

23 nah hawe'iki wa taa san manuyke taa nay 'ohta san teh taa wahka kuu manu. wahka kuuhu taa nukara horokewpo taa nukara. neya wahka kuu 'omantene taa 'orowa taa, suy taa karakahse wa taa hekimoh makan manu. [うん。M]
24. neyke taa horokewpo taa,
25. " 'iine'ahsuy, 'ohta 'emakanuhu 'enukara 'okaa." nah 'eraman kusu taa, tani neya tunkasapahka karakahse ruwehe kaari taa makan manu.
26. makan ayne taa, sine cise 'an manu. sine cise 'anihi ne'ampe taa, sanketa makan teh taa, 'apa cahke 'ahunihi ne'ampe 'ampene cise 'onnaykehe 'ekuhteh manu.
27. 'ekuhteh teh taa, 'ay yayne taa, 'anayne taa 'uurah rukumihi puy kaari 'asin, 'uurah rukumihi 'apa kaari 'asin 'ike taa sine 'acahcipo taa cise 'ohta 'an kusu 'an manu.

28. neyke tani taa, 'acahcipo taa, tani suke manu. 'ehahsuke. 'ehahsuke 'ike taa, horokewpo 'eere.
29. 'anayne tani taa monimahpo 'utah taa mah wa taa hecirehci wa sapahci haw 'an manu.

30. rih tan pompo ta'uu, han ciraa kootan
    rih tan pompo ta'ii, han ciraa kootan

31. nah taa hecirehci wa sapahci manu.
32. tani taa 'acahcipo taa cise 'ohta tani 'ene yee manu.

16. 寝て、その弟に、
17. 「ねえ、兄さん、何かお化けにでも会ったなら話してくれ。僕たち聞くから。どうして兄さんはこんな風に怒ってまた帰ってきて寝てしまうのか？」
18. と弟が言ったとさ。
19. でも、兄さんはそのままぐっすり眠っていたとさ。
20. それでこんど、しばらくしてから、またその弟が、こんど兄たちが何を見て、何かにであったところに行ってその傍でマキとりをしたとさ。
21. マキとりをしている時、ふと見ると、草の生い茂った道を通って頭がい骨が一つ下りてきて、そこを通って頭がい骨が一つ転がって下りてきた。転がって下りてきて、

22. kanciine tuuneh tuuneh
    heetunne tuuneh tuuneh
    kanciine tuuneh tuuneh

23. といいながら下りてきて、川の方に下りてきて水を飲んだとさ。水を飲んだのを男は見た。しばらく水を飲んで、また転がって山の方へ帰って行ったとさ。[うん。M]
24. それで男は、
25. 「はてな、お前がどこへ帰って行くかみたいものだ」と思って、その頭がい骨が転がって行った跡をたどって自分も上って行ったとさ。
26. 山の方に上って行ったら、家が一軒あったとさ。家が一軒あって、傍に行って戸を開けたら家の中は、真っ暗だったとさ。
27. 真っ暗で、しばらくそのままでいたが、その中に煙が立って、もやの半分は窓から出て、もやの半分は戸から出て、もやが晴れて、見ると、家の中に一人のババがそこにいたとさ。
28. それでこんど、ババは食事を作ったとさ。ユリ根を煮た。ユリ根を煮て男に食べさせた。
29. そうしているうちに今、娘たちがユリ根を掘って娘たちが、踊りながら山から下りて来る声がしたとさ。

30. rih tan pompo ta'un, han ciraa kootan
    rih tan pompo ta'ii, han ciraa kootan

31. といって踊って下りて来たとさ。
32. こんどババは家の中でこう言ったとさ。

33. " 'iine'ahsuy, tay neya monimahpo 'utah neyke hecirehci yahka sinnay, 'anoka 'asinno hecire'ani ike taa,

34. horokaa taah kon
    horokaa horokaa
    horokaa taah kon

35. nah 'ani hecire 'ankii hii."
36. nah taa yee manu, 'acahcipo.
37. neyke tani taa, taa monimahpo 'utah tani taa hecirehci 'omantene 'ahupahci, 'ehahtahci wa sapahci manuyke taa, monimahpo 'utah taa, tani taa 'acahcipo taa suke 'ike monimahpo 'utah 'ipehci. 'orowa tani taa 'ehahsuke 'ike taa, horokewpo taa 'eere. horokewpo tura 'ehci, nah kihci 'ike taa, 'orowa taa, 'acahcipo taa yee manu.
38. " 'iine'ahsuy horokewpo taa, u-mahnuure rusuyahci kusu, mahtekuh reh pis ka 'an kusu, kukonte rusuyahci kusu, kuhunarahci 'ike 'okore 'iruskahci 'ike sapahci wa 'isam."
39. nah taa yee manu.
40. neeteh tani taa, 'orowa taa, horokewpo taa, "rewsikahci kusu." nah yehci manuyke taa rewsi. rewsi teh taa sinke'ikehe taa, horokewpo san kusu kara teh taa 'acahcipo taa,
41. " 'iine'ahsuy horokewpo, 7 / tanoka monimahpo, tan re monimahpo 'okore tura kanne san."
42. nah yee manu.
43. "tura kanne san 'ike taa, yuhpohohcin konte, kukonte kukonte kusu."
44. nah yee manu.
45. neeteh tani taa, 'orowa neeroh monimahpo 'utah taa, rewsi 'ike sinke'ikehe taa, neya monimahpo, re monimahpo tura teh taa cise 'onne san manu.
46. sani ike taa, cise 'onne 'ehankeno san teh taa, horokewpo taa, poniwne horokewpo taa cahse wa san manu.
47. teh taa cise 'onnaykepo ka yuhpohohcin cishawehehcin naa 'an manu.

48. 'i'i hii 'i'i hii
    yuhpo yuhpo wen kusu
    'i'i hii 'i'i hii
    'ahkapo 'ahkapo 'ekoweepekere ka hankii
    'i'i hii 'i'i hii

33. 「なあ、今どきの娘たちの踊りは違うな。わしらがはじめにやったのは、

34. horokaa taah kon
    horokaa horokaa
    horokaa taah kon

35. とやって踊ったものだ」
36. とババは言ったとさ。
37. そうして今、娘たちは踊りながら入って来て、ユリ根を掘って帰ってきて、それでこんど、ババがユリ根を煮て、娘たちはいっしょに食べた。それからユリ根を煮て男に食べさせた。男もいっしょに食べた。こうしてからババは言ったとさ。
38. 「ねえ、兄さんや、娘を男たちに嫁がせたいと思って、娘が3人いるから、嫁を取らせたいと思っていろいろしたが、みんな男たちは怒っては帰ってしまった」
39. と言ったとさ。
40. それで、こんどそれから、男が「泊ろう」と言ったから泊った。泊ってその翌日、男が帰ろうとする時に、ババは、
41. 「ねえ、兄さん、この娘たち、この3人の娘たちをみんな連れて行きなさい」
42. と言ったとさ。
43. 「連れ立って行って、兄さんたちに娘をやりなさ。」
44. と言ったとさ。
45. そうして今度、それからその娘たちは、泊って翌日、その娘は、3人の娘は男といっしょに家へ帰ったとさ。
46. 帰って、家の近くまで行った時、末の弟が走って下りて行ったとさ。
47. すると、家の中から兄さんたちの泣く声がしたとさ。

48. 'i'i hii 'i'i hii
    yuhpo yuhpo wen kusu
    'i'i hii 'i'i hii
    'ahkapo 'ahkapo 'ekoweepekere ka hankii
    'i'i hii 'i'i hii

頭がい骨 343

pirikaruy yuhpo yuhpo
tani 'oyasi 'usiw 'utah 'aynuhuhcin honikarahcihi neenanko
'i'i hii 'i'i hii

49. nah taa cisahci hawehe 'an kusu 'an manu.
50. taa horokewpo taa cahse wa san 'ike taa, 'apa cahke wa 'ahun manu.
51. 'ahunihi ne'ampe taa 'okorehehcin taa tuh pis 'okore taa sapahkaha 'okore menke teh taa, cisahci kusu 'okayahci manu.
52. neyke tani taa horokewpo taa yee manu. yuhpo yuhpo taa yee manu. yuhpo yuhpo, taa 'ahkapo 'ahkapo taa yee manu.
53. " 'iine'ahsuy yuhpo yuhpo 'uta, hemata kii ciskarahci hii? yuhpo yuhpo horokewpo taa mah nuure rusuy kusu, 'acahcipo 'orowa 'anmahnuure rusuyahci kusu 'anhunarahci koh 'orowa 'ene'an 'iruskahci ranke 'okore taa sapahkahahcin kayki 'okore menkehci teh heru-, 'okore campo ne 'okayahci teh taa cisahci kusu 'okayahci manu.
54. "numpe karayanu waa. [咳] numpe karayanu waa. 'ecisapahkake kotahmareyan. 'ecimacihihcin 'ahun kusu kara."
55. nah yee manu.
56. neeteh tani taa numpe karahci 'ike taa, tani taa sapahkahahcin kotahmarehci.
57. " 'iine'ahsuy,

58. yuhpo yuhpo wen kusu 'e'iruwah sankehe purupuru taa
    'ahkapo 'ahkapo wen kusu 'e'iruwah sankehe purupuru taa"

59. 'esumane taa 'utukanahci.
60. taa [咳] ne'anike tani taa, sapahkahahcin taa kotahmarehci manu.
61. sapahkahahcin kasketa 'amahci, haaciri, kasketa 'ama, haaciri, nah kii yayne taa sapahkahahcin taa ウン kotahmarehci teh taa neya monimahpo 'uta taa 'ahupahci manuyke taa, neya 'eyaykoyraykihci kusu taa 'ampene hetesu ka koyaykusahci. sapahkahahcin hetesu ka koyaykusahci manu.
62. neya kihci 'omantene 'orowa taa hamaka teh taa, tani taa 'ipekarahci manuyke taa 'ehah naa 'ampahci 'ike taa sukehci 'ike taa horokewpo taa 'eerehci. taa tura 'ipehci manu.
63. 'ipehci 'omantene taa 'orowa rewsihci 'ike taa sinke'ikehe taa 'acahcipo taa, 'acahcipo テﾞナｲ, horokewpo taa neya monimahpo 'utah taa 'okore turahci teh taa cise 'onne, 'acahcipo 'onne payehci manu.

pirikaruy yuhpo yuhpo
tani 'oyasi 'usiw 'utah 'aynuhuhcin honikarahcihi neenanko
'i'i hii 'i'i hii

49. と泣く声がしたとさ。
50. その男は走って行って、戸を開けて中に入ったとさ。
51. 中に入って見たら、みんな二人とも頭を坊主にして、泣いているのだったとさ。
52. それでこんど、その末の弟が言ったとさ。兄さんたちに言ったとさ。兄さんたちにその弟が言ったとさ。
53. 「ねえ、兄さんたち、どうして泣いているの？ババが僕たちに嫁取をさせたいと言って、嫁探しをしてくれたのに、その度にみんな怒ってみんなこんな風に頭を坊主にして泣いているのなんて！」

54. 「ノリを作りなさい。[咳]ノリを作りなさい。お前たちの頭にくっつけなさい。いまお前たちの嫁さんが入ってくるよ」
55. と言ったとさ。
56. それで、男は、ノリを作って、こんど頭をつけた。
57. 「ねえ、

58. yuhpo yuhpo wen kusu 'e'iruwah sankehe purupuru taa
'ahkapo 'ahkapo wen kusu 'e'iruwah sankehe purupuru taa」

59. （と言って）ノリのために獣を射止めたとさ。
60. それで [咳] こんど、頭をつけたとさ。
61. 頭の上に載せて、落したり、付けたり、落としたり、付けたりしてしていたが、その頭につけて、今その娘たちが入って来て、恥ずかしいものだから、まったく起き上がることもできなかった。頭を上げることもできなかったとさ。
62. こうしていたが、終わって、こんどご飯の支度をしてユリ根も持ってきて煮て男に食べさせたとさ。みんないっしょに食べたとさ。
63. 食べてから泊ってその翌日、ババは、でない、男はその娘たちをみんな連れて、その家に、ババのところへ行ったとさ。

64. payehci 'ike taa payehci yayne taa cise 'onne 'ehankeno payehci wa taa 'ahupahcihi ne'ampe taa, 'acahcipo 'an kusu 'an manu.
65. neyke tani taa 'acahcipo taa 'orowa 'anepuntekahci 'omantene taa, 'acahcipo suy 'ipekara 'ike taa, horokewpo 'utah taa 'iperehci manu.
66. tura 'ipehci 'omantene taa 'orowa rewsihci. rewsihci teh taa sinke'ikehe taa, neeroh horokewpo 'uta monimahpo 'uta 'okore taa 'acahcipo taa horokewpo turare teh san. turare teh sanke manu.
67. sanke 'ike tani taa, 7) horokewpo 'uta taa cise 'ohta sapahci.
68. cise 'ohta sapahci hi ne'ampe taa ウン tu horokewpo taa 'ohacirunihi nee manu. 7) kiyanne horokewpo pateh taa matutah hunara kusu tura sanihi nee manu.
69. taa cise 'onnaykepo ka taa yuhpo yuhpo 'utah taa cishawehehcin 'an manu.

70. 'i'i hii 'i'i hii
'ahkapo 'ahkapo wen kusu
'i'i hii 'i'i hii
yuhpo yuhpo 'ekoweepekere ka hankii
'i'i hii 'i'i hii
 pirikaruy yuhpo yuhpo
tani 'oyasi 'usiw 'utah 'aynuhuhcin honikarahcihi neenanko
'i'i hii 'i'i hii

71. nah taa cisahci hawehe 'an kusu 'an manu.
72. ne'anike taa, horokewpo taa 'iko'utasa kusu cahse wa sani ike taa 'apa cahke. 'ahunihi ne'ampe, yuhpohohcin taa 'okore taa campone kihci 'ike taa 'okayahci wa 'okayahci manu.
73. 'okayahcihi ne'ampe tani taa,
74. " 'iine'ahsuy monimahpo, 7 ッ 'iine'ahsuy yuhpo yuhpo taa, 'ecisapahka kotahmareyan. 'ecimacihi 'ahun kusu kara. 'acahcipo 'orowa 'anmahnuure rusuyahci kusu wooya'an 'orowa 'ankara kihci 'ike, 'orowa 'e'ohayohaynehkahci kusu 'iruskahci. 'ecisapahka kotahmareyan. 'ecimacihi 'ahun kusu kara."

75. nah yee manu.
76. neeteh tani taa, neeroh tu horokewpo taa,

77. yuhpo yuhpo wen kusu 'e'iruwah sankehe purupuru taa
 'ahkapo 'ahkapo wen kusu 'e'iruwah sankehe purupuru taa

64. 行って行って、家の近くまで行って、入ったら、ババがいたとさ。

65. それでババは、こんど喜んで、ババはまた食事の支度をして男たちに食べさせたとさ。
66. みんないっしょに食べてから泊った。泊って翌日、その男たちとその娘たちをババは縁組みさせて帰した。縁組みさせて帰したとさ。

67. みんな帰してから、その男たちも家に帰った。
68. 家に帰ったが、その二人の男が留守番をしていたとさ。その上の兄さんだが嫁さんたちを探して連れて戻ってきたのだとさ。
69. その家の中から兄さんたちの泣く声がしたとさ。

70. 'i'i hii 'i'i hii
 'ahkapo 'ahkapo wen kusu
 'i'i hii 'i'i hii
 yuhpo yuhpo 'ekoweepekere ka hankii
 'i'i hii 'i'i hii
  pirikaruy yuhpo yuhpo
 tani 'oyasi 'usiw 'utah 'aynuhuhcin honikarahcihi neenanko
 'i'i hii 'i'i hii

71. といって泣く声が聞こえたとさ。
72. それで、その男は互いに親交をあたためようと思って走って行って戸を開けた。中に入ると、兄さん質はみんな頭を坊主にしてしまっていたとさ。

73. それで、
74. 「ねえ、兄さんたち、頭をつけなさい。嫁さんたちが入ってくるよ。嫁取りをさせようとしてあれこれ手を尽くしていたが、みんなびっくりして怒ってしまったんだ。頭をつけなさい。いま兄さんたちの嫁さんが入ってくるよ」

75. と言ったとさ。
76. そうして、その二人の男は、

77. yuhpo yuhpo wen kusu 'e'iruwah sankehe purupuru taa
 'ahkapo 'ahkapo wen kusu 'e'irusah sankehe purupuru taa

78. 'esumane 'utukanahci yayne taa, tani taa monimahpo 'utah taa 'ahupahci manu.
79. 'orowa 'eyraykihci kusu taa 'ampene yaykoherawkihci 'ike taa, yaykoherawkihci 'ike taa 'okayahci yayne taa, monimahpo 'uta tani taa 'ipekaraha, 'ipekarahci 'ike taa horokewpo 'utah tura taa 'ipehci manu.
80. keray kusu tani taa pirikahci 'ike tani taa ウン kiyanne monimahpo ne'ampe taa kiyanne horokewpo sam manu. 'inoskun horokewpo ne'ampe 'inoskun monimahpo koro. イチパン poniwne monimahpo ne'ampe taa イチパン poniwne horokewpo koro manu.
81. neeteh taa 'okorehehcin taa reh pis 'okore mahnuhci manu. reh pis 'okore mahnuhci teh taa, tani pirikano 'okayahcipe nee manu.
82. 'orowa ne'an 'okayahci 'ike taa tani taa 'okore hokunuhci, mahnuhci 'okayahci yayne tani taa pookorohci 'ike taa neya poohohcin suy reskehci yayne suy 'okore pookorohci.
83. neya re monimahpo re horokewpo 'okore hokunuhci, mahnuhci. teh 'orowa suy ne'an pookorohci 'ike, poohohcin suy pookorohci, nah kihci yayne taa renkayne pookorohci manuyke taa, yaykotanpa'etuhturihci, yaymosiripa'etuhturihci 'ike taa kotan poro, mosiri taa karahcipe nee manu.
84. rih poka 'ahkas cikah ka taa 'okore tehkupihi sayayse 'ike muysankeh ne naa, sahka ne naa taa korohcipe nee manu. ソー イウ オハナシ。
85. [nah 'an tuyta, 'ampene kiroro'an 。 M]

78. (と言って)ノリのために獣を射止めて、今娘たちが入ってきたとさ。
79. それから男たちは恥ずかしいから頭を上げることもできないで、頭を下げたままでいたが、いま娘たちが今食事を作った。食事を作ってみんないっしょにたべたとさ。
80. おかげさまで、今みんなよくなって、上の娘は上の男と夫婦になったとさ。中の男は中の娘をもらった。末の娘は末の男がもらったとさ。

81. こうして、みんな3人とも嫁をとったとさ。3人みんな嫁をとって、今幸せに暮らしたと言うことだ。
82. それからこうして、今みんな娘は夫を持って、男は嫁をとっていたけれど、もう子どもたちもできて、その子どもたちを育てて、またその子どもたちができた。
83. その3人娘は3人男とみんな縁組みをして夫婦になった。それからまた子どもができて、その子どもにまた子どもができて、こうして、子孫が増えて、村も栄え、国も大きくなって、大きい村、立派な国になったとさ。

84. 空飛ぶ鳥もみんな羽を落として、それでホウキやハシを作ったとさ。そういうお話だ。
85. [そういうお話なの。とても面白かった。M]

43 RE MONIMAHPO NEEWA 'UNKAYOH

1990年12月30日録音 (9009a)

1. Sannupista sine 'acahcipo, monimahpo tura 'okayahci, micihi tura, mahmicihi tura 'okayahci. (ああ。M)'okayahci ike taa, cehkoykihci koh 'ehci, niinahci koh kuruhci, nah kihci yayne taa, 'acahcipo taa ウン niina. [うん。M] 'acahcipo niina koh 'omantene san ranke, cise 'apaca 'ene niyehe 'ociwe 'an 'ohta ソレモヤッタナ-[ああ、'imuu 'acahcipo うん、それやったやった。M] ト、ソレカラ..モ-ナクナッタデ゛ヤ-[まだある、ある。あるよ、まだ。M) アルッテイッタッテミンナネ- [それじゃあね。何がいいだろう。M]
2. Sannupista re monimahpo 'okayahci. [siina'an. M] re monimahpo 'okayahci 'ike taa, cehkoykihci koh 'ehci, niinahci koh kuruhci, nah kihci yayne taa, sine too,ウン kiyanne (poniwne) monimahpo taa, 'ohacirun. ['ohacirun.M) tuh pis taa niinahci. niinahcihi ne'ampe taa, nii humpahci. nii humpahci 'an 'ohta taa,

3. 'atuyma ko soro soro
   'etuyma ko soro soro

4. nah nii hawe'iki manu. nii hawe'ikihi ne'ampe taa, kiyanne monimahpo taa, 'otaka 'ene taa, cise 'onne san manu.
5. 'okaaketa sine monimahpo pateh taa kinta 'an teh taa suy niina. nii humpaha ne'ampe taa suy nah hum'iki manu.

6. 'atuyma ko soro soro
   'ehanke ko soro soro soroo

7. 'orowa tani taa, horoke- monimahpo taa, 'orowa taa 'ehoyahayne kusu taa, kira wa san manu.
8. ne'ampe taa, nannaha taa mokoro kusu 'an manu. 'anihi ka taa mokoro. mokoroho ne'ampe taa, イチバ゛ン poniwne monimahpo taa, cise 'ohta 'an teh taa,
9. " 'iine'ahsuy nanna nanna 'uta, hemata 'eci'iruska teh 'ecimokoro hoo?"
10. nah yee yahka, taa 'ampene taa mokorohci manu.
11. mokorohci yayne tani taa, monimahpo taa, イチバ゛ン poniwnepe taa, niina kusu makan manu.
12. kinta makanihi ne'ampe taa niina, sine too. niinaha ne'ampe taa sine nii tah humpaha ne'ampe,

43話　3人娘とウンカヨ

1990年12月30日録音 (9009a)

1. サンヌピシ村に一人のババが、娘と住んでいた、孫と、孫娘といた。いて、魚をとっては食べ、マキをとってはもやし、こうしているうちに、ババはマキをとった。[うん。M] ババがマキをとってきてはくべとってきてはくべしているとある日マキを下に置いたとき、ソルモヤッタナー [ああ、'imuu 'acahcipo うん、それやったやった。M] ト、ソルカラ..モーナクナッタデヤー [まだある、ある。あるよ、まだ。M] アルッテイッタッテミンナネー [それじゃあね。何がいいだろう。M]

2. サンヌピシ村に娘が3人いた。娘が3人いて魚を取っては食べ、マキをとっては燃やし、そうしているうちに、ある日、上の（下の）娘がその、留守番をした。あとの二人はマキをとりに行った。マキとりに行って、木を伐った。木を伐っていたら、

3. 　遠くの方から　　ko soro soro
　　遠くの方から　　ko soro soro

4. という木を伐る声がしたとさ。木の声がしたから、上の娘一人は、浜の方へ、家の方へ下って行ったとさ。
5. あとには娘が一人だけ山にいてまたマキをとった。木を伐ったらまた、こんな音がしたとさ。

6. 　遠くの方からソロ　ソロ
　　近くの方からソロ　ソロ　ソロー

7. それから今度、おと‥娘は、それからびっくりしたから、逃げて帰ってきたとさ。
8. それで、姉さんが寝ていたとさ。自分も寝た。寝たのだが、一番下の娘は、家で留守番していて、
9. 「ねえ、姉さん達、何でそんなに怒って寝てるの？」
10. と聞いても、（答えずに）ただ寝ていたとさ。
11. しばらく寝てから、娘、末の娘がマキとりに山へ行ったとさ。

12. 山に行ってマキをとったとさ、ある日に。マキを取ってたら一本の木をこうして切ったら、

13. 'etuyma ko soro soro
    'ehanke ko soro soro, soh soh soroo

14. nah 'an manu.
15. ne'ampe kusu taa, suy humpa. suy humpa 'ike suy nah 'an manu.

16. 'etuyma ko soro soro
    'ehanke ko soro

17. 'orowa taa, monimahpo taa, tani taa suy humpa 'ike suy nah 'an.
18. tani taa mukara 'ani humpaha ne'ampe mukara kotahma. 'orowa tani taa teh 'ani sitaykihi ne'ampe tekihi kotahma. 'orowa taa kema 'ani sitaykihi ne'ampe kemaha kotahma. neya 'o'ara kema 'ani sitaykihi ne'ampe 'o'ara kemaha kotahma. sapaha 'ani sapahka 'ani sitaykihi ne'mampe sapaha kotahma. アノ-taa yay'ikisiw teh tani taa 'are'anno 'an manu, イチハ゜ン poniwne monimahpo.
19. 'orowa tani taa 'ay yayne taa, kimma taa, sine seta ta'aa san manu. cahse wa san manuyke taa, 'orowa 'annukara teh taa, 'orowa 'ene yee manu.
20. アノ- cahse wa hosipihi ne'ampe sine seta taa cahse wa san manuyke taa seta ta'aa カン nii 'utohtonkehe taa mukara 'ani sitaykihi ne'ampe mukara kotahma. teh 'ani sitaykihi ne'ampe tekihi kotahma. nanuhu 'ani sityakihi ne'ampe nanuhu kotahma. 'ampene taa, nii 'okore kotahma manu.

21. hoskihi makan yuhpo yuhpo ka taa 'ampene nii kotahma. taa poniwnepe makani ike taa, suy 'ampene nii kotahma.
22. 'orowa tani taa, kimma sine seta san manu. cahse wa sanihi ne'ampe taa, アノ nukara koh taa, meh manu. meh humihi taa,

23. 'iperannaa horokewpo meh meyoo
    'iperennaa horokewpo meh meyoo

24. nah taa kii manu, neya seta.
25. neyke tani taa, アノ moni-i horokewpo taa sitaykipehe タ゛カ tekihi ka kemaha ka 'okore nii kotahma manu.
26. tah kusu 'are'anno 'ay yayne taa, 'unkayoh taa cahse wa san manu. 'unkayoh cahse wa sani ike taa, nukara 'ike taa,
27. " 'ene'an kusu kunoosetaha tah nee wah!"

13. 遠くの方から　ko soro soro
　　近くの方から　ko soro soro, soh soh soroo

14. という音がしたとさ。
15. それで、もう一度切った。もう一度切ったらまたこう言った。

16. 遠くの方から　ko soro soro
　　近くの方から　ko soro

17. それから、娘は、今度もう一度切ったらまた音がした。
18. 今度はマサカリで切ったらマサカリがくっついた。それから今度は手で叩いたら手がくっついた。それから足で叩いたら足がくっついた。その片足で叩いたら片足がくっついた。頭でおつむで叩いたら頭がくっついた。その、どうしようもなくてそのままそこにいたとさ、その末の娘は。

19. それからこんどこうしているうちに、山の方から一匹の犬がそこに下りてきたとさ。
20. 走って下りてきたのだが、それでその方を見るとこう言ったとさ。(途中少しぬける)あのう、(イヌが)走って来て一匹のイヌが走って下りてきたのだがそのイヌにそのう、木の真ん中にマサカリを切り入れたらマサカリがくっついた。手で叩いたら手がくっついた。顔で叩いたら顔がくっついた。まったく何もかにもみんな木にくっついたとさ。
21. (さて)先に山に登って行った兄さん達もそこですっかり木にくっついてしまってた。末の弟もマキを切ってまたすっかりマキにくっついた。
22. それから今、山からイヌが一匹下りてきたとさ。走って下りてきて、見ると、吠えたとさ。吠えたのは、

23. 食わせろ男　meh meyoo
　　食わせろ男　meh meyoo

24. と吠えたとさ、そのイヌが。
25. こうして、その男はその叩いたもの、手も足もみんな木にくっついてしまったとさ。
26. だからそのままそこにいたら、ウンカヨが走って下りてきたとさ。ウンカヨが走って下りてきて、見ると、
27. 「こいつはこんなに良いイヌなんだよ!」

28. nah taa yee teh taa, 'orowa taa, neya hoski makan horokewpo taa, nii 'orowa mesu teh taa, 'orowa 'ampa wa makan manu.
29. teh 'orowa taa, アノ sinno poniwne moni-, horokewpo ne'ampe taa, kemaha 'ani taa, neya nii taa ko'asi yayne taa 'orowa saphakaha meskere teh taa, cise 'onne san manu. 'iruska wa san teh taa cise 'ohta san teh mokoro.
30. 'orowa taa, イチパン kiyanne horokewpo neewa 'inoskun horokewpo tura tupah? taa kinta 'okayahci manu.
31. neeteh taa tani, 'anayne taa tani, ... [テープ切れる](わかった、わかった、そうなんだ。M)
32. horokewpo mesu teh nii 'orowa mesu teh taa 'ampa wa makan, cise 'ene makan manu.
33. neeteh 'okaaketa taa, tani イチパン kiyannepe tura イチパン poniwnepe tura taa, 'ampene taa cise 'ohta taa mokorohci manu. mokorohci yayne taa, アノ sine horokewpo taa san manu. san manuyke taa nukara manuyke taa, Sannupista re horokewpo 'ani ike taa, tani tuh pis pateh taa 'okore taa, mokorohcı kusu 'an manu. tani taa moymoye. moymoyehe ne'ampe taa tani paykihci teh,
34. " 'iine, hemata kusu 'ecimokoro hoo?"
35. " 'ayyuhpo yuhpoho, 'anahkapo 'ahkapoho naa, kinta makapahci 'ike 'okore 'unkayoh 'e'iskahci ('eysikahci) manu. tah kusu tani taa 'utah taa mokoroho nee manu."
36. nah yeehe ne'ampe taa tani moymoye manu. taa tuh pis tani taa moymoye. sineh ne'ampe taa, 'unkayoh 'uta 'e'iskahci koh 'ampa teh makapahci manu.
37. 'okaaketa taa neya horokewpo taa, moymoye 'ike numare 'ike tani taa 'ipere kusu, 'ipekara. 'ipekara teh taa 'utura 'ipe teh taa, 'orowa neeroh horokewpo 'utah taa tura teh taa makan manu, hekimoh.
38. makanihi, kinta makanihi ne'ampe taa, アノ 'unkayoh cisehehcin 'orowa taa paa numa kusu 'an manu.
39. ne'ampe kusu 'ohta payehcihi ne'ampe taa cise 'orowa paa numa kusu 'an kusu 'ohta 'ahupancihi ne'ampe taa, horokewpo 'utah taa 'okore taa, sapahkahahcin pateh taa tuh pis taa 'an manu.
40. tah kusu neya sapahkahahcin 'uki ike taa, cise 'onne taa, cise 'apa cahke taa 'osmakehe, hesa'ohta 'ociwehe ne'ampe taa, neya sapahkahahcin taa karakahse wa san manu.
41. neetch tani taa, アノ 'unkayoh 'utah taa cise 'ohta 'okayahci kusu 'an manu.
42. neyke cise 'ohta 'okayahci kusu 'okayahcihi ne'ampe taa, neya horokewpo taa, kokayohci 'ike taa 'ahunkehci manu. 'ahunkehci teh,
43. " 'iine'ahsuy horokewpo, 'iine'ahsuy horokewpo, ponunkayoh teeta 'anama 'ike,

28. と言って、それからその先に山へ行った男を、木からはがして、そして担いで山の方へ登って行ったとさ。
29. それから、一番下の男は、足でその木に足を立てて、そこから頭をはがして、家に下りて行ったとさ。怒って家に帰って寝た。

30. それから、一番上の男と中の男は一緒に、山にいたとさ。

31. そうして、しばらくしてから今、[テープ切れる]

32. 男をはがして木からはがしてそれを担いで山の方へ、家へ帰ったとさ。

33. そのあとで、今一番上の男と一番下の男が一緒にぐっすり、そのうちで寝ていたとさ。しばらく寝ていると、その男が帰ってきたとさ。帰ってきて見ると、サンヌピシ村の3人の男たちがいて、今二人だけがそこで二人とも寝ていたとさ。いまそれを起こした。起こして二人は今起きて、

34. 「ねえ、どうしてお前達は寝てたのか？」
35. 「兄さん達も、弟も、山に行ってみんなウンカヨにさらわれたから。だから、今二人で寝てたのだとさ」
36. こう言っていま起こしたとさ。その二人を今起こした。一人は、ウンカヨ達がさらって取ってすぐ山に連れて行ったとさ。
37. そのあとでその男は、起こして、起きさせていま食べさせるために食事を作った。食事を作っていっしょに食べて、それからその男たちもいっしょに山の方へ行ったとさ。
38. 登って、山に登って行ったら、ウンカヨの家からその煙が立っていたとさ。

39. そこでそこに行ったらその家から煙が出ていたのでそこに入ったら、男達の、みんなその、頭だけが二つそこにあったとさ。

40. それでその頭を取って、家へ、家の戸を開けて裏へ、めがけてなげたら、その頭達は転がって下りて行ったとさ。

41. そうしてから今、ウンカヨ達は家にいたとさ。
42. それで家にいて家にいたから、その男を呼んで、家に入れたとさ。入れて、

43. 「ねえ、ホロケウポ、ねえ、ウンカヨの子供達をここに置いて行ったが、

三人娘とウンカヨ 355

temana 'okore 'ekara haa?"
44. nah taa yehci manu.
45. neyke, ［テープ切れる。］［はい、お願いします。続けて下さい。M］
46. 'orowa tani taa neya horokewpo 'utah taa 'okore ne'an tuh pis taa sineh ne'ampe taa cise 'orowa 'ociwehci teh, tuh pis tani taa, 'unkayoh 'ohta 'okayahci manu. 'unkayoh 'ohta 'okayahcihi ne'ampe taa tani taa kunne 'oman teh taa, アノ- 'unkayoh taa 'ene yehci manu.
47. " 'iine'ahsuy horokewpo 'uta, teeta 'enteereyan."
48. nah taa yehci teh taa, 'asin manu, 'unkayoh.
49. 'okaaketa tani neya tu horokewpo tani taa, 'ahkapohohcin ne'ampe taa cise 'ohta 'an manu. 'okayahcin pateh 'unkayoh 'orowa 'anehci kuni tah pateh teerehci manu.
50. neeteh tani taa, 'okayahci yayne taa, tu 'unkayoh taa, kimma sapahci manu. kimma sapahci 'ike taa neya horokewpo 'utah taa,
51. " 'iine'ahsuy, 'iine'ahsuy, horokewpo 'uta, nahwa 'eci'ariki hii? cise 'orowa 'arikihci hee?"
52. nah yehci manu.
53. " 'iine'ahsuy, nee 'ipe kukara ciki 'eeyan. 'ipe neh kukara 'ecikonte. 'eeyan. yuhpo yuhpo yooponi san kusu kara, tani."
54. tani taa sine monimahpo taa tura teh taa san manu. tah kimma tura san monimahpo nee manu.
55. 'orowa tani neya monimahpo taa tani suke manu. suke 'ike taa neya 'unkayoh 'utah taa 'ipere 'omanteyne taa, 'orowa taa horokewpo tura teh taa 'asipahci teh taa sapahci manu. sapahcihi ne'ampe, cise 'ohta sapahcihi ne'ampe 'unci 'orowa paa numa kusu 'an manu.
56. neyke 'ahupahcihi ne'ampe taa, neya Sannupisun horokewpo 'utah cise 'ohta 'okayahci kusu 'an manu.
57. neyke tani taa, アノ- 'epuntekahci monimahpo taa, horokewpo taa 'epunte 'omantene taa tani taa caro'okene 'ipekara.

58. ［以下はウンカヨの家でのことを繰り返している。］
59. neeteh taa, cisekoro horokewpo taa コナイン ダト。
60. neyke tani taa 'ipekara 'ike taa neya kimma san monimahpo taa, 'ipekara 'ike neya horokewpo 'utah taa 'ipere. 'ipere yayne taa, neya 'unkayoh taa kimma san manu. sani ike taa tani neya horokewpo 'utah taa tura 'ipehci. tura 'ipehci 'omantene taa, monimahpo taa, tani horokewpo tura teh taa horokewpo cise 'ene sapahci manu. sapahci ike ne'an cise 'orowa paa numa kusu 'an manu.

どうしたか？」
44. と言ったとさ。
45. そしたら、[テープ切れる。] [はい、お願いします。続けて下さい。M]
46. それから今度その男達はみんな二人、その一人は家から投げられて、二人とも今は、ウンカヨの所にいたとさ。ウンカヨの所にいたら今夜になってその、ウンカヨがこう言ったとさ。

47. 「ねえ、男、ここで待っていなさい」
48. といって、出て行ったとさ、そのウンカヨは。
49. そのあとにはその男が二人、その弟達がその家にいたとさ。自分達だけウンカヨに食べられるためにだけ待っていたとさ。
50. それからいま、しばらくして、二人のウンカヨ達が、山から下りてきたとさ。山から下りてきてその男達に、
51. 「ねえ、男たちや、お前達どこから来たのか？家から来たのか？」

52. と言ったとさ。
53. 「ねえ、食事を作るから食べなさい。食事でも作ってやるよ。食べなさい。兄さん達があとから下りてくるから、今」
54. するとこんど一人の娘を連れて下りてきたとさ。山からいっしょに下りてきた娘だったとさ。
55. それから今度娘は炊事をしたとさ。炊事をしてそのウンカヨ達に食べさせて、それから男といっしょに外に出て山を下りて行ったとさ。下りて行ったら、家に帰ったら火から煙が立っていたとさ。

56. それで中に入って見たら、サンヌピシ村の男達が家にいたとさ。

57. そして今、喜んで娘がいたので男は喜んでその家にいっしょにいたとさ。それで今、喜んで娘も、男も喜んで喜んで今食べさせるために食事を作った。
58. [以下はウンカヨの家でのことを繰り返している。]
59. そうしていたが、その家の主人の男はまだ帰って来ないのだとさ。
60. それで今食事を作ってその山から下りてきた娘がその、食事を作ってその男達に食べさせた。食べさせてしばらくして、そのウンカヨは山から下りてきたとさ。下りてきて男たちといっしょに食べた。いっしょに食べてからしばらくして、娘は、今男といっしょにその男の家へ下りて行ったとさ。下りて行くとその家から煙が立っていたとさ。

61. neyke 'ahupahcihi ne'ampe taa neya ponhorokewpo taa sinenehka 'an teh 'ipekara kusu 'an manu.
62. neyke tani taa 'ohta sapahci 'ike taa tani taa 'ipehci 'ipehci 'omantene taa, 'anayne taa, neya 'unkayoh taa san manu, kimma.
63. sanihi ne'ampe taa, horokewpo 'utah taa 'epunteh. 'epunteh 'omantene tani taa, 'okore mokorohci manu.
64. mokorohcihi ne'ampe taa, tani taa neya 'unkayoh taa, 'unkayoh 'uta mokorohci 'ike taa etoorohci manu. 'etoorohci manuyke taa,
65. " 'iine'ahsuy, horokewpo 'utah, kamihihcin ku'ee rusuy kusu 'enreskehci wa 'omantene, 'untapiipi 'untapiipo 'unkororoo."
66. nah taa 'etoorohci manu. ［笑声］
67. 'etoorohci 'ike taa, tani taa horokewpo taa numa 'ike taa, neya horokewpo 'utah taa moymoye.
68. " 'iine'ahsuy, hemata 'ekiye hee?"
69. "hemata 'ayyee? 'etooro?"
70. nah taa yee manu.
71. ne'anike tani taa, suy taa mokorohci 'anah suy nah kihci manu.
72. " 'untapiipi 'untapiipo 'unkororoo nah tah kii, 'etoorohci " manu.
73. 'orowa tani taa, neya moni- horokewpo 'utah taa paykihci 'ike taa, kirahci kusu karahcihi ne'ampe neya 'unkayoh 'utah taa paykihci manu. paykihcihi ne'ampe taa,
74. " 'iine'ahsuy, horokewpo 'utah, hemata kiye hee?"
75. " 'eci'oka 'uwas hemata 'eciyee hee?"
76. "hemata 'ayyee? nonna'itakihi hee?"
77. " 'eh, cireske moromahpo, 'anreske moro- horokewpo 'utah kamihihcin nani 'ee rusuy kusu" nah taa, 'eciyee 'uwa!"
78. " <'ee> nah 'ayyee ?!"
79. nah taa yehci manu.
80. neeteh taa 'orowa kirahci wa 'asipahci manu. kirahci wa 'asipahcihi ne'ampe taa soyta 'asipahcihi ne'ampe taa soyta 'asipahcihi neya, neya 'unkayo 'utah taa tani taa, horokewpo 'utah nospahci manu. nospahci 'asipahci. soyta 'asipahci turanno taa 'otakaa pohka taa re horokewpo taa makapahci manu.
81. re horokewpo taa makapahci manuyke taa neeroh 'unkayoh 'utah taa, 'okore taa sapaketahci 'ike taa 'okore raykihci manu.
82. raykihci teh tani taa 'amahci teh taa 'orowa taa hekimoh taa kayohci manuyke taa,
83. " 'iine'ahsuy, 'unkayoh 'uta, sapanu wa Sannupisun horokewpo 'utah suy tuh pis 'anrayki koh sapanu wa 'eeyan."

61. それで中に入ったらそのウンカヨのこともが一人でいて食事を作っていたとさ。
62. それで今そこに下りて行って、食事をしてしばらくしてから、そうしていると、そこにウンカヨが下りてきたとさ、山から。
63. 下りてきたから、男達は喜んだ。喜んで、そして今みんなで寝たとさ。

64. 寝てから、今度そのウンカヨが寝てたのだがそこでいびきをかいたとさ。いびきをかいたのだが、
65. 「ねえ、男達や、その肉が食いたくて育てていたよー、ウンタピーピ　ウンタピーポ　ウンコロロー」
66. といびきをかいたとさ。[笑声]
67. こういびきをかいたので、男は今起きて、その男ちを起こしたとさ。

68. 「ねえ、何を言ってるんだ？」
69. 「何を言ってるかって？　いびきをかいてるかってか？」
70. といったとさ。
71. それで今、また寝たらまたこういびきをかいたとさ。
72. 「ウンタピーピ　ウンタピーポ　ウンコロロー」といびきをかいたとさ。
73. それから今度、その男たちは起きて、逃げようとしたらそのウンカヨ達も起きたとさ。起きてきて、
74. 「ねえ、男達や、何してるんだ？」
75. 「お前達こそ、何と言ったんだ？」
76. 「何と言ったかって？　祈りのことばだって？」
77. 「えーっ、自分が育てた娘、自分が育てた息子達の肉がすぐ食いたいって、お前達言ってたんだよ！」
78. 「食うって言ったのかい？！」
79. と話したとさ。
80. そうしてそれから逃げようと外に出たとさ。逃げようと外に出たら外に出たら、そのウンカヨ達がいま、その男たちを追っかけてきたとさ。追っかけて出てきた。外に出てすぐさま浜を通って3人の男は山の方へ逃げて行ったとさ。
81. 3人は山の方へ行って、ウンカヨの頭を叩いて、みんな殺してしまったとさ。
82. 殺してしてしまって、そこにおいて、それから山の方へ向かって叫んだが、
83. 「ねえ、ウンカヨ達や、下りてきて、サンヌピシ村の男達をまた2人殺すから下りてきて食べなさい」

84. nah taa 'esunkehci manu.
85. neyke taa kimma taa neya 'unkayoh 'utah taa, reekoh kusu 'an, nii kehkekehkehci wa tah sapahci manuyke taa, tani neya 'unkayoh 'utah taa 'ukahci manuyke taa mohorokewpo nah taa yehci teh taa 'ukahci teh taa, 'okore taa raykihci manuyke taa, sukehci manuyke taa tani 'e'utakahci manu.
86. " 'iine'ahsuy, 7/- horokewpo 'uta, Sannupis neya horokewpo 'uta kuraykihci 'ike 'anraykihci 'ike tani sapanu wa 'eeyan."
87. nah taa yehci manu.
88. yehci 'ike sapahci manuyke taa, neya raykihci horokewpo sukehci manuyke tani taa 'ehci kusu taa 'okayahci manu.
89. " 'ankamihi keeraha koro."
90. nah taa yehci manu.
91. "cikamihi keerakoro. cikam keerakoro."
92. nah taa yehci manu.
93. neeteh 'orowa tani taa 'ehci wa 'omantene tani taa 'okore tani taa mokorahci manu. mokorahcihi ne'ampe taa, sineh " 'a'ih!", sineh " 'a'ih!" nah kihci.
94. 'okore rayahci manu. yayekota kamihihcin 'ehci 'ike, 'orowa tani taa 'okore ne'an tatakihci 'ike mun naa nii naa 'okore 'eymehkarakarahci 'omantene taa, 'okore 'eymehkarakarahci manu.
95. taa kiyanne tuhorokewpo, 7/- 'unkayoh reh pis raykihci.
96. neeteh 'orowa tani cise 'ohta sapahci manuyke taa, 'unci 'orowa paa numa kusu 'an manu, cise 'orowa.
97. neyke tani taa 'ahupahcihi ne'ampe sine monimahpo 'an kusu 'an manu. ne'an 'ekirahci haw'as monimahpo nee manu. taata cise 'ohta 'an teh taa suke kusu 'an manu.
98. neyke tani taa, monimahpo taa 'epuntekahci 'ike taa, 'orowa neya 'ipekara 'omantene taa tura 'ipehci teh 'orowa taa pirikano 'okayahci 'ike tani taa misitakine korohci manu. sukehci. suke koh tura 'ehci, nah kihci pirikano 'okayahci yayne taa tani horokewpo 'uta tani 'okore porohci teh tani taa suy ne'an 'episkanuwa taa mahkorohci manuyke taa, remahkoro-, tumahkorohci manu. tumahkorohci teh taa, tura 'okayahci horo- monimahpo tura reh pis, taa reskehci yayne taa 'okore porohci 'ike taa 'okore taa hokukorohci, mahkorohci 'ike, taa pirika 'okay kihci yayne tani, poo korohci manuyke taa 'okorehehcin pookorohci 'ike, neyan reskehci yayne taa suy 'orowa suy pookorohci reskehci yayne tani taa 'okore tani hokukorohci manuyke taa, tani taa suy ne'an yaykotanpa'etuhturihci, yaymosiripa'etuhturi kihci yayne taa, suy ne'an mah korohci manu.

84. といって、嘘をついたとさ。
85. そして、山にいるウンカヨたちは、全く、木をポキポキ折って、下りてきて、今そのウンカヨたちはそれを取って、男にそう言って取って、みんな殺してしまって、煮て料理して皆で食べたとさ。

86.「ねえ、兄さんたち、サンヌピシのあの男たちは、オレが殺して、みんな殺したから下りてきて食べなさい」
87. と言ったとさ。
88. こう言って、下りてきて、その殺した男たちを煮て、皆で食べているのだとさ。
89.「自分の肉はうまいな。」
90. と皆で言ったとさ。
91.「自分たちの肉はうまいなあ。自分たちの肉はうまいなあ」
92. と皆で言ったとさ。
93. それから皆で食べて、みんなこんど寝たとさ。寝たら、一人が「あ、いー！」、また一人が「あ、いー！」と言った。
94. みんな死んでしまったとさ。自分たちの肉を食って、それでいま、みんな叩いて切って、草にも木にも配って、みんな配ってやったとさ。

95. その上の兄さん2人は、ウンカヨを3人殺した。
96. それから今家に帰ってみたら、火から煙が出ていたとさ、家から。

97. それから今、中に入ったら、一人の娘がいたとさ。それはあの連れて逃げた娘だったとさ。その家にいて、食事を作っていたとさ。

98. それで今、娘も喜んで、それから食事の仕度をしていっしょに食べて、。幸せに暮らして、娘は炊事をよくしたとさ。食事を作った。食事を作っては食べて、幸せに暮らして、男の子はみんな大きくなって、またあちこちの村から妻をもらって、3人の妻、2人の妻をもらったとさ。2人の妻をもらって、いっしょに暮らして娘を3人育てて、これもみんな大きくなって夫をもらったり、妻をもらったりして、みんな幸せに暮らしているうちに、子どもができて、みんな子どもができて、育てて、またみんな夫をもって、今は村も大きくなって栄えて、みんなまた妻をもらったとさ。

99. mahkorohci 'ike taa 'orowa pookoro 'ike taa 'orowa ne'an yaykotanpa'etuhturihci, yaymosiripa'etuhturi kihci 'ike taa, reekoh rih poka 'ahkas cikah ka 'okore tehkupihi sayayse 'uynahci 'ike muysankeh ne naa sahka ne naa korohcipe nee manu. nah'an tuytah ヤ゛ 。

99. 妻をもらってから子どもができて、それから村も大きくなって栄えて、空飛ぶ鳥もみんな羽を落として、それを拾ってホウキやハシを作ったということだ。こういう昔話だ。

44 SITU'US(-90)

1990年12月30日録音 (9009b)

1. ［最初から、最初から。M］
2. サイショニネー ［うん。M］ tu horokewpo 'okayahci シテー.
3. re horokewpo 'okayahci. re horokewpo 'okayahci teh taa, 'orowa ne'an シキー 'usahci teh, キョウソウ kihci ダト. ［それ、'aynu 'itah 'ani yee waa. M］
4. sine kotan ta payehci. (もう一度。M］
5. sine 'acahcipo re monimahpo reske manu. (［へえ。M］ re monimahpo reske 'ike taa, ウン 'ohta payehcihi ne'ampe taa, 'acahcipo 'ene yee manu. ウン.
6. "situ 'us ケイコ kii. 'annukarahci."
7. nah yee manu.
8. " 'iine, temana 'ani hii?" ［pirikaa. M］
9. sine 'acahcipo ネー re monimahpo tura 'an manu. 'an teh taa 'ani ike taa, ウン matutah kayki taa situ 'usahci ranke ケイコ kihci manu.
10. ne'ampehe taa,
11. " horokewpo 'uta kihci kusu neyke, ウン nukarahci kusu."
12. nah yehci manu.
13. "nukarahci kusu neyke ruyahci kusu neyke mahnuure kusu."
14. nah yehci manu. 'acahcipo nah yee manu. monimahpo 'uta konte kusu nah yee manu.
15. 'orowa tani neya taa horokewpo taa situ 'usahci manuyke taa, ウン

16. 'ankisma kaa kaa kiitun kiitun
    'ankisma kaa kaa kiitun kiitun
    'ankisma kaa kaa kiitun

17. nah taa kihci 'ike taa situ 'usahci manu.
18. nah kihci manuyke taa, 'okorehehcin situ'us 'e'askayahci 'ike tani taa アノー hemakahci kusu neyke taa monimahpo 'utah taa situ'usahci kumpe nee manu.
19. neyke tani taa, monimah 'utah taa suy situ'usahci.
20. situ'usahci 'ike taa,

21. rih taa terekee terekee
    raw taa terekee terekee
    rih taa terekee,

44話　スキー(-90)

1990年12月30日録音 (9009b)

1. ［最初から、最初から。M］
2. 最初にねえ。［うん。M］男が二人いた。
3. 3人の男がいた。3人の男がいて、それからスキーをはいて、競争したんだと。［アイヌ語で言って。M］
4. ある村に行った。［もう一度。M］
5. あるババが3人の娘を育てていたとさ。3人の娘を育てていて、そこに行って、ババは行ったとさ。
6. 「スキーの稽古をしなさい。私が見ているから」
7. と言ったとさ。
8. 「あのう、どうかしたか？」［いや、大丈夫。M］
9. あるババがね、3人の娘といたとさ。いて、その娘もスキーをはいて練習していたとさ。
10. それで、
11. 「男たちがスキーをするから、見ていなさい」
12. と言ったとさ。
13. 「見て、スキーに強かったら、嫁さんを見つけてやるよ」
14. と言ったとさ。ババはこう言ったとさ。娘たちをくれてやるからと言ったとさ。
15. それから、男たちはスキーをはいて、

16. 'ankisma kaa kaa kiitun kiitun
    'ankisma kaa kaa kiitun kiitun
    'ankisma kaa kaa kiitun

17. と、ババがはやし立ててスキーを滑ったとさ。
18. こうやってスキーをしたんだが、男たちはみんな上手にスキーを滑って、終わって、今度は娘たちがスキーをやることになったとさ。
19. それで今、女たちがスキーをはいたとさ。
20. スキーをはいて、

21. rih taa terekee terekee
    raw taa terekee terekee
    rih taa terekee,

22. nah taa humihihcin 'an manu. (笑い声)
23. 'anayne tani taa, nuhci 'omantene taa, 'orowa tani, horokewpo taa suy situ'usahci manu.

24. 'ankisma kaa kaa kiitun kiitun
    'ankisma kaa kaa kiitun kiitun
    'ankisma kaa kaa kiitun kiitun

25. reekoh matutah kayki 'okore 'utah kayki reekoh situ'us 'e'askayahci manu.
26. neyke tani taa 'acahcipo tani neya ﾉ/‐ matutarikehe taa mahmicihihcin taa reh pis 'an 'ike taa, 'okore taa re horokewpo taa konte manu.
27. konte teh tani taa, cisehehcin 'ene 'okore turahci manu. [ああ。M]
28. cisehehcin 'ene 'okore turahci 'ike tani taa, cise karahci 'ike re cise ka karahci manu.
29. neeteh tani taa 'ohta 'okayahci manuyke taa, 'okorehehcin taa neyan poo korohci. mah korohci. poo korohci.
30. neyke taa 'anayne rih poka 'ahkas cikah ka 'okore tehkupihi sayayse 'ike, 'uynhahci 'ike sahka ne naa 'ecipeh ne naa korohcipe nee manu.
31. neeteh tani ne'an suy ne'an ﾉﾉ poohohcin taa tani 'okore porohci 'ike taa, tani taa suy taa situ'us 'ecaakasnokarahci manu.
32. situ'usi 'ecaakasnokarahci 'ike taa situ'ustehci manuyke reekoh 'uta 'e'askayahci manu. [へえ。M]
33. reekoh yuukarahci manuyke taa,

34. 'ankisma kaa kaa kiitun kiitun
    'ankisma kaa kaa kiitun kiitun
    'ankisma kaa kaa kiitun,

35. nah taa situ'usahci manuyke reekoh 'e'askayahci manu.
36. neeteh tani taa ne'an horokewpo 'utah kayki tani taa 'okore ne'an mahnuhci. re horokewpo 'okore mahnuu. re monimahpo 'usamahci.
37. 'usamahcihi neyke tani taa 'onne taa, poo korohci 'ike taa, suy poohohcin tani 'okore porohci. porohci teh tani taa, tani taa ne'an poo 'utarihihcin taa 'ucaskumahci 'ike, yaykotampa 'etuhturihci, yaymosiripa 'etuhturihci 'ike, rih poka 'ahkas cikah ka tehkupihi sayayse 'ike, 'uynhahci 'ike sahka ne naa 'ecipeh ne naa korohcipe nee manu.

22. と、音を立ててスキーをしたとさ。[笑い声]
23. そうして今度は、それを聞いて、それから今度は男がまたスすキーをしたとさ。

24. 'ankisma kaa kaa kiitun kiitun
    'ankisma kaa kaa kiitun kiitun
    'ankisma kaa kaa kiitun kiitun

25. 娘たちも、男たちもみんなスキーがとても上手だったとさ。
26. それで、ババはいま、その娘、自分の孫娘が3人いたから、その3人を全部男に嫁にやることにしたとさ。
27. 嫁にやって、それぞれの家に連れ立って行ったとさ。[ああ。M]
28. みんなそれぞれのうちに行って、所帯を持って3軒の家を建てたとさ。
29. こうしてしばらくいたが、みんな子どもができた。妻を持って、子どもができた。
30. こうして、空を飛ぶ鳥もみんな羽を落として、それを拾ってハシやサジを作ったとさ。
31. そうして、またその子どもたちが今大きくなって、今度スキーをやって、それが語り継がれた。
32. スキーの話が語り継がれて、その子たちもスキーをやったがみんな上手だったとさ。[へえ。M]
33. それで、スキーをやる時よく歌ったのだが、

34. 'ankisma kaa kaa kiitun kiitun
    'ankisma kaa kaa kiitun kiitun
    'ankisma kaa kaa kiitun,

35. と言ってスキーをしたら、とても上手だったとさ。
36. それで今度、その男たちもみんな嫁をもらって、3人とも嫁をもらったとさ。3人の娘と結婚したとさ。
37. 結婚をして、それぞれに子どもができて、その子どもたちもみんな大きくなって、その子どもたちにこの話が次々に語り継がれて、村も大きくなって栄えて、空飛ぶ鳥も羽を落として、それを拾ってハシやサジを作って幸せに暮らしたと言うことだ。

38. ［はーん。面白かった。本当に面白かった。M］

38. ［はーん。面白かった。本当に面白かった。M］

45 HECIRE TUYTAH
1990年 12月 30日録音 (9009b')

1. sine kotanta sine horokewpo 'an manu. ［わあ、すごい。M］ sine horokewpo 'ani ike taa, 'etuhka バッカリ reske シタト。［ああ。M］ 'etuhka バッカリ アズ゜カッテ、ソーシテ イタウチ ['aynu 'itah 'ani yee waa. M］ 'etuhka バッカリ reske シタト．['etuhka pateh reske. M]

2. 'etuhka 'utah コンダ゛, horokewpo taa cehkoyki koh 'etuhka 'uta,
3. "yayaya yaaya," 'etuhka 'uta "yayaya yaaya, 'eneere!"
4. nah yehci manu. ［なに？ 'eere? M］ ウン 'eere.
5. 'anayne tani taa 'etuhka 'utah kayki reekoh 'eyee'itakahci manu. horokewpo 'eko'eyee'itakahci manu. 'etuhka 'utah tani taa, yuukarahci manu.
6. neyke taa, seta, horokewpo taa, seta rayki manu. seta rayki 'ike taa, 'etuhka 'utah taa 'etahkara.
7. " 'iine'ahsuy, taraa 'aacapo 'aacapo, taa sapanu wa hecire 'annuu."
8. taa hosiki kanne taa, sine 'etuhka san.
9. "kihci ton ton, kihci ton ton, kihci ton ton"
10. "tan hecire wen hecire." 'etuhka taa 'iruska wa makan.
11. " 'iine'ahsuy, taraa tapa tapa, sanu wa hecire 'annuu."
12. sani ike taa, hecire.
13. "sii poyeh, sii poyeh." nah kihci.
14. "hah! tan hecire ka wen heciree."
15. " 'iine'ahsuy, taraa 'aacapo tapa tapa sanu wa hecire 'annuu."
16. sani ike taa,
17. "cirumun poyeh, cirumun poyeh."
18. "tah ka wen hecire."
19. taa 'iruska wa makan manu.
20. 'anayne taraa 'aacapo tapa tapa sani ike hecire.
21. "kihci ton ton, kihci ton ton."
22. tan hecire "hooh rah" tan hecire yoy hecire.
23. "kihci ton ton, kihci ton ton."
24. " 'iine'ahsuy, taraa 'aacapo tapa tapa hecire wa 'annuu."
25. sani ike hecire.
26. "cirumun poyeh, cirumun poyeh."
27. tah wen hecire. taa 'aacapo 'aacapo taa 'iruska wa taa makan manu.

45話　踊りの話

1990年12月30日録音 (9009b')

1. ある村に一人の男がいたとさ。[わあ、すごい。M] 男が一人いて、カラスたちをたくさん育てたとさ。[ああ。M] カラスばかり預かって、そうしていたうち…[アイヌ語でいってください。M] カラスばっかり育てていたとさ。[カラスばかり育てた。M]
2. カラスたちは男が魚をとって帰ってくると、
3. 「ヤヤヤ ヤーヤ、ヤヤヤ ヤーヤ、ぼくたちにも食べさせろ」
4. といったとさ。[なに?「食べさせろ」? M]
5. こうしているうちにカラスたちはとても言葉が上手になっていえるようになったとさ。男もカラスに言葉で答えたとさ。カラスたちは今歌を歌ったとさ。
6. それから、イヌを、男はイヌを殺したとさ。イヌを殺してカラスたちにそれをご馳走した。
7. 「あのね、あのおじさんがここに下りてきて踊りを見せてくれるそうだよ」
8. といって、真先に一羽のカラスが下りてきた。
9. "kihci ton ton, kihci ton ton, kihci ton ton"
10. 「これは悪い踊りだ。」といって、そのカラスは怒って山へ帰っていった。
11. 「あのね、あのtapa,tapaがここに下りてきて踊りを見せてくれるそうだよ」
12. といったら、下りてきて踊った。
13. 「ウンコたれた、ウンコたれた」といって踊った。
14. 「おい、これも悪い踊りだ」
15. 「ねえ、あのおじさんとあのtapaが下りて踊るそうだよ」
16. といったら下りてきて、
17. 「ゴミほった、ゴミほった」[といって踊った]
18. 「これも悪い踊りだ」
19. と言って怒って山に帰っていったとさ。
20. こうしてそのおじさん tapa tapa が下りてきて踊った。
21. "kihci ton ton, kihci ton ton."
22. 「hooh rah」というこの踊りは良い踊りだ。
23. "kihci ton ton, kihci ton ton."
24. 「あのね、あのおじさん tapa tapa が踊るそうだよ」
25. といったら、下りてきて踊った。
26. 「ゴミほった、ゴミほった」
27. これは悪い踊りだ。そのおじさんは怒って山に帰ってしまったとさ。

28. 'anayne taa taraa 'aacapo 'aacapo sanu wa hecire wa 'an nuu.

29. "yuh poyseta kan kan,
　　ci'esuu san naa
　　terekee terekee
　　tuhsee tuhsee"

30. taa, 'aacapo 'aacapo taa "hoo hah, hee hah."
31. tan hecire yoy hecire.
32. " 'iine'ahsuy, taraa 'aacapo 'aacapo sanu wa hecire wa 'annuu. 'aacapo 'aacapo taa hecire."
33. "cirumun poyeh, cirumun poyeh."
34. "tan hecire wen hecire. "　tah 'iruska wa makan manu.
35. "taraa 'aacapo 'aacapo san wa hecire wa 'annuu. "　sani ike hecire.

36. "yuh poyseta kan kan,
　　ci'esuu san naa
　　terekee terekee
　　tuhse tuhsee, hoohah"

37. taran hecire reekoh pirika hecire nee manu.
38. taa wooya'ampe taa kontehci.　taa hecire 'e'askay アノ 'etuhka neyke taa, seta kam naa, tah renkayne kontehci 'ike taa, 'ampahci 'ike taa makapahci シタト。ソウイウ tuytah アル。
39. ［面白いねえ。いろんな hecire が出てくるんだけど yoy hecire と wen hecire があるんだね。M］

28. そうしているうちにあのおじさんが下りてきて踊りを見せた。

29. "yuh poyseta kan kan,
    ci'esuu san naa
    terekee terekee
    tuhsee tuhsee"

30. そのおじさんは「hoo hah, hee hah」とやった。
31. これは良い踊りだった。
32. 「ねえ、あのおじさん、下りて踊りを見せて」

33. 「ゴミほった、ゴミほった」
34. 「これは悪い踊りだ」（と言って）怒って山に帰っていった。
35. 「ねえ、あのおじさん、下りて踊りを見せて」あのおじさんが下りてきて踊りを見せた。下りてきてこうやった。

36. "yuh poyseta kan kan,
    ci'esuu san naa
    terekee terekee
    tuhse tuhsee, hoohah"

37. これは本当に良い踊りだといった。
38. 色々なものをやった。その踊りの上手なカラスにイヌの肉や色々なものをたくさんやって、それを持って山に帰って幸せに暮らしたというお話だ。

39. ［面白いねえ。いろんな hecire が出てくるんだけど yoy hecire と wen hecire があるんだんね。M］

46 'OTUYUMPE

1990年12月30日録音 (9010a)

1. sineh, sinenehka moro-, horokewpo, 'ani ike taa, [Sannupista? sine horokewpo. M]
   ウン sine horokewpo 'an manu. ウン niina koh kuru, cehkoyki koh 'ee, niina koh kuru, nah kii manu.
2. アー re horokewpo ヨ. [ああ re horokewpo なんだ。M]
3. re horokewpo. neyke taa, sinno kiyanne horokewpo mahko'omanan kusu 'oman manu. mahko'omanan kusu 'oman ike taa, sine kotan ta 'omanihi ne'ampe sine 'acahcipo sinenehka 'an manu.
4. 'ohta 'omanihi ne'ampe taa sine 'otuyumpe 'an manu. 'ani ike taa, [sine 'otuyumpe? M] ウン sine seta, mahseta, 'ani ike taa horokewpo nukara 'ike taa, 'emeh manu.

5. 'iperennna horokewpo meh me'uu
   'iperennna horokewpo meh me'uu

6. nah kii manu.
7. kiihi ne'ampe taa, sine 'acahcipo taa, cise 'orowa 'asin manuyke taa, nukara manu. nukara teh suy 'orowa 'acahcipo taa, suy cise 'onne 'ahunu wa 'isam manu.
8. neeteh tani taa, 'oponi 'ahunihi ne'ampe taa, 'acahcipo taa horokewpo 'ipere kusu sanke. horokewpo 'iperehe ne'ampe taa, hoski 'ehah'oo 'itanki sanke. tah horokewpo 'eere. teh tah horokewpo 'ee manu.
9. neeteh tani taa, 'orowa taa rewsi. rewsihi ne'ampe taa sinke'ikehe taa, 'acahcipo neya mokoro 'orowa taa numa teh taa sipini teh 'asin kusu karaha ne'ampe,
10. " 'iine'ahsuy horokewpo, 'eci'okacaakarire ciki kayki yooponi ranneeno 'omanu waa."
11. nah yee yahkayki taa seta haw ne kara teh taa 'oman manu.
12. 'omanihi ne'ampe sine too 'omanihi ne'ampe taa, sine keesinta 'an manu. tan keesinta kaskepoka 'oman kusu kara sipoososoo, 'ekaari 'oman kusu kara siri'uuriri. 'e'ohayohayne kusu taa, kaskepoka tuhse teh 'oman manu. tuhse teh 'omanihi ne'ampe taa 'osmakene hemata hawehe 'an manu.

13. 'ooy oy oy, nah hawe ka 'an horokewpo
    'ooy oy oy 'awwen cise ka 'ikowente
    'ooy oy oy

46話　牝イヌ

1990年12月30日録音 (9010a)

1. 一人、男が一人いて、[サンヌピシ村で？　一人の男が。M] うん、男が一人いたとさ。マキを取ってはくべ、魚をとっては食べ、マキをとってはくべしていたとさ。
2. ああ、3人の男だった。[ああ、3人の男なんだ。M]
3. そう3人の男。それで一番上の男が嫁探しに旅に出たとさ。嫁探しに行って、ある村に行ったら、一人のババがいたとさ。
4. そこに行ったら一匹の牝イヌがいたとさ。いて、[一匹の牝イヌ？　M] うん、一匹のイヌ、牝イヌがいて、男が見たらこう吠えたとさ。

5. 'iperennna horokewpo meh me'uu
   'iperennna horokewpo meh me'uu

6. と言ったとさ。
7. こう吠えたらババが家から出てきて、イヌを見たとさ。見てまたそれからババは家の中に入ってしまったとさ。
8. それで、こんど男がそのババの後について家に入ったら、ババは男をもてなすために食物を下ろしてきた。それを男に食べさせる時、ユリ根の入った器を出した。それを男に食べさせた。男はそれを食べたとさ。
9. それで、こんどそれから泊った。泊って次の日、寝て起きて男が身仕度して出かけるときにババは、
10. 「ねえ兄さん、もしちゃんと死者のお祈りをするなら、あとでゆっくり出かけなさい」
11. と言ったが、イヌの声をまねして出かけたとさ。
12. 行くと、一日行くと高い山があったとさ。その山の頂上に登っていこうとすると頂上が高くなる、周りから行こうとすると横が広がる。びっくりして、頂上に飛んで行ったとさ。飛んで行ったら後の方から声がしたとさ。

13. 'ooy oy oy, nah hawe ka 'an horokewpo
    'ooy oy oy 'awwen cise ka 'ikowente
    'ooy oy oy

14. nah kii manu.
15. ne'ampe kusu tani taa 'ohta 'omanihi ne'ampe taa, sine 'acahcipo cisehe kaskepoka horokewpo 'omani ike wente manu.
16. tani taa toonupuru'o'usika 'omante 'ike taa husko 'anihi neeno tani pirika, 'iine'ah, cise tah kara manu.
17. neeteh tani taa 'acahcipo tani neya horokewpo 'epunte 'omantene taa tura 'ahun manu.
18. horokewpo テ°ナイ mahtekuh ヨ, tura 'ahun manu.
19. tura 'ahun teh tani taa, hoski kanne cikaripeh 'ehah'oo 'itanki sanke 'ike taa, 'eere 'ike taa, 'acahcipo 'ee, horo-, monimahpo 'eerehe ne'ampe, 'acahcipo honca sarape 'etaakara manu.
20. hemata 'ee teh nah 'ampe 'ee hee, nah 'eraman kusu taa, 'acahcipo 'etaakara. 'acahcipo neya 'ehah'oo 'itanki taa 'ehahtaah 'okore 'ee manu.
21. 'orowa suy taa ceh suke 'ike taa ceh suke 'ipehe taa suy tah horokewpo 'acahcipo, 'acahcipo horokewpo taa 'eere.
22. 'eerehe ne'ampe taa hemata 'ene 'ani ike nah 'an ceh 'ee, nah yeehe neya 'acahcipo 'ee teh 'orowano 'ecaruhu, 'acahcipo suy neya 'uki ike taa, caruhu 'orowa poni cikutakuta neeno taa 'ee manuyke taa 'okore 'ee manu.
23. neeteh tani taa,
24. " 'iine'ahsuy," noya neewa hay tura taa sanke 'ike taa,
25. " 'iine'ahsuy horo-, テ°ナイ 'acahcipo イヤ monimahpoヨ, hemata sohkara 'ahci konte hee? tah kayki sohkara ne koro waa."
26. nah taa yee.
27. hemata 'ene 'ani 'ike horokakii soh mun, sohkara ne koro, nah 'eraman kusu 'okore kemaha no, no, niyaniya teh taa, 'acahcipo hekota 'ociwe manu.
28. neeteh tani taa, 'orowa 'okaake(ta) 'itacike'un kaskus 'ohta taa, mokoro manu.
29. neeteh taa sinke'ikehe taa 'acahcipo neya mokoro 'orowa taa numa 'ike taa, 'oman kusu karaha ne'ampe taa, 'acahcipo nah yee manu.
30. " 'iine'ahsuy monimahpo, 'eci'okacaaakarire ciki kayki, .."
31. nah yee yahkayki seta haw ne kara teh taa hohpa teh 'oman manu.
32. hohpa teh 'omanihi ne'ampe taa 'omanayne neya sine keesinta 'ekaari 'oman kusu kara situuriri, kaske poka 'oman kusu kara sipoososoo. teh suy 'e'ohayohayne kusu taa, kaskepoka tuhse teh 'oman.
33. ne'ampe 'osmakene hemata hawehe 'an manu.

34. 'ooy oy oy, nah hawe ka 'an monimahpo

14. と言ったとさ。
15. それで、その方へ行ったら、ババの家の上に男は登って、家を壊してしまったとさ。
16. こんど、日が山のふもとに過ぎて、前のように、なんと、家がきれいになったとさ。
17. それで、ババも男も喜んで、いっしょに家の中に入ったとさ。

18. いや男ではない、女だよ、女と入ったとさ。
19. いっしょに入って、前のように、ご馳走やユリ根の入った皿を出して、食べさせようと、ババが女に食べさせようと、ユリ根の皿を出してご馳走したとさ。
20. （女は）こんなものをだれが食べるかと思ったから、ババに勧めた。ババはそのユリ根の皿のユリ根をみんな食べたとさ。
21. それからまた魚を煮て、煮魚も男にババは食べさせようとした。

22. 食べさせようとしたら、どうしてこんな魚を食べるかと言って、ババがそれを食べて、それからそれを口から骨をペッペッと出しながら全部食べてしまったとさ。
23. そうしてこんど、
24. 「ねえ」と言ってヨモギとイラクサを出してきて、
25. 「ねえ兄さん、いや姉さんや、何かゴザを作ってくれ。これでゴザを作りなさい」
26. と言ったとさ。
27. なんでこんな雑草でゴザを作るのかと思ったから、足で丸めて、ババに向かって投げたとさ。
28. それでいま、それから、板敷きの上に、寝たとさ。
29. それから次の日、ババは寝起きて、女が出かけるというのでこう言ったとさ。
30. 「ねえ姉さん、もしお祈りをちゃんとするなら……」
31. と言ったけれど、イヌの声をまねてそのまま出かけたとさ。
32. そのまま出かけていってしばらくすると、高い山をぐるっと周って行こうとすると横が長くなる、頂上に登って行こうとすると上が高くなるから、びっくりして頂上へ飛んで行った。
33. するとその背後から何か声がしたとさ。

34. 'ooy oy oy, nah hawe ka 'an monimahpo

牝イヌ 377

'ooy oy oy, 'awwen cise ka 'iko wente
ooy oy oy

35. tah 'an kusu tani taa 'ohta 'oman 'ike taa, toonupuru'o'usika 'omante 'ike taa, tan pirika cise tah kara manu.
36. neyke tani taa 'acahcipo taa monimahpo 'epunte 'omantene taa tura 'ahun teh taa, tani 'acahcipo taa, horo-, monimahpo 'iperee. 'iperehe ne'ampe taa hoski 'ehah'oo 'itanki sanke 'ike taa, monimahpo 'eere. monimahpo taa 'acahcipo taa 'usa'ipe 'etahkara.
37. 'orowa taa yuhkam 'oo 'ohcikeh sanke. suy taa 'acahcipo taa sanke 'ike taa, horoke-, monimahpo koore. monimahpo taa suy taa 'acahcipo taa 'usa'ipe 'etaakara. 'acahcipo taa 'okore taa 'ee manu.
38. neeteh taa 'orowa taa, tani ponno 'omani ike taa mokoro kusu kara 'ike taa, 'acahipo suhki neewa pehsamus tura taa 'ampawa 'omani ike taa, monimahpo sohkara ne konte.
39. " 'iine'ahsuy, sohkara ne 'an 'ecikonte kumpe 'isam kusu tahkayki sohkara ne koro waa."
40. 'orowa taa niyaniya niyaniya,'acahcipo sohkara 'etaakara manu.
41. neeteh taa rawpoka taa 'imii sohkara koro teh taa mokoro manu.
42. neeteh taa sinke'ikehe taa, 'oman kusu kara 'ike taa,
43. " 'iine'ahsuy 'acahcipo, 'iine'ahsuy monimahpo, 'eci'okacaakarire teh kayki, .."
44. nah yee yahkayki taa seta haw ne kara teh taa 'oman manu.
45. 'oman, 'oman, 'oman ayne taa, sine taa, 'omanihi ne'ampe taa, sine keesinta kaskepoka 'oman kusu kara sipoososoo, 'ekaari 'oma kusu kara situruuriri. kaskepoka tuhse teh 'oman.
46. ne'ampe taa, 'osmakene hemata hawehe 'an manu.

47. " 'iine'ahsuy, 'ooy oy oy nah hawe ka monimahpo,
    'ooy oy oy 'awwen cise ka 'ikowente,
    'ooy oy oy "

48. nah kii manu.
49. ne'ampe tani taa toonupuru'usika 'omante manuyke taa, tani pirika cise tah kara manu.
50. kara teh tani taa, 'acahcipo taa 'orowa taa horkewpo 'epunteh, monimahpo 'epunteh 'omantene taa tura 'ahun manu.

    ' ooy oy oy, 'awwen cise ka 'iko wente
    'ooy oy oy

35. それでそっちの方へ行ったら、日が山のふもとに過ぎて、その家がきれいになったとさ。
36. それでこんどババと女は喜んでいっしょに家の中に入って女をもてなした。ご馳走しようとして、はじめにユリ根の器を出して女に供した。女はババに色々なご馳走を勧めた。
37. それから肉のお膳を出した。またババはそれを出して、女にやった。女もまたババに色々なご馳走を勧めた。それでババはそれを全部食べたとさ。
38. そうしてから、こんど少し経って、寝ようとしたとき、ババはカヤとシゲを持ってきて、女にゴザを作るように渡した。
39. 「ねえ、ゴザにする材料がないから、これでゴザを作りなさい」
40. それから女はそれを丸めてババにゴザを作って上げた。
41. それで、下に着物を敷いて寝たとさ。
42. それから次の日、出かけようとしたとき、
43. 「ねえババ、ねえ姉さんや、もしお祈りをちゃんとするなら……」
44. と言ったけど、イヌの声をまねして行ってしまったとさ。
45. ずっとずっと行ったら、ある高い山があってその頂上に登ろうとすると高くなる、周りから行こうとすると横が広がる。それで上に飛んで行った。
46. すると、その背後から何か声がしたとさ。

47. " 'iine'ahsuy, 'ooy oy oy nah hawe ka monimahpo,
    'ooy oy oy 'awwen cise ka 'ikowente,
    'ooy oy oy "

48. と言ったとさ。
49. すると日が山のふもとを過ぎて、今きれいな家になったとさ。

50. きれいな家になって、それからババと男は喜んで、女は喜んでそこにいっしょに入っていったとさ。

51. tura 'ahun teh tani taa caro'oyki. caro'oyki 'ike taa, ウン 'ehahcikaripe taa sanke 'ike taa horokewpo 'eere, monimahpo 'eere. 'orowa taa, ウン cehcisukeh sanke 'ike taa monimahpo 'eere.
52. 'orowa taa monimahpo 'ipere 'omantene monimahpo taa, tani mokoro kusu kara teh taa,
53. " 'iine'ah, suhki neewa hay tura taa 'ampa wa 'ahun ike taa horo-, monimahpo koore. sohkara ne konte kusu ne'anah po, ma, taa 'okore niya niya 'ike taa 'acahcipo hekota 'ociwe manu.
54. neeteh taa 'orowa 'okaaketa 'imiyehe sohkara koro teh taa mokoro manu. mokoroho ne'ampe taa sinke'ikehe numa teh taa tani 'oman manu. hamo 'ipe. [うん。M]
55. " 'iine'ahsuy 'acahcipo, 'iine'ahsuy monimahpo, 'eci'okacaakarire teh kayki 'omanu waa."
56. nah yee yahkayki seta haw ne kara teh taa 'oman manu.
57. 'oman ike taa, 'oman 'oman nayne taa, sine cise, sine hemata taa keesintaha ka 'an manu.
58. neya keesintaha kaske poka tuhse teh 'oman kusu kara sipuususu, 'ekaari 'oman kusu kara situri situri, taa 'ekasi kaske poka tuhse teh 'oman manu.
69. tuhse teh 'omanihi ne'ampe taa, tani 'oman 'oman 'oman 'oman ayne taa sine too 'omanihi ne'ampe taa sine 'ay, 'okay pon kamuy 'utah taa, nay 'ohta taa hecirehci kusu 'an manu.
60. neyke taa, ウン sine pon kamuy taa, koyki wa koyki wa 'omantene taa 'ociwe manu.
61. 'ociwe teh taa 'orowa hohpa teh 'omanihi ne'ampe 'oman nayne taa, sine cise 'ani ike, 'ohta taa,
62. " 'iine'ahsuy, neya monimahpo 'utah taa renkayne 'okayahci 'ike taa, sine 'iramasreno'an pon monimahpo ka pirika 'ike tani ko'oman kusu nuwah kusu 'an manu."
63. ne'ampe nukaraha ne'ampe ウン sine horokewpo taa,
64. " 'iine'ahsuy, 'ene'an monimahpo 'utah 'aynu 'uturu wente kihci hii."
65. nah yee 'ike taa monimahpo 'uki ike koyki koyki 'omantene taa 'ociwe.
66. neeteh tani taa, 'orowa 'okayahci manu, tani.
67. neya monimahpo taa, tuh pis taa 'ohacirunahci 'ike taa, nannahahcin 'oman teh 'okaaketa teerehci yayne taa nannahahcin citokihi sihtoono teh haaciri manu.
68. "kee, nanna nanna, nee 'oyasi 'ekaari wa 'e'aynukiponihi karahcihi ne yaa."
69. nah taa yehci manu.
70. neeteh taa 'okayahci 'omantene taa, 'orowa taa, 'inoskun nanna nanna taa, suy taa nanna nannaha citokihi taa sihpaanuh teh haaciri manu.

51. いっしょに入って食事をした。食事をして、ユリ根のご馳走を出して、男に、女に勧めた。それから魚の煮物を作って女に勧めた。

52. それから女に食べさせて、女は寝ようとして、

53. 「ねえ」と言ってカヤとイラクサを持って入ってきて、女に渡した。ゴザにしてくれと言ったら、女はそれをみんな丸めてババに向かって投げつけたとさ。

54. そうして、それから着物を敷いて寝たとさ。寝て次の日起きて今、出発したとさ、何も食べずに。[うん。M]

55. 「ねえババ、ねえ姉さん、ちゃんとお祈りしてから、行きなさい」

56. と言ったが、イヌの声をまねして、行ってしまったとさ。

57. 行って行ってしばらくすると、一軒の家が、山があったとさ。

58. その山の頂上に飛んで行こうとすると高くなる、周りから行こうとすると横が広がる。それで上へ飛んで行ったとさ。

59. 飛んで行ったら、また行って行って行って行ったら一日経ってみたら、そこでけものの子たちが、川で踊っていたとさ。

60. それでその一匹の子と戦って倒したとさ。

61. 倒してそのまま放って行ったら一軒の家があって、

62. 「あのね、この娘たちがおおぜいいる中に一人美しい娘がいて、その娘に近づくためにうなっているんだとさ」

63. それで見たら、一人の男が、

64. 「あのね、この娘たちの間に人間が入って邪魔をしたのだよ」

65. と言って、その娘をとって打って打って倒した。

66. それでいま、そこにいたとさ、いま。

67. その娘は、2人が留守番をしていたがその後姉の帰りを待っても帰って来ないで、姉の首飾りの玉がsihtoonoして落ちたとさ。

68. 「あら、姉さんがお化けに出会って殺されそうになっているわ」

69. と言ったとさ。

70. そうしていると、それから中の姉さんが、その中の姉さんの玉がsihpaanuhして落ちたとさ。

71. tani nanna naa neera'an kamuy 'e'aynukiponi kara haa?"
72. nah yee 'ike taa, yaysiyuhte yaysiyuhte 'omantene citokihi 'asinke 'ike taa, 'omayehe 'enkaske wa 'ah teh taa heekopo ko'irahmee teh taa, 'orowa 'oman manu.
73. neeteh 'oman ayne taa sine too 'omanihi ne'ampe, sine keesinta kaskepoka tuhse kusu karaha ne'ampe kaskepoka tuhsehe ne'ampe ciwente manu.
74. ソコニ taa,
75. " 'ooy oy oy oy, nah kii, nah weeka 'an monimahpo suy 'awwen cise poka 'ikowente."
76. nah yee teh taa, hemata ne 'ankara kamuy hee, cise 'ankowente hee, nah 'eraman kusu, toonupuru'usika 'omante 'ike taa, yoy cise tah kara manu.
77. neeteh tani taa, 'acahcipo tura 'ahun teh taa 'acahcipo taa, 'ipe kara 'ike taa, horo-, monimahpo 'eere yahka monimahpo 'ee ka hankii. 'acahcipo 'etaakara haa. hontom 'etaakara manu.
78. monimahpo, taa 'acahcipo taa 'uki ike taa 'ee manu.
79. neeteh tani taa suy, ウン ceh suke 'ike taa, suy monimahpo 'eere 'ike taa, suy monimahpo taa suy 'acahcipo hontom caruhu 'etaakara manu. 'acahcipo taa, poniciputaputah neeno taa, 'ee 'omantene taa 'okore moomare manu. neeteh taa saruu taa kunne taa mokoro kusu kara teh taa, mun neewa hay tura 'ampaha neyke taa,
80. " 'iine'ahsuy monimahpo, tah kayki sohkara ne koro 'ike mokoro."
81. 'uki ike taa 'okore niyaniya teh 'uncikes 'ene 'ociwe manu.
82. neeteh taa 'orowa mokoro. teh sinke'ikehe taa, 'acahcipo neya mokoro 'orowa taa numa teh taa 'oman kusu kara kusu,
83. " 'iine'ahsuy monimahpo, 'eci'okaycaakarire teh kayki 'omanu waa."
84. nah yee manu. neyahkayki seta haw ne kara 'ike taa 'oman manu.
85. 'omanayne taa sine too 'omanihi ne'ampe taa, neya kamuy 'utah renkayne wahka 'ohta hecirehci wa 'okayahci manu.
86. neyke taa, sine pon kamuy 'uki ike taa, ウテー ウテー 'omantene taa 'ociwe teh taa, hohpa teh taa 'oman manu.
87. neeteh taa 'omanayne taa, sine kotan ta 'omanihi ne'ampe sine cise 'ohta taa, reekoh monimahpo 'utah 'okayahci 'ike taa, sine 'eramasreno'an pon monimahpo taa, nuwah kusu 'an manu.
88. nuwah kusu 'ani ike taa, ne'ampe taa, monimahpo 'uta renkayne 'okayahci 'ike taa, 'orowa taa sine horokewpo 'asin ike taa, taa 'oma'an monimahpo taa koyki wa koyki wa 'omantene mun tunke 'ene 'ociwe manu.
89. neeteh tani taa 'orowa 'okayahci. 'anayne tani taa, nanna nanna neewa 'ahkapo 'ahkapo tura 'inoskun horo-, monimahpo teerehci teerehci yayne taa nanna nanna

71.「今姉さんが何者かに殺されるのかしら？」
72. と言ったが、勇気を出してがんばって、玉を出して、フトンの上から掛けて、妹は丸めて、それから外に出ていったとさ。
73. 出ていって一日経って、ある山の頂上に飛んで行こうとして頂上に飛んで行ったら、家が壊れたとさ。
74. そこで、
75.「ワーン、ワンワンといって来た娘がまた家を壊したよ」
76. と言って、何かが、何者かが、家を壊したと思っていたら、日が山のふもとに過ぎて、良い家になったとさ。
77. それでこんど、ババといっしょに家の中に入って、料理を作って娘にご馳走しようとしたが娘は食べなかったとさ。ババは自分に勧めて、途中からババは自分で食べたとさ。
78. 娘、いやババがご馳走をとって食べたとさ。
79. それでこんどまた、魚を煮て、また娘に食べさせようとしたが、娘は途中でババの口に入れたとさ。ババは骨をペッペッと出しながら、それをみんなたいらげてしまったとさ。そうして、夜になって寝ようとして、枯草とイラクサを持ってきて、

80.「ねえ姉さんや、これでゴザを作って寝なさい」
81. と言って、受け取ったが丸めて炉端に投げたとさ。
82. そうしてそれから寝た。そして次の日、ババは寝て起きて、（娘が）出発するとき、
83.「ねえ姉さんや、ちゃんとお祈りしてから行きなさい。」
84. と言ったとさ。それなのにイヌの声をまねして行ってしまったとさ。
85. 行くと、一日経って行くと、そのけものたちがおおぜい川で踊っていたとさ。
86. それで一匹のけものの子をつかんで、倒して倒して、そこに倒してそのまま行ってしまったとさ。
87. そうして、ずっと行って、ある村に着いてそこに家があってそこに娘たちがいて、その中で美しい娘がうなっていたとさ。

88. うなっていて、娘たちがおおぜいいて、一人の男が出てきて、そこにいた娘と打ち合っていたがしばらくして、枯草の中に投げたとさ。

89. それからこんどそうしていた。しばらくして姉と弟が、中の娘を待って待っていたが帰って来なくて、姉の玉がフトンから落ちたとさ。

citokihi taa 'omayehe 'onne haaciri manu.
90. "kee, nanna nanna, 'aynuponikarahcihi ne yaa. nee 'oyasi nee 'oyasi 'oyasi 'uta, aynuponikarahcihi hee yaa."
91. nah taa yehci 'ike taa cisahci manu. nanna nanna neewa 'ahkapo tura.
92. 'omantene taa, sine too taa, kiyanne monimahpo taa suy, yaysiyuhte 'omantene taa 'orowa 'oman manu. nannaha wooneka kusu 'oman manu.
93. 'omanihi ne'ampe taa, ウン sine too 'omanihi ne'ampe sine keesinta 'an manu. keesinta 'anihi kusu taa 'ekaari 'oman kusu kara situri situri, kaskepoka tuhse kusu kara sipoososo, nah kii manu. ne'ampe kusu taa kaskepoka tuhse teh 'oman manu. 'ewante hee? [うん。M]
94. kaskepoka tuhse teh 'omanihi ne'ampe 'osmakene hemata hawehe 'an manu.

95. 'ooy oy oy,
nah hawe ka 'an monimahpo
'awwen cise ka 'ikowente
'ooy oy oy

96. nukaraha ne'ampe hemata ne 'ankara kamuy 'acahcipo cisehe 'ankowente hee, nah 'eraman kusu taa, toonupuru'usika 'omantehe ne'ampe taa yoy cise kara manu.
97. cise kara 'ike tani taa 'acahcipo taa 'ahun teh taa, tura 'ahun manu. tura 'ahun ike taa 'acahcipo taa tani taa 'ipekara manu. 'ipekara 'ike taa hoski 'ehah'oo 'itanki taa sanke 'ike taa monimahpo 'eerehe ne'ampe monimahpo neya 'acahcipo hontom 'etaakara manu.
98. 'orowa tani taa suy taa ceh suke 'ike taa, suy taa, monimahpo 'eerehe ne'ampe monimahpo taa suy taa 'acahcipo 'etaakara. suy taa 'acahcipo taa 'orowa caruhu 'orowa taa ponihi cikutakutaha neeno taa 'ipe 'ipe 'omantene taa hemaka manu.
99. neyke tani taa kunne, tani mokoro kusu kara teh taa,
100. " 'iine'ahsuy monimahpo, hemata 'oyasi sohkara 'ene 'ecikonte? " suhki neewa hay tura 'ampa wa 'ahun manu. 'ampa wa 'ahunihi ne'ampe taa,
101. " 'iine'ahsuy monimahpo, hemata sohkara 'ecikonte tah sohkara ne 'ekoro teh 'emokoro?"
102. 'uki ike taa niyaniya 'omantene 'uncikes 'ene 'ociwe manu.
103. neyke tani neya mokoro. mokoro teh taa sinke'ikehe taa 'acahcipo tani taa suy 'oman, アノ monimahpo 'oman kusu kara kusu,
104. " 'iine'ahsuy monimahpo, 'eci'oka caakarire teh kayki 'omanu waa."
105. nah yee yahkayki taa, nuu ka 'etunne 'ike taa 'oman manu. [うん。M] 'omani

90. 「あら、姉さんが何者かに殺されたわ。お化け、どこかのお化けたちに殺されたんだわ」
91. と言って泣いたとさ。その姉さんと弟が。
92. こうしてある日、上の姉がまた、勇気を出して出かけていったとさ。姉さんの様子を見に行ったとさ。
93. 行って、一日行ったら高い山があったとさ。高い山があってその周りから行こうとすると広がる、頂上へ登ろうとすると上に伸びる。それで、上からで行ったとさ。お前分かるか？［うん。M］
94. 頂上に飛んで行ったら、背後から声がしたとさ。

95. 'ooy oy oy,
　　nah hawe ka 'an monimahpo
　　'awwen cise ka 'ikowente
　　'ooy oyoy

96. 見ると、何でまた神のババが家を壊したのかと思っていたら、一日経って見たら山のふもとに良い家が建っていたとさ。
97. 家が建っていて、ババはそこに入っていっしょに入ったとさ。いっしょに入ってババは食事を作ったとさ。食事を作って最初にユリ根の皿を出して女に食べさせようとしたら、女が途中でババに勧めたとさ。
98. それからこんどまた魚を煮て、また女に食べさせようとしたら、女がババに食べるように促した。またババは、口から骨をペッペッと出しながら、食べて食べて食べ終わったとさ。
99. それで夜になったから寝るときに、
100. "「ねえ、姉さんお化けは何をゴザにしたのだ？」するとススキとイラクサを持って入って来たとさ。入って来て、
101. 「ねえ姉さん、何かゴザを、これでゴザを作って寝るかい？」
102. と言って、ババから受け取ったものを炉端に投げたとさ。
103. それでこんど寝た。寝て次の日にババはこんどまた行った女が出かけるとき、
104. 「ねえ姉さん、ちゃんとお祈りをしてから行きなさい」
105. と言っても、聞かないで行ってしまったとさ。［うん。M］行ってしばらく

iketaa, 'omanayne taa, sine, 'etukuma, ['etukuma? M], keesintaha 'an manu.
106. 'ekaari 'oman kusu kara taa situri situri, kaskepoka tuhse kusu kara taa sipoososo, 'ekoyaykus kusu kaskepoka tuhsehe ne'ampe 'osmakene hemata hawehe 'an manu.

107. 'ooy oy oy nah 'ampe 'an monimahpo
 'ooy oy oy 'awwen cise 'ekowente
 'ooy oy oy

108. nah taa kii manu.
109. neyke tani taa 'omani ike taa toono pururuusika 'omante 'ike taa tani taa pirika taa cise taa 'acahcipo saaketa kara teh taa, 'acahcipo tani taa monimahpo tura 'ahun manu.
110. 'ahuni ike taa tani taa 'ipere. 'ipere kusu sanke. ponihi ceh'oo 'itanki sanke. keh 'acahcipo taa sanke manuyke taa, 'acahcipo taa sankehe ne'ampe monimahpo taa 'acahcipo poni taa kutasa wa 'etaakara.
111. 'acahcipo tani neya 'uki ike tani クチ 'orowa poni cikutakutaha neeno taa 'ee 'omantene 'orowa taa 'ehahcikaripe sanke. suy taa 'acahcipo taa 'etaakara manu.
112. neya 'acahcipo taa suy taa 'uki ike taa 'ee 'omantene taa 'orowa taa tani kunne 'oman teh tani mokoro kusu karaha ne'ampe suhki neewa hay tura 'ampa wa 'ani ike taa, 'acahcipo taa 'ampa wa 'ani ike taa monimahpo konte.
113. monimahpo niyaniya niyaniya 'uncikes 'ene 'ociwe manu.
114. neyke taa hohpa teh taa mokoro.
115. mokoro 'omantene neya sinke'ikehe sihtoono 'ohta tani 'oman kusu kara 'ike 'acahcipo taa,
116. " 'iine'ahsuy monimahpo, 'eci'okacaakarire teh kayki 'omanu waa."
117. nah yee kayki taa seta haw ne kara teh taa hohpa teh taa 'oman manu.
118. 'oman ayne taa, sine nay 'ohta 'omanihi ne'ampe taa, 'okay monimahpo 'utah taa hecirehci koh 'okay kamuy 'utah taa hecirehci kusu 'okayahci manu. [うん。M] neyke tani taa,…
119. nah kanne kii 'omantene kunne 'omay スルンデナイベカ。[うん。ほんとねえ。これ長いねえ。M] [同じことの繰り返しで話が終わらなくなってしまったから、この話はここで打ち切った。]

すると、切株が一つ、[切株？　M]、いや山があったとさ。
106. 周りを行こうとすると広くなる、上に駆け登ろうとすると高くなるから、上に行けないから、上に飛んで行ったら、後ろから何か声がしたとさ。

107. 'ooy oy oy nah 'ampe 'an monimahpo
'ooy oy oy 'awwen cise 'ekowente
'ooy oy oy

108. と言ったとさ。
109. そっちへ行って一日経って見たら、山のふもとでその家がちゃんときれいになっていて、そばにババがいて、女といっしょに中に入ったとさ。

110. 中に入って食べさせた。食べさせるためにご馳走を出した。骨のついた魚が入った器を出した。ババが女にご馳走を出したら、ババが自分で骨を出して出した。
111. ババはそれをとって、口から骨をペッペッと出しながらご馳走を出した。またババはご馳走した。
112. そのババはまたそれを取って、それから夜になって、寝ようとしたとき、カヤとイラクサを持ってきて、ババが持ってきて、女に渡した。

113. 女は丸めて炉端に投げたとさ。
114. そうして放って寝た。
115. 寝て次の日、昼のうちに出かけようとするときババが、

116. 「ねえ姉さん、ちゃんとお祈りしてから行きなさい」
117. と言っても、イヌの声をまねしてそのまま行ってしまったとさ。
118. 行くと、ある川にでて、娘たちがおおぜい踊っていて、けものたちが踊っていたとさ。[うん。M] それで……

119. こうしていたら夜になってしまうんではないか。[うん。ほんとねえ。これ長いねえ。M] [同じことの繰り返しで話が終わらなくなってしまったから、この話はここで打ち切った。]

47 NUHEWEH NEEWA MONIMAHPO

1991年5月6日録音 (9103a)

1. Sannupista ウーン、sine horokewpo, nuheweh neewa monimahpo tura 'utusneeka manu. キカナイカ? ［聞いてるよ。M］
2. 'utusneeka 'ike 'utusneeka teh 'an manu. メカケ ホイサイ. ソウシテ イタケー コンダ゛ アノー ['aynu 'itah 'ani yee wa。M] monimahpo honihi poro manu. honihi poro teh taa アノー simah, horokewpo taa, ウン ヨータシ kusu 'oman manu. Repunke kotan, Repunke mosiri 'onne 'oman manu.
3. 'oman teh taa 'okaaketa taa アノー monimahpo taa, poo koro kusu kara manu. poo koro kusu karaha ne'ampe taa, ［咳］ simah 'ene yee manu.
4. " 'iine'ahsuy, アノー hokuhu cinunukapuyehe 'ohta rikinke teh poo konte kusu."
5. nah yee manu.
6. neeteh tani taa, horo-, monimahpo taa, tani ne'an hokuhu cinunukapuuhu 'ohta rikin teh taa, taata 'an nayne taa, poo koro manu. 'ohkayo poo taa koro manu.
7. 'ohkayo poo koro 'ike taa,［咳］'anayne taa horokewpo taa, ne'an 'oman 'an teh taa hosopi manu. hosipi 'ike taa nuweh taa yee manu.
8. " 'iine'ahsuy monimahpo hokuhu cinunukapuuhe 'ohta 'oman teh poo koro kusu neyke pirika kusu 'iki." nah yee 'omantene, "neera hanka nah kii teh cise 'ohta poo koro waa." nah taa yee yahka monimahpo taa, hokuhu kaama puyehe 'ohta 'oman teh taa poo koro manu. pon horokewpo koro manu." nah taa yee manu.
9. neeteh 'orowa taa horokewpo taa makani ike taa cinunukapuyehe setayehe taa 'okore rise manuyke taa ne'an hera'oh taa monimahpo taa pooho tura taa haarehci manu.
10. haarehci teh tani taa, アノー monimahpo ray manu.
11. 'ene nee puni ka 'erameskari teh 'ay yayne taa, kaske 'ikehe 'unci paa tuhse hum 'an manu.
12. ne'ampe taa nukaraha ne'ampe taa, yaynupaha ne'ampe taa sine cise 'ohta taa 'an manu. neyke taa sine 'acahcipo taa 'an manu.
13. 'acahcipo taa, ne'an pon horokewpo taa temana karaha タ゛カ, monimahpo taa tani nukara teh 'orowa taa 'acahcipo taa monimahpo taa caroke 'ene 'ipekara 'ike taa 'ipere.
14. 'anayne taa tani pon horokewpo taa, cis hawehe 'an manu. 'annukara koh taa 'acahcipo taa sanke teh taa 'ankoore manu.
15. ne'anike taa ne'an pooho taa 'uh teh taa reske manu.
16. tu pooho tura 'acahcipo taa 'ohta 'okayahci. 'acahcipo tura 'okayahci yayne taa, pon

47話　妾と本妻

1991年5月6日録音 (9103a)

1. サンヌピシ村に、一人の男が妾と妻といっしょに暮らしていたとさ。聞いてないか？［聞いてるよ。M］
2. 三角関係で3人で暮らしていたとさ。妾と本妻といてこんど、［アイヌ語で言ってください。M］妻が腹が大きくなったとさ。大きくなって、（妾は）男は、仕事で旅に出たとさ。レプンケ村へレプンケ国へ行ったとさ。

3. 旅に出た後で、妻は子どもがもう生まれる頃になったとさ。もうすぐ子どもが生まれる時に、［咳］妾はこう言ったとさ。
4. 「ねえ奥さん、夫は獲物倉に上って子を産むようにと言ってたよ」
5. と言ったとさ。
6. それで妻は、夫の獲物倉に上って、そこにしばらくいて、子どもを産んだとさ。男の子を産んだとさ。
7. 男の子を産んで、［咳］しばらくしてからその男が、旅に出ていた夫が帰ってきたとさ。帰ってきて妾が言ったとさ。
8. 「実は奥さんが夫の獲物倉でお産したらいいとずっと言っていたが、そうしないで家でお産をしなさいと言っても、奥さんはワナのかかった獲物倉に行ってお産をしたんだ。男の子を産んだんだよ」と言ったとさ。

9. それからその男は山へ行って、獲物倉のイヌもみんな皮をはがして、それといっしょに妻とその子もいっしょに下へ落としてしまったとさ。

10. 落としてしまったから、その女は死んだとさ。
11. 男の子はしばらく途方に暮れていたが、その上に火の煙がさっと立つ音がしたとさ。
12. それで見ると、気をつけてよく見ると、そこに一軒の家があったとさ。そしてそこに一人のババがいたとさ。
13. ババは、その男の子にどうにかして会ったのだが、娘にも会って、それからババはその娘にご飯を作って食べさせていた。
14. そうしている時、男の子の泣く声がしたとさ。そのババがその泣き声を聞いて、下ろして、連れていったとさ。
15. こうして、その男の子をババは引き取って、育てたとさ。
16. 2人の子どもとババは暮らした。ババといっしょにいて、その男の子も今

horokewpo tani poro 'ike taa, 'ahkas hekaci yoy hekaci ne 'an manu. yoy hekaci ne 'an teh tani taa 'orowa 'okayahci yayne taa, tani cehkoyki ka kii, niina ka kii, niina, cehkii nah kii 'omantene taa 'orowa tani, sine too taa,

17. "nee 'oman kusu neya. ku'utasa kusu."
18. nah yee manu.
19. taa monimahpo taa,
20. "nakene 'oman kusu hetane yaa?"
21. nah kopisihi ne'ampe taa,
22. " 'aacaha 'anoman."
23. " 'aacaha 'isampe neya waa!"
24. nah yee yahka taa, 'oman kusu taa 'utasa kusu, nah taa yee manu.
25. neeteh taa 'orowa taa 'oman manu. 'omanike taa neya taa horokewpo 'utah 'ohta taa 'oman 'ike taa, horokewpo taa reekoh 'epuntekahci manu.
26. naata pooho ヤ゜ ħ kuwantehci ka hankihci yahka taa 'epuntekahci 'omantene taa, horokewpo taa tani monimah-, horokewpo taa yuukara. horokewpo taa, pon horokewpo taa,
27. " 'iine'ahsuy, horokewpo neewa 'acahcipo tura, yuukara 'ecinuu rusuy?"
28. nah taa yee manu.
29. "nuu rusayahcii." nah yehci manu.
30. tani yuukara manu.

31. sa'ii, sa'ii murukoo murukoo
 sa'ii, sa'ii murukoo murukoo
 nuheweh neewa,
 sa'ii, sa'ii murukoo murukoo
 monimahpo tuura,
 sa'ii, sa'ii murukoo murukoo
 'utusinehci 'ike,
 sa'ii, sa'ii murukoo murukoo
 hokuhu 'omanan teh 'okaaketa
 sa'ii, sa'ii murukoo murukoo
 'utusine wa horokewpo poo koro kusu kara 'ike,
 sa'ii, sa'ii murukoo murukoo
 hokuhu cinunukapuwehe 'ohta 'omante teh 'oo,
 'omante kusu nah yee teh 'omante 'ike,
 poo koro 'ike hokuhu 'eki ike 'ekoweepekere 'ike,

は大きくなって、歩けるように立派になって、魚とりも、マキとりもよくするようになったのだが、ある日、

17. 「どこかに行こうかなあ、遊びに行こう」
18. と言ったとさ。
19. その娘が、
20. 「どこに行くの？」
21. と尋ねたら、
22. 「父さんのところに行くよ」
23. 「父さんなんかいないじゃないの！」
24. と言っても、「行く、遊びに行く」と言ったとさ。
25. そうして、男の子は出かけたとさ。出かけて、その男たちのところへ行ったら、みんなとても喜んだとさ。
26. どこの子だか知らないけど、とても喜んでくれて、その子は歌を歌った。男、男の子が、
27. 「ねえ、兄さんやババさんたち、歌が聞きたいか？」
28. と言ったとさ。
29. 「うん聞きたいよ」と言ったとさ。
30. それで歌ったとさ。

31. sa'ii, sa'ii murukoo murukoo
    sa'ii, sa'ii murukoo murukoo
    nuheweh neewa,
    sa'ii, sa'ii murukoo murukoo
    monimahpo tuura,
    sa'ii, sa'ii murukoo murukoo
    'utusinehci 'ike,
    sa'ii, sa'ii murukoo murukoo
    hokuhu 'omanan teh 'okaaketa
    sa'ii, sa'ii murukoo murukoo
    'utusine wa horokewpo poo koro kusu kara 'ike,
    sa'ii, sa'ii murukoo murukoo
    hokuhu cinunukapuwehe 'ohta 'omante teh 'oo,
    'omante kusu nah yee teh 'omante 'ike,
    poo koro 'ike hokuhu 'eki ike 'ekoweepekere 'ike,

puu toy tunke 'ene 'orowa 'ekoweepekere 'ike,
'orowa makani ike, puu seta 'oy cis kara 'ike,
seta 'oy tunke 'ike'ene hera'oh haarehci manu.

32. nah taa yuukara manu.
33. ne'ampe taa simah taa 'ene yee manu.
34. " 'epooho ka hanneh 'ampee!"
35. nah taa yee manu. neyke taa,
36. "sonno hanneh 'aa! 'epooho nee! kupoohohcin nanko!"
37. nah taa yee manu.
38. neya 'uturuketa 'aa teh taa yuukara kusu 'ampe taa 'orowa taa, numaha ne'ampe taa 'ukahci kusu karahcihi neya 'oha 'okayaci 'ike 'ukotahmahci manu.

39. 'ukotahmahci 'ike 'ampene meske koyaykusahci manu.
40. " 'ınnee. 'ınnee. 'ınnee." nah kihci 'ike 'ampene 'ukotahcmahci. nukarahci teh 'orowa kira wa 'asin teh 'oman teh taa, 'ommoho 'ohta 'oman manu.
41. neeteh taa 'okayahci yayne taa sine too taa, woonekaha ne'ampe taa, 'okore 'ukotahmahci 'ike 'okore ヤマニ ナッテ huhkara tunketa 'okayahci teh 'okore nii ne 'okayahci manu.
42. スッカリ ヤマニ ナッテ nii二 ナッテ シマッテ sokonii, [sokonii? M]　ウン、ソウイウ コトダ゜。[neeteh 'orowa? temana?　M]
43. ソレカラ コンダ゜ horokewpo　コンダ゜ 'ommoho 'ohta san teh taa 'ekoweepekerehe ne'ampe taa,
44. " 'okore nii ne 'okayahcihi neya huu niitay cii niitay ne 'okayahci hii."
45. nah yee manu.
46. neeteh 'orowa tani taa monimahpo suy tani taa, tani pooho pateh tura taa 'ureskehci シタト。
47. [ふうん。M]　pooho cehkoyki koh 'ehci, niina koh kuruhci, nah taa pooho tura 'okayahci manu.
48. [ふうん。M] ソウイウ ハナシ ダ゜。

puu toy tunke 'ene 'orowa 'ekoweepekere 'ike,
'orowa makani ike, puu seta 'oy cis kara 'ike,
seta 'oy tunke 'ike'ene hera'oh haarehci manu.

32. と歌ったとさ。
33. それで、妾がこう言ったとさ。
34. 「お前の子どもではないか！」
35. と言ったとさ。それで（男が）、
36. 「本当にそうじゃないか！お前の子どもだ！私たちの子じゃないか！」
37. と言ったとさ。
38. その男の子は2人の間に座っていたものだから、2人が起き上がってその子を取ろうとした途端、その子はいなくなって、2人は互いにくっついてしまったとさ。
39. くっついてしまって、絶対に離れなくなったとさ。
40. 「アー。アー。アー」とうなりながら、すっかりくっついてしまった。見ると男の子は逃げていって、母親のところへ行ったとさ。
41. そうしてしばらくしてある日、その場所に行ってみると、何もかもみんなくっついてしまって、みんな山になって丘になって、みんな林になっていたとさ。
42. すっかり山になって林になって、エゾニワトコの林になったとさ。[エゾニワトコ？　M] うん、そういうことだ。[それから？　どうしたの？　M]
43. それからこんど、男の子は母親のところへ下りていって一部始終を話したんだが、
44. 「みんな林になってしまって、生木林や枯木林になってしまったんだよ」
45. と話したとさ。
46. それから、その本妻はこれからは、その息子だけを育てたとさ。

47. [ふうん。M]息子は魚をとっては食べ、マキをとってはくべして、息子と幸せに暮らしたとさ。
48. [ふうん。M] そういう話だ。

48　HAKU MONKA TUYTAH(-91)

1991 年 5 月 6 日録音 (9103ab)

1. Sannupista sine monimahpo ウーン pooho, tura hokuhu tura 'okayachi.
2. hokuhuhcin tura poohohcin tura 'okayahci. 'okayahci 'ike taa, reskehci yayne poro 'ike tani taa cehkoyki koh 'ehci [咳], kamuy koyki koh 'ehci, nah kihci yayne tani taa sine too taa, monimahpo taa, yee manu.
3. poo 'isam teh 'okaaketa cehkoyki kusu 'isam teh 'okaaketa,
4. " 'iine 'ahsuy horokewpo, アノー haku neh kara waa. 'onnayketa 'epooho 'anama teh 'anmonka 'anah, cehkoyki koh 'an'ee, niina koh 'ankuru 'ankiihe neyne 'anehonisih kusu. pooho tohka ナガシテヤル。"
5. ッテ イウンダト。
6. 'orowa taa horokewpo tani taa　ウーン haku tah kara manu. haku kara 'ike taa 'anayne taa horokewpo ceh kii wa san manu. pon horokewpo cehkoyki wa san.
7. " 'iine 'ahsuy ウン, hemata ne 'ekara kusu ?"
8. ッテ コウ ヤッテ、ソウ、ウン nah 'ekoyee nah yee manu. neyke taa,
9. " 'eporo 'ike 'eceh 'ekoyki koh 'an'ee, niina koh 'ankuru 'ankii kusu, 'an'ehecinke kusu 'ankara haku."
10. nah taa yee manu, horokewpo.
11. neeteh tani taa, kara 'omantene taa,
12. " 'iine 'ahsuy horokewpo, 'ohta 'aa ka 'anekopah teh 'annukara."
13. nah yee manu.
14. neyke tani taa haku 'e'onnayketa taa horokewpo 'ohta 'aa manu. 'aa teh tani taa 'ekopahtehcihi neya nani taa, 'okore taa, putaha kara. kamma 'omantene taa wahka 'onne 'ociwe teh monka manu. [咳]
15. suy 'orowa taa cis wa taa sanihi nee manu.

16. ha'ii mahpaa cooruntee
    monimaa kurukaa cooruntee
    ha'ii mahpaa cooruntee
    monimaa kurukaa cooruntee
    'ooyoo kontee cooruntee
    ha'ii mahpaa cooruntee
    monimaa kurukaa cooruntee
    ha'ii mahpaa cooruntee
    monimaa kurukaa cooruntee

48話　箱流しの話(-91)

1991年5月6日録音 (9103ab)

1. あるところに一人の娘が子供と夫と一緒に住んでいたとさ。
2. その子供と夫と一緒に住んでいた。住んでいて、子供を育てていたが、子供がもう大きくなって、魚を獲っては食べ、狩りをしては食べしているうちに今ある日、女は言ったとさ。
3. 子供が出かけた、魚とりに出かけた後で、(こう言った。)
4. 「ねえ、お前さん。箱でも作っておくれ。その中に子供を入れて流すと、魚もたくさんとれるし、マキもたくさん拾えるし、腹一杯食えるそうだよ。それで子供をどこかへ流してやれ」
5. って言うんだと。
6. それから、その夫は箱を作ってやったとさ。夫が箱を作っていると、男が戻ってきたとさ、その息子が魚とりから帰ってきた。
7. 息子が「ねえ、箱を作ってどうするの？」
8. と聞いた。それで、(父は)、
9. 「お前が大きくなったら、魚もたくさんとれてマキもたくさん拾えるように、遊んで暮らせるようにしてくれる箱なんだよ」
10. と父はその男の子に言ったとさ。
11. そうしてこんど箱を作ってから、
12. 「ねえ息子や、お前、ちょっとその箱の中にはいってごらん」
13. と言ったとさ。
14. それでその箱の中に子供は入って座ったとさ。座ってみて大きさがいいかどうか見ていたら、(父は)すぐふたを閉めた。そのまま箱を水に落として、流してしまったとさ。
15. そのあとから泣き声を立てながら箱は流れていったとさ。

16. ha'ii mahpaa cooruntee
    monimaa kurukaa cooruntee
    ha'ii mahpaa cooruntee
    monimaa kurukaa cooruntee
    'ooyoo kontee cooruntee
    ha'ii mahpaa cooruntee
    monimaa kurukaa cooruntee
    ha'ii mahpaa cooruntee
    monimaa kurukaa cooruntee

'ooyoo kontee cooruntee
ha'ii mahpa,

17. nah taa, cis wa san manu.
18. 'anayne taa, sine kotanta 'omanihi ne'ampe, sine monimahpo 'ohta sinenehka 'an, monimahpo 'an manu.
19. neya monimahpo taa, ウーン, reekoh 'otakaa 'ene san rusuy manu. 'otakaa 'ene san, inkan rusuy. 'omantene taa tani suukawka hemaka teh taa 'orowa 'otaka 'ene san manu. sanihi ne'ampe sine haku taata 'an manu.
20. sine haku taata nay 'ohta 'ani ike taa, yankehe ne'ampe, reekoh putaha cahke rusuy manu. 'omantene putaha cahkehe ne'ampe taa neya saparuusih pateh renkayne 'an manu.
21. neyke taa saparuusicihcin カミノケモ ミンナ ヌイテ 'asinke yayne taa, hahko mompe rukumihi 'ohta 'an manu.
22. taa sine hekaci hahko mompe rukumihi ta'ah, haku 'ohta 'an manu. 'orowa taa neya, [テープちょっと切れる。] 'anayne taa,

23. ha'ii mahpaa cooruntee
monimaa kurukaa cooruntee
ha'ii mahpaa cooruntee
'ooyoo kontee cooruntee
ha'ii mahpa cooruntee
monimaa kurukaa cooruntee
ha'ii mahpa,

24. nah taa hunke yayne, 'iramasneeno'an pon horokewpo kara manu.
25. neyke ciki tani taa 'orowa reskehe nee manu.
26. reske 'ike reske 'ike reske 'ike tani taa, ウンreske yayne tani オオキク ナッタリ manu.
27. オオキク ナッタリ teh tani taa cehkoyki koh 'ehci, niina koh kuruhci nah kii yayne tani taa sine too taa,
28. " 'iine 'ahsuy nanna nanna , ne'ene ku'oman ku 'utasa, 'ah."
29. nah yee manu.
30. " tuymano hanka 'omanu waa. 'ehosipi tuunah kanne 'ehosipi waa. "
31. nah yee manu.
32. nee ciki taa 'orowa taa neya horokewpo taa, sipini 'omantene taa, sipini 'omantene

'ooyoo kontee cooruntee
　ha'ii mahpa,

17. と泣きながら流れていったとさ。
18. そうして、ある村に着いたのだが、そこに娘が一人、一人で住んでいたとさ。娘が一人いたとさ。
19. その娘は、なんとなく浜に出て見たい、浜のほうへ行ってみたいと思うようになった。そうこうしているうちに今、お裁縫を済ませてから浜に出たとさ。出たらそこに箱が一つあったとさ。
20. 箱がその川に一つあったから、それを岸に上げてから、何だかしきりに蓋を開けてみたくなったとさ。そうして、蓋を開けたら、そこには髪の毛の塊がグジャグジャ入っていたとさ。
21. そしてその髪の毛のグジャグジャを箱から出してみたら中に小指の半分があったとさ。
22. 赤ちゃんの小指が半分その箱の中にあったとさ。[テープちょっと切れる。] それから、その、

23. ha'ii mahpaa cooruntee
　　monimaa kurukaa cooruntee
　　ha'ii mahpaa cooruntee
　　'ooyoo kontee cooruntee
　　ha'ii mahpaa cooruntee
　　monimaa kurukaa cooruntee
　　ha'ii mahpaa,

24. と歌いながら、子守歌を歌っていたら、今それはきれいな男の子になったとさ。
25. それで、その子を育てることにしたとさ。
26. 育てて,育てて,それで今大きくなったとさ。
27. 大きくなって、もう魚をとっては食べ、マキをとってはくべするようになったのだが、ある日、
28. 「ねえ、姉さんよ。僕、どこかへ遊びに行こうと思うんだ」
29. と言ったとさ。
30. 「あまり遠くへ行くのではないよ。早く帰ってくるのだよ」
31. と言ったとさ。
32. それで、それからその若者はいろいろ身仕度をして、うちを出て旅に出た

箱流しの話　397

'asin teh taa 'orowa 'oman manu.
33. 'omani ike taa 'otakaapoka 'oman. 'oman ayne taa, mah wa taa yoy ruu taa san manu.
34. ne'an kusu sanihi neya 'okaakara taa makan manu. makan ayne taa, sine cise 'ohta 'oman. nukaraha ne'ampe taa, neya 'aacahahcin cisehe 'ommohohcin cisehe nee manu.
35. neyke tani taa 'ahun manu. 'ahunihi ne'ampe taa,
36. " 'iine 'ahsuy nakoro'un horokewpo? "
37. nah taa yeehci manu.
38. "Repunkusun horokewpoo."
39. nah taa yee manu. [咳]
40. neeteh tani taa caroke'ene taa 'ipekarahci 'ike taa, caro'oykihci, 'iperehcihi 'ike taa 'orowa taa,
41. " 'iine 'ahsuy, ウン、horokewpo, monimah-, ウン yuukara 'ecinuu rusuy? "
42. nah yee manu. neyke taa
43. " 'annuu rusuy. " nah yeehci manu.
44. " teeta 'ay teh, 'i'uturuketa 'ay teh yuukara waa. 'uneeno 'annuu kusu 'ikihi nee waa."
45. nah yee manu, monimahpo.
46. neyke taa, hokuhu sanketa, taa, macihi tura 'uturuketa taa, taa horokewpo taa tani taa 'aa teh tani taa yuukara manu.

47. ha'ii mahpaa cooruntee
monimaa kurukaa cooruntee
ha'ii mahpa コレダ゛
ha'ii mahpaa cooruntee
monimaa kurukaa cooruntee
'ooyoo kontee cooruntee
ha'ii mahpaa cooruntee
monimaa kurukaa cooruntee
'ooyoo kontee cooruntee
ha'ii mahpaa cooruntee

48. nah taa yuukara manu.
49. yuukara yayne taa ウン, monimahpo 'ene yee manu.
50. " 'epooho ka nee henneh ci'an naa."

とさ。
33. そして浜辺を歩いて行った。浜辺をずっと行くとその奥から一本のよい道が下りていた。
34. その道を下ってまた上っていった。ずっと上っていくと一軒の家があって、見ると、それは自分の父母の家だったとさ。

35. そうして、その家へ入ったとさ。入ったら、
36. 「ねえ、お前さん、どこの兄さんかい？」
37. とみんなが言ったとさ。
38. 「僕はレプンクシから来たんだ」
39. と答えたとさ。[咳]
40. そうして、人々は遠来の客にご馳走を作って食べさせて、それから言ったとさ。
41. 「ねえ、兄さん、姉さん。歌が聞きたいか」
42. と言った。それで、
43. 「うん、聞きたいよ」と彼らは言ったとさ。
44 「では、ここに座って、私達のあいだに座って歌いなさい。一緒に聞くからね」
45. と言ったとさ。その女が。
46. それで、その旦那さんのそばに、その奥さんとの間にその若者は座って、歌を歌ったとさ。

47. ha'ii mahpaa cooruntee
    monimaa kurukaa cooruntee
    ha'ii mahpaa コレダ
    ha'ii mahpaa cooruntee
    monimaa kurukaa cooruntee
    'ooyoo kontee cooruntee
    ha'ii mahpaa cooruntee
    monimaa kurukaa cooruntee
    'ooyoo kontee cooruntee
    ha'ii mahpaa cooruntee

48. と歌ったとさ。
49. 歌っているとき女は（夫に）こう言ったとさ。
50. 「あれはお前の息子ではないのか」

51. nah taa yee manu. neyke,
52. " hanneh, sonno hanneh."
53. nah taa 'e'uko'itakahcihi neeno 'e'uko'itakahci wa numa teh 'orowa taa, hopitakasketehe ne'an tuhse teh taa, 'uncikes taa 'omanihi ne'ampe taa 'ukotahmahci manu. 'oha 'okayahcin 'ukotahmahci.
54. nukarahci teh 'orowa taa, kira wa 'asin teh taa,
55. " 'innee! 'innee! " nah kihcihi nuu teh 'orowa kira wa 'asin teh taa, 'orowa nani cise 'ene hosipi manu. hosipi teh taa 'orowa taa, 'ommoho 'ekoweepekere. 'ommoho ダ゜カ 'ahciyehe ダ゜カ 'ekoweepekere hee.
56. 'orowa hempah too ka 'okayahci 'omantene, 'orowa taa 'oman nukaraha ne'ampe, huu niitay cii niitay ne'ampe 'okore niitay ne'ampe 'okore 'ukotahmahci teh 'okore ヤマニ ナッタリ シテ 'okayahcipe ダ゜トイウ。コレダ゜。

51. といった。すると、
52. 「そうだ。本当にそうだ」
53. と二人で意気投合して合点しながら立ち上がって、それからゆっくり起き上がって、行こうとした途端、二人はその場でくっついてしまったとさ。そこの場所でくっついてしまったのだ。
54. 男の子はこの様子を見て、うちから逃げ出して来て、
55. 二人が「離して。離して」というのを聞いて、それから外の出て、それから、すぐうちへ帰ったとさ。うちへ帰ってから、この一部始終を母さんに、母さんだか婆さんだか知らないが、話した。
56. それから幾日かたってから、そこに行ってみたら、生木の山も枯れ木の山もみんな一つの山になって、みんなくっついて、みんな山になってしまっていたということだ。こういう話だ。

49 TUNKASAPAHKA(-91)

1991年5月4日録音 (9104a)

1. Sannupista re horokewpo 'okayahci. re horokewpo 'okayahci 'ike niinahci koh kuruhci, cehkihci koh 'ehci, nah kihci yayne sine too, kiyanne horokewpo niina kusu makan.
2. kinta makan teh taa, nii sineh humpa, sineh humpaha ne'ampe, hemata hawehe 'an manu.
3. keepuci'ee horokewpo キイタンテ゜ナイカ? ［聞かない、聞かない。M］
   'emusatuhuu cihoske naa
   suucika hum,
4. nah 'an manu.
5. ne'ampe taa, ソノ kiyanne horokewpo taa, 'e'ohayohayne kusu 'orowa taa, nii kapuhu soso wa ranke teh taa, sapahka kokarikari teh cise 'ohta san teh taa, 'ampene mokoro.
6. " 'iine'ahsuy, yuhpo yuhpo, neera 'ampe 'enukara, sine 'oyas 'enuu wa siyee waa. 'annuu."
7. nah 'ahkapohohcin yehci yahkayki taa, 'ampene taa, mokoro manu. ［いいよ。いいよ。M］
8. mokoroho ne'ampe 'anayne taa, 'inoskun horokewpo taa, sinke'ikehe taa,
9. "neyke yuhpo yuhpo hemata 'uma 'ekira teh 'orowa 'iruska kusu 'ene'ani kiyehe?"
10. nah 'eraman kusu taa, niina kusu makan manu.
11. niina kusu makanihi ne'ampe, kinta makanihi ne'ampe, yuhpoyuhpo niina ruwehe 'ani 'ike taa, citaanii naa 'an manu.
12. ne'ampe tani taa, saaketa suy tah niina. niina, sine nii, tah mukara 'ani humpa turano tah hemata hawehe 'an manu.
13. keepuci 'ee horokewpo
    'emusatuhu cihoske naa
    suucika hum,
14. nah 'an.
15. 'orowa taa, neya 'inoskun horokewpo taa, 'orowa taa niikah soso 'ike 'uma sapahka kokarikari teh taa 'orowa taa, 'iruska wa san manu.

49話　頭がい骨(-91)

1991年5月4日録音 (9104a)

1. サンヌピシ村に3人の男がいた。3人の男がいてマキとりに行ってはくべ、魚をとっては食べ、していたがある日、上の男がマキとりに山に行った。

2. 山に行って、木を一本切った、一本切ったら、なんだか声がしたとさ。

3. keepuci'ee horokewpo　キイタンデナイカ？［聞かない、聞かない。M］
   'emusatuhuu cihoske naa
   suucika hum,

4. といったとさ。
5. それで、その上の男は、びっくりしてそれから、その木の皮をはがして下ろして、それを頭に巻き付けて家へ帰っていって、そのままぐっすり眠ってしまった。
6. 「ねえ、兄さんや、何でもお前が見たこと、お化けに会ったことを自分で話してよ。僕たち聞くから」
7. と、弟たちが言っても、まったく、そのまま寝てたとさ。［いいよ。いいよ。M］
8. 寝ていたのだが、真中の男がその翌日、
9. 「じゃ、兄さんは何かから逃げてそれで怒っているのか？」
10. と思ったので、マキとりに山へ行ったとさ。
11. マキとりに山へ行ったら、山に行ったら、兄さんがマキとった跡があって、切ったマキもあったとさ。
12. それで今度、そのそばで又マキとりをした。マキとりをして木を一本マサカリで切ったとたん、何かの声がしたとさ。

13. keepuci'ee horokewpo
    'emusatuhuu cihoske naa
    suucika hum,

14. という声がした。
15. それから、その真中の男は木の皮をはいで自分の頭にまきつけて、それからあ怒って家へ帰って行ったとさ。

16. 'iruska wa sani ike taa, cise 'ohta sani ike taa, 'ampene mokoro.
17. 'okaaketa
18. " 'iine'ahsuy, yuhpoyuhpo 'uta, hemata nee 'iruskahci rankoro mokorohci hee?"
19. nah 'ahkapo 'ahkapo pisi yahkayki taa, 'ampene taa, 'ahkapohohcin 'ekoweepekere ka hanki. Suy taa mokorohci manu.
20. mokorohci yayne tani taa, re'usi teh taa, sinke'ikehe taa, poniwne horokewpo taa, niina kusu makan manu.
21. "yuhpoyuhpo 'uta, hemata pateh 'iruskahci koh 'orowa sapahcihi 'ene'an?"
22. nah 'eraman kusu taa, niina kusu makan.
23. taa kinta makan teh taa niina. niinaha ne'ampe sine nii mukara 'ani humpaha ne'ampe hemata hawehe 'an manu.

24. keepuci 'ee horokewpo
    'emusatuhu cihoske naa
    suucika hum

25. nah 'an manu.
26. ne'anike taa, horokewpo taa, neyahkayki taa, tani 'anayne nukara koh taa, sine tunkasapahka taa karakahse wa taa 'asin manuyke, nii 'empoke wa 'asin teh, hekimoh makan manu.
27. ne'ampe kusu tani taa, 'oponi taa, makan manu.
28. oponi makanihi ne'ampe, sine cise 'ani ike taa, 'onne taa neyah 'ahun. 'ahun uwa 'isam manu.

29. ne'ampe kusu 'ahunihi ne'ampe taa, cise 'onnaykehe 'ekuhteh 'uurara raniine siro'eskari 'ike 'ampene 'ekuhteh teh manu.
30. 'ekuhteh teh 'ani 'ike taa, tani 'anayne taa, 'uuraraha hocaa manu. 'uuraraha hocaa manuyke taa, nukaraha ne'ampe ウン sine 'acahcipo taa 'an manu. [テープ切れる。]
31. 'acahcipo 'anihi ne'ampe taa, re monimahpo 'omayehe 'an manuyke taa, 'orowa taa, horokewpo taa, 'imiyehehcin nah yee フント゜シ hihcin taa horahki manu. [tepa. フント゜シ hihcin. [笑]。M]
32. kiyanne yuhpoyuhpo tepaha ne'ampe kiyanne kuni 'eraman monimahpo 'omayehe 'orowa rahki.
33. neeteh 'orowa 'inoskekun horo-, monimahpo アノ- 'omayehe 'orowa taa, 'inoskun monimahpo yuhpoyuhpo tepaha taa, rahki manu.
34. neyteh 'anihi tepaha ne'ampe taa, sinno poniwne horokewpo タ゜カ, poniwne horo-,

16. 怒って帰って家に帰って、すっかり眠ってしまった。
17. その後で
18. 「ねえ、兄さんたちゃ、何でプンプン怒って寝てしまったんだ？」
19. と弟がきいても全く弟に話もせずにいた。まだ寝ていたとさ。

20. 寝ていたが、一晩泊って、その翌日、末の男がマキとりに山へ行ったとさ。

21. 「兄さんたちは、一体何に怒って二人共帰って来たんだろう」
22. と思ったから、マキとりに山へ行った。
23. 山に行ってマキとりをした。マキとりをして木を一本マサカリで切ったらかの声がしたとさ。

24. keepuci'ee horokewpo
    'emusatuhuu cihoske naa
    suucika hum,

25. という声がした。
26. それで男は、そうだけど、今度はふと見ると、頭がい骨が一つころがって出て来て、木の根元から出て来て山の方へころがって行ったとさ。

27. それだから男もその後について山の方へのぼって行ったとさ。
28. ついてのぼって行くと、一軒の家があってそこに入った。入ってしまったとさ。

29. 男もそのところに入って見たら、家の中は暗いもやがあたりにかかっていて、すっかり暗くなっていたとさ。
30. 暗くなっていたが、しばらくしてもやが切れたとさ。もやが切れて、見ると、一人の老婆がそこにいたとさ。[テープ切れる。]
31. 老婆がいて、三人娘のフトンがあって、そこから男たちのキモノというフンドシがかかっていたとさ。[tepa. フンドシ hihcin. [笑]。M]

32. 上の兄のフンドシは上娘だと思われる娘のフトンから下がっていた。

33. それから真中の娘のフトンからは中の（娘）兄さんのフンドシが下がっていたとさ。
34. そして自分のフンドシは一番下の男のは、下の娘のフトンから下がってい

monimahpo 'omayehe 'orowa rahki manu.
35. neeteh tani taa, 'acahcipo taa, 'uurara rukumihi 'apa kaari 'asin 'uurara rukumihi puy kaari 'asin, sewaa teh tani taa, 'acahcipo taa 'orowa 'acahcipo suke manu.
36. 'ipekara manuyke taa, 'anayne taa, horokewpo monimahpo 'utah taa, hecirehci wa sapahci manu.
37. kimma 'ehahtahci wa sapahci manuyke taa, hecirehci manuyke taa,

38. koo wehtaa koo wehtaa
    koo wehtaa koo wehtaa

39. nah kihci wa sapahci manu.
40. sapahcihi ne'ampe taa, 'acahcipo 'ene yee manu.
41. "tani 'anmonimahpo 'uta tani hecirehcihi ka sinnay. 'anoka 'asinno neyke taa,

42. rihtan kon kotanii
    hancira kootan
    rawtan pon potanii
    hancira kootan

43. nah hecire'an.
44. tani 'anmonimahpo 'utah neyke taa hecirehci 'ike
45. koo wehta koo wehta
46. nah kihci."
47. nah taa yee manu.
48. neeteh tani taa, suke 'ike taa, 'anayne taa, monimahpo 'uta taa, 'ehahtaa monimahpo 'uta 'ahupahci manauyke taa, 'acahcipo taa, monimahpo 'ipe kara 'ike 'acahcipo taa 'ipekara 'ike taa, neya monimahpo 'uta 'ipere. horokewpo naa taa 'ipere manu.
49. 'ipere teh tani taa, 'orowa taa kunne 'oman teh taa, tani taa horokewpo 'acahcipo yee manu.
50. " 'iine'ahsuy horokewpo 'uta, kumahnuure rusuyahci kusu, monimahpo 'uta kukonte rusuyahci kusu niinahci koh kumakani 'ike taa, 'orowa ne'an 'ene'ohayohaynekahci kusu 'eneykirahci wa sapahci wa 'iruskahci wa mokorohci.
51. suy 'eci'oka tan re monimahpo simma horokewpo 'ecitura teh 'ecisah kusu 'iki."

52. nah yee manu. "チレテ イケ." nah yee manu.
53. neyke taa horokewpo taata rewsi. rewsi teh taa sinke'ikehe taa, horokewpo 'utah,

たとさ。
35. そうして今、老婆は、煙が半分戸から出て、半分窓から出て来て、夜が明けて、老婆はごはんを作ったとさ。
36. ごはんを作っていると、すると、男が、いや娘たちが、踊りながら山から下りて来たとさ。
37. ユリ根堀りをして、それから下りて来て、踊っていたんだが、

38. koo wehtaa koo wehtaa
    koo wehtaa koo wehtaa

39. といって下りて来たとさ。
40. 下りて来た時、ババは言ったとさ。
41.「今どきの娘たちの踊りは違うな。わしらがはじめにやったのは、

42. rihtan kon kotanii
    hancira kootan
    rawtan pon potanii
    hancira kootan

43. とやって踊った。
44. 今どきの娘たちは踊ると、
45. koo wehtaa koo wehtaa
46. というんだ」
47. と言ったとさ。
48. そうして今、ごはんを作って、そうして娘たちがユリ掘りの娘たちが、入って来たので、ババは、娘にごはんを作ってババがごはんを作って、その娘たちに食べさせた。男にも食べさせたとさ。
49. 食べさせて、それから夜になって、今男にババが言ったとさ。
50.「ねえ、男や、私は嫁を見つけてやりたくて、娘たちをくれてやりたくて、山にマキとりに行ったのだが、(皆は) 私を見てびっくりして逃げて帰って、怒って寝てしまった。
51. また、今度はお前たち三人娘が一緒に明日お前たちと一緒に帰るようにしてやるよ」
52. と言ったとさ。「連れて行け」と言ったとさ。
53. それで、その男はそこに泊った。泊ってその翌日、男たちは娘たちは男と

monimahpo 'utah horokewpo turahci sapahci manu.
54. turahci wa sapahci manuyke taa, cise 'onne 'ehankeno sapahci teh taa, horokewpo wekos wa taa cahse wa san manu.
55. cahse wa sanihi ne'ampe taa, yuhpoyuhpo 'uta cis hawehehcin 'an manu.
56. ne'ampe kusu taa, 'apa cahkehci teh 'ahunihi ne'ampe taa, yuhpoyuhpo 'uta 'okore taa フタヲ sapahkahahcin menkehci teh taa, cisahci kusu 'okayahci manu. neyke tani taa,
57. " 'iine'ahsuy, yuhpo yuhpo 'uta, hemata ciskarahci hii? 'acahcipo 'anmahnuure rusuyahci kusu 'anhunarahci ranke taa, 'iruskahci rankoro mokorohci. 'ecisapahka numpekarayanu waa, 'ecisapahka kotahmareyan. 'ecimacihi 'ahun kusu kara."
58. nah taa yee manu. neyke tani taa horokewpo 'utah taa,

59. "yuhpo yuhpo wen kusu
'e'iruwa sankehe purupuru taa
'ahkapo 'ahkapo wen kusu
'e'iruwa sankehe purupuru taa"

60. tah 'esumane 'utukanahci teh taa, numpe karahci 'ike taa, sapahkahahcin taa kotahmarehci manu.
61. kotahmarehci 'ike taa, kotahmarehci haaciri, kotahci haaciri, nah kii yayne taa, monimahpo 'uta reh pis taa 'uturahci 'ahupahci manu.
62. taa moni-, horokewpo 'uta 'eyraykihci kusu taa, sapahkahahcin rankehci taa, yayko hera'usihci teh 'okayahci manu.
63. neyteh tani taa, 'acahcipo taa 'ipekara 'ike taa, monimahpo 'uta 'ipere manu.
64. 'acahcipo ヲﾞト, monimahpo 'uta naa 'ipere, 'aynu 'okore 'ipere manu.
65. 'ipere 'omantene hemaka teh taa, tani rewsihcihi 'okore rewsihci.
66. neyke taa sinke'ikehe tani taa, horokewpo 'okore taa, monimahpo situratehci makapahci manu.
67. makapahci 'ike taa, cise 'onne 'ehankeno makapahci 'ike taa, horokewpo 'uta taa 'ikusta taa, cahse wa 'ahun. monimahpo 'uta taa yooponi taa 'ahupahci.
68. 'ahupahci 'ike tani taa, 'acahcipo taa suy 'ipekara manuyke taa, neya monimahpo taa 'ipere manu.
69. horokewpo 'utah taa, re horokewpo taa 'ipere.
70. ne'ampe kihci 'omantene taa, rewsihci 'ike taa sinke'ikehe taa, 'acahcipo taa
71. " 'iine'ahsuy monimahpo 'uta, tani horokewpo, tani re horokewpo 'okore 'eturahci monimahpo 'eturahci kusu 'iki."

一緒に下りて行ったとさ。
54. 一緒に下りて行って、家の近くまで来たから、男は急いですべる様にして下りて行ったとさ。
55. 走って帰ったら、兄さんたちの泣き声がしたとさ。
56. それで、戸をあけて入ったら、兄さんたちはみんな頭を坊主にして、泣いていたとさ。そうして

57.「ねえ、兄さんたちや、何で泣いているの？ババがぼくたちに嫁を見つけてくれようとして、探してくれて、それを怒って寝てしまった、さあ頭にノリを作りなさい、そして頭につけなさい、嫁さんたちが今入って来るよ」
58. と言ったとさ。そして今、その男たちは

59. "yuhpo yuhpo wen kusu
 'e'iruwa sankehe purupuru taa
 'ahkapo 'ahkapo wen kusu
 'e'iruwa sankehe purupuru taa"

60. といって、えものを射って、ノリを作って頭につけたとさ。

61. つけては、落し、つけては落とし、そうしている中に娘たち三人が一緒に入って来たとさ。
62. その娘、男たちははずかしいから、頭を下げたまま、自分で頭を下げたままでいたとさ。
63. そうしてから、ババはごはんを作って娘たちに食べさせたとさ。
64. ババ、いや娘たちにも食べさせた、みんなに食べさせたとさ。
65. 食べさせてしまってから、みんなで泊った。
66. そして翌日、男は娘をみんな連れて山へ行ったとさ。

67. 山へ行って、家の近くまで行って、男はその向うに走って入った。娘たちはその後から入った。
68. 入って、ババがまたごはんを作っていて、その娘に食べさせたとさ。

69. 男たち、三人に食べさせた。
70. こうしてから、泊ってその翌日、ババは、
71.「ねえ娘たちや、今、今三人の男たちがみんなお前たち娘と一緒に行く様にしなさい」

72. neyke tani taa monimahpo 'uta taa neya horokewpo turahci 'ike taa, sapahci manu. hesawa.
73. sapahci manuyke taa sapahci kanne taa, 'ani horokewpo 'uta 'ikuswa taa, cahse wa 'ahun manu.
74. cahse wa 'ahunihi ne'ampe taa, yuhpo yuhpo taa cisahci kusu 'okayahci manu.

75. 'ii hii 'ii hii
    yuhpo yuhpo wen kusu
    'ii hii 'ii hii
    'ahkapo 'ahkapo 'ekoweepekere ka hankii

76. nah cisahci hawehe 'an kusu 'an.
77. horokewpo taa 'apa cahkehci teh teeta 'ahunihi ne'ampe taa, 'okore taa sapahkahahcin menkehci teh taa, cisahci kusu 'okayahci manu.
78. ne'ampe taa horokewpo taa yee manu.
79. " 'iine'ahsuy yuhpo yuhpo, hemata ciskarahci hii? 'ahcahcipo 'anmahnuure rusuyahci kusu, ruskahci rankoro wa sapahkahahcin 'okore menkehci. 'ecisapahka numpe 'ene karayan, 'ecisapahka kotahmareyan. 'ecimacihi 'ahun kusu kara."
80. nah yee manu.
81. ne'anike taa, horokewpo 'utah taa, taa 'esumaane taa 'utukanahci.

82. yuhpo yuhpo wen kusu
    'e'iruwa sanke hee
    purupuru taa
    'ahkapo 'ahkapo wenkusu
    'e'iruwa sanke hee, purupuru taa

83. nah taa 'esumaane 'utukanahci teh taa, 'orowa taa sapahkahahcin kotahmarehci manu.
84. kotahmarehci haaciri, kotahmarehci, kii yayne taa macihihcin 'apa 'onne 'ahuh-'ahupahci kusu, horokewpo 'uta 'eyayko'eraykihci kusu taa, 'ampene hetesuu kakoyaykusahci manu.
85. ne'ampe kihci yayne tani taa, 'ipekarahci 'omantene neyah yankehci 'ike tani taa, horokewpo 'utah taa 'iperehci.
86. monimahpo tani taa, 'ipehci 'okorehehcin taa 'ipehci manu.
87. 'ipehci 'omantene taa, tani taa rewsihci.

72. それで娘たちはその男と一緒に来て、帰って来たとさ。こっちへ

73. 帰って来て、そうして男たちはここから走って入って来たとさ。

74. すべって入って来たら、兄さんたちが泣いていたとさ。

75. 'ii hii 'ii hii
　　yuhpo yuhpo wen kusu
　　'ii hii 'ii hii 'ahkapo 'ahkapo
　　'ekoweepekere ka hankii

76. という泣声がしたとさ。
77. 男は戸をあけてそこに入って来たら、みんな頭を坊主にして、泣いていたとさ。
78. それでその男が言ったとさ。
79. 「ねえ兄さんたち、何を泣いているの？ババが嫁とりをさせたくて（こうしたのに）プンプン怒って頭もみんな坊主にしてしまった。頭にノリをつけなさい。頭につけなさい。嫁さんが入って来るから」
80. と言ったとさ。
81. そうして、男たちは、えものを射った。

82. yuhpo yuhpo wen kusu
　　'e'iruwa sanke hee
　　purupuru taa
　　'ahkapo 'ahkapo wen kusu
　　'e'iruwa sanke hee, purupuru taa

83. と言ってえものを射って、それから頭をつけたとさ。

84. つけては落とし、つけて、こうやっているうちに娘たちが入って来たので、男たちは恥かしがって、全く頭を上げることもできなかったとさ。

85. こうやって、料理を作ってそれをおろして今その、男たちに食べさせた。

86. 娘は、食べるものはみんな食べたとさ。
87. 食べてから、そこに泊った。

88. rewsihci 'ike sinke'ikehe taa, horokewpo 'uta 'okore taa monimahpo 'utah taa 'okore taa tura teh san manu.
89. cise 'ene tura teh sanihi ne'ampe taa, cise 'ohta sapahci 'ike taa, neya horokewpo 'utah tani taa, tani suy taa 'ipekara 'acahcipo 'ipekara 'ike taa, horokewpo 'utah 'ipere koh 'omantene taa, tani taa 'okore tani taa, kiyanne horokewpo ne'ampe kiyanne monimahpo sam, poniwne horokewpo ne'ampe poniwne monimahpo sam. 'inoskun monimahpo ne'ampe 'inoskun horokewpo sam.
90. neyke tani taa 'okore taa pirikano 'okayahci manu.
91. 'okayahci manuyke taa, tani taa, 'usahpa 'usahpa cisekarahci 'ike taa, re cise ka karahci 'ike taa, 'ohta 'okayahci yayne tani taa, poo korohci 'ike taa, poohohcin suy taa 'uko'aarehci manuyke, yaykotanpa'etuhturi, yaypa'etuhturi kihci manuyke taa poro kotan nee manu.
92. re horokewpo pateh 'ohta 'antokoho neyahka tani reekoh poro kotan nee 'ike taa, 'an manu.
93. neyke taa rih poka 'ahkas cikah kayki taa tehkupihi sayayse 'ike taa, muysankeh ne naa, sahka ne naa korohcipe nee manu.

88. 泊って翌日、男たちはみんな娘たちとみんな一緒になって、帰ったとさ。

89. 家に一緒に帰ったら、家に帰って、その男たちは、今またそのごはんを作ったババが作って、男たちに、食べさせて食べさせて、今みんな、上の男は上の娘と一緒になり、下の男は下の娘と一緒になった。中の娘は中の男と一緒になった。

90. そうしてみんな幸せにくらしたとさ。
91. 暮して、もう、それぞれ家をもって、三軒家をたてて、そこで暮らしていたが、子どももできて、子どもも一緒に育てて、村も大きくなって栄えて大きな村になったとさ。

92. 三人の男だけいたところだったけど今はもう大きい村になっていたとさ。

93. そうして空飛ぶ鳥もその手羽を落して、ホウキやハシも作ったということだ。

50 'INKARAH YEESU

1991年5月4日録音 (9104a)

1. Sannupista sine yeesu 'an manu.
2. yeesu macihi tura 'okayahci 'ike taa 'ampene 'inkarah 'ohkayo nee manu.
3. neyke tani taa monimahpo 'otakaata sani ike taa, pon kamuy sineh 'ekaari. pon kamuy sineh 'ekaari 'ike taa 'orowa 'ampa wa makani ike taa, riye teh taa 'orowa tooto 'ike suke 'ike 'ee manu. sinenehka 'ee manu. hokuhu nukara ka hankii kusu, sinenehka 'ee manu.
4. sinenehka 'ee teh taa, 'orowa ne'an kirupuhu naa taa 'okore ne'an taa tooto 'ike taa, 'ee manu.
5. 'ee teh taa アノ- 'enkokehe taa pise 'oro'oo teh taa rih wa 'ahte teh taa 'orowa hohpa teh taa, niina kusu タ゜カ 'asin teh 'oman manu.
6. 'okaaketa taa, ne'an tooto teh 'ee kanne taa kopisi manu. メ- ミエナイ モン ダ゜カラ, taa kopisi manu.
7. kopisihi ne'ampe,
8. " 'iine'ahsuy mayneh, hemata 'e'ee hee? 'ekii noya hee?"
9. nah yee manu.
10. neeteh tani taa, 'ee 'omantene taa 'ikasmape taa pise 'oro'oo teh taa, rih wa 'ah teh taa hohpa teh 'asin teh 'oman manu. niina kusu 'oman manu.
11. neeteh 'okaaketa taa, tani horokewpo taa tani 'ampene 'inkarah kusu 'orowa 'asin 'ike taa, soyta 'asin teh taa, kinta makan 'ike taa, susu tuye manu. susu tuye teh taa 'ampa 'ahun manuyke taa cise 'ohta 'ahun teh taa 'inaw kara. 'unci 'inaw karaha ne'ampe taa, 'orowa hemaka teh taa, tani taa nonna 'itah manu.

12. 'unci'acahcipo 'unci'acahcipo
    kusikihi pereperee
    'unci'acahcipo 'unci'acahcipo

13. nah kii manu.
14. nah kii yayne tani taa sikihi naske manu. sikihi naskehe ne'ampe taa 'iramasinta 'inkara manu.
15. 'iramasinta 'inkara teh tani taa 'orowa taa, 'episkanne 'ihunara yayne taa, neya macihi nakapuru 'oro'oo pise ta'ah nukara manu.
16. neyke tani taa neya pise taa, sanke 'ike taa, nakapuruhu 'ee wa 'ee wa 'omantene taa, tani pise 'onnayketa 'ahun teh tani taa mokoro manu.

50話　盲目のイェース

1991年5月4日録音 (9104a)

1. サンヌピシ村に一人の男がいたとさ。
2. 男は妻と一緒にいて、そのまったく目が見えない男だったとさ。
3. それで妻が浜に出て、一匹のアザラシを見つけた。小さいアザラシを一匹見つけてそれを山の方へ運んでいって、皮をはいで煮てたい食べたとさ。一人で食べたとさ。夫は目が見えなかったから一人で食べたとさ。
4. 妻は一人で食べて、それからその脂をみんな煮て、食べたとさ。
5. 食べて、あのう、その半分を胃袋へ入れて上からつるしてからそのままにして、マキとりに出かけていったとさ。
6. そのあとで、妻がそれを煮て食べていたから夫は聞いたとさ。目が見えないもんだから、その食べるのを聞いたとさ。
7. 聞いたことは、
8. 「ねえお前、お前は何を食べたのか？　お前がとってきたヨモギかい？」
9. と言ったとさ。
10. すると今度、妻は食べてから残りを胃袋に入れて、上からつるしてそのままにして出ていったとさ。マキとりに行ったとさ。
11. そうしてから、今男はまったく目が見えないからそこから出て、外に出て、山の方へ行って、ヤナギを切ったとさ。ヤナギを切ってそれを持って入ってきたら家の中に入ってイナウを作った。火の神のイナウを作ってから、作り上げて、今度はお祈りを唱えたとさ。

12. 'unci'acahcipo 'unci'acahcipo
    kusikihi pereperee
    'unci'acahcipo 'unci'acahcipo

13. と言ったとさ。
14. そうしていたら目が開いたとさ。何でもきれいに見えたとさ。
15. 何でもきれいに見えたのでそれから、周りを探していたが、その妻がナカプル脂を入れた胃袋が見つかったとさ。
16. そうしてその胃袋を、下ろして、ナカプル脂を食べて食べていたが、その胃袋の中に入って眠ってしまったとさ。

17. teh 'anayne tani taa, monimahpo taa, tani niina wa san teh tani taa, nii 'ama teh 'orowa neya pise ranke 'ike taa, nakapuruhu 'ampene 'okore 'isam manu.
18. nakapuruhu 'isan teh tani taa pise 'onnayketa taa neya horokewpo 'ani ike taa 'orowa tuhse teh 'asin manu.
19. tuhse teh 'asin 'ike taa, 7/- horokewpo tuhse teh 'asin teh taa, neya macihi 'okoyse kusu 'asin ike, taa neya payserehe 'onne 'ahun teh taa, honihi 'onnaykene 'ahun teh, honihi 'onnayketa 'ahun teh 'an manu.
20. 'anayne tani taa, monimahpo taa tani 'ahun teh cise 'ohta 'ahun teh taa, 'ene yee manu.

21. 'awwen kuhte kuhte
    'awwen kuhte kuhte

22. nah yee 'ike taa, pise poye yayne taa, pise 'ohta neh ka 'isam manu.
23. pise 'ohta neh ka 'isan teh taa, nakapuru 'okore 'ee wa 'isan teh, kohcise 'ohta taa 'ahun teh taa, 'onnayketa 'an kusu 'an manu.
24. 'orowa tani taa, taawa 'asin teh taa macihi taa koyki manu. macihi koyki 'omantene taa7/, pise kuh toy 'onnee pokihi 'okaakara 'ahun manu.
25. neeteh tani taa, honihi 'onnayketa monimahpo honihi 'onnayketa taa 'an manu.
26. 'anayne tani taa, monimahpo taa tani honihi 'araka honi'araka 'ike taa,

27. 'a'ii, taa yeesu honkoyki
    'a'ii, taa yeesu

28. nah kii teh taa 'asin 'ike taa, tani horokewpo monimahpo pokihi 'orowa 'asin manu.
29. 'asin teh taa cise ta 'ahun teh taa, tani nakapuru pisehe taa 'orowa sanke.

30. 'awwen kuhte kuhta
    'awwen kuhte kuhte

31. nah kii 'ike taa, pise 'onnayke hokuskara ka koyaykus 'ike taa, suy taa pisehe 'onnayke 'ene 'ahun manu.
32. 'ahun teh 'an yayne tani taa neya yeesu 'ahuni ike taa, neya pischc taa cahse 'ike poye.
33. poyehe ne'ampe neya yeesu 'asin 'ike taa, suy ciyehe 'okaakara honihi 'onne 'ahun manu.

17. そうしているうちに、女が、今マキとりから帰ってきて、マキを置いてそれからその胃袋を下ろしたら、ナカプル脂はすっかりなくなっていたとさ。
18. ナカプル脂がなくなっていてその胃袋の中にその男がいて、そこから男が飛んで出てきたとさ。
19. 飛んで出てきて、男が飛んで出てきたので、その妻がオシッコに出たとき、そのpayserehe に入って、その腹の中に入って、その腹の中に入っていたとさ。
20. そうして今、女は入って家の中に入って、こう言ったとさ。

21. 'awwen kuhte kuhte
 'awwen kuhte kuhte

22. こう言って、胃の中を混ぜてみたが、胃の中には何もなかったとさ。
23. 胃の中には何もなくて、ナカプル脂は全部食べてなくなって、kohcise に入って、その中に入っていたとさ。
24. それから今その、そこから出てその妻とけんかをしたとさ。妻とけんかをして、pise kuh toy へ、下から入ったとさ。
25. そうして今度、お腹の中に、女がお腹の中にいたとさ。
26. そうしているうちに今度、女は腹が痛く腹が痛くなって、

27. 'a'ii, taa yeesu honkoyki
 'a'ii, taa yeesu

28. といって入ってきて、こんど男は女の下から出てきたとさ。
29. 出てきて家に入って、こんど脂を胃袋から出して下ろした。

30. 'awwen kuhte kuhte
 'awwen kuhte kuhte

31. と言って、胃袋の中を hokuskara することができなかったから、また袋の中に入ったとさ。
32. 中に入って、袋の中にそのイェースが入って、その袋は滑って穴が開いた。

33. 穴が開いたから、イェースは出てきて、また下の方から腹の中に入ったとさ。

34. neeteh tani taa, horokewpo taa monimahpo pokihi 'onnayketa 'an teh taa, 'ay yayne taa, 'otakaata san manu.
35. 'otakaata san teh taa, monimahpo 'otakaata san teh 'ay yayne taa, neya horokewpo taa, monimahpo pokihi 'orowa 'asin teh taa neya macihi koyki koyki 'omayehe 'ociwe manu.
36. 'ociwe teh taa 'orowa taa, macihi 'ohta 'ahun 'ike taa, macihi koyki manu.
37. macihi koyki 'omantene taa, 'ociwe teh taa 'orowa taa hohpa teh taa, 'asin teh taa, nakene ﾂﾞ ﾂ 'omanihi nee manu.
38. 'omay yayne taa, sine nay 'ani ike taa, nay 'ohta 'oman teh taa, naywahkaha kuu wa taa makan ayne taa, sine mahtekuh taa 'okoyse 'ike taa, neya 'ampehe 'okaakara ciyehe 'okaakara 'ahun manu.
39. 'ahun teh taa 'orowa (simah) monimahpo taa, simah taa, nuwah pokihi 'orowa taa 'ahun manu.

40. 'a'ii taa yeesu honkoykı
    'a'ii taa yeesu honkoyki

41. nah taa kii wa taa 'omanihi neyke, neya 'ampe 'okakara 'ahuni ike, honihi 'onnayketa 'an manu.
42. 'anayne tani taa, cise 'ohta 'ahun teh taa, tani taa nuwah manu.

43. 'a'ii taa yeesu honkoyki
    'a'ii taa yeesu honkoyki

44. nah kii.
45. taa pise poye yayne taa 'orowa sine yeesu 'asin manu.

46. yeesu 'asini ike taa, neya horokewpo (monimahpo) tura 'ukoykihci 'ukoykihci 'omantene taa, neya horokewpo (monimahpo) taa kenrus miire teh cise 'onne 'ociwe manu.
47. 'ociwe teh 'orowa taa, hohpa teh 'oman manu. hohpa teh 'oman nayne taa, suy sine too 'omanihi ne'ampe sine nay san manu. wahka kaari san manu. san nay 'ani ike taa, naa kuu wa makan ayne taa, sine mahtekuh 'okoyse 'ike taa, cii 'okakara 'ahun manu.
48. neyke tani taa, taa monimahpo taa nuwah wa taa 'ahun manu.

34. そうして、男は女の下の中に入っていて、しばらくいて、浜に出たとさ。
35. 浜に下りて、女が浜に出ていたが、その男は女の下から出てきて、その女を殴って殴ってフトンを投げ付けたとさ。
36. 投げてから、女は中に入ったが、また女を殴ったとさ。
37. 女を殴って殴り飛ばしてから放って、自分は出て、どこかへ行ってしまったとさ。
38. ずっと行くと、一本の川があって、川のそばに行って、水を飲んで、上っていくと、一人の女がそこでオシッコをしていたので、男はその下から中へ入っていったとさ。
39. 中に入って、それで、その女はうなって、（家に）入ったとさ。

40. 'a'ii taa yeesu honkoyki
    'a'ii taa yeesu honkoyki

41. とうなりながらいたが、その男は、その女の下から入って腹の中にいたとさ。
42. そうしてこんど、家の中に入って、またうなったとさ。

43. 'a'ii taa yeesu honkoyki
    'a'ii taa yeesu honkoyki

44. とうなった。
45. こうして袋の中で暴れていたが、それからもう一人のイェースが出てきたとさ。
46. イェースが出てきて、その腹の中に入った男と殴り合って殴り合って、その男は血まみれになって家の方へ投げ出されたとさ。
47. イェースは男を投げてそのまま出ていったとさ。行って、また一日経って行くと、一本の川が流れていたとさ。水が流れていたとさ。川があったから、その水を飲んでいたら、女がオシッコをしていたから、その下から入ったとさ。
48. それでまた、その女はうなって、家に入ってきたとさ。

盲目のイェース 419

49. taa honihi 'araka, taa yeesu honkoyki
'   a'ii taa yeesu honkoyki

50. tah 'onuwah 'an.
51. 'orowa taa horokewpo taa macihi honihi taa poye yayne taa hosiki taa, 'ay 'asinke. keh, tah 'ohkayo 'esa'ipe, 'uki ike mahta 'amaa. suy naa honihi kopunkara yayne taa, kuu 'asin. taa suy tah 'ohkayo 'esa'ipe tah 'uki ike mahta 'ama.
52. taa 'anayne taa, sine horokewpo taa, monimahpo, cisekoro mahtekuh honihi 'orowa 'asin manuyke taa, neya horokewpo tura 'ukoykihci 'ukoykihci teh horokewpo taa kenrus miire 'ike taa, 'ociwe manu.
53. 'ociwe teh tani taa, 'okaaketa 'orowa suy taa, suy taa, 'oman ayne taa sine horokewpo taa wahka kuu kusu 'an manu.
54. taa 'ohta 'ahun teh taa, 'oman teh taa, ko'ipisi.
55. "ne'aynu kuru 'enukaraa? nee seta kuru 'enukara? "
56. "nee seta ka nukara ka hankii. nee 'aynu ka nukara ka hankii."
57. nah yee manu.
58. neeteh tani taa 'anayne taa, monimahpo taa macihi taa, 'aa, kimma 'otakaawa kimma tah 'ehahtaa wa san manu.
59. 'ehahtaa wa sani ike taa, tani 'ipekara 'ike taa, 'ehci.
60. tu horokewpo 'uta 'ipehci 'omantene taa, monimahpo 'okoyse kusu 'asinihi ne'ampe taa 'oponi 'asin teh taa 'okoyse 'ike pokihi 'okaakara taa pokihi honihi 'onne 'ahun manu.
61. neeteh tani taa monimahpo tani taa,

62. 'a'ii taa yeesu honkoyki hii
    'a'ii taa yeesu honkoyki hii

63. nah yee yee wa 'ahun.
64. 'anayne tani taa, neya horokewpo taa, monimahpo ciyehe 'orowa taa 'asin manu.
65. ciyehe 'orowa taa 'asin teh taa, neya cisekoro horokewpo tura taa 'ukoykihci 'ukoykihci 'omantene taa, cisekoro horokewpo rayki teh taa 'ociwe.
66. 'ociwe teh taa 'okaaketa neya cisekoro monimahpo taa sanihi nee manu.
67. san teh taa pirikano 'okayahcihi シタ.
68. 'okayahci yayne taa monimahpo taa mokoro, スク゜ 'okoyse kusu 'asinihi ne'ampe taa, hokuhu taa, cise 'apa caata taa kenrus mii teh, cise 'apacaata 'an kusu 'an manu.
69. neeteh taa, monimahpo taa, hokuhu taa tekihi 'ampa teh taa, cise 'ohta tura 'ahun

49. taa honihi 'araka, taa yeesu honkoyki
    'a'ii taa yeesu honkoyki

50. とうなった。
51. それから男は妻の腹の中で暴れた挙句まず最初に、矢を出した。それを男がとって奥に置いた。また腹を見守っていたら、弓が出てきた。それを男がまたとって奥に置いた。
52. そうしているうちに、一人の男が妻の腹の中から出てきたから、(イェースは)その男と殴り合って殴り合って男は血まみれになって投げ飛ばされたとさ。
53. 投げて、その後でまた、男は、旅に出て水を飲んでいたとさ。

54. そこに入ってきて、尋ねたとさ。
55. 「だれか人間に会ったか？なにか犬に会ったか？」
56. 「なんの犬にも会わない。どんな人間にも会わない」
57. と言ったとさ。
58. こうしていたら、女が、その妻が山からユリ根をほって下りてきたとさ。
59. ユリ根ほりをして、下りてきて、食事の仕度をして、食べた。
60. 男と2人で食べて、女がオシッコに出たら男も後からついて行って、女の下から腹の中に入ったとさ。

61. それで女は、

62. 'a'ii taa yeesu honkoyki hii
    'a'ii taa yeesu honkoyki hii

63. と言って、入ってきた。
64. そうしてそれから、その男は、女の下から出てきたとさ。
65. 下から出てきて、その家の主人の男と殴り合って殴り合っていたが、その男を殺して投げた。
66. 投げて、その家の女が帰ってきたとさ。
67. 帰ってきて2人で幸せに暮らしたとさ。
68. こうして女は寝た。またすぐオシッコしに外に出たら、夫が家の戸口に血まみれになって、家の戸口に立っていたとさ。
69. それで、女は、夫の手をとって、家の中に連れて入ったとさ。

盲目のイェース 421

manu.
70. cise 'ohta 'ahunihi ne'ampe taa neya cisekoro アノー horokewpo koyki.
71. horokewpo taa neya horokewpo tura 'ukoykihci manuyke taa, reekoh 'ukoykihci manuyke taa, reekoh 'ukoykihci 'ukohkihci manuyke taa, suy horokewpo rayki teh tani taa 'ampene 'ociwehci manu.
72. ［のどが渇いたでしょう。M］［お茶を飲む。］
73. 'ampene 'ociwe teh tani taa, 'ampene taa horokewpo tura tu 'usamahci teh taa, pirikano 'okayahci manu. オワッタ.

70. 家の中に入ったら、その家の主人が男を殴った。
71. その2人の男は殴り合って、ひどく殴り合って、殴り合って殴り合って、また男を殺して今完全に葬ったとさ。

72. ［のどが渇いたでしょう。M］［お茶を飲む。］
73. みんなすっかりお葬式をして、女はその男と夫婦になって幸せに暮らしたとさ。これで終わった。

51 SITU'US(-92)

1992年5月17日録音 (9202a)

1. 'orowa sine 'acahcipo re monimahpo reskehci. re monimahpo reske 'ike ワカルカ [うん、わかるわかる。M] re monimahpo reskehci 'ike taa porohci. porohci teh taa 'orowa neya situ'us ケイコ kihci manuyke taa,

2. 'ankisma kaa ka kiitun kiitun
   'ankisma kaa ka kiitun kiitun

3. nah taa situ'usahci.
4. 'anayne tani taa, sine 'acahcipo taa, re monimahpo reske manu. re monimahpo reske 'ike taa neya monimahpo 'utah taa ne'an situ'us ケイコ kihci yayne taa tani 'okore porohci manu.
5. porohci teh tani taa アノ sineneh, kotanta sine 'acahcipo taa, micihihcin tura 'an manu. re horokewpo tura 'an manu.
6. neya re horokewpo 'utah taa, ne'an nuhci 'omantene,
7. " ne'an nahta nahta daka 'acahcipo 'ani ike, オンナ reh pis reske teh 'orowa ne'an situ 'us ケイコ kihci 'ike reekoh 'e'askayahci."
8. nah taa nuhci manu.
9. ne'ampe taa horokewpo 'utah taa, 'acahcipo taa micihihcin taa,
10. " 'omantehci taa nukantehci."
11. nah yee manu.
12. neeteh taa horokewpo 'utah taa payehcihi ne'ampe, taa sine kotanta payehcihi ne'ampe sine 'acahcipo, 'ohta re monimahpo reskehci 'ike 'okayahci, 'okayahci manu.
13. neyke taa, アノー nukarahcihi ne'ampe taa, horokewpo 'utah taa, nukarahci koh, monimahpo reh pis taa situ 'usahci manu.
14. situ 'usahci 'ike taa,

15. 'oorii nii suhtonke poka kema suye wa
    'ooran nii kiitaykepe poka kema suye wa
    taskoro maysay cokokohkoo

16. nah taa situ 'usahci manu.
17. situ 'usahci 'omantene taa, 'orowa taa, horokewpo 'utah taa, 'uma taa   kihci manu. kihci manuyke taa situ 'usahcihi ne'ampe taa,

51話　スキー(-92)

1992年5月17日録音 (9202a)

1. ある一人のお婆さんが三人の娘を育てていたとさ。三人の娘を育てて、ワカルカ？ ［うん、わかるわかる。M］今娘たちがみんな大きくなった。大きくなって、それからスキーの稽古をすることになって、

2. ひもをつかんで kiitun kiitun
   ひもをつかんで kiitun kiitun

3. といいながら、スキーをはいたとさ。
4. こうして、あるお婆さんが三人の娘を育てていたとさ。三人の娘を育てていたのだがのだが、その娘たちはスキーの稽古をしているうちに、みんな大きくなったとさ。
5. 大きくなって、アノ その、一人で、またある村に、別のお婆さんが、一人で男の孫たち、と暮らしていたとさ。三人の男と一緒に住んでいたとさ。
6. その三人の男たちがその娘たちのことを聞いて、
7. 「そのどこどこに婆さんがいて、娘を三人育てて、そしてそのスキーの稽古をしていて、とても上手だそうだ」
8. といううわさを聞いたとさ。
9. その男たちに、つまりその孫たちに婆は、
10. 「娘のところに行かせて、娘たちに会わせてやろう」
11. と婆は言ったとさ。
12. こうして、男たちがそこへ行ったら、ある村に行ったら、一人の婆が三人の娘を育てていたとさ。
13. それで、それを見て、男たちが見ると、娘たち三人がスキーをやっていたとさ。
14. スキーをはいて、

15. 高い山は　真ん中を　滑れ
    低い山は　上を　滑れ
    紐が　切れて　落ちちゃった

16. といって、スキーを滑ってたとさ。
17. しばらくスキーを滑ってから、その男たちもスキーをはいて滑ったとさ。そうしてスキーをしたのだが、

18. 'ankisma kaa ka kiitun kiitun
    'ankisma kaa ka kiitun kiitun

19. nah taa situ 'usahci 'ike 'acahcipo reekoh konopuruu manu. horokewpo 'uta situ 'usahcihi reekoh 'ekiroro'an manu. ne'an taa horokewpo suy taa kiirehci manu. suy taa re horokewpo suy nah situ 'usahci manuyke taa,

20. 'ankisma kaa ka kiitun kiitun
    'ankisma kaa ka kiicin kiicin
    'ooran nii kitaykepoka kema suye wa
    'oorii nii suhtonkepoka kema suye wa
    'ooran nii kitaykepoka kema suye wa
    taskoro moysay cokokohkoo

21. nah taa kihci manu.
22. ne'anike taa horokewpo 'utah taa 'okayahci 'ike 'e'iko'ipakahci kusu neyke nukarahcihi neya,
23. "ruyahci kusu neyke 'acahcipo taa mahmicihihcin taa, サンニン トモ ミシナ taa horokewpo 'utah 'onne kosmahne 'omantehci kusu."
24. nah yee manu.
25. neyke tani taa, 'orowa taa, neya situ 'usahci manu, neya horokewpo 'utah.
26. horokewpo 'utah situ 'usahci manuyke taa,

27. 'ankisma kaa ka kiitun kiitun
    'ankisma kaa ka kiitun kiitun
    'ankisma kaa ka kiicin kiicin

28. nah taa situ 'usahci hawehe, reekoh pirika haw nee manu.
29. neyke taa, tani taa, 'orowa hemakahci teh taa 'orowa taa monimahpo 'utah taa suy situ 'usahci. situ'usahci 'ike taa,

30. 'orii nii kitayke poka kema suye wa
    'oran nii suhtonke poka kema suye wa
    'orii nii kitayke poka kema suye wa
    'oran nii suhtonke poka kema suye wa

18. ひもをつかんで kiitun kiitun
    ひもをつかんで kiitun kiitun

19. と、スキーをして、婆はとても喜んだとさ。男たちのスキーを面白そうに見ていたとさ。その男たちにまたスキーをさせたとさ。また3人の男もこうしてスキーをしたのだが、

20. ひもをつかんで kiitun kiitun
    ひもをつかんで kiitun kiitun
    低い山は　上を　滑れ
    高い山は　真ん中を　滑れ
    低い山は　上を　滑れ
    紐が　切れて　落ちちゃった

21. といって、滑ったとさ。
22. そうして男たちはいて、真似をしようと見ていたが、

23. 「もしも、スキーが上手だったら、婆が孫娘を三人ともその男たちに嫁にやろう」
24. と婆が言ったとさ。
25. そうして今、それから、スキーをはいたとさ、その男たちは。
26. 男たちはスキーをはいたのだが、

27. ひもをつかんで kiitun kiitun
    ひもをつかんで kiitun kiitun
    ひもをつかんで kiicin kiicin

28. というスキーをする音は、とてもよい音がしたとさ。
29. そうして、スキーが終わって、それから娘たちもまたスキーをはいた。スキーをはいて、

30. 高い山は　真ん中を　滑れ
    低い山は　上を　滑れ
    高い山は　真ん中を
    滑れ　低い山は　上を　滑れ

31. nah taa situ 'usahci.
32. taa horokewpo 'uta kihci manuyke taa reekoh 'acahcipo 'aywaawa,
33. "yoy (situ) mitutah yoy situ 'usihi kihci."
34. nah taa yee.
35. neeteh tani taa 'orowa ne'an horokewpo 'utah taa, remonimahpo 'uta 'okore horokewpo konte manu.
36. konte teh taa 'orowa taa, horokewpo 'uta re'usihci. re'usihci 'ike taa sinke'ikehe taa renne numa teh monimahpo 'okore turahci 'ike taa payehci manu. ciseta payehci 'ike tani taa 'acahcipo reekoh 'eyaykonopuru manu.
37. mitutari re'usihciteh kosmah korohci teh, tani taa 'okayahci manuyke taa, アノ-Repunkus 'un horokewpo 'utah 'onne taa situ 'us ケイコ kihci kusu payehci manu.
38. macihihcin hohpahci teh taa, ケイコ kihci kusu payehci manuyke taa, アノ-Repunkus'un horokewpo 'utah taa, soy poka situ 'usahci teh 'ahkasahci kusu 'okayahci manu.
39. neyke taa payehci manuyke taa
40. " 'iine 'ahsuy, 'uma 'uta situ 'eykotusahci kusu, 'usahci kusu."
41. nee manu.
42. " situ 'usahci kusu neyke, kosonto konte kusu."
43. nah yee manu. horokewpo 'uta 'acahcipo nah yehci manu.
44. 'iwanten kosonto kontehci teh, 'orowa 'iwan monimahpo 'an kusu, taa tu monimahpo 'utah, 'acahcipo tah horokewpo konte kusu."
45. nah yee manu.
46. neyke tani taa ne'an situ'us kihci manuyke taa,

47. 'ankisma kaa ka kiitun kiitun
    'ankisma kaa ka kiitun kiitun

48. nah taa situ'usahci.
49. 'acahcipo tekihi ハタイタリ アケ°タリ reekoh yoy situ'us ケイコ タ゜ nah yee manu.

50. neeteh tani taa 'orowa owattari 'ike taa, 'orowa ne'an tuh pis taa horokewpo kontehci manu.
51. sineh taa 'acahcipo 'anihi 'uteh kusu, nah yee 'ike taa sine pateh 'amateh, taa tuh pis taa, Sannupisun re horokewpo taa tura turahci 'ike payehci manu. [咳]
52. payehci teh tani taa sineh ranke taa, re horokewpo sineh ranke sam. アトカラ turahci payehci tu monimahpo 'utah 'an manu.
53. neyke 'ani ike tani taa, Sannupis 'un mahmicihihcin taa tu horokewpo yaycisekorohci

31. といって、スキーを滑った。
32. 男たちがスキーをしたのを、それを婆は大変誉めて、
33. 「立派な孫たちが、上手にスキーをしたな」
34. と言ったとさ。
35. そうして今度、それからその男たちに、その三人娘をみんな男たちにやったとさ。
36. やって、それから男たちは泊まった。泊まってその翌日、娘たちは三人で起きて、娘たちはみんな一緒に連れ立って行ったとさ。家に帰って今、婆は大変喜んだとさ。
37. 孫たちは［娘のところに］泊まって嫁をもらって今帰ってきて、レプンクシ村の男たちは、今スキーをはいてスキーの稽古をしに行ったとさ。
38. 妻たちは置いて、稽古をしに行ったのだが、そのレプンクシの男たちは、外でスキーに乗ってあちこち滑っていたとさ。
39. スキーをはいて、行って、
40. 「ねえ、またスキーを借りてスキーをしたらどうだ」
41. といった。
42. 「スキーをやったら、晴れ着を上げるよ」
43. と（婆）が言ったとさ。男たちに婆がそう言ったとさ。
44. 「6ヒロの晴れ着をやり、それから6人の娘がいるから、その2人の娘を婆は男にやるから」
45. と言ったとさ。
46. そして今その男たちはスキーをした。それで、

47. ひもをつかんで kiitun kiitun
　　ひもをつかんで kiitun kiitun

48. といってスキーをやった。
49. 婆は手をはたいたり、上げたりして、とてもスキーが上手だといって喜んだとさ。
50. そうして今、終わって、それからその二人の娘をその男にやったとさ。

51. 娘一人は婆が自分で使うからといって、一人だけ残して、二人はその、サンヌピシの3人の男といっしょに家へ行ったとさ。[咳]
52. いっしょに行って、一人ずつその、三人の男は三人の娘と夫婦になった。また、後から連れてきた二人の娘たちがいたとさ。
53. それで、そのサンヌピシ村の孫娘たちは二人とも嫁いで、その二人の男と

'okayahci manuyke taa, ne'an tu horokewpo 'onne taa kosmahne 'omantehci manu.

54. neeteh 'okayahci 'ike taa remonimahpo taa sapahci 'ike taa 'orowa taa poo korohci yahka'iki taa renkayne poo korohci manu.

55. neyke tani taa 'orowa ne'an reskehci yayne porohci manuyke, taa rih poka 'ahkas cikah ka 'okore teh kupihi sayayse 'ike 'uynahci 'ike muysankeh ne naa sahka ne naa, korohcipe nee manu.

56. nah'an tuytah ヤ゜ 。

所帯を持って、その二人の男のところにそれぞれ嫁に行かせたとさ。
54. そうしてしばらくして、その三人の娘が帰ってきて、それから子供ができたが、みんな子供がたくさん生まれたとさ。
55. それで、それから子供たちを育てて、みんな大きくなって、その空飛ぶ鳥もみんな羽を落として、人々はそれを拾って、帯や箸などを作ったのだそうだ。
56. こういうお話だ。

52 HUHPE(-92)

1992年5月17日録音 (9202a')

1. sine yeesu macihi tura 'okayahci. (ふん。 M) 'okayahci yayne taa アノー simah kemaha kuysapaha 'ohta huhpe 'an manu. (はあー。 M)huhpe 'ani 'ike taa, 'anayne コンダ゜ソノ コンダ゜ソノ kuhpehe caro'osma 'ike タマコ゜ フタツ テ゜ハッタト、 niinum tuh pis 'asin manu. niinum tuh pis 'asini ike taa, simah taa, kosonto kocupu teh taa muhru 'empoke'ene 'ahunke manu.

2. neeteh taa 'okaaketa taa, 'ayyayne taa, ウン yeesu taa, macihi 'isan teh taa 'okaaketa taa muhru 'empoke wa tani neya kosonto somaha taa, 'asinke manu. kosonto somaha 'asinke 'ike taa, pitata 'ike taa, niinum tuh pis 'ohta 'an manu.

3. ne'ampe taa 'unci 'ohta 'ama 'ike taa, ciire teh taa, sineh taa 'arikirihi taa poci 'ike 'arikirihi 'ee manu.

4. teeta simah 'ahuni ike taa nukara kusu taa, yeesu taa macihi 'ahunihi nukara kusu, tani taa 'unci 'onne 'ociwe manu.

5. 'unci 'onne 'ociwe teh taa, monimahpo taa 'ahun 'ike nukaraha ne'ampe taa, neya タ マコ゜ hukuyka pasuhu taa, puy 'okaakara taa 'asin manu, pasuhu…tah kusu 'oponi 'asin teh taa soyta 'asin teh nukaraha ne'ampe taa, hancinukah sih neewa cinukah sih 'uturuketa haaciri manu, 'uncihi.

6. neeteh tani taa 'orowa nukan rusuyahci teh taa 'orowa taa cise 'ohta 'ahun teh taa, 'anayne taa sine too taa neya 'unci 'uwa, 'onne 'ahuniikehe 'onne taa 'oman nukara manu.

7. nukaraha ne'ampe taa, sine monimahpo taa, notan kamuhu キス゜ツイタリ teh taa puy sanketa 'an teh suukawka 'an manu. monimahpo makanihi nukara kusu taa, nah yee manu.

8. hetunaa hetunaa co'omaa ruypuu
   hetunaa hetunaa makan cape, suy
   hetunaa hetunaa

9. nah kii manu.

10. neeteh taa, cise 'ohta 'an monimahpo nah kii manu. [咳]

11. huhro ne 'an ciki 'ahunke 'okaa
    huhro ne 'an ciki rupus moya

52話　腫れ物(-92)

1992年5月17日録音 (9202a'j)

1. 一人のイエースが妻と暮らしていた。そうしているうちに、女の足の膝に腫れ物ができたとさ。腫れ物ができてしばらくして、コンダソノ腫れ物に口があいてタマゴが2ツデタト、木の玉が2つでてきたとさ。木の玉が2つ出てきたから、女はそれを晴れ着にくるんで、枕の下にいれて置いたとさ。

2. それからしばらくして、イエースはその妻が出かけていない時に後で、枕の下からその晴れ着に包んだものを取り出したとさ。晴れ着の包みを取り出して包みを開けたら、木の玉が2つそこにあったとさ。

3. それで、それをその火の上に置いて焼いて、そのひとつ、半分の1つをつぶして、それを食べたとさ。

4. そこへ女が入ってきて、それを見たので、イエースは妻が入って来るのを見たので、それを火の中に投げたとさ。

5. 火の中に投げて、女がそこに入ってきて、見たら、そのタマゴの焼けたカスが窓から出ていったとさ。その焼けカスが……　それで、その後を追って外へ出てみると、そこには、焼けカスが、あるところに、見えないところと見えるところの間に、落ちたとさ、その火が。

6. それから今度、どうなったか見たいと思って、家に入って、しばらくすると、ある日、その火が燃えて、そうしてそれが家の中へ入ってくるのが見えたとさ。

7. 見ると、そこに娘が一人、頬に傷がある娘が、窓のそばに座って、縫い物をしていたとさ。女が浜から上がってきたのを見て、(娘は)こう言ったとさ。

8. ヘトゥナー　ヘトゥナー　母親が来た
　　ヘトゥナー　ヘトゥナー　浜から上がってきた、また
　　ヘトゥナー　ヘトゥナー

9. と言ったとさ。
10. それから、家にいた女はこう言ったとさ。[咳]

11. ゴザがあったら　入れてあげる
　　ゴザがあったら　冷たい

huhro ne 'an ciki 'o'unu 'okaa

huhro ne 'an ciki

12. nah kii manu.
13. taa, cise 'ohta 'an horo-, monimahpo ne'ampe taa

14. hetunaa hetunaa co'oma ruypu

    hetunaa hetunaa makan cape, suy

    hetunaa hetunaa

15. nah taa kii taa,
16. " 'ahunke 'oka, caro 'iki 'okaa."

17. nah taa yee manu.
18. neyke tani taa, monimahpo taa tani koca (コ゜ジ゜ャ) 'orowa ranke teh taa neya horokewpo taa 'ahuni ike taa, (ア、horokewpo テ゜ナイ、monimahpo ゚) 'ahunke manu.
19. 'ahunkehe ne'ampe tani taa caro'oykihci. 'iperehci, caro'oykihci 'omantene taa tani taa, 'ikasmape taa 'okore taa monimahpo taa 'amparehci.
20. " 'aacahcin 'onne taa 'ampare kusu."
21. nah yee teh taa 'amparehci taa sankehci manu.
22. neeteh tani taa 'okaaketa tani taa cise 'ohta 'okayahci yayne tani taa yayne, sine too taa, yeesu taa, yeesu テ゜ナイ horokewpo taa neya 'anmahkahahcin 'onne taa 'utasa kusu makan manu.
23. 'utasa kusu makani ike taa, makanayne taa, cise puyara caaketa sine monimahpo 'an teh taa, nanuhu キンス゜ツイタリ monimahpo puy caata 'an teh taa suukawka kusu 'an manu.
24. suukawka kusu 'anihi ne'ampe taa, horokewpo makanihi nukara 'ike makanihi ne'ampe taa monimahpo makanihi nukara kusu taa,

25. hetunaa hetunaa co'oma ruypu

    hetunaa hetunaa makan cape, suy

    hetunaa hetunaa

26. nah kiihi ne'ampe cise 'orowa ne'an monimahpo ne'ampe taa,

27. huhro ne 'an ciki 'ahunke 'okaa

ゴザがあったら　その上に座らせてあげる
　　　ゴザがあったら

12. と言ったとさ。
13. その家にいた男、いや、娘は、その

14. 　ヘトゥナー　ヘトゥナー　母親が来た
　　　ヘトゥナー　ヘトゥナー　浜から上がってきた。また
　　　ヘトゥナー　ヘトゥナー

15. と言った。それで、
16. （女は）「さあ、家に入れてあげるよ。ご馳走してあげるよ」

17. と言ったとさ。
18. それで今、娘はゴザを下ろしてきて、敷いて、その男を入れて、（イヤ、男デナイ、女ダ）その女を、家の中に入れたとさ。
19. 家に入れて今ご馳走をした。食べさせたり、ご馳走をしたりしていたのだが、今もう、残ったものもみんなその女に持たしてやった。
20. 「父さんにお土産に持っていきなさい」
21. といって、持たして帰したとさ。
22. そうして今、それから女が家に帰ってしばらくしてから、ある日、そのイエースが（いや、イエースでない）その男が、そのいとこ娘たちのところへ遊びに行ったとさ。
23. 遊びに行って、その家に行って見たら、家の窓辺に、一人の娘が座って、顔に傷がある娘が窓辺にいて、お裁縫をしていたとさ。

24. お裁縫をしているのを男は見て、娘も男が来たのを見たから、

25. 　ヘトゥナー　ヘトゥナー　母親が来た
　　　ヘトゥナー　ヘトゥナー　浜から上がってきた、また
　　　ヘトゥナー　ヘトゥナー

26. と言ったら、家からその娘が、

27. 　ゴザがあったら　入れてあげる

huhro ne 'an ciki toma soh kara
huhro ne 'an ciki 'o'unu 'okaa

28. nah taa yee manu.
29. ne'ampe tani taa, puy caawa ran teh taa, monimahpo tura wa 'ahun manu.
30. 'cise 'ohta 'ahun teh tani tani taa caro'oykihci. caro'oykihci caro'oykihci 'omantene taa, 'orowa sankehci manu.
31. 'orowa ne'an 'imokaha taa, 'aacaha 'onne 'imokaha neh kontehci teh taa, 'orowa 'ampa wa san teh cise 'omanihi ne'ampe taa horokewpo taa,
32. " 'iine 'imoka taa 'iinen. tah 'iine 'imoka tah. tah pateh 'eneerehcipe tah nee ko."
33. nah taa yee teh tah horokewpo koore. hokokeypo tani taa 'uki ike taa, 'ee manu.
34. "keh, cooka ka cikii 'anahci 'ee."
35. nah yee manu.
36. 「シ゚ プ゚ ンタチモ ヤレバ クウニ イイ。」
37. nah yee manu.
38. neyke taa sinke'ikehe, sine too taa, tani taa makan manu. hekimoho makanihi ne'ampe taa, ウン makanayne taa, puy caata taa sineh nanuhu maciri koro monimahpo taa puy caata 'an teh suukawka kusu 'an manu.
39. 'annukara 'ike taa,

40. hetunaa hetunaa co'oma ruypuu
hetunaa hetunaa makan cape, suy
hetunaa hetunaa

41. nah kii yayne taa, cise 'orowa 'ampe ne'ampe taa, nah yee manu.

42. huhro ne 'an ciki 'ahunke 'okaa
huhro ne 'an ciki wooya'an kina cikaripe
huhro ne 'an ciki 'ecaro'oykikara

43. nah taa yehci.
44. tani taa horokewpo taa 'ahun manu.
45. 'ahunihi ne'ampe taa, tani taa, sohkara kasketa 'aarehci manu. 'ositayke rupus, オシリ korupus, sohkara コオリツイタ rusa 'ohta 'aarehci 'ike taa, 'ampene 'unci 'uskahci manu.

ゴザがあったら　敷いてあげる
　　ゴザがあったら　その上に座らせてあげる

28. と言ったとさ。
29. そうして今度、窓から下りてきて、一緒に入ってきたとさ。
30. 家の中に入って、今ご馳走してやった。ご馳走をして、ご馳走をして、そうして帰したとさ。
31. それからその土産を父さんに、その土産をやって、それから土産を持って帰ったら、その男は、
32. 「ほら、土産だよ。土産だよ。これ、ほら、土産だ。これだけ食べさせてくれたんだよ」
33. といって、それを男にやった。男は今、それを取って食べたとさ。
34. 「さあ、自分たちもそうすれば、たくさん食べられる」
35. と言ったとさ。
36. 「自分タチモヤレバ、クウニイイ」
37. と言ったとさ。
38. そうして、その翌日、ある日に山の方へ行ったとさ。山へ行ってみたら、一軒のうちの窓辺に、その一人の顔に傷のある娘が窓辺に座って、お裁縫をしていたとさ。
39. 見ると、そこで、

40. ヘトゥナー　ヘトゥナー　母親が来た
　　ヘトゥナー　ヘトゥナー　浜から上がってきた、また
　　ヘトゥナー　ヘトゥナー

41. と言っていたが、家の中からは、こんな声が聞こえたとさ。

42. ゴザがあったら　入れて
　　ゴザがあったら　いろいろなご馳走を
　　ゴザがあったら　食べさせてくれ

43. と言った。
44. 今男は家に入ったとさ。
45. 家の中に入ってから、ゴザの上に座らせられたとさ。すると、お尻が冷たい、オシリが冷たい、ゴザがコオリツイタ　ゴザの上に座らせたものだから、お尻が凍りついてしまった、それで火がすっかり消えてしまったとさ。

46. 'unci 'uskahci teh, 'ay yayne taa tani 'unci 'u'aarehci teh taa, 'onne taa 'ipekarahci.
47. taa horokewpo taa mokon rayki kusu taa, mokoro manu. mokoro yayne taa tani taa moymoyehci manu. tani numa teh tani taa 'ipe, taa 'iperehci. wooya'an kina cikaripehe taa 'ecaroykikarahci 'eerehci manu. [咳]
48. neeteh taa 'orowa taa, hokokewpo テ゚ナイ monimahpo ヨ, 'orowa taa, hacikoope taa, hokuhu 'onne 'imokanekoro. 'imokanekoro teh taa san teh taa,
49. " 'iine 'imokaa. 'iine 'imokaa." nah yee manu.
50. horokewpo taa 'ene yee manu.
51. " tah pateh 'eci'i'eerepe." nah taa yee teh taa hokuhu koore.
52. tah horokewpo 'uki ike taa 'ee.
53. " ci'oka ka kukii 'anah ci'ee." nah yee.
54. neyteh tani sine too ka tu too ka 'anteh, taa 'onne makan manu. cise 'onne.
55. 'amahkahahcin cise 'onne. makanihi ne'ampe, taa puy caataa sine monimahpo taa 'aa teh suukawka kusu 'an manu. nukara 'ike taa,

56. hetunaa hetunaa co'oma ruypuu
   hetunaa hetunaa makan cape, suy
   hetunaa hetunaa

57. nah kii ike taa cise 'orowa 'an monimahpo ne'ampe,

58. huhro ne 'an ciki 'ahunke 'okaa
   huhro ne 'an ciki pon toma soh kara
   huhro ne 'an ciki ko'unu 'okaa

59. nah taa yee.
60. 'orowa tani taa monimahpo taa 'aacaha tura taa 'ahun manu.
61. 'ahun teh taa huhkara kaata 'aarehcihi ne'ampe オシリ korupus. コオリツイタ、suhkara taa kasketa 'aarehci 'ike, 'ampene 'unci 'uskahci manu.
62. 'ampene 'unci 'uskahci yayne taa, 'orowa tani 'unci 'u'aarehci. 'unci 'u'aarehci 'ike taa, 'onne taa, cikaripehe karahci. nukara yayne taa, mokonrayki kusu taa mokoro. mokoro yayne taa 'anayne tani taa 'ipe 'emoymoye karahci manu.
63. 'orowa tani horokewpo numa 'ike taa 'ipe. 'iperehci, 'iperehci 'omantene taa, 'orowa, hosipi manu, cise 'ene.
64. hosipihi ne'ampe taa hosipi yayne taa, 'okoyse rayki kusu taa, sine too taa 'oman, 'okoyse kusu kara koyaykus.

46. 火が消えてしまっていたから、また火を付けて、ご馳走を作った。
47. 男は眠くなったので寝たとさ。寝て暫くしてから起こしたとさ。今起きて、食べさせた。いろいろな野菜の入ったご馳走を作って、食べさせたとさ。
   [咳]
48. そうして、それから男、いや男ではない、女が小さいものを、その自分の夫に土産に持ってかえって、その、
49. 「さあ、お土産だ、お土産だ」といったとさ。
50. 夫にこう言ったとさ。
51. 「これだけ、あなたのためにって、貰ったの」と言って、夫にやった。
52. 夫はそれを取って食べた。
53. 「自分も行ったら食べられる。行ってみよう」といった。
54. そうして、1日か2日かたって、家へ行ったとさ。家へ。
55. 娘たちのうちへ行ったら、その窓辺に一人の娘が座って、お裁縫をしていたとさ。見ると、その

56. ヘトゥナー　ヘトゥナー　母親が来た
    ヘトゥナー　ヘトゥナー　浜から上がってきた、また
    ヘトゥナー　ヘトゥナー

57. と言って、家の中にいる娘は、

58. ゴザがあったら　入れてあげる、
    ゴザがあったら　ゴザを敷いてあげる
    ゴザがあったら　座らせてあげる。

59. と言った。
60. それから今、娘はその父さんと一緒に家の中に入ったとさ。
61. 入って、ゴザの上に座らせたところが、オシリガ凍って、コオリツイタ。ゴザの上に座らせたから、みんな火が消えてしまったとさ。
62. すっかり火が消えてしまったから、それからまた火をつけて、火をつけた。それから娘たちはご馳走を作った。それを見ているうちに男は、眠くなったので、寝た。しばらく寝て、今度、ご飯で起こしたとさ。
63. それから、男は起きて、ご飯を食べた。食べさせて、食べさせて、それから帰ったとさ、家に。
64. 帰って、帰るうちに、オシッコしたくなったから、それで一日たってしようと思っても、オシッコできなかった。

65. suy sine too 'oman, 'okoyse kusu kara koyaykus. ciyehe nukaraha ne'ampe, pisekah tampoho koro manu.
66. makiriyehe 'asinke 'ike ne'an makiriyehe 'etokoho kayteh manu.
67. niwen 'ani taa, neya tampoho mesu teh, taa kaye. taa 'okoyse. teh taa 'okoyse 'orowa taa, 'omanayne tani taa wahka rayki.
68. makiri 'asinke 'ike 'etokoho kayteh teh 'an manu.
69. nah taa nuu. nampe kara manu. wahka 'asinke kusu wahka kuu kusu.
70. アノネー、コオリ ハッタンダ゜ケ コウイウ フウニ ヤブ゜シテ ミス゜ ノム キニ ナッタ イケ, pise kah hohciri korope, wahka tunke 'oma heturu wa 'asin. 'e'ohayne kusu heyuunii. suy wahka kuu kusu kara 'an 'ohta taa, suy ne'an pisekah hohciri korope taa, heturi. nah kiihi ne'ampe taa, makiriyehe nukaraha ne'ampe makiriyehe ka 'etokoho kayteh ruwehe'an.

71. kistomaha nukaraha ne'ampe, pisekah hohciri koro manu. taa tampuhu mesu teh taa 'ociwehci teh taa 'okoysee.
72. 'orowa suy san nayne taata 'osoma rayki. taa ponno 'uma 'osoma rayki, 'osoma rayki, 'uskuype temma temmaha ne'ampe pisekah tampo koro.ne'ampe kusu suy taa makairyehe 'asinke taa, makiriyehe 'etokoho 'ani tah kara manu. mesu teh 'ociwe teh 'orowa san nayne wahkarayki. wahkarayki kusu taa コオリ ヤブ゜シテ wahka kuu kusu karaha taa pisekah hohciri korope hetuuri teh, 'e'ohayne kusu hetuuri.

73. suy wahka kuu kusu kara, suy ne'ampe pisekah hohciri koropehe 'an teh kistomaha temma temmaha ne'ampe, pisekah hohciri koro manu.
74. ne'ampe hohciri koroho, neya mesu 'ike 'ociwe manu.
75. neyteh tani taa wahka kuu teh, 'orowa cise 'ohta san teh taa yaykoniwen 'ani taa, tani yoomah siru manu.
76. yoomah siru, yoomah siru, kii 'omantene, taa monimahpo taa 'asin teh taa 'amahkahahcin 'onne makan manu.
77. makan teh tani taa, 'ekoweepekere. hemata ne horokewpo 'ene karahci wooya'an kara kihci 'omantene,
78. "tani 'ecirayki kusu, yoomah siru kusu 'an."
79. nah yee.
80. 'orowa tani taa, horokewpo taa, neya monimahpo 'utah taa, tani 'o'ara cise sihkewehe 'orowa taa 'uuna 'oro'oo tapara 'ahtehci. 'orowa sine sihkewehe 'orowa taa, 'otuyumpe seta taa raykihci 'ike taa, kemihi taa, pururu 'oro'ohci 'ike taa, 'ohta 'oro'ohci 'ike taa sihkewehe 'orowa 'ahtehci.
81. 'orowa sine siskew 'orowa ne'ampe taa, tureh kem 'oro'oo hukuru 'ohta 'ahtehci.

65. また、一日たった。オシッコしようとしても、できない。見たらチンポにアザラシの胃袋の皮が被さっていたとさ。
66. ナイフを出してみたら、ナイフの先が切れていたとさ。
67. 男は怒って、その袋をはいで、切った。そしてオシッコした。それで、オシッコして、しばらくして、また水が飲みたくなった。
68. ナイフを出したら、先が切れていたとさ。
69. このことを聞いて、井戸を作ったとさ。水を出して、水を飲もうとした。
70. あのね、氷がはっていたから、こういうふうにやぶって水を飲もうとしたら、胃袋の皮のホシのついたものが水の中から出てきた。びっくりして、身を引いた。また水を飲もうとするとまた、その胃袋の皮のホシのついたものが出てきた。こうしているうちに、ふとナイフを見たら、ナイフの先が折れていたのだった。
71. 自分の額を見たら、胃袋の皮のホシがついていたとさ。胃袋の皮のコブをはがして、棄てて、オシッコした。
72. それから、また帰ってから、こんどはウンコがしたくなった。ちょっとまたウンコしたくなった、したくなってお尻を調べたら胃袋の皮のコブがついていた。それでまたナイフを出して、そのナイフの先でそうしたとさ。はがして、棄てて、それから家へ帰ったら、水飲みたくなった。飲みたくなって氷ヤブシテ水を飲もうとすると、その胃袋の皮のhohciriのついたのがでてきて、びっくりして身を引いた。
73. また水を飲もうとしたら、また胃袋の皮のホシのついたコブがあって、額を調べてみると、胃袋の皮のコブがついてたとさ。
74. それでそのホシのついたものをはがして、棄てたとさ。
75. そうして今、水を飲んでから、家へ帰って、一人で怒って槍を砥ぎはじめたとさ。
76. 槍を砥いで、砥いで、そうして、娘の、家を出て、その娘たちのところへ行ったとさ。
77. 行って今度、一部始終を話した。自分たちが何者で、何でいろいろな目に遭って、何をしているかを話して、
78. 「今お前たちを殺すために槍を砥いでいるんだ」
79. と言った。
80. それから、(その男は、)娘たちは、家の一方の隅から灰の入った俵を下げた。それから一方の隅からは、その雌の犬を殺して、その血を袋に入れて、その血を入れた袋を家の隅に下げた。

81. そして、一方の隅からは、フレップの実汁の入った袋を下げた。また一方

sine sikewehe 'orowa taa 'uuna 'oo tapara 'ahtehci.
82. neyteh taa 'orowa taa, yaynuynakahci manu.
83. neyke taa, horokewpo taa ne'an hohcirikorohcipehe kii kusu, yoomah siru 'omantene, taa 'orowa tani makan 'ike taa, cise 'ohta makan teh taa, sine cisesihkewe kaari yoomah 'ahunkehci 'ike ciwehe ne'ampe, 'asinkehe ne'ampe, numah pahno cikenkopoye, tureh kenkopoye teh, 'asinke manu.
84. ne'an monimahpo hiiramtoyneh. taa sine siskew kaari suy 'iciw. 'iciwehe ne'ampe taa, suy kem'oo tapara taa 'asinke. re cisehe sihkew kaari 'iciw 'ike taa, tani, seta kem 'oro'oo cikenkopoyeh taa 'asinke. suy sine siskew kaari 'iciwehe ne'ampe taa, taa simah hiiramtoyne, nah kii.
85. taa monimahpo 'uta taa 'e'umiinarehci manu. ne'ampe taa horokewpo 'uta nuu kusu taa, 'orowa horokewpo suy nospa manu.
86. neya monimahpo taa, nospaha ne'ampe taa monimahpo 'utah kirahci, kirahci yayne taa, tani kinta makapahci 'ike taa, nii kasketa rikipahci kusu 'okayahci.
87. 'orowa neya nii 'ohta makan teh taa,
88. "tohpa, tohpa. kiw, kiw, tohpare. kooro humpa kiw kiw tohpare kooro humpa."
89. nah kii yayne, taa 'anayne, taa sine 'etuhka ('osukeh) 'eh manu. 'etuhka ('osukeh) 'eki ike taa,
90. " 'iine 'ahsuy, hemata? 'iine 'ahsuy, 'emukara 'ehte wa kutohpa ciki. ku'ani ka kuko'ocis wa kutohpa kusu 'iki."
91. nah yee manu.
92. taa mukaraha koorehe ne'ampe taa, neya nii tohpa, nii tohpa 'omantene tani イヤー ワー wahka 'onne 'ociwe manu.
93. neeteh taa 'okaaketa taa, horokewpo taa mukaraha 'uh rusuy kusu maaha ne'ampe ダ゜ンダ゜ニ カワ オオキク ナッタリ。
94. taa monimahpo, horokewpo taa ne'an maa yayne taa, kemaha kemaha hotari hotari kii yayne taa, kisaruhu 'onne naa wahka 'ahun. caruhu kaari naa wahka 'ahun. 'etuyehe kaari wa ka wahka 'ahun. taa wahka 'ahun teh ray manu.
95. taa 'okaaketa tani taa, monimahpo 'utah taa, nii kaa wa rakahci 'ike tani taa cise ta sapahci 'ike pirikano 'okayahci manu.
96. tuytah ダ゜ンダ゜。

の隅からは灰の入った俵を下げた。
82. そうして、それから（娘たちは）そこに隠れたとさ。
83. それで、その男はhohciriのついた胃袋のことがあったから、槍を砥いで、砥いで、（敵を討ちに）来たのだが、その家に着いて、家の隅から槍を入れて突いたら、槍先を入れたら、槍先は、その付けひもまで血まみれになって、フレップのような赤い血が流れ出たとさ。
84. これで一人、娘を殺した。また、一方の隅から（槍を）突き刺した。突き刺したら、また血まみれの俵が出てきた。3番目の隅から（槍を）突き刺したら、犬の、血のついた、血まみれの犬が出てきた。また、もう一方の隅から突き刺したら、女を一人殺した、というふうにした。
85. （隠れていた）娘たちは、顔を見合わして笑ったとさ。それを男は聞いて追いかけてきたとさ。
86. 男がその娘を追いかけてきたから娘たちは逃げて、逃げてから、山の方へ逃げていって、木の上に登っていった。
87. それから、娘たちが木に上ったから、
88. （男が）「倒せ、倒せ、木よ、倒れろ。切れ、切れ、木よ、倒れろ」
89. と叫んでいたら、一羽のカラス（一匹のウサギ）が出てきたとさ。カラス（ウサギ）が出てきて、その
90. 「これは一体、どうしたんだ？　どれ、マサカリをよこしなさい、私が切ってやるから。私も悔しいから、倒してやるよ」
91. と言ったとさ。
92. それでマサカリをやったら、切って切って、ようやく今、イヤー、ワー 水の中に倒れて落ちたとさ。
93. そうしてその後で、男がマサカリを掴もうとして泳いだら、ダンダンニ、川 ガ 大 キクナッタ。
94. 娘、いや男は、しばらく泳いでいたが、足が立って立って溺れてしまい、耳からも水が入った。口からも水が入った。鼻からも水が入った。そうして、死んでしまったとさ。
95. その後で今、娘は木の上から下りて、今は家に帰って、幸せに暮らしたとさ。
96. こういうお話なんだ。

53 HACIKO MONIMAHPO(-92)

1992年5月17日録音 (9202a")

1. Sannupista sine 'acahcipo monimahpo taa reske. sine monimahpo reske, hacikoo monimahpo. reske yayne taa, ウン neya 'acahcipo, reske yayne, sine 'unkayoh 'ahun manu. 'unkayoh 'ahuni ike taa pon monimahpo 'uh teh taa, res- 'ampa wa 'asin manu.
2. 'orowa tani taa, 'acahcipo taa neya mahmicihi 'oskoro kusu taa, 'oponi 'oman manu. 'unkayoh 'ampa teh 'omanihi kayki…
3. 'oponi 'omanihi ne'ampe taa neya hekaci taa, pon monimahpo taa, ci'osewa nii, 'onnaykene 'ahun'te 'ike taa 'oman manu.

4. maas pon tara pii
   taara pih tara pii taara pii
   'aatuy soo kuru kaa
   cihawee sunkaa
   cihawee suuyee
   maas pon tara pii
   taara pih tara pii taara pii

5. nah taa cis wa 'oman manu, 'acahcipo.
6. neyke tani taa 'omanayne, neya 'unkayoh 'utah, monimahpo 'osewanii wa 'ahunkehcipe taa taawa 'uh teh taa 'ampa teh taa pahkay teh 'orowa taa san manu. sani ike taa cise 'ohta san teh taa 'ay yayne taa, 'ahci micihi tura 'an nayne taa, 'unkayoh taa suy sapahci manu.
7. sapahci manuyke taa, neya pon monimahpo suy 'ukahci teh 'ampahci teh payehci manu.
8. 'acahcipo taa, "kiisiri wempe cinee kusu yooponi 'aas."
9. nah yee 'ike taa, 'orowa suy makan manuyke taa, makan ayne taa, sine horokewpo taa, neya, 'ekanraye san. 'acahcipo 'ekanraye san manu.
10. 'ekanraye sanihi ne'ampe taa, neya poo, mopnimahpo taa, 'ampa teh taa san manu. 'acahcipo taa,
11. "kii siri wempe cinee kusu yooponi 'aas."
12. nah yee 'ike taa 'uh teh taa, neya hekaci 'uh teh taa 'orowa 'ampa wa san manu.
13. neya 'unkayoh taa suy 'ukahci kusu nah 'eraman kusu 'orowa tani taa 'ampa wa san teh tani cise 'ohta 'ama teh taa, 'orowa 'apa tompa teh taa 'okayahci yayne taa, neya

53話　さらわれた娘(-92)

1992年5月17日録音 (9202a")

1. サンヌピシ村で一人のババが娘を育てていた。一人の娘を育てていた。小さい女の子だった。育てていて、そのババが育てていたのだが、ウンカヨお化けが入って来て、その女の子をさらって抱いて出て行ったとさ。

2. それからババはその孫娘を心配したから、あとをつけて行ったとさ。お化けが抱いて行ったあとを……

3. あとをつけて行ったら、その子は、その女の子は、中が空洞の木の中に入れて（お化けは）行ってしまったとさ。

4. maas pon tara pii
   taara pih tara pii taara pii
   'aatuy soo kuru kaa
   cihawee sunkaa
   cihawee suuyee
   maas pon tara pii
   taara pih tara pii taara pii

5. と泣きながらババは暮らしていたとさ。
6. それでしばらくして、そのお化けたちは、その空洞の木に入れておいた娘をそこからとって抱いて、背負ってからまた下りてきたとさ。下りてきて、その家に下りてきて、ババは孫と一緒にしばらくいたが、お化けはまたやって来たとさ。
7. やって来たから、その小さい女の子をまたとって連れて行ったとさ。

8. ババは、「わしが悪かったからあとで行くよ」
9. と言って、それからまた山の方へ上っていったら、一人の男が、その迎えに下りてきた。ババを出迎えに下りてきたとさ。
10. 出迎えに下りてきたのだが、その時その娘を抱いて下りてきたとさ。ババは、
11. 「わしが悪かったからあとで来たよ」
12. と言って、抱いて、その子をとって、それから連れて帰ったとさ。
13. そのお化けがはまた連れて行くだろうと思ったから、こんどは今連れて帰って家に置いて、それから戸を閉めておいたが、しばらくして道端で出

ruutonta 'ekaarihici horokewpo taa, 'ekaarihci 'an 'ohta taa,

14. "neya suy monimahpo, 'acahcipo 'e'amahkaha hanka 'e'asu wen. ku'ani ku'ampa kumakan kusu 'iki. 'unkayoh taa hannehka neera karahci kusu 'iki, neyaa."
15. nah yee teh 'orowa taa 'uh teh taa, 'ampa wa makan manu, cise 'ene. tura wa 'oman manu.
16. neeteh 'okaaketa taa, 'acahcipo taa, yooponi taa 'omanihi ne'ampe taa horokewpo nukara 'ike taa,
17. "kiisiri wempe cinee kusu yooponi 'aas."
18. nah taa yee 'ike taa, mahmicihi 'oponi taa 'oman manu, monimahpo. horokewpo 'ampa teh 'omani ike taa 'oponi taa 'oman ike san.
19. 'acahcipo taa, tura 'ahun ike taa, caroke'ene taa 'ipekara 'ike 'ipere. 'omantene taa,

20. "san kusu kara 'ike taa hanka sanke kusu. teeta 'ama kusu, monimahpo tura 'ama kusu, monimahpo tura 'ama kusu." nah taa yee 'ike taa,
21. "pirikano reske kusu 'iki." nah yee 'ike taa, 'amahkaha ne'ampe taa, monimahpo ササキクナルマンテ゛ taa, 'acahci po reskehci manu. ソーイウ tuytah ダ゛.

会った男が言ったとさ。
14. 「この娘をまた、ババが自分の孫娘を連れて行ったら良くない。私が連れて行くから。そうしたらお化けは何もすることはできないだろうよ」
15. と言ってから、子どもを(男が)抱いて、連れて行ったとさ、自分の家へ。一緒に連れて行ったとさ。
15. そうしてそれから、ババはそのあとについていって男に向かって、

17. 「わしが悪かったからあとで来たよ」
18. と言って、ババは自分の孫娘のあとを追っていったとさ、その娘のあとを。男が連れていって、そのあとを追ってババは行って、帰ってきた。
19. ババは、みな一緒に家に入って、ご馳走をして、食事を作って食べさせた。そうして、
20. 「今帰るけれど、この子は帰らせないよ。ここに置いていくから、娘は置いていくから、一緒にいなさい」と言ったら、
21. 「わしがちゃんと育てるから」とババが言って、その娘は大きくなるまで、ババが育てたとさ。そういう話だ。

54 'ITUMUNKE(-92)

1992年8月21日録音 (9204a-b)

1. Sannupista re horo-, re monimmahpo 'okayahci. re monimahpo 'okayahci 'ike niina koh kuruhci, ceh koykihci koh 'ehci, nah kihci nah kihci 'omantene 'okayahci teh 'an manu.
2. monimahpoデナイ hokorewpoヨ。[じゃあもう一回。はい最初から。M]
3. horokewpo reh pis 'okayahci. reh pis 'okayahci 'ike taa, niinahci koh kuruhci koh cehkihci koh 'ehci, yuhkihci koh 'ehci , nah kihci yayne taa, ki- horokewpo taa kinne niina kusu 'an manu. niina kusu makani ike taa, sine cise 'an manu.
4. sine cise 'ani ike taa, ruu 'okaakara makani ike, munihorokoya ruu kaari tah, makani ike taa, sine cise 'an kusu taa 'ohta 'ahun manu.
5. 'ohta 'ahun ike taa, 'ampane 'ekuhteh manu. 'ekuhteh teh taa, 'onnayketa taa hemata hawehe 'an manu.

6. pannuu paata ku'inkaara 'ike
   huure peepeko toyree toyree
   pennuu paata ku'inkaara 'ike
   siwnin peepeko toyree toyree

7. nah 'an haw 'an manu.
8. 'ani ike taa suy taa, アノ-,
9. "soosika soosika soosika." nah 'an haw 'an manu. 'orowa suy,
10. "kamuy horokewpo, weeka piipi, 'uma 'ee nanko."
11. nah'an haw nani nuu manu.
12. 'anayne tani taa, nuupe ne'ampe taa,

13. pannuu paata ku'inkaara 'ike
    huure peepeko toyree toyree
    pennuu paata ku'inkaara 'ike
    huure peepeko toyree toyree

14. nah hawe'iki manu.
15. 'ani ike taa, suy sine sihkewehe 'onne taa, ウン
16. "kamuy horokewpo, weeka piipi, 'uma 'ee nanko."

54話　糸つむぎ(-92)

1992年8月21日録音 (9204a-b)

1. サンヌピシ村に3人の男、いや3人の娘がいたとさ。3人の娘がいて、マキとりをしてはくべ、魚とりをしては食べ、こうして暮らしていたとさ。

2. いや娘ではない男だ。[じゃあもう一回最初から。M]
3. 男が3人いた。3人いて、マキとりをしてはくべ、魚とりをしては食べ、こうしているうちに、上の兄が山でマキとりをしていたとさ。マキとりに山へ行くと、一軒の家があったとさ。
4. 一軒の家があって、道をたどって上っていくと、道をたどっていくと、草の茂った道をまわって、上っていくと一軒の家があったからそこに入ったとさ。
5. そこに入ったら中は真っ暗だったとさ。暗くて、その中から何かの声がしたとさ。

6. pannuu paata ku'inkaara 'ike
   huure peepeko toyree toyree
   pennuu paata ku'inkaara 'ike
   siwnin peepeko toyree toyree

7. という声がしたとさ。
8. そうしたらまた、
9. 「soosika soosika soosika」という声がした。それからまた
10. 「kamuy horokewpo, weeka piipi, 'uma 'ee nanko」
11. という声がすぐ聞こえたとさ。
12. そうこうしているうちに、次に聞こえたのは、

13. pannuu paata ku'inkaara 'ike
    huure peepeko toyree toyree
    pennuu paata ku'inkaara 'ike
    huure peepeko toyree toyree

14. というこえがした。
15. それから、また家の隅から、
16. 「kamuy horokewpo, weeka piipi, 'uma 'ee nanko」

糸つむぎ　449

17. nah'an haw 'an manu.
18. suy sihkewehe 'onne taa,
19. "soosika, soosika, soosika."
20. nah 'an haw 'an manu.
21. 'ani ike taa, suy taa hemata hawehe 'an manu.

22. horo ciw ciw horo ciw ciw
    amuy horokewpo
    'asin kun ramu soyun soyun,
    hetake'asin cannah.

23. nah. 'orowa horokewpo taa 'e'ohayohayne kusu taa 'orowa taa numa teh taa, 'orowa taa, 'asin manu.
24. 'asini ike taa, ciseta san teh taa, nehka yee ka hankii. 'ampene taa mokoro manu.
25. mokoro 'ike taa, テイ horokewpo 'utah taa,
26. " 'iine'ahsuy yuhpo yuhpo , neera'ampe 'enukara ciki yee waa 'annuu."
27. nah yehci yahka taa 'ampene taa mokoro manu.
28. 'anayne taa tani taa, 'inoskun horokewpo suy taa niina kusu makan manu. niina kusu makani ike taa, テイ sine cise 'an manu.
29. ne'ampe kusu taa 'ohta 'ahunihi ne'ampe taa 'ampene 'ekuhteh teh 'an manu. teh taa 'onnayke 'ene taa hemata hawehe 'an manu.

30. pannuu paata ku'inkaara 'ike
    huure peepeko toyree toyree
    pennuu paata ku'inkaara 'ike
    siwnin peepeko toyree toyree

31. nah 'an haw 'an manu. 'an 'ohta suy nuu koh taa,

32. horo ciw ciw テ°テイ
    kamuy horokewpo 'oykaa peepe
    'uma 'ee nankoh.

33. nah 'an haw 'an kusu 'an manu.
34. 'anayne taa suy nuu koh taa,
35. "soosika, soosika, soosika" nah taa nuu manu.

17. という声がしたとさ。
18. また隅から、
19. 「soosika, soosika, soosika」
20. という声がしたとさ。
21. それで、また何かの声がしたとさ。

22. horo ciw ciw horo ciw ciw
 kamuy horokewpo
 'asin kun ramu soyun soyun,
 hetake 'asin cannah.

23. と言った。それから男はびっくりしてそれから起きてから、出ていったとさ。
24. 外に出て、家に帰って、何も話さなかった。それでぐっすり眠ったとさ。
25. 眠って他の男たちが、
26. 「ねえ兄さん、何でも出会ったら話してくれ、聞くから」
27. と言っても、そのまま眠っているばかりだった。
28. そうしているうちに今度は、中の男がまた山へマキとりに行ったとさ。山へマキとりに行ったら、一軒の家があったとさ。
29. だからそこに入ったら中は真っ暗だったとさ。それから中から何か声がしたとさ。

30. pannuu paata ku'inkaara 'ike
 huure peepeko toyree toyree
 pennuu paata ku'inkaara 'ike
 siwnin peepeko toyree toyree

31. という声がしたとさ。それでまた聞こえたのは、

32. horo ciw ciw デナイ
 kamuy horokewpo 'oykaa peepe
 'uma 'ee nankoh.

33. という声がしたとさ。
34. それでまた聞こえたのは、
35. 「soosika, soosika, soosika」と聞こえたとさ。

36. 'anayne taa suy nuuhu ne'ampe taa,

37. horo ciw ciw, horo ciw ciw,
    kamuy horokewpo
    'asin kun ramu soyun soyun,
    hetake 'asin cannah.

38. nah. 'orowa taa, horokewpo 'ehayohayne kusu 'orowa taa kira wa 'asin manu. teh taa cise taa san manuyke taa 'ampene taa mokoro manu. taa,
39. " 'iine'ahsuy yuhpo yuhpo, nee 'oyas 'oyas 'enukara ciki yee waa. 'annuu."
40. nah yee yahka taa 'ampene taa mokoro manu.
41. 'orowa tani taa, 'inoskun horokewpo taa, sine too taa suy tah niina kusu makan manu.
42. niina kusu makanihi ne'ampe niinaha ne'ampe, sine cise 'an manu.
43. ne'ampe kusu 'onnayketa 'ahunihi ne'ampe 'ekuhteh manu.
44. 'anayne taa cise sihkewehe 'onne hemata hawehe 'an manu.

45. kamuy horokewpo,
    pannuu paata ku'inkaara 'ike
    huure peepeko toyree toyree   pennuu
    paata ku'inkaara 'ike
    huure peepeko toyree toyree

46. nah 'an haw 'an. 'ani ike taa suy cise sihkewehe 'onne taa,
47. "soosika, soosika, soosika" nah 'an.
48. 'orowa suy sine sihkewehe 'onne ne'ampe taa,

49. kamuy horokewpo wecka piipi   'uma 'eenanko

50. nah 'ani ike taa, suy sihkewehe 'onne taa,

51. horo ciw ciw horo ciw ciw
    kamuy horokewpo
    'asin kun ramu soyun soyun,
    hetake 'asin cannah.

36. それでまた聞こえたのは、

37. horo ciw ciw, horo ciw ciw,
    kamuy horokewpo
    'asin kun ramu soyun soyun,
    hetake 'asin cannah.

38. という声がした。それから、男はびっくりしたからそこから逃げだしたとさ。そして家に帰ってそこでぐっすり眠ったとさ。それで、
39. 「ねえ兄さん、何かお化けにでも会ったなら言ってくれ。話を聞くから」
40. と言ってもまったく寝てばかりいたとさ。
41. それから今度は、中の男が、ある日にマキとりに山へ行ったとさ。

42. マキとりに山へ行って、マキを切ったら、一軒の家があったとさ。
43. それで、中に入ったら中は暗かったとさ。
44. それで、その家の片隅から声がしたとさ。

45. kamuy horokewpo,
    pannuu paata ku'inkaara 'ike
    huure peepeko toyree toyree
    pennuu paata ku'inkaara 'ike
    huure peepeko toyree toyree

46. という声がした。そうしたらまた一方の隅から、
47. 「soosika, soosika, soosika」と声がした。
48. それからまた隅からは、

49. kamuy horokewpo weeka piipi 'uma 'eenanko

50. という声がして、また隅から、

51. horo ciw ciw horo ciw ciw
    kamuy horokewpo
    'asin kun ramu soyun soyun,
    hetake 'asin cannah.

糸つむぎ

52. nah 'an. 'orowa taa horokewpo taa, ［咳］ kira wa 'asin manu.
53. kira wa 'asin teh taa, niikah soso 'ike taa, sapahka kokarikari teh taa, cise 'ohta san manu. taa 'iruska wa san teh taa nani taa 'omay 'ahte, mokoro manuyke taa, tani taa yuhpo yuhpo taa tuhpis taa 'ampene mokorohci.
54. 'orowa taa poniwne horokewpo taa, yuhpohohcin ko'ipisi yahka 'ampene yee ka hankihci kusu taa, 'orowa taa, suy taa, makan manu. hekimoho niina kusu makan manu.
55. niina kusu makani ike taa,ウン sine cise 'an manu. neya 'onnayketa 'ahunihi ne'ampe taa, 'ampene 'ekuhteh manu. neyke taa, ［テープA面切れる。］
56. "soosika, soosika, soosika" nah 'an haw 'an manu.
57. 'orowa suy sihkewe 'onne taa,

58. horo ciw ciw horo ciw ciw
    kamuy horokewpo
    'asin kun ramu soyun soyun,
    hetake 'asin cannah.

59. nah 'an.
60. 'orowa horokewpo nuu teh taa, 'e'ohayohayne kusu taa 'orowa taa, kira wa 'asin manu. teh taa tani taa ciseta san teh taa 'ampene mokoro. neera taa 'ahkapo 'ahkapo 'utah taa yuhpohohcin kopisi yahka 'ampene neya mokorohci manu.
61.'anayne tani taa, neya poniwne horokewpo taa, suy taa nniina kusu makan manu. kinta makanihi ne'ampe taa sine cise 'an manu.
62. ne'anike taa 'ohta 'ahunihi ne'ampe taa, 'uurah raniine siro'eskari 'ampene 'ekuhteh taa, 'uurara tunke 'ene taa hemata hemata hawehe 'an manu.

63. pannuu paata ku'inkaara 'ike
    siwnin peepeko toyree toyree
    pennuu paata ku'inkaara 'ike
    huure peepeko toyree toyree

64. nah 'an 'ike taa, 'orowa suy sine cise sihkewe 'orowa taa,

65. horo ciw ciw ...ツー
66. "soosika, soosika, soosika" nah hawe'iki. 'orowa suy sihkewehe 'onne ne'ampe taa, ［咳］

52. と言った。それから男は、[咳] 逃げ出したとさ。
53. 逃げて出て、木の皮をはいで、頭にグルグル巻いて、家に帰ったとさ。怒って家に帰ってすぐ布団をかけて寝てしまった、こうして兄さんは2人ともぐっすり寝てしまったとさ。
54. それからその下の男が、兄さんたちに尋ねても何も言わないでいて、それからまた（下の弟が）山へ行ったとさ。山の方へマキとりに行ったとさ。

55. マキとりに山へ行ったら、一軒の家があったとさ。その中に入ったら、中は真っ暗だったとさ。それで、[テープA面切れる。]
56. 「soosika, soosika, soosika」という声がしたとさ。
57. それからまた家の隅から、

58. horo ciw ciw horo ciw ciw
    kamuy horokewpo
    'asin kun ramu soyun soyun,
    hetake 'asin cannah.

59. と言った。
60. それから男はそれを聞いて、びっくりしてそこから逃げ出したとさ。そして家に帰ってぐっすり眠った。弟たちが兄さんに聞いてもまったく寝ていたとさ。[これからまた繰り返し]
61. そうしているうち今度、その下の男が、またマキとりに山へ行ったとさ。山へ行ったら一軒の家があったとさ。
62. それでそこに入ったら、もやが下りてきて辺りに満ちて真っ暗になって、そのもやの中から何だか声がしたとさ。

63. pannuu paata ku'inkaara 'ike
    siwnin peepeko toyree toyree
    pennuu paata ku'inkaara 'ike
    huure peepeko toyree toyree

64. と言って、それからまた家の片隅から、

65. horo ciw ciw…77-
66. 「soosika, soosika, soosika」という声がした。それからまた一方の隅から、[咳]

67. horo ciw ciw horo ciw ciw
    kamuy horokewpo
    'asin kun ramu soyun soyun,
    hetake 'asin cannah.

68. nah 'an. 'orowa taa horokewpo nuu teh taa, 'ehayohayneh kusu taa 'orowa taa, kira wa 'asin teh taa 'orowa taa cise 'ohta san teh taa 'ampene mokoro.
69. " 'iine'ahsuy yuhpo yuhpo, nee 'oyas 'ohta 'enukara ciki yee waa. 'annuu."
70. nah 'ahkapo 'ahkapo pisi kayki taa 'ampene taa, mokorohci manu, tu horokewpo.
71. mokorohci 'ike taa, 'orowa taa, tani haciko horokewpo taa, 'inos-, poniwne horokewpo taa, niina kusu makan manu.
72. kinta makanihi ne'ampe taa, kinta makani ike niina teh taa 'orowa taa, 'inkara koh sine cise 'an manu. ne'ampe kusu 'ohta 'ahunihi ne'ampe taa, 'uuraha raniine siro'eskari 'ekuhteh teh 'an manu. neya 'onnayke 'ene hemata hawehe 'an manu.

73. kamuy horokewpo weeka piipi
    'uma 'eenankoh.

74. nah. suy sine cise sihkewehe 'onne ne'ampe taa,

75. pannuu paata ku'inkaara 'ike
    huure peepeko toyree toyree
    pennuu paata ku'inkaara 'ike
    siwnin peepeko toyree toyree

76. nah 'an hawehe 'an manu.
77. 'an teh tah kusu, suy sine cise sihkewehe 'onne taa,

78. horo ciw ciw horo ciw ciw
    kamuy horokewpo
    'asin kun ramu soyun soyun,
    hetake 'asin cannah.

79. 'orowa taa horokewpo taa 'e'ohayohayneh kusu taa, numa teh 'orowa taa, 'asin ike taa, 'otakaata cise 'ohta san teh taa, konkeni'ah 'iyohteh 'ike, sanke 'ike sapahka kokarikari teh taa, cise 'ohta 'ahun teh taa mokoro. tani tuh pis taa 'ampene mokorohci

67. horo ciw ciw horo ciw ciw
    kamuy horokewpo
    'asin kun ramu soyun soyun,
    hetake 'asin cannah.

68. と言った。それからその男はそれを聞いて、びっくりしてしまったから、それから、逃げ出してそして家に帰ってすっかり寝た。
69. 「ねえ兄さん、何かお化けにでも会ったなら言ってくれ、聞くから」
70. と弟が聞いてもまったく、寝たままだった、2人の兄たちは。
71. 寝て、それから、今度小さい男、中の……、下の男が、マキとりに山へ行ったとさ。
72. 山へマキとりに行って、山へ行ってマキとりをしてから、見ると一軒の家があったとさ。だからそこに入ってみたら、もやが下りてきて辺りに満ちて暗くなってしまったとさ。その中から何だか声がしたとさ。

73. kamuy horokewpo weeka piipi
    'uma 'eenankoh.

74. と言った。またもう一つの隅からは、

75. pannuu paata ku'inkaara 'ike
    huure peepeko toyree toyree
    pennuu paata ku'inkaara 'ike
    siwnin peepeko toyree toyree

76. という声がしたとさ。
77. 声がしてから、もう一つの隅から、

78. horo ciw ciw horo ciw ciw
    kamuy horokewpo
    'asin kun ramu soyun soyun,
    hetake 'asin cannah.

79. それから男はびっくりしてしまったから、起きてそこから出て、浜の家の方へ下りていって、イロマキの皮を引っ掛けて下ろして頭に巻いて、家に入って寝た。今2人の兄たちはすっかり寝てしまった。

manu.
80. 'orowa taa イチハ°ン poniwne horokewpo taa, suy tani taa, niina kusu makan manu. niina kusu makani ike taa, sine cise 'an manu. ne'ampe kusu 'ohta 'ahunihi ne'ampe taa uurah raniine siro'eskari manu. neyke taa hemata hawehe 'an manu.

81. pannuu paata ku'inkaara 'ike
    iwnin peepeko toyree toyree
    pennuu paata ku'inkaara 'ike
    huure peepeko toyree toyree

82. nah. suy sine sihkewehe 'onne ne'ampe taa,
83. "soosika, soosika, soosika" nah kii.
84. suy sine sihkewehe 'onne ne'ampe taa,

85. kamuy horokeypo
    weeka piipi 'uma 'ee nanko

86. nah. 'orowa taa, sine sihkewehe 'onne ne'ampe taa,

87. horo ciw ciw horo ciw ciw
    kamuy horokewpo
    'asin kun ramu soyun soyun,
    hetake 'asin cannah.

88. horokewpo 'e'ohayohayne kusu 'orowa numa teh taa 'orowa kira wa 'asin manuyke taa, 'otakaata cise 'ohta san manu. cise 'ohta yuhpo yuhpo taa, yuhpo yuhpo taa mokoro kusu 'an manuyke taa, イチハ°ン poniwne horokewpo taa,
89. " 'iine'ahsuy yuhpo yuhpo, ncc 'oyas 'oyas 'ccinukara ciki yeeyanu waa. 'annuu."
90. nah yee yahka 'ampene taa mokorohci manu.
91. neeteh taa イチハ°ン poniwne horokewpo taa suy taa, niina kusu 'asimpe san, hekimoh. niina kusu makan ike taa, kinta makanihi ne'ampe taa sine cise 'an manu. ne'anike taa, uurah raniine siro'es 'ekuhteh teh 'an manu.
92. teh 'ohta 'anihi ne'ampe taa sine sihkewehe 'onne taa,

93. kamuy horokewpo,
    pannuu paata ku'inkaara 'ike

80. それから一番下の男が、また今度、マキとりに山へ行ったとさ。マキとりに山へ行ったら、一軒の家があったとさ。だからそこに入ってみたら、もやが下りてきて辺りに満ちていた。それから何だか声がしたとさ。

81. pannuu paata ku'inkaara 'ike
    siwnin peepeko toyree toyree
    pennuu paata ku'inkaara 'ike
    huure peepeko toyree toyree

82. と言った。また一方の隅からは、
83. 「soosika, soosika, soosika」という声がした。
84. また一方の隅からは、

85. kamuy horokeypo
    weeka piipi 'uma 'ee nanko

86. と言った。また、一方の隅からは、

87. horo ciw ciw horo ciw ciw
    kamuy horokewpo
    'asin kun ramu soyun soyun,
    hetake 'asin cannah.

88. 男はびっくりして、起きてそれから起きて逃げて出てきて、浜の家へ下りて行ったとさ。家では兄さんたちが、兄さんたちが寝ていたのだが、一番下の男が、
89. 「ねえ兄さんたち、何かお化けにでも会ったなら言ってくれ、聞くから」
90. と言っても、2人は寝てばかりいたとさ。
91. そうして一番下の男がまた、マキとりに出ていった、山の方へ。マキとりに山へ行って、山へ行ったら、一軒の家があったとさ。そうしたら、もやが下りてきて、辺りが暗くなっていたとさ。
92. そしてそこに入ったら一方の隅から、

93. kamuy horokewpo,
    pannuu paata ku'inkaara 'ike

huure peepeko toyree toyree
pennuu paata ku'inkaara 'ike
siwnin peepeko toyree toyree

94. nah hawe'iki manu.
95. neyahka horokewpo taa, 'anayne suy taa, sine sihkewehe 'onne taa,
96. "soosika, soosika, soosika, soosika" nah haw 'an manu.
97. 'an teh sine sihkewehe 'onne ne'ampe taa,
98. "weeka piipi weeka piipi, 'uma 'ee nanko." nah 'an.
99. 'an teh sine cise sihkewehe 'onne taa,

100. horo ciw ciw horo ciw ciw
    kamuy horokewpo
    'asin kun ramu soyun soyun,
    hetake 'asin cannah.

101. nah. horokewpo taa numa teh taa, 'orowa taa kira wa 'asin manu. kira wa 'asini ike taa, cise 'ohta sani ike taa, yuhpo yuhpo tuhpis taa mokoro kusu 'an manu. sineh taa mokoro kusu 'an manu.
102. neyke taa, poniwne horokewpo taa,
103. " 'iine'ahsuy, nee 'oyasi 'oyasi 'ecinukara ciki yeeyanu waa. 'annuu."
104. nah yee yahka taa 'ampene mokorohci manu.
105. 'anayne taa, sinke'ikehe taa poniwne horokewpo taa niina kusu makan manu. niina kusu makani ike taa, sine cise 'an manu. ne'anike taa, 'ohta 'ahunihi ne'ampe taa, 'uurah raniine siro'eskari manu. teh 'onne taa, hemata hawehe 'an manu.

106. pannuu paata ku'inkaara 'ike
    siwnin peepeko toyree toyree
    pannuu paata ku'inkaara 'ike
    huure peepeko toyree toyree

107. nah taa hawe'iki manu.
108. suy sine sihkew 'onne taa,
109. "soosika, soosika, soosika, soosika" nah 'an haw 'an manu.
110. 'orowa suy sine sihkewe 'onne taa,

huure peepeko toyree toyree
　　pennuu paata ku'inkaara 'ike
　　siwnin peepeko toyree toyree

94. という声がした。
95. だけど男はそのままいると、また一方の隅から、
96. 「soosika, soosika, soosika, soosika」という声がした。
97. そうして、もう一方の隅からは、
98. 「weeka piipi weeka piipi, 'uma 'ee nanko」と言った。
99. こう言ってから一方の隅から、

100. horo ciw ciw horo ciw ciw
　　 kamuy horokewpo
　　 'asin kun ramu soyun soyun,
　　 hetake 'asin cannah.

101. と言った。男は起きて、それから逃げて出て行ったとさ。逃げていって、家の方へ下りていったら、兄さんたち2人が寝ていたとさ。一人は寝ていたとさ。
102. それで下の男が、
103. 「ねえ、何かお化けにでも出会ったなら、話してくれよ。ぼく聞くから」
104. と言っても、兄はただ寝ているばかりだった。
105. そうしているうちに、明くる日その下の男が薪とりに山へ行ったとさ。薪とりに山へ行ったら、一軒の家があったとさ。それで、そこに入ってみたらもやが下りて辺りが暗くなっていたとさ。それから、何か声がしたとさ。

106. pannuu paata ku'inkaara 'ike
　　 siwnin peepeko toyree toyree
　　 pannuu paata ku'inkaara 'ike
　　 huure peepeko toyree toyree

107. という声がしたとさ。
108. またもう一方の隅から、
109. 「soosika, soosika, soosika, soosika」という声がしたとさ。
110. それからまた一方の隅から、

111. kamuy horokeypo,
    weeka piipi 'uma 'ee nanko

113. nah. suy sihekewe 'onne taa,

113. horo ciw ciw horo ciw ciw
    kamuy horokewpo
    'asin kun ramu soyun soyun,
    hetake 'asin cannah.

114. horokewpo taa ko'inee ka hankii teh 'ay yayne taa suy taa nah'an.

115. horo ciw ciw horo ciw ciw
    kamuy horokewpo
    'aasin kun ramu soyun soyun,
    hetake 'asin cannah.

116. nah 'ay yane taa 'uurara hocaa manu. 'uurah rukum puy kaari 'asin, 'uurahrukum 'apa kaari 'asin, sirokewaa teh 'an manu.
117. 'inkaraha ne'ampe taa, re horokewpo taa 'okayahci 'ike taa, 'okayahci 'an manu.
118. sineh ne'ampe taa, mokoro kusu 'an manu. sineh ne'ampe taa hemata タ゜カ kara kusu 'an manu. sineh ne'ampe taa, suy 'imihi 'osimakehe taa, 'uka'uka kusu 'an manu. 'an teh taa, 'uurara rukumihi puy kaari 'asin 'uurara rukum 'apa kaari 'asin. sirokewaa teh 'an teh re horokewpo 'okayahci manu.
119. neeteh tani taa, 'orowa tani neya horokewpo 'iperehci, caro'oykihci 'iperehci, 'iperehci 'omantene rewsi. re'usi teh taa, sinke'ikehe taa, neya re horokewpo taa, horokewpo turahci 'ike taa sapahci manu.
120. neya 'acahcipo sineh 'ani ike 'acahcipo taa, 'acahcipo 'itumunkehe nee manu.

121. horo ciw ciw horo ciw ciw
    kamuy horokewpo
    'asin kun ramu soyun soyun,
    hetake 'asin cannah.

122. [時計の音]

111. kamuy horokeypo,
　　　weeka piipi 'uma 'ee nanko

112. と言った。また一方の隅から、

113. horo ciw ciw horo ciw ciw
　　　kamuy horokewpo
　　　'asin kun ramu soyun soyun,
　　　hetake 'asin cannah.

114. 男はそれに声を出すこともできずにいたが、また声がした。

115. horo ciw ciw horo ciw ciw
　　　kamuy horokewpo
　　　'asin kun ramu soyun soyun,
　　　hetake 'asin cannah.

116. と言っているうちに、辺りのもやが晴れたとさ。もやの半分は窓から出て、もやの半分は戸から出てゆき、明るくなったとさ。
117. 見ると3人の男がそこにいて、いたとさ。
118. 一人はそこに寝ていたとさ。一人は何か作っていたとさ。一人は着物の背を、縫っていたとさ。そうして、もやの半分は家から出て、もやの半分は戸から出た。辺りが明るくなっていて、3人の男がそこにいたとさ。
119. それで今、それからその男たちにご馳走をして、食事をとらせて、食べさせて、泊った。泊って、その翌日に、その3人の男は一緒に出て帰っていったと
120. さて、婆が一人いて、婆が糸つむぎをしていたとさ。

121. horo ciw ciw horo ciw ciw
　　　kamuy horokewpo
　　　'asin kun ramu soyun soyun,
　　　hetake 'asin cannah.

122. ［時計の音］

123. neyke tani taa, tani horokewpo 'utah taa moni- horokewpo 7utah taa horokewpo turahci kusu sapahci manu.
124. turahci wa sapahcihi ne'ampe taa horokewpo 'utah taa, cisahci kusu 'okayahci. horokewpo テ゜ナイ monimahpo ヨ, cisahci kusu 'okayahci manu.
125. neyke taa, poniwne horokewpo taa,
126. " 'iine'ahsuy nanna nanna 'uta, hemata ciskarahci hii? 'acahcipo 'orowa 'anmahnuure rusuyahci,"
127. nah taa yee manu.
128. neyke tani taa, tani taa, 'okore sapahkahahcin menkehci teh, campo korohci teh, オンナ cisahci kusu 'okayahci 'ike taa, horokewpo 'ekos wa sani ike taa, 'ahuni ike nukara. .....'enko horokewpo 'uta ne'ampe taa yooponi hii.
129. horokewpo 'utah テ゜ナイ mahtekuh ヨ. 'anayne taa, moni-, horokewpo taa 'ahunmanuyke taa,
130. " 'iine'ahsuy moni-, yuhpo yuhpo 'uta hemata ciskarahci hii? 'acahipo 'orowa 'anmahnuure rusuyahci kusu, 'anmicihihcin 'orowa 'e'ohayohayne cisahci kusu 'ene 'ani hii."
131. nah yee manu.
132. "numpe karayanu waa. 'ecisapahka menke kusu 'iki. 'ecisapahaka kotahmareyan. 'ecimacihi 'ahun kusu kara."
133. nah yee manu.
134. neyke tani taa horokewpo 'utah taa アノ-、

135. "yuhpo yuhpo wen kusu
'e'iruwa sankehe purupuru taa,
"ahkapo 'ahkapo wen kus
'e'iruwa sankehe purupuru taa
'rsumane taa 'utukanahci "

136. 'omantene taa numpekarahci 'ike taa, sapahkahahcin taa kotahmarehci, haaciri, nah kii yayne taa monimahpo 'uta 'ahupahci manu.
137. 'ahupahcihi ne'ampe taa, 'ampene taa 'eyayko'iraykihci kusu, taa 'eyaykohera'usihci 'ike taa 'okayahci manu.
138. ne'ampe cis 'omantene taa, 'orowa taa, hemakahci 'ike taa, 'orowa tani, kiyanne horokewpo ne'ampe kiyanne monimahpo taa koro manu. poniwne horo-, 'inoskun horokewpo ne'ampe 'inoskun monimahpo taa koro manu. neyke taa イチバン poniwne monimahpo ne'ampe taa poniwne horokewpo taa koro manu.

123. そうして今度、男たちは、娘……、男たちは連れ立って帰ってきたとさ。

124. 一緒に帰ってきたら、男たちが、泣いていたとさ。いや男たちではない娘たちだ。娘たちが泣いていたとさ。
125. それで、下の男が、
126. 「ねえ姉さんたち、何で泣いているの？ 婆がぼくたちに嫁とりをさせようとしたのだよ」
127. と言ったとさ。
128. それで今度、今、頭をみんな剃って坊主になって、娘が泣いていて、男が後から帰ってきて、入ってそれを見た。残りの男たちは後で入ってきたのだが、
129 男たちではない 女だ。そうしているうちに、娘……、男は入ると、

130. 「ねえ娘……、兄さんたち、何で泣いているのか？ 婆がぼくたちに嫁とりをさせようとして、婆のせいで、びっくりさせられて泣いているのか？」
131. と言ったとさ。
132. 「さあ糊を作りなさい。お前の頭ははげているから。頭髪を付けなさい。嫁さんたちが入ってくるよ」
133. と言ったとさ。
134. それで今度その男たちは、

135. "yuhpo yuhpo wen kusu
　　'e'iruwa sankehe purupuru taa,
　　'ahkapo 'ahkapo wen kusu
　　"e'iruwa sankehe purupuru ta
　　'rsumane taa 'utukanahci "

136. と泣きながら糊を作って、頭髪を付けては落とし、付けては落とし、していたら娘たちが入ってきたとさ。
137. 入ってきたから、とても恥ずかしがって、気まずい思いをしていたとさ。

138. こうしてしばらく泣いて、それから、泣くのをやめて、それから、上の男は上の娘を嫁にもらったとさ。下の男、いや中の男は中の娘をもらったとさ。そして一番下の娘は下の男と夫婦になったとさ。

139. neeteh tani taa, konte kusu, 'orowa taa horokewpo 'uta, tani taa, kimma taa sapahcihi nee manu.
140. kimma sapahci manuyke taa, cise 'ohta sapahci 'ike taa, yuhpo yuhpo 'utah cisahci hawehe 'an kusu 'an manu.
141. " 'iine'ahsuy yuhpo yuhpo wen kusu, 'ahkapo 'ahkapo 'oyasi 'oyasi 'onne 'aynu 'opni karahci."
142. nah taa yehci wa cisahci kusu 'okayahci manu.
143. neeteh tani taa, horokewpo 'ekos wa cahse wa sani ike taa 'ahun teh taa, 'okore sapahkahahcin menkehci teh, campo korohci 'ike cisahci kusu 'okayahci kusu taa,
144. " 'iine'ahsuy yuhpo yuhpo hemata ciskarahci hii? 'acahcipo 'orowa 'anmahnuure usuyahci kusu, yaycis'an, 'eyaysikah cisahci kusu nah hetaneya naa. 'ecisapahka menke kiiyan. 'ecimacihi 'ahupahci kusu karahci."
145. nah taa yee manu.
146. neyke tani, "yuhpo yuhpo wen kusu weyruwa sankehe purupuru taa, 'ahkapo 'ahkapo wen kusu weyruwa sankehe purupuru taa, 'esumane 'utukanahci," tch taa, 'orowa taa, sapakahahcin taa kotahmarehci, haaciri, kotahmarehci, haaciri, nah kii yayne taa, monimahpo 'utah taa, 'ahupahci manuyke taa, 'ampene taa horokewpo 'eyraykihci kusu hetesu ka koyaykusahci manu.
147. neeteh tani taa, 'orowa taa, 'okayahci 'ike taa 'orowa taa, 'inoskun horokewpo ne'ampe 'inoskun monimahpo sam. kiyanne horokewpo ne'ampe kiyanne monimahpo sam. イチパン poniwne monimahpo ne'ampe poniwne horokewpo taa sam teh taa, tani pirikano 'okayahci manu.
148. pirikano 'okayahci 'ike taa, 'anayne tani taa, pookorohci manuyke taa, renkayne poo korohci.
149. rihpo ka 'ahkas cikah ka 'okore tehkupihi sayayse 'uynahci 'ike, muysankeh ne korohci. sahka ne naa korohci.
150. nah kihci yayne tani taa, yaykotampa 'etuhturihci 'ike taa, suy naa poo korohci 'ike, rih poka 'ahkas cikah ka tehkupihi sayayse 'uynahci 'ike, muysankeh ne naa sahka ne naa korohcipe nee manu. [うぅん。 M]
151. nah 'an tuytahゲ.

139. こうして今、嫁とりをして、それから男たちは、山から下りていったとさ。
140. 山から下りて、家へ帰ってきたら、兄さんたちの泣く声がしたとさ。

141. 「'iine'ahsuy yuhpo yuhpo wen kusu, 'ahkapo 'ahkapo 'oyasi 'oyasi 'onne 'aynu 'opni karahci」
142. と言って泣いていたとさ。
143. そうして今、みんな後から走って下りてきて入って、頭を剃って、坊主になって泣いていたのだが、
144. 「ねえ兄さんたち、何で泣いているの？婆がぼくたちに嫁とりさせたく思っていたのを、誤解して泣いていたのではないか。頭を剃った。今嫁さんたちが入ってくるよ」
145. と言ったとさ。
146. それで今度、「yuhpo yuhpo wen kusu weyruwa sankehe purupuru taa, 'ahkapo ahkapo wen kusu weyruwa sankehe purupuru taa, 'esumane 'utukanahci」と言って泣いて、それから、頭髪を付けては落とし、付けては落とし、しているうちに、娘たちがそこに入ってきたのだが、その男たちはとても恥ずかしいから頭を上げることもできなかったとさ。
147. こうして今、それから時が経って、中の男は中の娘と夫婦になった。上の男は上の娘と夫婦になった。一番下の娘は下の男と夫婦になって、幸せに暮らしたとさ。

148. 幸せに暮らしていたが、そうして今度、子どももできて、たくさん子どもができた。
149. 空飛ぶ鳥もみな羽を落として、みんなそれを拾って、ホウキにした。箸にした。
150. こうしているうちに、村も大きくなって栄えて、また子どもができて、空飛ぶ鳥も羽を落として、ホウキや箸にしたということだ。[ううん。M]

151. こんなお話だ。

〔編訳者略歴〕
1960年、東京大学文学部卒業。
北海道大学言語文化部教授を経て、
現在、横浜国立大学教育人間科学部教授。
『カラフトアイヌ語』(服部四郎と共編) 1976年刊
『カラフトアイヌ語―文法編』(服部四郎と共編) 1976年刊

浅井タケ口述
樺太アイヌの昔話

2001年4月15日　発行

話　者　浅井タケ
編訳者　村崎恭子

発行所　草　風　館
東京都千代田区神田神保町 3-10
tel03-3262-1601/fax03-3262-1602
http://www.sofukan.co.jp
e-mail:info@sofukan.co.jp

ISBN4-88323-119-4　C3087